国有企业经济责任审计
实务操作指南

马晓明　崔　晓◎编著

人民邮电出版社
北京

图书在版编目（CIP）数据

国有企业经济责任审计实务操作指南 / 马晓明，崔晓编著. -- 北京 : 人民邮电出版社，2025. -- ISBN 978-7-115-66406-8

Ⅰ. F239.44-62

中国国家版本馆 CIP 数据核字第 2025XM1781 号

内 容 提 要

    本书针对国有企业经济责任审计中的难点和挑战，系统梳理了国有企业经济责任审计的关键环节，深入探讨了重点审计领域和审计技巧。本书通过实际案例分析，帮助读者掌握审计实务中的关键技巧，解决审计过程中的困惑和难题。

    学习本书，读者将系统掌握经济责任审计的实务操作流程，提升审计技能与效率，增强风险防控能力，提升管理水平。本书适合作为审计人员的工具书，具有较高的实用价值和指导价值。

◆ 编　著　马晓明　崔　晓

　　责任编辑　李士振

　　责任印制　彭志环

◆ 人民邮电出版社出版发行　　　北京市丰台区成寿寺路 11 号

　　邮编　100164　电子邮件　315@ptpress.com.cn

　　网址　https://www.ptpress.com.cn

　　北京市鑫霸印务有限公司印刷

◆ 开本：787×1092　1/16

　　印张：25.75　　　　　　　　2025 年 4 月第 1 版

　　字数：658 千字　　　　　　 2025 年 4 月北京第 1 次印刷

定价：159.80 元

读者服务热线：(010)81055296　印装质量热线：(010)81055316

反盗版热线：(010)81055315

PREFACE 前言

在经济全球化的浪潮中，国有企业作为国家经济的重要支柱，不仅承载着推动经济社会发展的重任，还肩负着优化资源配置、引领产业升级、保障民生福祉等多重使命。随着国有企业改革的不断深化，其经营管理水平、风险防范能力及社会责任担当日益成为社会各界关注的焦点。经济责任审计，作为监督和评价国有企业领导干部经济责任履行情况的重要手段，对促进企业健康发展、维护国有资产安全、提升国家治理效能具有不可替代的作用。在此背景下，本书应运而生，旨在为国有企业经济责任审计工作提供一套系统化、规范化的操作指南，助力审计实践的高效开展与持续创新。

一、编写本书的目的

本书编写的初衷，源于对当前国有企业经济责任审计工作面临挑战与机遇的深刻洞察。一方面，随着国有企业改革的深入，企业形态、经营模式、管理流程日趋复杂多样，对经济责任审计的专业性、精准性提出了更高要求；另一方面，国家对审计监督体系的不断完善，特别是对新时代审计工作提出的新要求，迫切需要构建一套适应国有企业特点、贴近实际需求的审计操作指南。

本书旨在通过全面梳理国有企业经济责任审计的理论基础、法律法规、操作流程、方法技巧及相关案例，为审计人员提供一本全面、实用、高效的审计工具书；帮助审计人员准确把握审计目标，规范审计程序，提高审计效率，确保审计质量，从而有效促进国有企业加强内部管理，防范经营风险，提升社会效益和经济效益，为国有企业的高质量发展保驾护航。

二、本书的内容安排

本书是一本全面指导国有企业经济责任审计工作的工具书。本书精心归纳了国有企业经济责任审计领域的111个关键专题，每个专题均通过案例简介、审计程序与方法、法规依据、整改建议四大板块进行详尽阐述。

案例简介：以实际发生的国有企业经济责任审计案例为切入点，精选了涵盖财务管理、资产管理、项目投资等多个方面的111个典型案例。每个案例都详细描述了审计背景和主要问题，旨在通过真实场景还原，帮助读者深入理解经济责任审计的复杂性和实践中的挑战，为后续审计程序与方法的学习奠定坚实基础。

审计程序与方法：针对每个专题，本书系统介绍了从审计准备、实施到报告的整个流程，主要包括审计计划制定、风险评估、资料收集、现场勘查、数据分析等关键步骤。同时，结合不同专题的特点，提供了具体的审计方法，如抽样审计、穿行测试、数据分析软件应用等，确保审计人员能够高效、准确地完成审计任务。

法规依据：在法规依据部分，本书全面梳理了与国有企业经济责任审计相关的国家法律法规、部门规章、行业规范及政策文件，为审计工作的合法合规性提供明确指引。本书通过详细解读法律条文，帮助审计人员准确把握审计标准和尺度，确保审计结论客观公正。

整改建议：针对审计中发现的问题，本书不仅进行了深入剖析，还有针对性地提出了具体的整改建议。这些建议涵盖制度建设、流程优化、人员培训等多个方面，旨在帮助国有企业建立健全内部控制体系，提升经营管理水平，有效防范经济风险。

三、本书的主要特点

与同类书相比，本书具有以下特点。

1.权威性与实用性结合：本书依据新的法律法规和政策要求编写，确保内容的权威性和时效性。同时，本书注重实践应用，提供大量可操作性强的审计工具和模板，便于审计人员直接参考使用。

2.系统性与针对性统一：本书结构清晰，层次分明，既全面覆盖经济责任审计的各个环节，又针对国有企业特点，重点解析难点疑点，满足不同层次审计人员的需求。

3.理论性与实操性融合：在阐述理论的同时，本书穿插大量实战经验和技巧分享，理论联系实际，使审计人员既能掌握审计原理，又能将理论灵活运用到具体审计项目中。

4.创新性与前瞻性并重：本书不仅总结传统审计方法，还积极探索大数据、云计算、人工智能等现代信息技术在经济责任审计中的应用，展现审计工作的未来趋势。

四、本书的适用对象

本书广泛适用于以下对象。

1.国有企业内部审计部门：本书作为审计人员日常工作的实用手册，指导其高效开展经济责任审计工作。

2.国家审计机关：本书为审计机关对国有企业进行经济责任审计提供标准化、规范化的操作指南。

3.会计师事务所及第三方审计机构：本书为承接国有企业审计业务的外部机构提供专业指导和参考。

4.高校及研究机构：本书作为审计、会计、财务管理等相关专业的教学辅助材料，可用于培养学生的实践能力和专业素养。

5.国有企业管理人员：本书帮助企业管理层了解经济责任审计的重要性和流程，促进企业自我监督与自我完善。

本书不仅是审计人员案头工具书，更是推动国有企业经济责任审计工作高质量发展的重要支撑。我们期待本书能够成为广大审计工作者提升能力、创新实践的得力助手，为国有企业乃至国家经济的持续健康发展贡献力量。

CONTENTS 目录

第一章
党和国家经济方针政策贯彻落实专题

专题1：企业是否全面理解并准确传达党和国家经济方针政策？

案例简介

一、案例背景

某大型国有能源企业（以下简称"国企A"），作为国内能源领域的领军企业，承担着国家能源战略实施的重要职责。近年来，为响应党和国家关于推动绿色低碳发展、优化能源结构的经济方针政策，国企A计划投资建设一座大型风电项目。该项目旨在利用风能资源，减少化石能源依赖，促进地区经济可持续发展。

二、审计发现

在项目筹备及实施过程中，审计署对国企A进行了专项审计，重点考察其对党和国家经济方针政策的理解与执行情况。审计过程中，审计人员发现以下问题。

政策理解不充分：国企A在项目规划阶段，对国家绿色低碳政策的具体要求理解不够深入，未能充分结合地方实际条件制定科学合理的风电布局方案，导致部分风电场选址不合理，风能利用效率低于预期。

政策传达执行有偏差：在项目实施过程中，国企A对国家和地方关于风电项目补贴、税收优惠等扶持政策的理解存在偏差，未能有效利用这些政策优势，导致项目资金筹措成本增加，影响了项目的整体经济效益。

技术创新与应用滞后：国企A在推进风电项目时，对国家鼓励的技术创新政策响应不足，未能及时引进和应用最新的风电技术，导致项目能效比预期低，不利于长期可持续发展。

三、审计方法

文件审查：审计人员对国企A的项目规划书、政策执行报告、财务报表等文件进行了细致审查，评估其对政策的理解与应用程度。

访谈调研：审计人员对国企A的高层管理人员、项目负责人及一线员工进行深度访谈，了解政策传达与执行的实际情况。

数据分析：审计人员通过对项目经济效益、技术应用等数据的分析，评估政策执行效果及存在的问题。

现场考察：审计人员实地考察了风电项目建设现场，观察施工进展，评估政策执行对项目实际进展的影响。

四、审计结论与建议

审计人员认为，国企A在风电项目建设中，虽积极响应国家绿色低碳政策，但在具体政策的理解、传达与执行上存在明显不足。为此，审计人员提出以下建议。

强化政策利用：加强对党和国家经济方针政策的系统学习，特别是关于绿色低碳、能源转型的最新政策，确保准确理解并有效执行，积极对接国家和地方扶持政策，优化资金结构，降低项目成本，提升经济效益。

优化项目布局：重新评估并调整风电场选址，充分利用地方风能资源，提高项目能效。

推动技术创新：加大研发投入，引进和应用先进风电技术，提升项目技术水平和市场竞争力。

五、后续改进

国企 A 根据审计建议，组织专项团队深入学习和研究相关政策，对风电项目进行了全面优化调整。同时，加强与政府部门的沟通协作，有效利用了多项扶持政策，降低了项目成本。此外，国企 A 还加大了对风电技术的研发投入，引入了更高效的风电机组，显著提升了项目能效。通过这些改进措施，国企 A 不仅更好地践行了国家绿色低碳发展战略，也为企业自身的可持续发展奠定了坚实基础。

审计程序与方法

针对"企业是否全面理解并准确传达党和国家经济方针政策"的问题，审计人员在审计时需要遵循一定的审计程序和运用专业的方法。以下是一些建议的审计程序与方法。

一、审计程序

1. 初步审查与文件收集

收集国企 A 关于风电项目的所有相关文件，包括项目规划书、政策执行报告、财务报表、会议纪要、培训资料等。对这些文件进行初步审查，检查其完整性、格式规范性以及是否符合公司或行业的标准。

2. 详细审查与政策对照

深入阅读并审查国企 A 的项目文件，特别是与政策相关的部分，检查其中的条款是否清晰、明确，无歧义。对照党和国家的经济方针政策，特别是关于绿色低碳、能源转型的最新政策，核实国企 A 是否全面理解并准确传达了这些政策，并核实国企 A 在项目规划、实施过程中是否按照政策要求进行了相应的调整和变革。

3. 数据分析与经济效益评估

对国企 A 风电项目的经济效益数据进行深入分析，包括投资回报率、资金筹措成本、风能利用效率等。

评估国企 A 在政策执行过程中的实际效果，以及是否存在因政策理解不充分或执行偏差导致的问题。

4. 现场考察与访谈调研

实地考察风电项目建设现场，观察施工进展，了解实际情况。

对国企 A 的高层管理人员、项目负责人及一线员工进行深度访谈，了解政策传达与执行的实际情况，收集他们的反馈意见。

5. 对比分析与专家咨询

将国企 A 的风电项目与行业内其他类似项目进行对比，查找差异点和可能存在的问题。

邀请经济、政策领域的专家对国企 A 的政策理解和执行情况进行评估，并提出改进建议。

二、审计方法

1. 文档审阅与核对法

对国企 A 的项目文件和政策执行报告中的文字表述、逻辑结构、条款设置等进行仔细推敲。制定一份审核清单，列出所有需要关注的关键点和可能存在的问题类型，然后逐一核对。

2. 数据分析与效益评估法

利用专业的数据分析工具对国企 A 风电项目的经济效益数据进行深入分析，评估政策执行效果。绘制经济效益指标图表，直观展示国企 A 在政策执行过程中的实际效果和存在的问题。

3. 访谈调研与反馈收集法

设计访谈问卷，对国企 A 的相关人员进行深度访谈，了解他们对政策传达与执行的看法和实际情况。收集访谈反馈意见，并进行整理和分析，以便提出有针对性的改进建议。

4. 对比分析与案例研究法

收集行业内其他类似项目的案例资料，与国企 A 的风电项目进行对比分析。研究其他企业在政策理解和执行方面的成功经验和教训，为国企 A 提供借鉴和改进方向。

5. 专家咨询与建议法

邀请经济、政策领域的专家对国企 A 的政策理解和执行情况进行评估。根据专家的意见和建议，制定有针对性的改进方案，并提供给国企 A 进行参考和实施。

审计人员通过以上审计程序与方法的综合运用，可以有效地发现国企 A 在风电项目建设中存在的问题，并及时提出改进建议。这将有助于国企 A 更好地践行国家绿色低碳发展战略，并为企业自身的可持续发展奠定坚实基础。

法规依据

《党政主要领导干部和国有企事业单位主要领导人员经济责任审计规定》第十七条，强调了地方各级党委和政府主要领导干部经济责任审计的内容首先包括贯彻执行党和国家经济方针政策、决策部署情况。

《中华人民共和国审计法实施条例》第二十二条：所称政府投资和以政府投资为主的建设项目，包括：（一）全部使用预算内投资资金、专项建设基金、政府举借债务筹措的资金等财政资金的；（二）未全部使用财政资金，财政资金占项目总投资的比例超过 50%，或者占项目总投资的比例在 50% 以下，但政府拥有项目建设、运营实际控制权的。审计机关对前款规定的建设项目的总预算或者概算的执行情况、年度预算的执行情况和年度决算、单项工程结算、项目竣工决算，依法进行审计监督；对前款规定的建设项目进行审计时，可以对直接有关的设计、施工、供货等单位取得建设项目资金的真实性、合法性进行调查。

国企 A 作为能源领域的领军企业，其应贯彻落实党和国家经济方针政策的要求。审计人员在审计过程中要综合考虑相关法律法规和政策要求，对国企 A 的政策理解、传达与执行情况进行全面评估；在具体实践中，还需结合当地和行业的实际情况以及更详细的规定和指导性文件进行审计。

整改建议

针对企业未能全面理解并准确传达党和国家的经济方针政策的问题，整改建议主要集中在强化政策学习、完善决策机制、推动审计整改、评价审计整改情况以及审计材料归档等方面。

一、强化政策学习与培训

国企 A 应定期组织全体干部职工，特别是领导干部和关键岗位人员，深入学习党和国家经济方针政策，确保每位员工都能全面、准确地理解政策内涵和要求。可以通过举办专题培训班、研讨会等形式，邀请政策专家进行解读和指导，提高员工的政策理解水平和执行能力。

二、建立政策传达与执行机制

为确保政策的有效传达与执行，国企 A 应建立一套完善的政策传达与执行机制。明确政策传达的渠道、方式和时限，确保政策能够及时、准确地传达到每一位员工。同时，制定具体的执行计划和措施，明确责任部门和责任人，确保政策得到有效执行。

三、加强政策执行情况的监督检查

国企 A 应加强对政策执行情况的监督检查，定期或不定期地对各部门、各项目的政策执行情况进行检查和评估。发现问题及时整改，对执行不力的部门和个人进行严肃处理，确保政策得到全面、有效的执行。

四、建立政策反馈与调整机制

在政策执行过程中，国企 A 应积极收集员工和外界的反馈意见，对政策执行情况进行及时评估和调整。对于发现的问题和不足，应及时进行解决和弥补，确保政策能够更加符合实际、更加有效地执行。

五、提升技术创新与应用能力

针对技术创新与应用滞后的问题，国企 A 应加大对技术创新的投入力度，积极引进和应用最新的风电技术，提高项目的能效和竞争力。同时，加强与科研机构和高校的合作，共同研发满足国企 A 实际需求的新技术、新产品，推动企业的可持续发展。

六、完善内部管理制度与流程

为确保政策的有效传达与执行，国企 A 还应完善内部管理制度与流程，明确各部门的职责和权限，优化工作流程，提高工作效率。同时，加强对员工的绩效考核和激励约束，将政策执行情况作为评价员工的重要指标之一，激发员工执行政策的积极性和主动性。

通过上述整改建议的实施，国有企业能够更加精准地把握党和国家的经济方针政策，并有效地将其融入企业的日常运营和决策中。这不仅有助于提升国有企业的治理水平和政策执行力，还能够确保企业在激烈的市场竞争中保持正确的发展方向，增强企业的核心竞争力。长期来看，这些整改措施将为国有企业的可持续发展和对国家经济贡献的最大化提供坚实的基础。

专题2：企业是否及时制定实施细则以响应党和国家的新经济政策？

案例简介

一、案例背景

某大型国有制造企业（以下简称"国企A"），作为行业内的领军企业，承担着推动产业升级和转型的重要职责。近年来，为响应党和国家关于推动创新驱动发展、优化产业结构的经济方针政策，国企A计划投资建设一个智能制造示范项目。该项目旨在通过引入先进制造技术和智能化管理系统，提升生产效率，促进产业转型升级。

二、审计发现

数月后，审计署对国企A进行了政策执行情况的审计。审计过程中，审计人员发现以下主要问题。

实施细则缺失：国企A在推进智能制造示范项目时，未能及时制定具体的实施细则来响应党和国家的创新驱动发展政策，导致项目在实施过程中缺乏明确的指导和规范，影响了项目的整体进度和效果。

政策理解不深入：国企A对党和国家关于智能制造、产业升级等扶持政策的具体要求理解不够深入，未能充分结合企业实际条件制定科学合理的项目实施方案，导致部分投资方向偏离政策导向，资金利用效率不高。

协同创新不足：国企A在项目实施过程中，对产学研用协同创新政策响应不足，未能有效与高校、科研院所等创新主体建立紧密的合作关系，导致技术创新和成果转化进展缓慢。

三、审计方法与程序

文件审查：审计人员对国企A的项目计划书、政策执行报告、财务报表等文件进行了细致审查，评估其对政策的理解与应用程度。

访谈调研：审计人员对国企A的高层管理人员、项目负责人及一线员工进行深度访谈，了解政策传达与执行的实际情况。

数据分析：审计人员通过对项目投资、技术创新、生产效率等数据的分析，评估政策执行效果及存在的问题。

现场考察：审计人员实地考察了智能制造示范项目建设现场，观察项目实施进展，评估政策执行对项目实际进展的影响。

四、审计结论与建议

审计人员认为，国企A在智能制造示范项目建设中，虽积极响应国家创新驱动发展政策，但在具体政策的理解、传达与执行上存在明显不足。为此，审计人员提出以下建议。

加快制定实施细则：结合企业实际，尽快制定智能制造示范项目的具体实施细则，明确项目目标、任务、时间节点和责任分工，确保项目有序推进。

深化政策理解与应用：加强对党和国家经济方针政策的系统学习，特别是关于智能制造、产业升级的最新政策，确保准确理解并有效执行，积极对接国家和地方扶持政策，优化投资结构，提高资金利用效率。

加强协同创新：积极与高校、科研院所等创新主体建立紧密的合作关系，共同推进技术创新和成果转化，提升项目的科技含量和市场竞争力。

五、后续改进

国企 A 根据审计建议，组织专项团队深入学习和研究相关政策，并制定了智能制造示范项目的具体实施细则。同时，加强与政府部门的沟通协作，有效利用了多项扶持政策，优化了投资结构。此外，国企 A 还积极与高校、科研院所等创新主体建立合作关系，共同推进技术创新和成果转化。通过这些改进措施，国企 A 不仅更好地践行了国家创新驱动发展战略，也为企业自身的转型升级和可持续发展奠定了坚实基础。

审计程序与方法

针对"企业是否及时制定实施细则以响应党和国家的新经济政策"的问题，审计人员需要遵循一定的审计程序并运用专业的方法。以下是一些建议的审计程序与方法。

一、审计程序

初步审查：收集国企 A 关于智能制造示范项目的所有相关文件，包括项目计划书、政策执行报告、财务报表、会议纪要、培训资料、技术创新文档等。对这些文件进行初步审查，检查其完整性、格式规范性以及是否符合公司或行业的标准。

详细分析：深入阅读并审查国企 A 的项目文件，特别是与政策相关的部分，检查其中的条款是否清晰、明确，无歧义。对照党和国家的经济方针政策，特别是关于智能制造、产业升级的最新政策，核实国企 A 是否全面理解并准确传达了这些政策，并核实国企 A 在项目规划、实施过程中是否按照政策要求进行了相应的调整和变革。

数据分析：对国企 A 智能制造示范项目的投资、技术创新进展、生产效率提升等相关数据进行深入分析。评估国企 A 在政策执行过程中的实际效果，以及是否存在因政策理解不充分或执行偏差导致的问题。

对比分析与专家咨询：将国企 A 的智能制造示范项目与行业内其他类似项目进行对比，查找差异点和可能存在的问题。邀请经济、政策、技术创新领域的专家对国企 A 的政策理解和执行情况进行评估，并提供改进建议。

现场调查与访谈：实地考察智能制造示范项目建设现场，观察项目实施进展，了解实际情况。对国企 A 的高层管理人员、项目负责人及一线员工进行深度访谈，了解政策传达与执行的实际情况，收集他们的反馈意见，获取第一手信息，验证实施细则的制定和执行情况。

二、审计方法

文档审查法：仔细审阅企业内部的政策文件、会议纪要、工作报告等文档，查找实施细则的制定和执行记录。

数据分析法：利用数据分析工具，对企业各部门的政策执行数据进行筛选、比对和趋势分析，识别因实施细则缺失而导致的问题。

案例研究法：参考其他企业在制定和实施新经济政策细则方面的成功案例，为企业提供改进建议。

流程图分析法：绘制企业政策执行的流程图，检查实施细则在制定和执行过程中的缺失环节，并提出改进建议。

法规依据

对党和国家新经济政策贯彻执行，主要是指对党和国家关于经济体制改革、产业升级、创新驱动发展等方面的新经济政策及决策部署，特别是近年来关于供给侧结构性改革、高质量发展、数字经济、绿色发展等重要方针政策及其实施细则的贯彻落实。

《党政主要领导干部和国有企事业单位主要领导人员经济责任审计规定》第十九条："审计机关在审计中应当关注领导干部在推动改革、促进发展、维护稳定、保障和改善民生、推进生态文明建设和绿色发展、防范化解重大风险、保障财政资金资产资源安全、落实全面从严治党责任等方面情况，以及遵守有关廉洁从政（从业）规定情况等。"其中，及时制定实施细则以响应新经济政策，可以视为领导干部在推动改革、促进发展方面的具体表现，应当作为审计的重要内容，这为审计国企 A 是否及时制定实施细则以响应新经济政策提供了直接的法规依据。

同时，《中华人民共和国审计法》第二十二条规定，审计机关对国家政策执行情况进行审计监督，包括对新经济政策及其实施细则执行情况的监督。而《中华人民共和国审计法实施条例》第二十条进一步细化了国家政策执行情况的内容，其中包括国家和地区重大政策措施落实情况，这为审计国企 A 在新经济政策方面的执行情况提供了具体的法规指导。

此外，《中共中央关于全面深化改革若干重大问题的决定》《中华人民共和国国民经济和社会发展第十四个五年规划和 2035 年远景目标纲要》等文件中，也强调了要及时制定和实施细则以响应新经济政策，推动经济高质量发展。

国企 A 作为智能制造领域的代表性企业，其应严格贯彻落实党和国家的新经济政策。审计人员在审计过程中，应综合考虑《党政主要领导干部和国有企事业单位主要领导人员经济责任审计规定》《中华人民共和国审计法》及其实施条例，以及党和国家关于新经济政策的相关文件和决策部署，对国企 A 在新经济政策方面的理解、传达与执行情况进行全面评估；在具体实践中，还需结合当地和行业的实际情况，以及更详细的规定和指导性文件进行审计。

整改建议

为促进企业及时、有效地响应并执行新经济政策，推动企业的可持续发展，从深化政策理解与内化、构建快速响应机制、强化政策执行与监督、建立反馈与迭代机制、加速技术创新与产业升级以及加强与外部机构的合作与交流等方面提出以下整改建议。

一、深化政策理解与内化

国企 A 应组织全体干部职工，特别是领导干部和关键岗位人员，深入学习党和国家新经济政策，确保每位员工都能全面、准确地理解政策内涵、目标及实施要求；通过内部培训、外部专家讲座、政策研讨会等多种形式，提升员工的政策素养和执行能力，确保新经济政策在国企 A 得到充分的理解和内化。

二、构建快速响应机制

国企 A 应建立一套针对新经济政策的快速响应机制，包括政策研究、实施细则制定、内部传达与执行等环节。明确各环节的责任部门和责任人，确保政策出台后，国企 A 能够迅速制定具体的实施细则，并及时传达到每一位员工，确保政策的有效执行。

三、强化政策执行与监督

为确保新经济政策在国企 A 的有效执行，应加强对政策执行情况的监督检查。建议设立专门的监督小组，定期或不定期地对各部门、各项目的政策执行情况进行检查和评估。对于执行不力的部门和个人，应及时进行整改和处理，确保政策得到全面、有效的执行。

四、建立反馈与迭代机制

在政策执行过程中，国企 A 应积极收集员工和外界的反馈意见，对政策执行情况进行及时评估和调整。建议设立一个反馈渠道，鼓励员工提出建设性的意见和建议。对于发现的问题和不足，应及时进行解决和弥补，确保政策能够更加符合实际、更加有效地执行。

五、加速技术创新与产业升级

针对智能制造示范项目，国企 A 应加大对技术创新的投入力度，积极引进和应用最新的智能制造技术，提高项目的生产效率和技术水平。同时，加强与科研机构和高校的合作，共同研发满足实际需求的新技术、新产品，推动企业的产业升级和可持续发展。

六、加强与外部机构的合作与交流

国企 A 应积极与外部机构，如行业协会、政策研究机构等，建立合作关系，共同研究新经济政策的实施路径和策略。国企 A 通过合作与交流，及时获取行业最新动态和政策解读，为制定更加科学、合理的实施细则提供有力支持。

专题 3：企业是否存在违反或授意下属违反党和国家经济方针政策情形？

案例简介

一、案例背景

某大型国有能源企业（以下简称"国企 A"），作为国家能源战略的重要实施单位，承担着推动能源结构优化、促进绿色低碳发展的重任。近年来，为响应党和国家关于推动生态文明建设的经济方针政策，国企 A 计划投资建设一系列风电项目，以期在可再生能源领域取得突破性进展。

二、审计发现

在审计署对国企 A 进行政策执行情况审计的过程中，审计人员发现了以下主要问题。

违反政策规定：国企 A 在风电项目的招投标过程中，存在违反党和国家关于公平竞争、优胜劣汰的市场经济政策情形。具体表现为，某些关键设备的采购未严格按照招投标程序进行，而是直接指定了供应商，导致其他潜在供应商无法公平参与竞争。

授意下属违反政策：国企 A 的某些高层管理人员授意下属在项目执行过程中违反政策规定，如擅自调整项目预算、改变资金用途等，以谋取不正当利益。

环保政策执行不力：在风电项目的建设过程中，国企 A 对环保政策的执行不力，存在未批先建、超标排放等问题，严重违反了党和国家关于推动生态文明建设的方针政策。

三、审计方法与程序

文件审查：审计人员对国企 A 的风电项目招投标文件、合同、项目预算文件、环保批复文件等文件进行了详细审查，以评估其对相关政策的理解和遵守情况。

访谈调研：审计人员对国企 A 的高层管理人员、项目负责人、招投标参与人员及环保部门员工进行了深度访谈，了解政策传达与执行的实际情况，以及是否存在违反或授意下属违反政策的行为。

数据分析：审计人员通过对项目招投标数据、资金使用情况、环保监测数据等的分析，评估政策执行效果及存在的问题。

现场考察：审计人员实地考察了风电项目建设现场，观察项目进展情况，评估环保政策执行情况，并收集相关证据。

四、审计结论与建议

审计人员认为，国企 A 在风电项目建设过程中，虽然积极响应国家关于推动生态文明建设的政策，但在具体政策的执行上存在明显违规和不当行为。为此，审计人员提出以下建议。

严格遵守政策规定：国企 A 应严格遵守党和国家关于市场经济、公平竞争的政策规定，确保风电项目的招投标过程公开、公正、公平，维护良好的市场秩序。

加强内部管理：国企 A 应加强对高层管理人员和下属员工的监督和管理，防止授意下属违反政策行为的发生，确保项目执行过程中的合规性。

强化环保政策执行：国企 A 应高度重视生态文明建设政策的要求，严格遵守环保法规和标准，加强项目建设过程中的环保管理，确保实现绿色低碳发展。

完善内部控制制度：国企 A 应完善内部控制制度，明确各级管理人员的职责和权限，加强对项目招投标、资金使用、环保执行等关键环节的监督和控制，确保政策得到有效执行。

五、后续改进

国企 A 针对审计中发现的问题，迅速采取了以下改进措施：对风电项目的招投标过程进行了全面梳理和整改，确保所有采购活动均严格按照国家和地方的政策法规执行，恢复了市场的公平竞争秩序；对高层管理人员和涉及违规行为的下属员工进行了严肃处理，并加强了内部管理制度的建设和执行，明确了各级管理人员的职责和权限，确保类似违规行为不再发生；对风电项目建设过程中的环保问题进行了全面排查和整改，严格按照环保法规和标准进行施工和运营，同时加强了对环保部门的投入和管理，确保实现绿色低碳发展目标。

通过这些改进措施的实施，国企 A 不仅有效纠正了过去的违规行为，还进一步提升了企业的合规经营水平和市场竞争力。同时，国企 A 也更加坚定地践行了国家生态文明建设政策，为企业的可持续发展和社会责任履行奠定了坚实基础。

审计程序与方法

一、审计程序

初步审查与资料收集：全面收集国企 A 关于风电项目的所有相关文件，包括但不限于项目计划书、招投标文件、合同、环保批复文件、财务报表、会议纪要、内部沟通记录等。对这些文件进行初步审查，检查其完整性、真实性以及是否符合国家和行业的政策法规。

详细分析与政策对照：深入阅读并审查国企 A 的风电项目文件，特别是与招投标、资金使用、环保政策相关的部分。对照党和国家的经济方针政策，特别是关于公平竞争、优胜劣汰的市场经济政策以及生态文明建设的政策，核实国企 A 是否全面理解并准确传达了这些政策。同时，检查国企 A 在项目规划、实施过程中是否按照政策要求进行了相应的操作和调整。

数据分析与异常情况排查：对国企 A 风电项目的招投标数据、资金使用记录、环保监测数据等进行深入分析。通过数据分析工具，筛选、比对数据和分析趋势，评估国企 A 在政策执行过程中的实际效果，以及是否存在因违反或授意下属违反政策而导致的数据异常问题。

对比分析与专家咨询：将国企 A 的风电项目与行业内其他类似项目进行对比，查找差异点和可能存在的问题。邀请经济、政策、环保领域的专家对国企 A 的政策理解和执行情况进行评估，并提供专业意见和改进建议。

现场调查与访谈：实地考察风电项目建设现场，观察项目实施进展和环保措施执行情况。对国企 A 的高层管理人员、项目负责人、招投标参与人员、环保部门员工及一线员工进行深度访谈，了解政策传达与执行的实际情况，收集他们的反馈意见，获取第一手信息。

二、审计方法

文档审查法：仔细审阅国企 A 内部的政策文件、会议纪要、工作报告、招投标文件等文档，查找是否存在违反或授意下属违反政策的记录或证据。

数据分析法：利用数据分析工具对国企 A 的招投标数据、资金使用记录、环保监测数据等进行深入分析，识别因违反政策而导致的数据异常问题。

对比分析法：通过与其他类似项目的对比分析，识别国企 A 在风电项目建设过程中是否存在违反政策的行为或倾向。

流程图分析法：绘制国企 A 政策执行的流程图，检查其在政策传达、执行、监督等环节是否存在缺失或违规行为，并提出改进建议。

案例研究法：参考过往的违反经济方针政策的案例，了解常见的违规手段和特征，提高审计人员的警觉性。

法规依据

对于"企业是否存在违反或授意下属违反党和国家经济方针政策情形"的问题，相关法律法规提供了明确的指导和规定。审计人员在进行审计时，应依据这些法律法规进行判定，并确保审计过程的合法性和合规性。

《党政主要领导干部和国有企事业单位主要领导人员经济责任审计规定》第二十五条：审计机关在审计中发现领导干部贯彻执行党和国家经济方针政策、决策部署存在重大问题，或者违反党中央有关要求造成重大损失的，应当及时向本级党委报告；属于上级党委管理的领导干部，还应当一并报告上级党委，并抄送上级审计机关。这一规定明确了审计机关在发现违反党和国家经济方针政策情形时的报告责任。

《中华人民共和国招标投标法》第十八条："招标人应当根据招标项目的特点和需要编制招标文件。招标文件应当包括招标项目的技术要求、对投标人资格审查的标准、投标报价要求和评标标准等所有实质性要求和条件以及拟签订合同的主要条款。"

《中华人民共和国招标投标法实施条例》第二十三条规定，招标人编制的招标文件的内容违反法律、行政法规的强制性规定，违反公开、公平、公正和诚实信用原则，影响潜在投标人投标的，依法必须进行招标的项目的招标人应当在修改招标文件后重新招标。

整改建议

针对国企 A 在风电项目建设过程中是否存在违反或授意下属违反党和国家经济方针政策情形的问题，从深化政策理解与内化、完善内部管理机制、加大政策执行力度、建立反馈与持续改进机制、加强合规文化建设以及增强外部合作与交流等方面，提出以下详细的整改建议。

一、深化政策理解与内化

国企 A 应组织全体员工，特别是领导干部和关键岗位人员，深入学习党和国家关于风电项目建设的相关经济方针政策，确保每位员工都能全面、准确地理解政策内涵、目标及实施要求。建议通过内部培训、政策解读会、在线学习平台等多种形式，提升员工的政策素养和执行能力，确保经济方针政策在国企 A 得到充分的理解和内化。

二、完善内部管理机制

国企 A 应完善内部管理机制，明确各级领导和普通员工的职责和权限，确保在政策执行过程中不出现违规操作。同时，应建立一套科学、合理的决策机制，确保在风电项目建设过程中的重要决策都符合党和国家的经济方针政策。

三、加大政策执行力度

为确保党和国家经济方针政策有效执行，国企 A 应加强对政策执行情况的监督检查。建议设立专门的监督小组，定期或不定期地对风电项目建设的各个环节进行检查和评估。对于发现的违规行为和问题，应及时进行整改和处理，确保政策得到全面、有效的执行。

四、建立反馈与持续改进机制

在政策执行过程中，国企 A 应积极收集员工和外界的反馈意见，对政策执行情况进行及时评估和调整。建议设立一个反馈渠道，鼓励员工提出建设性的意见和建议。对于发现的问题和不足，应及时进行解决和弥补，确保政策能够更加符合实际、更加有效地执行。同时，应建立一套持续改进机制，定期对风电项目建设过程中的政策执行情况进行回顾和总结，不断优化执行流程和提高执行效率。

五、加强合规文化建设

国企 A 应加强合规文化建设，将遵守党和国家经济方针政策作为企业文化建设的重要组成部分。通过举办合规宣传活动、制定合规手册、开展合规培训等方式，增强全体员工的合规意识。同时，应建立一套合规激励机制，对在合规方面表现突出的员工给予奖励和表彰。

六、增强外部合作与交流

国企 A 应积极与外部机构，如行业协会、政策研究机构、高校等建立合作关系，共同研究风电项目建设过程中的经济方针政策实施路径和策略。通过合作与交流，国企 A 能及时获取行业最新动态和政策解读，为制定更加科学、合理的实施细则提供有力支持。同时，可以借鉴其他企业在风电项目建设过程中的成功经验和做法，不断提高自身的政策执行能力和水平。

专题 4：企业是否建立有效机制以监督方针政策落实情况？

案例简介

一、案例背景

某国有大型企业为响应国家关于推动绿色发展和节能减排的方针政策，制定了一系列内部措施，旨在降低生产过程中的能耗和减少污染物排放。企业为此设立了专门的环保部门，负责监督和执行相关政策。然而，近期有员工举报称，该企业的某些生产部门并未严格遵守节能减排的相关规定，导致方针政策落实不到位。

二、审计发现

为核实举报内容，该企业内部审计部门对该企业的节能减排方针政策落实情况进行了专项审计。审计过程中，审计人员发现以下问题。

环保部门虽然制定了详细的节能减排计划和目标，但未建立有效的监督机制来确保各生产部门严格执行。

部分生产部门在生产过程中存在违规操作，如擅自调整设备参数以避开能耗监测，导致实际能耗数据远高于上报数据。

与节能减排相关的资金投入不足，部分必要的节能设备未能及时更新或维护，影响了节能减排效果。

三、审计方法与程序

措施审查：审计人员首先审查了环保部门制定的节能减排计划、目标以及相关的政策措施，以了解其完整性和合理性。

数据对比：审计人员对比了各生产部门上报的能耗数据与实际监测数据，发现数据差异较大。

现场勘查：审计人员对各生产部门进行了现场勘查，观察了生产过程中的实际操作情况，并检查了节能设备的使用和维护状况。

询问与调查：审计人员向环保部门和生产部门的工作人员进行了询问，了解了节能减排方针政策的执行情况及存在的问题。

四、审计结论与建议

经过审计，审计人员认为该企业在节能减排方针政策的落实上存在明显不足，主要表现为监督机制缺失、违规操作频发以及资金投入不足。为此，审计人员提出了以下建议。

环保部门应建立有效的监督机制，定期对各生产部门的节能减排执行情况进行检查和评估。加强生产部门员工的节能减排培训，提高和加大其对方针政策的认识和执行力度。增加与节能减排相关的资金投入，及时更新和维护节能设备，确保节能减排效果。

五、后续改进

根据审计人员的建议，该企业环保部门对监督机制进行了完善，并加强了对生产部门的检查和评估。同时，该企业还加大了对节能减排的资金投入，更新了部分节能设备。在后续的生产过程中，各生产部门严格按照节能减排的相关规定进行操作，有效降低了能耗和减少了污染物排放。此外，该企业内部审计部门也加大了对节能减排方针政策落实情况的监督力度，确保各项规定得到严格执行。

审计程序与方法

一、审计程序

初步了解与评估：对该企业的方针政策、内部控制制度及监督机制进行初步了解。评估该企业方针政策的明确性、合理性和可行性。

设计与执行测试：设计测试方案，以检验监督机制的有效性。执行测试，包括检查相关文档、记录和数据。

深入分析与评价：对测试结果进行深入分析，识别监督机制中的漏洞或不足。评价方针政策在实际执行中的效果，以及是否达到预期目标。

汇总问题与提出方案：汇总审计过程中发现的问题，包括监督机制缺失、政策执行不力等。针对问题提出具体的解决方案，以增强监督机制的有效性。

编写报告与跟踪：编写审计报告，详细阐述审计过程、发现的问题及解决方案。跟踪该企业对方针政策和监督机制的改进情况，确保问题得到妥善解决。

二、审计方法

文档审查法：仔细审阅与方针政策执行和监督相关的所有文档，包括规章制度、会议纪要、工作报告等。

数据分析法：利用数据分析工具，对方针政策执行过程中的数据进行筛选、比对和趋势分析，识别异常情况。

访谈与调查法：对企业高层、中层管理者及基层员工进行访谈，了解方针政策在实际执行中的情况和监督机制的运行状况。进行现场调查，观察方针政策执行和监督的实际情况。

流程图分析法：绘制方针政策执行和监督的流程图，检查是否存在潜在的漏洞或不合规的操作环节。

比较分析法：将企业的方针政策执行情况和监督机制与行业标准或同类企业进行比较，评估其有效性和合规性。

通过遵循上述审计程序和方法，审计人员可以全面、客观地评估该企业方针政策的落实情况及其监督机制的有效性，从而为该企业加强管理、提高效益提供有力的支持。

法规依据

《党政主要领导干部和国有企事业单位主要领导人员经济责任审计规定》第十九条：审计机关在审计中应当关注领导干部贯彻执行党和国家经济方针政策、决策部署情况，重大经济事项决策、执行、效果和监管情况，以及遵守有关法律法规和财经纪律情况等。这要求审计机关在审计过程中，必须关注并监督方针政策的落实情况。第二十条：审计机关在审计中应当评估领导干部经济责任履行情况，界定领导干部对经济活动中重大问题应当负有的责任，包括直接责任、主管责任和领导责任。这明确了审计机关在评估领导干部经济责任时，需考虑其对方针政策落实情况的监督责任。

《中华人民共和国审计法》第二十三条：审计机关对国家的事业组织和使用财政资金的其他

事业组织的财务收支，进行审计监督。这要求审计机关对使用财政资金的事业组织进行审计，监督其方针政策的执行情况。第二十七条：审计机关进行审计时，有权就审计事项的有关问题向有关单位和个人进行调查，并取得有关证明材料。这赋予了审计机关在审计过程中，对方针政策落实情况进行调查和取证的权力。

依据相关法律法规的规定，审计人员可以有效地评估和监督方针政策落实情况，确保该企业在执行方针政策时的合规性和有效性。

整改建议

针对"企业是否建立有效机制以监督方针政策落实情况"的问题，提出以下整改建议，以确保企业方针政策的顺利执行和有效监督。

一、明确监督职责和完善监督机制

企业应明确监督部门的职责和权限，确保其对方针政策执行情况的监督具有独立性和权威性。同时，应完善监督机制，建立定期的审计和评估制度，对方针政策的执行情况进行全面、客观的检查和评估。监督机制还应包括对方针政策执行过程中的风险进行识别和评估，以及制定相应的风险应对措施。

二、加强方针政策的宣传和培训

企业应加强对方针政策的宣传和培训，确保所有员工都充分理解并正确执行方针政策。通过定期的培训和宣传活动，提高员工对方针政策的认识和重视程度，增强他们的执行力和责任感。同时，企业还应鼓励员工积极参与方针政策的制定和执行过程，提出建设性意见和建议。

三、建立信息反馈和整改机制

企业应建立信息反馈机制，及时收集和处理员工对方针政策执行情况的反馈意见。对于员工提出的合理建议和意见，企业应积极采纳并进行整改。同时，对于方针政策执行过程中出现的问题和偏差，企业应及时进行纠正和调整，确保方针政策的顺利执行。

四、强化责任追究和奖惩机制

企业应建立责任追究机制，对方针政策执行不力或违规行为进行严肃处理。对于因个人原因造成方针政策执行失误或损失的员工，企业应依法依规进行责任追究。同时，对于在方针政策执行过程中表现突出的员工，企业应给予适当的奖励和表彰，以激励员工积极执行方针政策。

五、提高信息化水平和管理效率

企业应利用信息技术手段提高方针政策执行的效率和准确性。通过建立信息化平台，实现方针政策的在线发布、执行和监督，减少人为操作失误和违规行为。同时，企业还应加强对信息化平台的管理和维护，确保其安全、稳定运行。

专题5：企业是否定期评估方针政策执行效果并及时调整实施策略？

案例简介

一、案例背景

某国有大型企业为响应国家"十四五"规划中关于创新驱动发展的战略，制定了一项旨在提升企业技术创新能力的方针政策。该政策旨在通过加大研发投入、优化研发流程、引进高端技术人才等措施，推动企业技术创新，提升核心竞争力。政策实施一段时间后，企业内部审计部门对该项方针政策的执行效果进行了全面审计。

二、审计发现

在审计过程中，审计人员发现以下问题。

研发投入使用效率不高：虽然企业加大了研发投入，但部分研发项目存在资金使用不合理、研发进度缓慢等问题，导致研发投入的使用效率不高。

研发流程有待优化：企业在研发流程上存在一些瓶颈，如部门间沟通不畅、审批流程烦琐等，影响了研发效率。

人才引进与培养机制不完善：虽然企业引进了部分高端技术人才，但在人才引进的持续性、培养机制的建立等方面存在不足，导致人才流失和研发团队不稳定。

三、审计方法与程序

数据分析：审计人员首先对企业近几年的研发投入、研发项目进展、人才引进与培养等相关数据进行了详细分析，以了解方针政策的执行情况和存在的问题。

访谈：审计人员与研发部门、财务部门、人力资源部门的工作人员进行了深入访谈，了解他们在执行方针政策过程中的实际情况和遇到的问题。

现场勘查：审计人员还到企业的研发中心进行了现场勘查，观察了研发环境、设备设施以及研发团队的工作状态。

对比分析：审计人员将企业的研发投入、研发效率、人才结构等指标与行业内的标杆企业进行了对比分析，以评估企业在技术创新方面的竞争力和存在的问题。

四、审计结论与建议

经过审计，审计人员认为该国有企业在执行技术创新方针政策时存在研发投入使用效率不高、研发流程有待优化、人才引进与培养机制不完善等问题。为此，审计人员提出了以下建议：加强研发项目的管理和监控，确保研发投入的合理使用和研发进度的有效控制；优化研发流程，加强部门间的沟通与协作，简化审批流程，提高研发效率；完善人才引进与培养机制，加大高端技术人才的引进力度，建立稳定的人才梯队和培训体系；定期评估方针政策的执行效果，及时调整实施策略，确保方针政策的持续有效执行。

五、后续改进

该国有企业根据审计人员的建议，对方针政策的执行进行了全面的改进和优化。企业加强了研发项目的管理和监控，优化了研发流程，完善了人才引进与培养机制。同时，企业还建立了定期评估机制，对方针政策的执行效果进行定期评估，并根据评估结果及时调整实施策略。经过一段时间的改进和实施，该国有企业的技术创新能力得到了显著提升，核心竞争力得到了增强。

审计程序与方法

一、审计程序

初步了解与规划：收集并分析企业关于方针政策执行的相关文件、报告和记录。与企业管理层进行沟通，了解其对方针政策执行效果的评估方法和调整策略的依据。

评估体系审查：检查企业是否建立了定期的方针政策执行效果评估机制。若有，评估该机制的科学性、合理性和有效性，包括评估指标的选择、数据来源的可靠性等。

实施策略分析：分析企业在方针政策执行过程中是否根据实际情况进行了及时的策略调整。检查策略调整的依据是否充分，调整过程是否合规。

效果对比与验证：对比方针政策执行前后的企业绩效指标，验证执行效果。分析策略调整对企业绩效的影响，评估调整的及时性和有效性。

访谈与调查：对企业各部门负责人和普通员工进行访谈，了解他们对方针政策执行和调整策略的看法和建议。进行现场调查，观察方针政策执行和策略调整的实际情况。

二、审计方法

文档审查法：仔细审阅企业关于方针政策执行和评估的相关文档，包括评估报告、策略调整方案等。

数据分析法：利用数据分析工具，对企业绩效指标进行历史对比和趋势分析，评估方针政策执行效果。分析策略调整前后的数据变化，验证调整效果。

问卷调查法：设计并发放问卷，收集企业员工对方针政策执行和策略调整的意见和建议。

法规依据

《党政主要领导干部和国有企事业单位主要领导人员经济责任审计规定》第二十一条：审计机关对经济责任审计事项，应当依据法律法规、国家有关政策、地区部门单位有关规定等，在审计实施方案中明确审计评价的内容、依据、标准和方法。其中，评价方针政策执行效果及实施策略调整情况，应关注被审计领导干部在任期内是否按照相关规定定期评估方针政策执行效果，并根据评估结果及时调整实施策略。

《中华人民共和国审计法》第二十三条：审计机关对国家建设项目预算的执行情况和决算，进行审计监督。此条虽主要针对国家建设项目，但其中的"预算的执行情况和决算"可以理解为方针政策执行效果的一种财务体现，要求审计机关对此进行监督，间接要求定期评估并及时调整。

《中华人民共和国审计法实施条例》第二十条："审计法第二十二条所称政府投资和以政府投资为主的建设项目，包括：（一）全部使用预算内投资资金、专项建设基金、政府举借债务筹措的资金等财政资金的；（二）未全部使用财政资金，财政资金占项目总投资的比例超过50%，或者占项目总投资的比例在50%以下，但政府拥有项目建设、运营实际控制权的。审计机关对前款规定的建设项目的总预算或者概算的执行情况、年度预算的执行情况和年度决算、单项工程结算、项目竣工决算，依法进行审计监督。对与上述建设项目直接有关的建设、勘察、设计、施工、监理、采购等单位的财务收支，审计机关可以进行审计监督。"该条例进一步细化了审计法中关于建设项目审计的规定，同样可以引申为对方针政策执行效果的财务层面的审计要求。

相关法律法规从不同角度对方针政策执行效果的评估和策略的调整提出了要求，为审计人员提供了审计依据和标准。

整改建议

定期评估方针政策执行效果并及时调整实施策略，是确保企业持续发展和竞争力提升的关键。针对这一问题，提出以下整改建议，以优化企业的方针政策执行和策略调整机制。

一、建立方针政策执行效果评估体系

企业应建立一套科学、系统的方针政策执行效果评估体系，明确评估的标准、方法和周期。该体系应包括定量和定性的评估指标，如关键绩效指标（KPI）、员工满意度、客户满意度等，以确保评估的全面性和客观性。通过定期对方针政策的执行效果进行评估，企业可以及时发现存在的问题和不足，为策略调整提供支持。

二、强化内部沟通与反馈机制

为确保方针政策的有效执行和及时调整，企业应强化内部沟通与反馈机制。管理层应定期与员工进行沟通，了解他们在执行方针政策过程中遇到的困难和挑战，以及他们的建议和意见。同时，企业应建立一个开放、透明的反馈渠道，鼓励员工积极提出对方针政策执行和策略调整的看法和建议。

三、培养员工的创新意识和适应能力

企业应注重培养员工的创新意识和适应能力，使他们能够更好地应对市场变化和方针政策调整带来的挑战。企业通过提供培训和发展机会，使员工可以不断提升自己的专业技能和综合素质，为企业的可持续发展贡献力量。

四、建立灵活的策略调整机制

企业应建立一个灵活的策略调整机制，以便在方针政策执行效果不佳或市场环境发生变化时，能够迅速做出调整。该机制应包括对市场趋势的敏锐洞察、对竞争对手的动态分析以及对内部资源的有效配置。通过及时调整实施策略，企业可以确保方针政策的与时俱进和有效性。

第二章
国有企业发展战略规划制定与执行效果专题

专题1：企业发展战略规划是否符合国家宏观政策和产业规划导向？

案例简介

一、案例背景

某大型制造企业计划在未来五年内实现业务规模的扩大与市场份额的增长，为此，企业高层制定了一份详细的企业发展战略规划。该规划涵盖了产品创新、市场拓展、产能提升等多个方面，旨在通过优化资源配置和增强核心竞争力，推动企业快速发展。然而，在国家宏观政策和产业规划频繁调整的背景下，该企业的发展战略规划是否与国家宏观政策和产业规划导向相符，成了一个值得关注的问题。

二、审计发现

在对该企业发展战略规划进行审计时，审计团队发现以下几个方面的问题。

（1）战略规划中的部分产能扩张项目未充分考虑国家关于节能减排和绿色发展的政策要求，可能导致企业未来面临政策限制或处罚。

（2）产品创新方向与国家鼓励的高新技术领域不吻合，可能错失政策支持和市场机遇。

（3）市场拓展策略中，对国外市场的布局未充分考虑国际贸易形势和出口政策的变化，存在潜在的市场风险。

三、审计方法与程序

1. 政策对比分析

审计团队首先收集并分析了国家最新的宏观政策和产业规划文件，与企业发展战略规划进行逐一对比，识别出潜在的不符合点。

2. 访谈调研

审计团队对企业高层、战略规划部门及市场部门进行深入访谈，了解战略规划的制定过程、依据及对政策环境的考量。

3. 风险评估

基于政策分析和访谈结果，审计团队对战略规划中不符合国家政策的部分进行了风险评估，包括政策变动风险、市场风险和技术风险。

4. 专家咨询

邀请外部政策研究专家和行业分析师，就企业发展战略规划与国家政策的契合度提供专业意见。

四、审计结论与建议

审计团队认为，该企业的发展战略规划在部分领域未能充分与国家宏观政策和产业规划导向保持一致，存在政策风险和市场风险。为此，审计团队提出以下建议。

（1）调整产能扩张项目，确保其符合节能减排和绿色发展的政策要求，探索采用新能源和环保技术。

（2）重新审视产品创新方向，聚焦国家鼓励的高新技术领域，争取政策支持和抢占市场先机。

（3）优化市场拓展策略，加强对国际贸易形势和出口政策的研究，灵活调整市场布局，降低市场风险。

五、后续改进

企业高层高度重视审计团队的发现和建议，迅速组织相关部门对发展战略规划进行了修订和完善。经过调整，企业的发展战略规划更加符合国家宏观政策和产业规划导向，为企业的可持续发展奠定了坚实基础。同时，企业也加强了与政策研究机构的合作，定期评估和调整战略规划，以适应不断变化的政策环境。

审计程序与方法

针对"企业发展战略规划是否符合国家宏观政策和产业规划导向"这一问题，审计人员需要遵循一套系统的审计程序，并采用科学的方法。以下是一些建议的审计程序与方法。

一、审计程序

1. 初步了解与规划

收集并分析国家宏观政策和产业规划的相关文件，明确政策导向和重点发展领域。对企业发展战略规划进行初步审阅，了解其整体框架和主要内容。

2. 对比分析

将企业发展战略规划与国家宏观政策和产业规划进行逐项对比，识别出潜在的不一致或偏离点。分析这些不一致或偏离点可能对企业发展带来的影响，包括政策风险、市场风险等。

3. 深入调查与评估

针对对比分析中发现的问题，进行深入调查，收集更多证据和信息。评估这些问题对企业发展战略的实质性影响，以及是否需要进行调整。

4. 沟通与反馈

与企业高层、战略规划部门等进行沟通，就审计发现进行反馈和讨论。听取企业的解释和意见，对审计结论进行必要的修正和完善。

5. 编写报告与提出建议

编写审计报告，详细记录审计过程、发现的问题以及评估结果。提出具体的建议和改进措施，帮助企业调整发展战略规划，使其更加符合国家宏观政策和产业规划导向。

二、审计方法

1. 文档审查法

仔细审阅企业发展战略规划的相关文档，包括规划报告、市场分析文档、政策研究文档等。

分析文档的逻辑性和完整性，检查是否存在遗漏或矛盾之处。

2. 政策分析法

对国家宏观政策和产业规划进行深入分析，提炼出关键的政策导向和指标。使用这些政策导向和指标作为企业发展战略规划的评估基准。

3. 对比分析法

通过对比分析，识别企业发展战略规划与国家宏观政策和产业规划的不一致点。评估这些不一致点的严重性和紧迫性，确定优先调整的顺序。

4. 专家咨询法

邀请外部政策专家、行业分析师等就企业发展战略规划提供专业意见。借鉴专家的经验和知识，对审计结论和建议进行补充和完善。

5. 风险评估法

对企业发展战略规划中不符合国家宏观政策和产业规划的部分进行风险评估。评估这些风险对企业未来发展的潜在影响，为调整建议提供量化依据。

法规依据

对于"企业发展战略规划是否符合国家宏观政策和产业规划导向"的问题，相关法律法规提供了明确的指导和规定。审计人员在进行审计时，应依据这些法律法规进行判定，并确保审计过程的合法性和合规性。

《中华人民共和国国民经济和社会发展第十四个五年规划和2035年远景目标纲要》中明确提出了国家宏观政策和产业规划的主要方向和目标，包括创新驱动发展、绿色发展等。企业发展战略规划应与这些方向和目标保持一致。

《中华人民共和国公司法》第五条规定，公司从事经营活动，必须遵守法律、行政法规，遵守社会公德、商业道德，诚实守信，接受政府和社会公众的监督，承担社会责任。企业发展战略规划应符合法律法规要求，体现社会责任。

依据以上法规，审计人员可以判断企业发展战略规划是否符合国家宏观政策和产业规划导向。如果发现不符合的情况，审计人员应及时提出改进建议，要求企业进行必要的调整，以确保其发展战略规划的合法性和合规性。这不仅有助于企业避免可能的法律风险，还能促进其长期稳健发展。

整改建议

企业发展战略规划的合规性与前瞻性对企业的长期发展至关重要。针对"企业发展战略规划是否符合国家宏观政策和产业规划导向"的问题，提出以下整改建议，以确保企业战略规划的合法性和科学性。

一、加强对政策法规的学习与研究

企业应定期组织高层管理人员和战略规划部门学习国家宏观政策和产业规划，深入理解政策导向和重点发展领域。同时，建立政策研究机制，跟踪政策动态，及时调整企业发展战略规划，确保与国家政策和产业规划保持一致。

二、完善战略规划的制定与审批流程

企业应制定完善的战略规划制定流程，明确各部门的职责和权限，确保战略规划的科学性和合理性。在战略规划审批环节，应引入外部专家或咨询机构进行评审，提高战略规划的质量和合规性。对于不符合国家政策和产业规划的战略规划，应及时进行调整或修正。

三、强化战略规划的实施与监控

企业应建立战略规划实施机制，明确实施的时间表、责任人和考核标准。同时，设立专门的战略规划监控岗位，定期对战略规划的执行情况进行检查和评估，确保战略规划得到有效执行。对执行不力或偏离规划目标的情况，应及时进行纠正和调整。

四、建立战略规划的调整与优化机制

随着国家政策和产业规划的变化，企业应及时对发展战略规划进行调整和优化。企业应建立灵活的战略规划调整机制，根据市场环境和政策导向的变化，适时对战略规划进行修订和完善，确保战略规划的时效性和适应性。

五、加强战略规划的沟通与宣传工作

企业应加强与政府部门的沟通与联系，及时了解政策动态和产业发展趋势，为企业战略规划提供有力支持。同时，在企业内部加强战略规划的宣传工作，提高员工对战略规划的认知度和认同感，形成全员参与战略规划实施的良好氛围。

加强对政策法规的学习与研究、完善战略规划的制定与审批流程、强化战略规划的实施与监控、建立战略规划的调整与优化机制以及加强战略规划的沟通与宣传工作，可以有效地确保企业发展战略规划符合国家宏观政策和产业规划导向，为企业的长期发展奠定坚实基础。

专题2：企业发展战略规划是否明确并突出了企业的核心业务？

案例简介

一、案例背景

某知名电子科技公司近年来发展迅速，业务领域不断扩展，涵盖了智能手机、智能家居、可穿戴设备等多个领域。为了保持竞争优势并实现可持续发展，公司高层决定进行发展战略规划的制定与审视。此次战略规划的重点在于明确并突出公司的核心业务，以确保资源的高效配置和市场的精准定位。

二、审计发现

公司内部审计部门在对公司发展战略规划进行审计时，发现以下问题。

（1）战略规划文档中对"核心业务"的定义模糊，未明确列出哪些业务线属于核心业务范畴。

（2）各业务部门对公司战略方向的理解存在差异，导致在执行过程中资源分配不均，部分非核心业务占用了过多资源。

（3）战略规划中缺乏针对核心业务的长期发展目标和具体的实施路径。

三、审计方法与程序

1. 文档审查

审计人员对战略规划文档进行了细致的审查，特别关注了关于核心业务的描述和定义。

2. 访谈调研

审计人员对与公司高层、各业务部门负责人及关键员工进行访谈，了解他们对公司核心业务的认知和看法。

3. 数据分析

审计人员对公司近年来的财务数据、市场份额、客户反馈等数据进行分析，识别出实际表现突出的业务线。

4. 对比评估

审计人员将公司当前的业务线与行业内的成功案例进行对比，评估其竞争力和发展潜力。

四、审计结论与建议

审计结论显示，公司的发展战略规划在明确并突出核心业务方面存在不足，这可能导致资源错配和市场定位模糊。为此，审计人员提出以下建议。

（1）明确核心业务的定义和标准，并在战略规划文档中清晰列出。

（2）调整资源分配机制，确保核心业务得到足够的资源和支持。

（3）为核心业务制定长期的发展目标和详细的实施路径，包括市场拓展、产品研发、品牌建设等方面。

（4）加强内部沟通，确保所有员工对公司战略方向和核心业务有统一的认识和理解。

五、后续改进

公司高层高度重视审计部门的建议，并立即组织相关部门进行战略规划的修订和完善。经过数月的努力，新的战略规划明确了公司的核心业务为智能手机和智能家居，并围绕这两大业务线制定了详细的发展目标和实施路径。同时，公司还优化了资源分配机制，确保核心业务能够得到持续的支持和发展。在后续的执行过程中，公司内部审计部门也加强了对战略规划实施情况的监督与评估，确保公司能够按照既定的战略方向稳步前进。

审计程序与方法

针对"企业发展战略规划是否明确并突出了企业的核心业务"这一问题，审计人员需要执行一套系统的审计程序，并运用多种审计方法来确保审计工作的全面性和准确性。以下是一些建议的审计程序与方法。

一、审计程序

1. 初步了解与评估

审阅企业当前的发展战略规划文档，初步了解规划中对核心业务的定义和描述。评估战略规划的整体结构和逻辑，判断其是否具备明确性和可操作性。

2. 深入分析与对比

深入分析企业各业务线的市场表现、财务状况和资源分配情况，识别出实际的核心业务。将企业当前的核心业务与战略规划中定义的核心业务进行对比，分析是否存在差异。

3. 访谈与调查

对企业高层、各业务部门负责人及关键员工进行访谈，了解他们对核心业务的认知和看法。对企业内部进行实地调查，观察资源分配和业务流程，验证核心业务的实际地位。

4. 评估与总结

根据分析和访谈结果，评估企业发展战略规划在明确并突出核心业务方面的有效性和合理性。总结战略规划中存在的问题、潜在风险和提出改进建议。

二、审计方法

1. 文档审查法

仔细审阅企业发展战略规划文档，关注其中对核心业务的描述、定义和战略目标。检查相关会议纪要、业务报告等文档，了解企业对核心业务的实际态度和操作。

2. 数据分析法

收集企业各业务线的市场数据、财务数据等，进行量化分析，识别出表现突出的业务线。利用数据分析工具，对战略规划中的目标进行可行性分析，判断其是否合理和可实现。

3. 访谈调查法

设计访谈问卷，针对企业不同层级的员工进行访谈，了解他们对战略规划的认知和执行情况。进行现场调查，观察企业资源分配、业务流程等实际情况，与战略规划进行对比。

4. 对比分析法

将企业当前的核心业务与战略规划中定义的核心业务进行对比，分析两者之间的差异和原因。与行业内的成功案例进行对比，评估企业核心业务的市场竞争力和发展潜力。

5. 风险评估法

分析企业发展战略规划中未明确或未突出核心业务可能带来的风险，包括资源浪费、市场定位模糊等。评估这些风险对企业长期发展的潜在影响，并提出相应的风险应对措施。

法规依据

对于"企业发展战略规划是否明确并突出了企业的核心业务"这一问题，相关的法律法规虽然没有直接提及"核心业务"的表述，但《中华人民共和国公司法》等法律条文中关于企业经营、管理、决策等方面的规定，为判断企业发展战略规划的合理性和合规性提供了法律依据。审计人员在进行审计时，应依据这些法律法规进行判定，并确保审计过程的合法性和合规性。

《中华人民共和国公司法》第三条："公司是企业法人，有独立的法人财产，享有法人财产权。公司以其全部财产对公司的债务承担责任。"此条规定明确了公司的独立法人地位及其财产权，企业发展战略规划应围绕如何合法、有效地运用财产，特别是针对核心业务的投资和发展而展开。第五条：公司从事经营活动，必须遵守法律、行政法规，遵守社会公德、商业道德，诚实守信，接受政府和社会公众的监督，承担社会责任。公司的合法权益受法律保护，不受侵犯。企业发展战略规划必须遵守法律法规，同时突出核心业务，这也是承担社会责任、实现企业长远发展的重要体现。第三十七条：股东会行使下列职权：……（九）对公司合并、分立、解散、清算或者变更公司形式作出决议；（十）修改公司章程；……对前款所列事项股东以书面形式一致表示同意的，可以不召开股东会会议，直接作出决定，并由全体股东在决定文件上签名、盖章。企业发展战略规划的制定和修改，特别是关于核心业务的确定和调整，通常属于股东会的职权范围，必须按照法定程序进行。第四十六条：董事会对股东会负责，行使下列职权：……（三）决定公司的经营计划和投资方案；……董事会作为企业的执行机构，在制定和执行企业发展战略规划，特别是关于核心业务的经营计划和投资方案时，必须履行其职责，并确保规划的合规性和有效性。

依据以上法规，审计人员可以评估企业发展战略规划是否遵循了相关法律法规的要求，是否明确并突出了企业的核心业务，并据此提出改进建议，确保企业战略规划的合法性和合规性。

整改建议

企业发展战略规划的明确性和对核心业务的突出，对企业的长期发展和市场竞争力的提升具有至关重要的作用。针对当前企业发展战略规划可能存在的问题，提出以下整改建议，以确保规划的合理性和有效性。

一、明确企业核心业务，并在战略规划中予以突出

企业应对现有业务进行全面梳理，明确核心业务和非核心业务。在制定或修订企业发展战略规划时，应将核心业务作为规划的重点，确保资源的优先配置和战略的倾斜。同时，规划中应清晰阐述核心业务的发展目标、市场定位、竞争优势以及实现路径。

二、强化战略规划的制定和执行过程

企业应建立完善的战略规划制定和执行机制，确保规划的合理性和可行性。在制定规划时，应充分进行市场调研和竞争分析，确保规划基于准确的市场信息和数据。在执行过程中，企业应建立有效的监控和评估机制，定期对规划的执行情况进行检查和评估，及时发现并纠正偏差。

三、加强组织内部沟通和协调

企业发展战略规划的制定和执行需要组织内部各部门的紧密合作和有效沟通。因此，企业应建立跨部门的沟通和协调机制，确保各部门对规划理解一致。同时，通过定期的会议、报告和培训等形式，促进组织内部对战略规划达成共识。

四、提升战略规划的灵活性和适应性

市场环境的变化和企业内部条件的变化都可能对战略规划产生影响。因此，企业应保持战略规划的灵活性和适应性，定期对规划进行审查和修订。在修订过程中，应充分考虑市场环境的变化、竞争对手的动态以及企业内部条件的变化，确保规划的与时俱进。

五、建立战略规划的评估和激励机制

为确保企业发展战略规划的有效执行，企业应建立相应的评估和激励机制。通过设定明确的评估指标和考核标准，对规划的执行情况进行量化评估。同时，将战略规划的执行情况与员工的绩效考核和激励机制相结合，鼓励员工积极参与和推动战略规划的实施。

明确企业核心业务并在战略规划中予以突出、强化战略规划的制定和执行过程、加强组织内部沟通和协调、提升战略规划的灵活性和适应性以及建立战略规划的评估和激励机制，可以有效地提升企业发展战略规划的合理性和有效性，为企业的长期发展和市场竞争力的提升奠定坚实基础。

专题3：企业是否制定了有效的实施措施来推进发展战略规划的制定和执行？

案例简介

一、案例背景

某知名电子科技企业为了扩大市场份额，提升企业竞争力，制定了一项全面的发展战略规划。该规划涵盖了产品创新、市场拓展、品牌建设和内部管理等多个方面，旨在通过一系列的实施措施，推动企业实现跨越式发展。为了确保发展战略规划的有效执行，企业高层决定邀请内部审计部门对实施措施的制定和执行情况进行全面审计。

二、审计发现

在审计过程中，审计人员发现企业在推进发展战略规划实施方面存在以下问题。

（1）实施措施不够具体和明确，缺乏可操作性和可衡量性。例如，在产品创新方面，虽然规划提出了要加大研发投入，但并未明确具体的研发项目、预算分配和时间节点。

（2）部分实施措施与企业的现有资源和能力不匹配，导致执行难度较大。例如，在市场拓展方面，规划提出了要进入多个新的国际市场，但企业目前缺乏足够的国际营销经验和人才储备。

（3）实施措施的推进进度不一，部分关键措施执行滞后，影响了整体发展规划的进度。例如，在品牌建设方面，原计划通过一系列营销活动提升品牌影响力，但由于预算调整，相关活动被迫延期。

三、审计方法与程序

1. 文件审查

审计人员对企业的发展战略规划和相关实施措施文件进行了详细的审查，分析其内容的完整性和合理性。

2. 访谈调查

审计人员对企业高层、各部门负责人及关键员工进行访谈，了解他们对实施措施的理解和执行情况，收集反馈意见。

3. 数据分析

审计人员对企业的财务数据、市场数据和内部管理数据进行深入分析，以评估实施措施的实际效果和存在的问题。

4. 现场观察

审计人员到企业的研发、生产、销售等部门进行现场观察，了解实施措施的具体执行情况和存在的问题。

四、审计结论与建议

经过审计，审计人员认为企业在推进发展战略规划方面存在实施措施不够具体、与现有资源和能力不匹配以及推进进度不一等问题。为此，审计人员提出了以下建议。

（1）对实施措施进行细化和明确，制订具体的操作计划和时间表，确保各项措施具有可操作性和可衡量性。

（2）对企业的现有资源和能力进行全面评估，确保实施措施与企业的实际情况相匹配，避免执行难度过大。

（3）加强实施措施的进度管理和监控，确保各项关键措施能够按计划顺利推进。

五、后续改进

企业根据审计人员的建议，对实施措施进行了全面的修订和完善。通过细化措施内容、调整资源分配和加强进度管理，企业成功地推进了发展战略规划的实施。在后续的审计中，审计人员发现企业的各项实施措施得到了有效执行，企业的市场份额有显著增长、品牌影响力有显著提升、内部管理有显著加强。

审计程序与方法

针对"企业是否制定了有效的实施措施来推进发展战略规划"这一问题，审计人员需要遵循一套系统的审计程序，并采用多种审计方法。以下是一些建议的审计程序与方法。

一、审计程序

1. 初步了解与评估

审阅企业的发展战略规划文件，了解规划的主要内容和目标。与企业高层进行初步沟通，了解他们对实施措施的看法。

2. 实施措施审查

详细检查企业为推进发展战略规划所制定的实施措施文件。评估实施措施的全面性、具体性和可操作性。

3. 执行情况分析

通过财务数据、市场数据和内部管理数据，分析实施措施的实际执行情况。识别执行过程中存在的问题和瓶颈。

4. 效果评估与对比

评估实施措施对企业发展战略规划的推进效果。将实际效果与预期目标进行对比，分析差异及原因。

5. 访谈与调查

对企业各部门负责人及关键员工进行访谈，了解他们对实施措施的看法和执行情况。进行现场调查，观察实施措施的具体执行情况和存在的问题。

6. 总结与建议

总结审计发现的问题和不足。提出改进建议，帮助企业完善实施措施，更好地推进发展战略规划。

二、审计方法

1. 文档审查法

仔细审阅企业的发展战略规划文件和实施措施文件。分析文件的逻辑性和完整性，评估其实用性和可行性。

2. 数据分析法

利用数据分析工具，对企业的财务数据、市场数据和内部管理数据进行深入分析。通过数据对比和趋势分析，识别实施措施的执行效果和存在的问题。

3. 访谈法

制定详细的访谈计划，明确访谈目的和问题。对企业高层、各部门负责人及关键员工进行深度访谈，获取第一手信息。

4. 现场观察法

到企业的研发、生产、销售等部门进行现场观察。了解实施措施的具体执行情况和存在的问题，记录观察结果。

5. 对比分析法

将企业的发展战略规划与实施措施进行对比，分析两者之间的匹配度和一致性。将企业的实际情况与行业标准或同类企业进行对比，评估企业的发展水平和竞争力。

6. 专家咨询法

请战略规划或企业管理专家对企业的发展战略规划和实施措施进行专业评估。听取专家的意见和建议，为审计结论和建议提供专业支持。

法规依据

对于"企业是否制定了有效的实施措施来推进发展战略规划"的问题，相关的法律法规也提供了指导和规定。例如，《中华人民共和国公司法》《中华人民共和国企业国有资产法》等都对企业的发展战略规划和实施措施的制定与执行提出了要求，并规定了相应的法律责任。审计人员在进行审计时，应依据这些法律法规进行判定，并确保审计过程的合法性和合规性。

《中华人民共和国公司法》第四十六条规定董事会对股东会负责，行使下列职权：……（三）决定公司的经营计划和投资方案；……此条规定表明，董事会决定公司的经营计划和投资方案，其中包括了发展战略规划和实施措施。第一百一十一条规定董事会会议应有过半数的董事出席方可举行。董事会作出决议，必须经全体董事的过半数通过。董事会决议的表决，实行一人一票。此条规定确保了董事会决策的合法性和有效性，发展战略规划和实施措施的制定也应当经过这样的程序。

《中华人民共和国企业国有资产法》第三十条："国家出资企业合并、分立、改制、上市、增加或者减少注册资本，发行债券，进行重大投资，为他人提供大额担保，转让重大财产，进行大额捐赠，分配利润，以及解散、申请破产等重大事项，应当遵守法律、行政法规以及企业章程的规定，不得损害出资人和债权人的权益。"此条规定要求企业在进行重大事项时，必须遵守法律法规，不损害出资人和债权人的权益，发展战略规划和实施措施的制定与执行也应当符合这一要求。

第三十五条："国家出资企业发行债券、投资等事项，有关法律、行政法规规定应当报经人民政府或者人民政府有关部门、机构批准、核准或者备案的，依照其规定。"这条规定进一步明确了企业在进行投资等事项时需要遵守的审批程序，发展战略规划和实施措施的制定与执行也应当符合相关审批程序。

依据以上法规，审计人员可以判断企业是否制定了有效的实施措施来推进发展战略规划，并评估这些措施是否符合法律法规的要求。如果发现不符合之处，审计人员应及时提出改进建议，确保企业发展战略规划的合规性和有效性。

整改建议

企业发展战略规划的有效实施对企业的长期发展和竞争力提升至关重要。针对企业是否制定了有效的实施措施来推进发展战略规划的问题，提出以下整改建议，以确保企业发展战略规划的顺利实施和目标的达成。

一、增强高层领导的战略意识和执行力

企业高层领导应充分认识到发展战略规划的重要性，并将其作为企业发展的核心指导。通过定期的战略研讨会和培训，加深和提升高层领导对战略规划的理解和执行力，确保他们能够在日常决策中始终遵循战略规划的方向。

二、明确战略规划与实施措施的对接

企业应明确发展战略规划与具体实施措施之间的对接关系，确保每一项实施措施都紧密围绕战略规划的核心目标。为此，可以制定详细的战略规划实施计划，明确时间节点、责任部门和预期成果，以便跟踪和评估实施进度。

三、优化资源配置以支持战略规划实施

企业应根据发展战略规划的需求，优化资源配置，确保关键项目和战略举措得到足够的资源和支持。这包括资金、人力、技术等方面的投入，以确保实施措施的有效推进。

四、加强跨部门沟通与协作

发展战略规划的实施往往涉及多个部门和业务单元的协同工作。因此，企业应加强跨部门沟通与协作，确保各部门在实施过程中能够紧密配合，共同推进战略规划的落地。

五、建立战略规划实施效果的评估与反馈机制

企业应建立一套科学、客观的战略规划实施效果评估体系，定期对实施效果进行评估和反馈。通过评估结果，及时发现问题和不足，并调整实施措施，以确保战略规划能够按照预期目标顺利推进。

六、培育企业内部的战略规划文化

企业应积极培育内部的战略规划文化，鼓励员工参与战略规划的制定和实施过程，提升员工的战略意识和责任感。通过举办战略规划知识讲座、案例分享会等活动，增强员工对战略规划的认知和认同。

增强高层领导的战略意识和执行力、明确战略规划与实施措施的对接、优化资源配置以支持战略规划实施、加强跨部门沟通与协作、建立战略规划实施效果的评估与反馈机制以及培育企业内部的战略规划文化，可以有效地提升企业发展战略规划的实施效果，确保企业能够按照既定的战略规划稳步前行，实现长期发展目标。

专题4：发展战略规划的执行过程是否得到有效监控和调整？

案例简介

一、案例背景

某大型制造企业为了提升企业竞争力，制定了一份详细的发展战略规划，其中包括市场拓展、产品创新、生产效率提升等多个方面。为确保战略规划的有效执行，企业高层决定对执行过程进行监控和调整。然而，在执行一段时间后，企业发现部分目标并未达到预期效果，遂决定邀请内部审计部门对发展战略规划的执行过程进行全面审计。

二、审计发现

审计人员在审计过程中，发现以下几个方面的问题。

1. 监控机制不健全

企业虽然设立了战略规划执行监控小组，但监控手段单一，主要依赖于定期的进度报告，缺乏实时、全面的监控。

2. 调整机制不灵活

在执行过程中，当发现某些目标偏离预期时，企业并未及时进行调整，而是继续按照原计划执行，导致资源浪费。

3. 沟通不畅

战略规划执行部门与监控部门之间的沟通存在障碍，导致监控部门无法及时获取准确信息，影响监控效果。

三、审计方法与程序

1. 文件审查

审计人员首先审查了企业的发展战略规划文件，以及相关的监控和调整机制文件，了解规划内容和执行要求。

2. 访谈与调查

审计人员与战略规划执行部门、监控部门的工作人员进行了深入访谈，了解他们在执行过程中的具体做法和遇到的问题。

3. 数据分析

审计人员收集并分析了战略规划执行过程中的相关数据，如市场拓展进度、产品创新成果、生产效率提升情况等，以评估执行效果。

四、审计结论与建议

经过审计，审计人员认为企业在发展战略规划的执行过程中存在监控机制不健全、调整机制不灵活以及沟通不畅等问题。为此，审计人员提出了以下建议。

1. 完善监控机制

建立实时、全面的监控体系，运用信息化手段提高监控效率。

2. 灵活调整机制

当发现目标偏离预期时，应及时进行分析并调整策略，确保战略规划的有效执行。

3. 加强沟通协作

加强战略规划执行部门与监控部门之间的沟通协作，确保信息沟通顺畅无阻。

五、后续改进

企业根据审计人员的建议，对发展战略规划的执行过程进行了全面改进：完善了监控机制，建立了实时监控系统；调整了调整机制，使其更加灵活；并加强了部门之间的沟通协作。在后续的执行过程中，企业取得了显著成效，各项战略目标均得到了有效实现。同时，企业也加强了对内部审计的重视，将其作为提升企业竞争力的重要手段之一。

审计程序与方法

针对"发展战略规划的执行过程是否得到有效监控和调整"这一问题，审计人员需遵循一套系统而严谨的审计程序，并采用多种专业方法。以下是一些建议的审计程序与方法。

一、审计程序

1. 初步审查

审查企业的发展战略规划文件，了解规划的主要内容和目标。检查企业设立监控和调整机制的相关文件，了解其存在和初步运行情况。

2. 深入分析与评估

深入分析监控报告和调整记录，检查监控机制的覆盖面和实效性。评估调整机制的灵活性和响应速度，查明是否存在滞后或失效的情况。

3. 对比分析

将实际执行结果与预期目标进行对比，识别偏差和未达标的领域。与同行业或类似规模企业的战略规划执行情况进行比较，评估企业的执行水平。

4. 访谈与调查

与战略规划执行部门、监控部门以及企业高层进行访谈，了解他们对执行过程的看法和遇到的问题。对关键业务环节进行现场调查，观察实际执行情况与规划的一致性。

5. 总结与建议

总结审计发现的问题，分析其原因和影响。提出改进建议，包括完善监控机制、优化调整流程和加强部门沟通等。

二、审计方法

1. 文档审查法

仔细审阅发展战略规划、监控报告、调整记录等相关文档。检查文档的完整性和准确性，确认其能够真实反映执行过程。

2. 数据分析法

利用数据分析工具，对执行过程中的关键数据进行筛选、比对和趋势分析。通过数据可视化等方法，直观展示执行效果与预期目标的偏差。

3. 流程图分析法

绘制发展战略规划的执行流程图，标明监控和调整的关键节点。检查流程图中的潜在漏洞或不合规操作环节，提出优化建议。

4. 访谈与问卷调查法

设计访谈提纲和问卷调查表，收集执行部门、监控部门以及企业高层的意见和建议。对访谈和问卷结果进行统计分析，提炼出共性问题和改进方向。

5. 标杆对比法

选择同行业或类似规模企业的成功战略规划执行案例作为标杆。通过对比分析，找出本企业在执行过程中的差距和不足。

6. 风险评估法

对发展战略规划执行过程中可能面临的风险进行评估。根据风险评估结果，提出相应的监控和调整建议，以确保规划的顺利实施。

法规依据

对于"发展战略规划的执行过程是否得到有效监控和调整"的问题，相关法律法规提供了明确的指导和规定。例如，《中华人民共和国公司法》《中华人民共和国企业国有资产法》《中华人民共和国证券法》等都对企业的战略规划执行、监控及调整提出了要求，并规定了相应的法律责任。审计人员在进行审计时，应依据这些法律法规进行判定，并确保审计过程的合法性和合规性。

《中华人民共和国公司法》第一百一十一条：董事会应当确定对外投资、收购出售资产、资产抵押、对外担保事项、委托理财、关联交易、对外捐赠等重大的事项，并建立严格的审查和决策程序；重大投资项目应当组织有关专家、专业人员进行评审，并报股东大会批准。此条要求企业对重大事项进行严格的审查和决策，发展战略规划的执行应包含在此范围内。第一百四十七条：董事、监事、高级管理人员应当遵守法律、行政法规和公司章程，对公司负有忠实义务和勤勉义务。董事、监事、高级管理人员不得利用职权收受贿赂或者其他非法收入，不得侵占公司的财产。此条要求企业的高级管理人员对企业负有忠实和勤勉义务，包括有效监控和调整发展战略规划的执行。

《中华人民共和国企业国有资产法》第三十条："国家出资企业合并、分立、改制、上市，增加或者减少注册资本，发行债券，进行重大投资，为他人提供大额担保，转让重大财产，进行大额捐赠，分配利润，以及解散、申请破产等重大事项，应当遵守法律、行政法规以及企业章程的规定，不得损害出资人和债权人的权益。"此条要求企业在进行重大事项时，必须遵守法律法规，不得损害相关权益，发展战略规划的执行和调整也应遵循此原则。第三十五条：国家出资企业对其动产、不动产和其他财产依照法律、行政法规以及企业章程享有占有、使用、收益和处分的权利。国家出资企业依法享有的经营自主权和其他合法权益受法律保护。此条保护企业的经营自主权，但同时也意味着企业需对其经营行为负责，包括发展战略规划的有效执行和调整。

《中华人民共和国证券法》第六十三条：发行人、上市公司依法披露的信息，必须真实、准确、完整，不得有虚假记载、误导性陈述或者重大遗漏。对于可能影响股价的重大事件，上市公司应立即报告并公告。虽然此条主要针对上市公司的信息披露，但发展战略规划的执行和调整也可能影响股价，因此需确保相关信息的真实、准确和完整。

依据以上法规，审计人员可以有效地评估发展战略规划的执行过程是否得到有效监控和调整，并及时提出改进建议，确保企业战略规划的合规性和有效性。

整改建议

发展战略规划的有效执行与适时调整是企业持续健康发展的关键。针对发展战略规划执行过程是否得到有效监控和调整的问题，提出以下整改建议，以确保企业战略目标的顺利实现和资源的合理配置。

一、强化战略规划的监控机制

企业应建立专门的战略规划监控部门或岗位，负责定期检查和评估战略规划的执行情况。该部门应独立于执行部门，确保监控工作的客观性和公正性。同时，制定详细的监控流程和标准，明确监控的重点和频率，确保监控工作的系统性和有效性。

二、完善战略规划的调整机制

企业应建立灵活的战略规划调整机制，允许在必要时对战略规划进行适时调整。这包括定期回顾战略规划，分析市场环境和内部资源的变化，以及及时调整战略目标和行动计划。同时，企业应鼓励员工提出对战略规划的改进建议，确保战略规划能够与时俱进，适应外部环境的变化。

三、加强沟通与培训

企业应加强与员工之间的沟通，确保他们理解并支持战略规划的目标和行动计划。通过定期的培训和教育活动，加深和提高员工对战略规划的认识和执行能力。同时，企业应建立有效的信息反馈机制，鼓励员工提供关于战略规划执行情况的反馈和建议。

四、建立战略规划的绩效考核体系

企业应将战略规划的执行情况纳入绩效考核体系，对执行部门和个人进行定期评估。通过设立明确的考核指标和奖惩机制，激励员工积极投入战略规划的执行工作。同时，对于在战略规划执行过程中表现突出的员工给予适当的奖励和晋升机会。

五、提升战略规划的信息化水平

企业应利用信息技术手段提升战略规划的管理水平。通过建立战略规划管理系统，实现战略规划的制定、执行、监控和调整的全程信息化。这有助于提高战略规划的执行效率和准确性，减少人为操作失误和违规行为。

六、建立风险预警和应对机制

企业应建立风险预警机制，对可能影响战略规划执行的内外部风险进行及时识别和评估。同时，制定相应的风险应对预案，确保在风险发生时能够迅速做出反应，减轻风险对战略规划执行的影响。

强化战略规划的监控机制、完善战略规划的调整机制、加强沟通与培训、建立战略规划的绩效考核体系、提升战略规划的信息化水平以及建立风险预警和应对机制，可以有效地确保发展战略规划的执行过程得到有效监控和调整，从而推动企业持续健康发展。

专题 5：发展战略规划是否按期完成并达到了预期的经济效益？

案例简介

一、案例背景

某大型国有企业为拓展业务领域，提升企业竞争力，制定了一项为期三年的发展战略规划。该规划旨在通过投资新建生产线、研发新产品以及优化供应链管理等措施，实现年销售额增长30%的预期经济效益。为了确保战略规划的顺利实施，企业成立了专门的战略规划执行小组，并投入了大量资源。

二、审计发现

在战略规划实施期满后，企业内部审计部门对该项发展战略规划的执行情况进行了全面审计。审计过程中，审计人员发现以下问题。

（1）生产线投资项目的进度滞后，原计划三年内完成的建设任务仅完成了80%，导致新产品上市时间推迟。

（2）新产品研发过程中，由于市场调研不充分，导致部分新产品不符合市场需求，销售状况不佳。

（3）供应链管理优化措施执行不到位，供应商选择和管理存在疏漏，影响了原材料的质量和供应稳定性。

三、审计方法与程序

1. 文档审查

审计人员首先审查了战略规划的相关文件，包括项目计划书、进度报告、财务报表等，以了解规划的实施情况和资金使用情况。

2. 数据分析

审计人员对项目进度、产品销售数据、供应链成本等进行了深入分析，以评估规划的实际效果。

3. 访谈调查

审计人员对战略规划执行小组的成员进行了访谈，了解了规划执行过程中的困难和挑战，以及采取的应对措施。

4. 现场观察

审计人员到生产线现场进行了观察，了解了生产设备的运行状况、新产品的生产流程以及供应链管理的实际情况。

四、审计结论与建议

经过审计，审计人员认为该发展战略规划在执行过程中存在进度滞后、市场调研不充分以及供应链管理不到位等问题，未能按期完成并达到预期的经济效益。为此，审计人员提出了以下建议。

（1）加强项目管理，制定更为详细的项目进度计划，并定期检查执行情况，确保按时完成任务。

（2）深化市场调研，充分了解市场需求和竞争态势，以指导新产品研发和生产。

（3）完善供应链管理，加强供应商的选择和管理，确保原材料的质量和供应稳定性。

五、后续改进

企业根据审计人员的建议，对发展战略规划的执行进行了全面梳理和改进。企业加大了项目管理力度，调整了新产品研发策略，并优化了供应链管理。在后续的实施过程中，企业注重进度控制和质量控制，确保了战略规划的顺利实施。同时，内部审计部门也加大了对战略规划执行情况的监督力度，确保各项措施得到有效执行。经过一年的努力，企业成功实现了年销售额增长

30% 的预期目标。

审计程序与方法

针对"发展战略规划是否按期完成并达到了预期的经济效益"这一问题，审计人员需要遵循一套系统而严谨的审计程序，并采用多种专业方法来确保审计的全面性和准确性。以下是一些建议的审计程序与方法。

一、审计程序

1. 规划阶段审计程序

审查战略规划文档，了解规划的目标、时间表、预期经济效益等关键信息。与战略规划制定团队进行沟通，了解规划制定的背景、过程和依据。

2. 实施阶段审计程序

检查项目进度报告，了解各项任务的完成情况、是否存在延期等问题。对关键里程碑进行实地考察，验证项目的实际进展。审查相关财务报表，了解资金的使用情况。

3. 效益评估阶段审计程序

收集并分析经济效益数据，如销售额、市场份额、利润率等。对比规划前后的经济效益，评估是否达到预期目标。进行市场调研，了解消费者对新产品或服务的接受度和满意度。

4. 编写报告与反馈阶段审计程序

撰写审计报告，总结审计发现的问题和提出的建议。与企业管理层进行沟通，反馈审计结果并讨论改进措施。

二、审计方法

1. 文档审查法

仔细审阅战略规划的相关文档，包括规划书、进度报告、财务报表等，以获取全面的信息。

2. 数据分析法

利用数据分析工具对经济效益数据进行深入分析，识别趋势和异常点，评估经济效益是否达到预期。

3. 实地考察法

对项目实施现场进行实地考察，了解项目的实际进展和存在的问题。

4. 市场调研法

通过市场调研了解消费者对新产品或服务的接受度和满意度，以评估市场效益是否达到预期。

5. 对比分析法

将实际经济效益与预期目标进行对比，分析差异原因，评估规划的执行效果。

6. 专家咨询法

请行业专家或咨询师对战略规划的执行情况和经济效益进行专业评估和建议。

通过遵循上述审计程序和方法，审计人员可以全面而准确地评估发展战略规划的执行情况和经济效益是否达到预期目标，为企业提供有价值的反馈和改进建议。

法规依据

对于发展战略规划是否按期完成并达到了预期的经济效益的问题，相关法律法规提供了明确的指导和规定。审计人员在进行审计时，应依据这些法律法规进行判定，并确保审计过程的合法性和合规性。

关于"发展战略规划是否按期完成，并达到了预期的经济效益"的专题，法律依据主要来源于《中央企业发展战略和规划管理办法（试行）》。该办法由国务院国有资产监督管理委员会制定，旨在规范中央企业发展战略和规划的编制与管理工作，提高企业发展战略和规划的科学性和民主性。以下是相关的法律依据：

规范编制与管理工作：《中央企业发展战略和规划管理办法（试行）》第一条明确了制定该办法的目的，即规范中央企业发展战略和规划的编制与管理工作。

审核与监督：第四条指出国资委根据出资人职责依法对企业发展战略和规划的制订程序、内容进行审核，并对其实施情况进行监督。

审核内容：第十三条详细列出了国资委对企业发展战略和规划内容的审核主要包括是否符合国家发展规划和产业政策、是否符合国有经济布局和结构的战略性调整方向、是否突出主业，提升企业核心竞争力以及是否坚持效益优先和可持续发展原则。

实施与考核：第十七条要求企业在实施发展战略和规划过程中应当制定年度计划，对实施情况与发展目标进行对比评价，及时调整。第十八条进一步明确国资委将企业发展战略和规划的目标和实施纳入对中央企业负责人经营业绩考核的内容。

依据以上法律法规，审计人员可以有效评估公司的发展战略规划是否按期完成并达到了预期的经济效益。如果发现违规行为或未达到预期经济效益的情况，审计人员应及时提出改进建议，并追究相关责任人的法律责任。

整改建议

发展战略规划的执行与预期经济效益的实现是企业持续发展和竞争力提升的关键。针对发展战略规划是否按期完成并达到了预期的经济效益的问题，提出以下整改建议，以确保企业战略的有效实施和经济效益的达成。

一、规范战略规划的制定与审核流程

企业应建立科学的战略规划制定流程，确保规划内容切实可行，并符合市场与行业发展趋势。同时，规划应经过多层级、多维度的审核，包括内部专家团队、外部顾问以及高层管理人员的严格把关，以确保其全面性和可执行性。

二、明确责任分工与进度监控

对于战略规划中的各项任务和指标，企业应明确责任部门和具体负责人，并建立定期的进度监控机制。通过项目管理工具或内部信息系统，实时跟踪战略规划的执行情况，确保各项任务能够按计划推进。

三、加强内部沟通与协作

战略规划的执行需要企业内部各部门的紧密协作。因此，企业应建立有效的内部沟通机制，定期召开战略规划执行会议，及时分享进展、问题和经验，促进跨部门之间的协同工作。

四、优化资源配置与投入

针对战略规划中的重点项目和关键领域，企业应优化资源配置，确保足够的资金、人力和物力投入。同时，建立灵活的预算调整机制，以应对市场变化和不确定性因素。

五、建立绩效考核与激励机制

将战略规划的执行情况与员工的绩效考核相挂钩，对于按期完成任务并取得预期经济效益的部门和个人给予奖励和激励。这有助于激发员工的积极性和创造力，推动战略规划的有效实施。

六、加强市场分析与风险评估

企业应持续关注市场动态和竞争对手的策略变化，及时调整战略规划以适应外部环境的变化。同时，建立全面的风险评估机制，对可能影响战略规划执行和经济效益的风险因素进行定期评估和监控。

七、引入外部智慧与合作伙伴

在战略规划的制定和执行过程中，企业可以积极引入外部智慧和合作伙伴。通过与行业专家、研究机构或优秀企业交流与合作，汲取先进经验和创新思维，共同推动战略规划的成功实施和经济效益的提升。

通过规范战略规划的制定与审核流程、明确责任分工与进度监控、加强内部沟通与协作、优化资源配置与投入、建立绩效考核与激励机制、加强市场分析与风险评估以及引入外部智慧与合作伙伴等整改措施的实施，企业可以有效地推动发展战略规划的按期完成并达到预期的经济效益。这将为企业的可持续发展和竞争力提升奠定坚实的基础。

专题6：发展战略规划是否适应市场变化并进行了及时调整？

案例简介

一、案例背景

某知名电子产品制造商近年来在市场竞争中面临诸多挑战，为了保持其市场地位并实现可持续发展，公司决定制定并实施一项新的发展战略规划。该规划旨在调整产品线，加大研发投入，以更好地适应市场变化和满足消费者需求。然而，在实施一段时间后，公司内部对该规划是否真正适应市场变化并进行了及时调整产生了疑问。

二、审计发现

公司内部审计部门对该发展战略规划的实施情况进行了全面审计。审计过程中，审计人员发现以下问题。

1. 市场调研不充分

在制定发展战略规划时，公司未能进行全面、深入的市场调研，导致对消费者需求和市场趋势的理解存在偏差。

2. 产品调整滞后

尽管公司计划调整产品线以适应市场变化，但实际执行过程中，产品调整的进度明显滞后于市场变化。

3.研发投入不足

虽然公司加大了研发投入，但在某些关键领域，如新技术、新材料的研发上，投入仍然不足，影响了产品的竞争力。

三、审计方法与程序

1.文件审查

审计人员首先对公司的发展战略规划文件进行了详细审查，包括市场调研报告、产品调整计划、研发投入预算等。

2.数据分析

审计人员利用公司内部的销售数据、市场数据以及竞争对手的数据，对发展战略规划的实施效果进行了量化分析。

3.访谈与调查

审计人员对公司管理层、市场部门、研发部门以及销售团队进行了深入访谈，了解他们在实施发展战略规划过程中的感受和意见。

4.对比分析

审计人员将公司的发展战略规划与行业内其他成功企业的发展战略规划进行了对比分析，以找出可能存在的差距和不足。

四、审计结论与建议

经过审计，审计人员认为公司的发展战略规划在市场调研、产品调整和研发投入等方面存在明显不足，未能完全适应市场变化并及时进行调整。为此，审计人员提出了以下建议。

1.加强市场调研

公司应投入更多资源进行市场调研，以更准确地把握消费者需求和市场趋势。

2.加速产品调整

公司应加快产品调整的进度，确保产品线能够更好地满足市场需求。

3.增加研发投入

公司应加大在新技术、新材料等关键领域的研发投入，以提升产品的竞争力。

五、后续改进

公司管理层高度重视审计部门的意见和建议，立即组织相关部门进行研讨并制定改进计划。在后续的实施过程中，公司加强了市场调研工作，调整了产品线并加大了研发投入。经过一段时间的努力，公司的市场份额逐渐回升，消费者满意度也有所提升。同时，公司内部审计部门也继续对发展战略规划的实施情况进行跟踪审计，确保各项改进措施得到有效执行。

审计程序与方法

针对"发展战略规划是否适应市场变化并进行了及时调整"的问题，审计人员需要遵循一套系统的审计程序，并采用科学的审计方法。以下是一些建议的审计程序与方法。

一、审计程序

1.初步审查

对公司的发展战略规划文件进行审阅，了解其总体目标和具体策略。核对公司近期的市场报告、销售数据以及竞争对手的分析报告，评估市场变化的程度和速度。

2. 详细分析

深入分析公司的发展战略规划与市场变化的匹配程度，检查是否存在滞后或偏离市场的情况。追踪公司近期的产品调整、研发投入以及市场拓展等关键行动，评估其是否及时响应了市场变化。

3. 对比分析

将公司的发展战略规划与行业内其他成功企业的战略规划进行对比，识别存在的差距和不足。对比公司的发展战略规划与实际执行结果，分析其中的偏差和产生偏差的原因。

4. 专家咨询

请市场研究或战略规划领域的专家对公司的发展战略规划进行专业评估。

5. 现场调查与访谈

对公司的市场部门、研发部门以及销售团队进行现场调查，了解他们在实施发展战略规划过程中的实际情况和感受。与相关人员进行深入访谈，获取第一手信息，了解公司发展战略规划的执行情况和市场适应性。

二、审计方法

1. 文档审查法

仔细审阅所有与发展战略规划相关的文档，包括市场调研报告、产品调整计划、研发投入预算等。

2. 数据分析法

利用数据分析工具，对公司的销售数据、市场数据以及竞争对手的数据进行深度分析，评估发展战略规划的实施效果。

3. 案例研究法

参考行业内其他企业在市场变化时的成功案例，了解它们的应对策略和调整措施，为公司提供借鉴。

4. 流程图分析法

绘制公司发展战略规划的实施流程图，检查其中的关键环节和潜在风险点，评估其是否适应市场变化并进行了及时调整。

5. 动态监测法

利用专业的市场监测工具或软件，对公司的市场环境进行实时或定期的监测，及时发现市场变化并评估公司的发展战略规划是否需要进行调整。

法规依据

对于"发展战略规划是否适应市场变化并进行了及时调整"的问题，相关的法律法规提供了指导和规定。例如，《中华人民共和国公司法》《中华人民共和国证券法》等都对公司的战略规划提出了要求，并规定了相应的法律责任。审计人员在进行审计时，应依据这些法律法规进行判定，并确保审计过程的合法性和合规性。

《中华人民共和国公司法》第三十七条：股东会行使下列职权：……（九）对公司合并、分立、解散、清算或者变更公司形式作出决议；（十）修改公司章程。该条款虽然未直接提及发展战略规划，但公司形式的变更、章程的修改等往往与发展战略规划紧密相关，体现了公司对市场变化的适应性和战略调整的必要性。第四十六条：董事会对股东会负责，行使下列职权：……（三）决定公司的经营计划和投资方案。此条规定了董事会决定公司的发展战略规划，包括经营计划和投资方案，这些都需要根据市场变化进行及时调整。第一百一十一条：董事会会议应有过半数的董事出席方可举行。董事会作出决议，必须经全体董事的过半数通过。在审议关于发展战略规划的重大事项时，需要遵循此条规定，确保决策的合法性和有效性。

《中华人民共和国证券法》第六十三条：发行人、上市公司依法披露的信息，必须真实、准确、完整，不得有虚假记载、误导性陈述或者重大遗漏。对上市公司而言，其发展战略规划及其调整属于重大信息，需要按照此条规定进行及时、准确的披露，以确保市场投资者的知情权和公平交易权。

依据以上法律法规，审计人员可以对公司的发展战略规划是否适应市场变化并进行了及时调整进行审计，并依据相关条款提出审计意见和建议，确保公司战略规划的合法性和合规性，以及公司对市场变化的及时响应和对战略规划的及时调整。

整改建议

发展战略规划对企业的长期发展和市场竞争力具有决定性作用。针对发展战略规划是否适应市场变化并进行了及时调整的问题，提出以下整改建议，以确保企业战略规划的有效性和市场适应性。

一、加强市场研究和竞争分析

企业应加强对市场趋势、竞争对手和消费者行为的研究，建立定期市场调研的机制。通过收集和分析市场数据，及时把握市场变化和行业趋势，为发展战略规划的制定和调整提供有力依据。

二、建立灵活的战略调整机制

企业应在发展战略规划中明确战略调整的条件和程序，确保在市场环境发生重大变化时，能够及时对战略规划进行调整。同时，培养组织内部的战略思维和应变能力，以快速适应市场变化。

三、加强对战略执行的监控和评估

企业应建立对战略执行的监控体系，定期对战略执行情况进行评估和反思。通过对比实际执行结果与战略规划，及时发现问题并进行调整。同时，鼓励员工提出对战略执行的改进建议，促进战略规划的不断完善。

四、提升战略规划的制定和执行能力

企业应加强战略规划部门的建设，提升战略规划人员的专业素养和市场敏锐度。同时，对全体员工进行战略规划的宣传和培训，增强全员的市场意识和战略执行力。

五、建立战略风险管理和应对机制

企业应识别和分析发展战略规划过程中可能面临的风险，建立风险管理和应对机制。通过制定风险应对预案和定期进行风险演练，提高对市场变化和战略风险的应对能力。

六、加强战略沟通与协同

企业应建立跨部门的战略沟通机制，确保各部门在战略规划和执行过程中的协同配合。通过定期召开战略研讨会和跨部门协调会议，促进信息共享和战略协同，提高整体战略执行力。

加强市场研究和竞争分析、建立灵活的战略调整机制、加强对战略执行的监控和评估、提升战略规划的制定和执行能力、建立战略风险管理和应对机制以及加强战略沟通与协同，可以有效地确保发展战略规划适应市场变化并进行及时调整，为企业的长期发展和市场竞争力提升提供有力保障。

第三章
国有企业法人治理结构专题

专题1：股东会是否充分发挥了最高决策机构的作用？

案例简介

一、案例背景

某大型股份有限公司近年来业务快速发展，资产规模持续扩大。然而，公司内部治理问题逐渐显现，特别是关于股东会是否充分发挥了最高决策机构的作用，引起了广泛关注。为此，公司决定聘请外部审计机构对其进行一次全面的内部治理审计，以评估股东会在公司决策中的作用和效果。

二、审计发现

审计过程中，审计人员发现以下问题。

（1）股东会议事规则不完善，缺乏明确的决策流程和表决机制，导致部分重大决策未经充分讨论即通过。

（2）股东会会议记录不完整，部分会议未形成书面决议，或决议内容过于笼统，无法准确反映股东的真实意图。

（3）股东参与决策的积极性不高，部分小股东对公司的重大决策缺乏了解，其权益未得到充分保障。

（4）股东会与董事会、监事会的职责划分不明确，存在决策权与执行权混淆的情况。

三、审计方法与程序

1. 文件审查

审计人员首先对公司章程、股东会议事规则、会议记录等文件进行了详细审查，以了解股东会的组织架构和运作方式。

2. 访谈调查

审计人员与公司高管、股东代表进行了深入访谈，了解他们对股东会运作的看法和建议。

3. 数据分析

审计人员对公司近年来的重大决策进行了梳理和分析，评估股东会在其中的作用和影响力。

4. 现场观察

审计人员参加了公司的一次股东会会议，现场观察了会议的筹备、召开和表决过程。

四、审计结论与建议

审计结论认为，公司股东会在发挥最高决策机构作用方面存在明显不足，主要体现在议事规则不完善、会议记录不完整、股东参与积极性不高以及职责划分不明确等方面。为此，审计人员提出了以下建议。

（1）完善股东会议事规则，明确决策流程和表决机制，确保所有重大决策都经过充分讨论和审议。

（2）加强股东会会议记录的管理，确保每次会议都有完整的书面决议，并准确反映股东的真实意图。

（3）提高股东参与决策的积极性，通过定期召开股东大会、提供决策咨询等方式，加深和增强小股东对公司的了解和参与感。

（4）明确股东会与董事会、监事会的职责划分，避免决策权与执行权的混淆，确保公司治理结构的清晰和有效。

五、后续改进

公司根据审计人员的建议，对股东会的运作进行了全面的改进：完善了议事规则和会议记录制度，加强了与股东的沟通和互动，明确了各治理机构的职责划分。经过一段时间的运行，公司内部治理水平得到了显著提升，股东会在公司决策中的作用也得到了充分发挥。同时，公司还计划定期开展内部治理审计，以确保公司治理结构的持续完善和优化。

审计程序与方法

针对"股东会是否充分发挥了最高决策机构的作用"这一问题，审计人员需要遵循一套系统的审计程序，并采用多种审计方法，以确保审计的全面性和准确性。以下是一些建议的审计程序与方法。

一、审计程序

1. 初步审查

对公司章程、股东会议事规则、会议记录等文件进行初步检查，了解股东会的组织架构、职责权限和运作方式。审查公司近年来的重大决策文件，了解股东会在其中的作用和影响力。

2. 详细分析

深入分析股东会的会议记录，检查会议的筹备、召开和表决过程是否符合规定。对股东会的决策内容进行详细分析，评估其是否经过充分讨论和审议，是否符合公司和股东的利益。

3. 对比分析

将公司股东会的运作情况与同行业或同类型企业的最佳实践进行对比，识别存在的差距和不足。对公司不同时期的股东会运作情况进行纵向对比，分析是否存在持续改进或恶化的趋势。

4. 访谈调查

对公司高级管理人员、股东代表、董事会和监事会成员进行访谈，了解他们对股东会运作的看法和建议。收集小股东对公司股东会运作的反馈意见，评估其权益是否得到充分保障。

5. 现场观察

参加公司的一次或多次股东会会议，现场观察会议的筹备、召开和表决过程。对股东会的会场布置、设备设施、会议材料等进行现场检查，评估其是否满足高效决策的需求。

二、审计方法

1. 文档审查法

仔细审阅公司章程、股东会议事规则、会议记录、决策文件等，确保文档的完整性和合规性。

2. 数据分析法

利用数据分析工具，对公司近年来的重大决策进行梳理和分析，评估股东会在其中的作用和影响力。对股东会的会议记录进行数据分析，提取关键信息，如会议频率、出席人数、表决结果等，以评估其运作效率。

3. 访谈法

设计访谈问卷，针对公司高管、股东代表、董事会和监事会成员进行结构化访谈，收集他们对股东会运作的看法和建议。

4. 现场观察法

现场观察股东会的会议过程，记录会议的实际运作情况，如会议时长、讨论氛围、表决方式等。

5. 流程图分析法

绘制股东会决策流程图，分析决策过程中的关键节点和潜在风险点，评估其是否符合高效决策的要求。

6. 综合评估法

结合文档审查、数据分析、访谈调查、现场观察和流程图分析的结果，对股东会是否充分发挥了最高决策机构的作用进行综合评估，并提出改进建议。

法规依据

对于"股东会是否充分发挥了最高决策机构的作用"这一问题，相关法律法规提供了明确的指导和规定。例如，《中华人民共和国公司法》对股东会的职责、权力以及运作方式进行了详细的规定，审计人员在进行审计时，应依据这些法律法规进行判定，并确保审计过程的合法性和合规性。

《中华人民共和国公司法》第三十七条：有限责任公司股东会由全体股东组成，是公司的权力机构，依照本法行使职权。股东会的职权包括决定公司的经营方针和投资计划、选举和更换董事、监事、审议批准董事会和监事会的报告、审议批准公司的年度财务预算方案、决算方案等重要事项。

《中华人民共和国公司法》第四十三条：股东会会议由股东按照出资比例行使表决权；但是，公司章程另有规定的除外。这条规定强调了股东会作为权力机构在公司决策中的作用，尤其是股东通过出资比例行使表决权。

《国务院办公厅关于进一步完善国有企业法人治理结构的指导意见》：该指导意见明确了股东会是公司的权力机构，主要依据法律法规和公司章程，通过委派或更换董事、监事（不含职工代表），审核批准董事会、监事会年度工作报告，批准公司财务预决算、利润分配方案等方式，对董事会、监事会以及董事、监事的履职情况进行评价和监督。

《国务院办公厅关于进一步完善国有企业法人治理结构的指导意见》：国有独资公司不设股东会，由出资人机构依法行使股东会职权。这表明在国有独资公司中，出资人机构承担了股东会的职责，体现了股东会在国有企业中的最高决策机构作用。

依据以上法规依据，审计人员可以对股东会是否充分发挥了最高决策机构的作用进行深入的审计和评估。在审计过程中，审计人员应重点关注股东会的职权行使情况、会议通知和记录、表决权的行使等方面，以确保审计的全面性和准确性。

整改建议

股东会作为公司的最高决策机构，其职能的充分发挥对公司的长期发展和战略方向具有决定性作用。针对股东会是否充分发挥了最高决策机构作用的问题，提出以下整改建议，以期提升公司治理水平和决策效率。

一、完善股东会议事规则和决策流程

对现有的股东会议事规则进行全面审查，确保其内容符合相关法律法规的要求，并体现公司治理的最佳实践。明确股东会的决策流程，包括议题的提出、讨论、表决和记录等环节，确保决策过程的规范性和透明度。

二、加强股东会与会人员的专业培训和素质提升

定期组织针对股东、董事和监事的培训活动，加深他们对公司治理、法律法规和股东会运作的理解。通过培训，增强他们的责任感和使命感，以更好地履行自己的职责，为公司的长期发展贡献力量。

三、优化股东会组成结构，提高决策效率

对股东会的组成结构进行优化，确保各股东之间的权益平衡，避免大股东过度操控或小股东被边缘化的情况。同时，引入独立董事或外部专家，为公司提供更专业、更客观的决策建议，提高股东会的决策质量和效率。

四、强化股东会对管理层的监督和指导

明确股东会对管理层的监督和指导职责，确保管理层在股东会的框架内开展工作。定期审议管理层的报告，对管理层的工作进行评估和指导，确保公司的战略方向和经营计划与股东会的决策保持一致。

五、提高股东会的透明度和信息披露水平

加强股东会的信息披露工作，确保所有股东都能及时、准确地获取与股东会相关的信息和资料。提高股东会的透明度，增强股东对公司的信任感和归属感，促进公司与股东之间的沟通和合作。

六、建立股东会决策效果评估机制

建立股东会决策效果评估机制，定期对股东会的决策进行回顾和评估。通过评估，发现股东会在决策过程中存在的问题和不足，及时进行调整和改进，确保股东会的决策能够真正体现公司的长期利益和股东权益。

完善股东会议事规则和决策流程；加强股东会与会人员的专业培训和素质提升；优化股东会组成结构，提高决策效率；强化股东会对管理层的监督和指导；提高股东会的透明度和信息披露水平以及建立股东会决策效果评估机制等措施，可以有效提升股东会的决策效率，为公司的长期发展和战略方向提供有力保障。

专题 2：董事会成员是否存在职能弱化问题？

案例简介

一、案例背景

某大型上市公司近年来业务规模迅速扩大，为加强公司治理，公司聘请了外部审计机构对其内部管理进行审计。审计过程中，审计人员重点关注了董事会成员的职能履行情况。

二、审计发现

在审计过程中，审计人员发现董事会成员存在职能弱化问题，具体如下。

（1）董事会会议召开不频繁，且会议议题往往由管理层主导，董事会成员缺乏主动参与和决策的机会。

（2）董事会成员对公司重要业务的了解程度不足，对关键决策的背景和细节缺乏深入了解。

（3）部分董事会成员缺乏必要的专业知识和技能，导致在决策过程中难以发表有见地的意见。

（4）董事会对管理层的监督作用不明显，对管理层的一些有问题的决策或行为未能及时提出异议。

三、审计方法与程序

1. 文件审查

审计人员审查了公司近年来的董事会会议记录、决议以及相关业务报告，以了解董事会的工作状态和决策过程。

2. 访谈调查

审计人员对公司高层管理人员、董事会成员以及关键业务部门的负责人进行了深入的访谈，了解他们对董事会职能的看法和评价。

3. 对比分析

审计人员将公司的董事会运作模式与行业内的最佳实践进行了对比分析，以识别存在的差距和不足。

4. 观察与评估

审计人员观察了几次董事会会议的召开情况，对董事会成员的参与程度、讨论质量以及决策过程进行了实时评估。

四、审计结论与建议

经过审计，审计人员认为该公司董事会成员确实存在职能弱化问题，这对公司治理和长期发展构成了潜在风险。为此，审计人员提出了以下建议。

（1）提高董事会会议的召开频率，并确保会议议题广泛覆盖公司的重要业务和关键决策。

（2）加强董事会成员对公司业务的了解和培训，丰富和提高他们的专业知识和决策能力。

（3）鼓励董事会成员更积极地参与决策过程，发表独立意见，并加强对管理层的监督作用。

（4）考虑引入外部董事或独立董事，以增加董事会的多样性和专业性。

五、后续改进

公司根据审计人员的建议，对董事会的工作进行了全面的改进：提高了董事会会议的召开频率，并改进了会议议程的设置方式，确保董事会成员能够更深入地参与公司决策。同时，公司还加强了董事会成员的培训和教育，提高了他们的专业素养和决策能力。在后续的审计中，审计人员发现董事会成员的职能得到了显著加强，公司治理水平也得到了明显提升。

审计程序与方法

针对"董事会成员是否存在职能弱化问题"的审计，审计人员需要遵循一套系统的审计程序，并采用多种审计方法以确保审计的全面性和准确性。以下是一些建议的审计程序与方法。

一、审计程序

1. 初步了解与规划

对公司治理结构、董事会成员背景及职责进行初步了解。规划审计范围、目标和时间表，确定审计重点。

2. 资料收集与审查

收集近年来董事会会议记录、决议、公司业务报告及相关文件。审查资料，了解董事会决策过程、成员参与程度及对公司业务的了解程度。

3. 访谈与调查

对公司高层管理人员、董事会成员及关键业务部门负责人进行访谈。调查董事会成员对公司业务的熟悉程度、决策过程中的参与度及对公司管理层的监督作用。

4. 对比分析

将公司董事会运作模式与行业最佳实践进行对比分析。识别公司董事会运作中存在的问题和差距。

5. 评估与总结

对审计结果进行评估，确定董事会成员是否存在职能弱化问题。总结审计发现，提出改进建议。

二、审计方法

1. 文档审查法

仔细审阅董事会会议记录、决议及相关业务报告，了解董事会决策过程和成员职责履行情况。

2. 访谈法

通过对公司高层管理人员、董事会成员及关键业务部门负责人访谈，获取第一手信息，了解他们对董事会职能的看法和评价。

3. 对比分析法

利用行业最佳实践作为参照，对比分析公司董事会运作模式，识别存在的问题和不足之处。

4. 观察法

观察董事会会议的召开情况，对董事会成员的参与程度、讨论质量及决策过程进行实时评估。

5. 专家咨询法

请公司治理或董事会运作方面的专家对审计结果进行专业评估，提出改进建议。

通过遵循上述审计程序和方法，审计人员可以全面、准确地评估董事会成员是否存在职能弱化问题，并为公司提供有针对性的改进建议。

法规依据

对于董事会成员是否存在职能弱化问题，相关法律法规提供了明确的指导和规定。例如，《中华人民共和国公司法》对董事的职权、义务以及责任进行了详细规定，审计人员在进行审计时，应依据这些法律法规进行判定，并确保审计过程的合法性和合规性。

《中华人民共和国公司法》：第三十七条规定了有限责任公司股东会的职权，包括决定公司的经营方针和投资计划、选举和更换董事等，这为董事会成员的职能提供了基础。第四十七条明确了董事会的职权，包括执行股东会的决议，决定公司的经营计划和投资方案等，这强调了董事会在公司决策中的核心作用。

《国务院办公厅关于进一步完善国有企业法人治理结构的指导意见》：指导意见中强调了董事会作为公司的决策机构，要对股东会负责，执行股东会决定，依照法定程序和公司章程授权决定公司重大事项，接受股东会、监事会监督，认真履行决策把关、内部管理、防范风险、深化改革等职责。

指导意见还提到，国有独资公司要依法落实和维护董事会行使重大决策、选人用人、薪酬分配等权利，增强董事会的独立性和权威性。指导意见中还提到了规范董事会议事规则，董事会要严格实行集体审议、独立表决、个人负责的决策制度，平等充分发表意见，一人一票表决，建立规范透明的重大事项信息公开和对外披露制度。

依据以上法规，审计人员可以评估董事会成员是否存在职能弱化问题，即是否充分行使了法律和公司章程赋予的职权，是否履行了忠实和勤勉义务，以及是否因职能弱化给公司造成了损失。在审计过程中，审计人员应重点关注董事会会议记录、决议执行情况、公司业务报告等内容，以判断董事会成员是否存在职能弱化问题，并据此提出改进建议。

整改建议

董事会成员职能的有效发挥对公司治理结构的完善和公司长期稳定发展具有至关重要的作用。针对董事会成员可能存在的职能弱化问题，提出以下整改建议，以期提升董事会的整体效能，确保公司决策的科学性和高效性。

一、加强董事会成员的职责意识培养和专业能力的培训

定期组织董事会成员参加职责意识培养和专业能力的培训，强化他们对公司治理、战略规划、风险管理等方面的认识。通过培训，提升董事会成员在决策制定、业务监督和战略指导方面的专业能力，确保他们能够充分履行职能。

二、明确董事会成员的职责和权力，完善董事会运作机制

对董事会成员的职责和权利进行明确界定，确保每个成员都清楚自己的职责范围和工作要求。同时，完善董事会的运作机制，包括会议制度、决策流程和信息披露制度等，确保董事会能够高效、规范地运作。

三、加强董事会与管理层之间的沟通和协作

建立董事会与管理层之间的定期沟通机制，确保双方能够就公司的重要事项进行充分讨论和协作。通过加强沟通和协作，提升董事会对公司业务的了解程度，增强其在决策制定过程中的针对性和实效性。

四、建立董事会成员的评价和激励机制

建立科学的董事会成员评价体系，定期对他们的履职情况进行评估和反馈。同时，建立激励机制，对于表现优秀的董事会成员给予适当的奖励和激励，以激发他们的工作积极性和创造力。

五、增强董事会的独立性和监督作用

确保董事会在决策过程中保持独立性，不受管理层或其他利益相关方的不当影响。同时，加强董事会对管理层的监督作用，确保公司的业务运营和财务活动都符合法律法规和公司治理的要求。

六、提升董事会的信息获取和处理能力

建立完善的信息报告制度，确保董事会能够及时、准确地获取公司的重要信息。同时，提升董事会成员的信息处理和分析能力，以使他们能够更好地理解公司的业务状况和市场环境，做出更科学的决策。

加强董事会成员的职责意识培养和专业能力的培训；明确董事会成员的职责和权力，完善董事会运作机制；加强董事会与管理层之间的沟通和协作；建立董事会成员的评价和激励机制；增强董事会的独立性和监督作用以及提升董事会的信息获取和处理能力，可以有效地解决董事会成员职能弱化的问题，提升董事会的整体效能，为公司的长期稳定发展提供有力的保障。

专题 3：监事会是否有效履行了监督职责？

案例简介

一、案例背景

某大型上市公司近年来发展迅速，业务范围不断扩展，但同时也面临着公司治理结构的挑战。特别是监事会作为公司内部的重要监督机构，其职责履行情况直接关系到公司治理的有效性和透明度。近期，公司内部审计部门接到举报，举报者反映监事会在监督公司财务及高管行为方面可能存在失职情况。为此，内部审计部门决定对监事会过去一年的工作进行全面审计。

二、审计发现

在审计过程中，审计人员发现监事会存在以下问题。

（1）监事会会议记录不完整，部分重要议题讨论及决策过程缺失，无法有效追溯监督行为。

（2）监事会对公司财务报告的审核流于形式，未能深入分析财务数据背后的业务合理性及潜在风险。

（3）对于公司高管的一些违规行为，监事会未能及时发现并采取有效措施进行纠正或报告。

三、审计方法与程序

1. 文档审查

审计人员对监事会过去一年的会议记录、工作报告及相关文件进行了详细审查，以评估其工作的规范性和完整性。

2. 访谈调查

审计人员与公司高管、员工及外部利益相关者进行了深入访谈，了解他们对监事会工作的评价和期望。

3. 数据分析

审计人员对公司财务报告进行了深入分析，对比监事会审核意见与实际财务状况，评估监事会的监督效果。

4. 流程测试

审计人员模拟了监事会的工作流程，测试其在不同情境下的反应速度和决策质量。

四、审计结论与建议

经过审计，审计人员认为监事会在过去一年的工作中存在明显失职情况，未能有效履行其监督职责。为此，审计人员提出了以下建议。

（1）完善监事会会议制度，确保所有重要议题都能得到充分讨论并记录。

（2）加大监事会对公司财务报告的审核力度，引入外部审计机构进行协助，提高监督的专业性和独立性。

（3）建立监事会与高管层的沟通机制，确保监事会能及时了解并处理公司内部的违规行为。

（4）加强对监事会成员的培训和教育，提高其监督意识和专业能力。

五、后续改进

公司管理层高度重视审计部门的建议，并立即着手进行改进。监事会的工作制度得到了完善，会议记录更加规范；同时，监事会与外部审计机构的合作也进一步加强，对公司财务报告的审核更加深入和全面。此外，公司还加强了内部培训，提升了监事会成员的专业素养和监督能力。经过一段时间的努力，监事会的监督效果显著提升，公司治理结构得到了有效优化。

审计程序与方法

针对"监事会是否有效履行了监督职责"这一问题，审计人员需要遵循一套系统的审计程序，并采用科学的方法进行评估。以下是一些建议的审计程序与方法。

一、审计程序

1. 初步了解与规划

对监事会的组织结构、职责范围、工作制度等进行初步了解。规划审计范围、目标和时间表，确定审计的重点和关键领域。

2. 资料收集与审查

收集监事会过去一年的工作报告、会议记录、审核意见等相关文件。对这些文件进行详细审查，评估监事会工作的规范性和完整性。

3. 访谈与调查

对公司高管、员工及外部利益相关者进行访谈，了解他们对监事会工作的评价和期望。调查监事会与公司其他部门之间的沟通和协作情况，评估监事会在公司治理中的作用。

4. 数据分析与测试

对公司财务报告进行深入分析，对比监事会审核意见与实际财务状况。模拟监事会的工作流程，测试其在不同情境下的反应速度和决策质量。

5. 评估与总结

根据审计结果，评估监事会是否有效履行了监督职责。总结审计发现的问题，并提出改进建议。

二、审计方法

1. 文档审查法

仔细审阅监事会的工作报告、会议记录等文档，评估其工作的规范性和完整性。检查文档中的签字、盖章等手续是否齐全，确保文档的真实性和有效性。

2. 访谈调查法

制定访谈提纲，明确访谈目的和问题。选择合适的访谈对象，包括公司高管、员工和外部利益相关者。进行深入访谈，记录访谈内容，并对访谈结果进行分析和评估。

3. 数据分析法

利用数据分析工具，对公司财务报告进行深入分析。对比监事会审核意见与实际财务状况，评估监事会的监督效果。分析公司财务状况的变化趋势，识别潜在的风险和问题。

4. 流程测试法

模拟监事会的工作流程，包括会议召开、议题讨论、决策制定等环节。测试监事会在不同情境下的反应速度和决策质量，评估其工作效率和效果。根据测试结果，提出改进监事会工作流程的建议。

5. 综合评估法

结合文档审查、访谈调查、数据分析和流程测试的结果，对监事会的工作进行全面评估。评估监事会是否有效履行了监督职责，并识别存在的问题和不足。根据评估结果，提出具体的改进建议，以提升和优化监事会的监督效果和公司治理结构。

法规依据

对于监事会是否有效履行了监督职责的问题，相关法律法规提供了明确的指导和规定。例如，《中华人民共和国公司法》对监事会的职责和权力进行了详细规定，并明确了监事会成员的责任。审计人员在进行审计时，应依据这些法律法规进行判定，并确保审计过程的合法性和合规性。

《中华人民共和国公司法》第五十一条：有限责任公司设监事会，其成员不得少于三人。股东人数较少或者规模较小的有限责任公司，可以设一至二名监事，不设监事会。监事会应当包括股东代表和适当比例的公司职工代表，其中职工代表的比例不得低于三分之一，具体比例由公司章程规定。监事会中的职工代表由公司职工通过职工代表大会、职工大会或者其他形式民主选举产生。监事会设主席一人，由全体监事过半数选举产生。监事会主席召集和主持监事会会议；监事会主席不能履行职务或者不履行职务的，由半数以上监事共同推举一名监事召集和主持监事会会议。董事、高级管理人员不得兼任监事。第五十二条：监事的任期每届为三年。监事任期届满，连选可以连任。监事任期届满未及时改选，或者监事在任期内辞职导致监事会成员低于法定人数的，在改选出的监事就任前，原监事仍应当依照法律、行政法规和公司章程的规定，履行监事职务。第五十三条：监事会、不设监事会的公司的监事行使下列职权：（一）检查公司财务；（二）对董事、高级管理人员执行公司职务的行为进行监督，对违反法律、行政法规、公司章程或者股东会决议的董事、高级管理人员提出罢免的建议；（三）当董事、高级管理人员的行为损害公司的利益时，要求董事、高级管理人员予以纠正；（四）提议召开临时股东会会议，在董事会不履行本法规定的召集和主持股东会会议职责时召集和主持股东会会议；（五）向股东会会议提出提案；（六）依照本法第一百五十一条的规定，对董事、高级管理人员提起诉讼；（七）公司章程规定的其他职权。第五十四条：监事可以列席董事会会议，并对董事会决议事项提出质询或者建议。监事会、不设监事会的公司的监事发现公司经营情况异常，可以进行调查；必要时，可以聘请会计师事务所等协助其工作，费用由公司承担。第五十五条：监事会每年度至少召开一次会议，监事可以提议召开临时监事会会议。监事会的议事方式和表决程序，除本法有规定的外，由公司章程规定。监事会决议应当经半数以上监事通过。监事会应当对所议事项的决定作成会议记录，出席会议的监事应当在会议记录上签名。

依据以上法规，审计人员可以判断监事会是否按照法律法规的要求履行了其监督职责，包括检查公司财务、监督董事和高级管理人员的行为、提议召开股东会会议等。如果监事会未能有效履行这些职责，审计人员可以依据相关法律规定提出改进建议，以确保公司治理结构的完善和监督机制的有效性。

整改建议

监事会在公司治理结构中扮演着至关重要的角色，其有效履行监督职责对维护公司利益、保障股东权益以及促进公司稳定发展具有重大意义。针对"监事会是否有效履行了监督职责"的问题，提出以下整改建议，以期完善公司治理结构，提升监事会的工作效能。

一、加强监事会的独立性和权威性

公司应确保监事会在组织结构、人员配置和工作开展上的独立性，避免其受到管理层或其他利益相关方的不当影响。同时，提升监事会在公司治理中的地位，明确其监督权力和责任，增强其权威性，以确保其监督工作的有效实施。

二、优化监事会的成员结构和提升专业素质

监事会成员应具备丰富的专业知识、实践经验和良好的职业道德。公司应积极吸纳具备财务、法律、管理等领域专业知识的人才加入监事会，并定期组织培训和学习，提升监事的专业素质和监督能力。

三、完善监事会的工作制度和流程

建立健全监事会的工作制度和流程，明确监事会的职责、权力和工作程序。制定详细的监事会工作计划和年度监督计划，确保监事会有计划、有步骤地开展工作。同时，建立监事会与董事会、管理层之间的沟通协调机制，确保信息畅通，监督到位。

四、强化监事会对公司财务和业务的监督

监事会应定期对公司的财务状况、业务运营和内部控制进行审查和评估。监事会应重点关注公司资金流动、重大投资决策、关联交易等关键领域，确保公司财务和业务活动的合规性和稳健性。对于发现的问题和风险，监事会应及时向董事会和管理层提出，并督促其进行整改。

五、建立监事会的激励和约束机制

为激励监事会成员积极履行职责，公司应建立相应的激励机制，如设立监事会工作奖励、提供职业发展机会等。同时，建立监事会的约束机制，对于未能有效履行监督职责的监事，应依法依规进行责任追究。

六、提高监事会的透明度和加强信息披露

监事会应定期向公司股东和利益相关者报告其工作情况、监督成果和发现的问题。增加监事会工作的透明度，有助于提升股东和利益相关者对公司的信任度，也有助于监事会更好地接受外部监督和评价。

加强监事会的独立性和权威性、优化监事会的成员结构和提升专业素质、完善监事会的工作制度和流程、强化监事会对公司财务和业务的监督、建立监事会的激励和约束机制以及提高监事会的透明度和加强信息披露，可以有效提升监事会的工作效能，确保其有效履行监督职责，为公司的稳定发展和股东权益的保障提供有力支持。

专题4：高管层是否遵循了董事会制定的战略方向？

案例简介

一、案例背景

某知名科技公司近年来发展迅速，业务范围不断扩大。为确保公司持续稳定发展，董事会制定了一套明确的战略方向，包括加大研发投入、拓展国际市场、优化内部管理等关键领域。为监督高管层是否遵循了这一战略方向，公司内部审计部门开展了一次专项审计。

二、审计发现

在审计过程中，审计人员发现高管层在部分关键领域的执行与董事会制定的战略方向存在偏差，具体如下。

研发投入方面，虽然高管层增加了研发资金，但资金分配不合理，过多地投入短期能见效的小项目上，而忽视了具有长期战略性的大项目。

国际市场拓展方面，高管层未能按照董事会要求的时间表推进，导致国际市场份额增长缓慢。

内部管理优化方面，虽然进行了一些改革，但在关键流程的优化和人员配置上并未达到董事会预期的效果。

三、审计方法与程序

1. 文件审查

审计人员首先审查了董事会制定的战略方向文件，以及高管层的相关执行报告和会议纪要，

以了解战略执行的具体情况。

2. 数据对比

审计人员对比了研发投入、国际市场销售额、内部管理成本等关键指标的实际数据与董事会设定的目标数据，分析差异原因。

3. 访谈调查

审计人员对公司高管、中层管理人员以及关键员工进行访谈，了解他们对战略执行的看法和反馈。

4. 现场观察

审计人员对公司的研发部门、国际市场部门以及内部管理部门进行了现场观察，以获取更直观的执行情况。

四、审计结论与建议

经过审计，审计人员认为高管层在部分关键领域的执行与董事会制定的战略方向存在明显偏差。为此，审计人员提出了以下建议。

（1）调整研发资金分配，确保长期战略性的大项目得到足够支持。

（2）加快国际市场拓展步伐，制定更具体的实施计划和时间表。

（3）深化内部管理改革，优化关键流程和人员配置，以达到董事会预期的效果。

五、后续改进

高管层根据审计人员的建议，对战略执行进行了全面的调整和优化。在后续的审计中，审计人员发现公司的高管层更好地遵循了董事会制定的战略方向，研发投入更加合理，国际市场份额稳步增长，内部管理也得到了显著提升。同时，公司也加大了对战略执行的监督和评估力度，确保各项战略措施得到有效执行。

审计程序与方法

针对"高管层是否遵循了董事会制定的战略方向"这一问题，审计人员需要执行一系列严谨的审计程序，并采用专业的审计方法。以下是一些建议的审计程序与方法。

一、审计程序

1. 初步审查

审阅董事会制定的战略方向文件，理解并归纳其关键要点和目标。收集高管层的执行报告、会议纪要以及相关部门的业绩数据，进行初步比对。

2. 详细分析

深入分析高管层在研发投入、市场拓展、内部管理等方面的具体执行措施。

检查这些执行措施是否与董事会制定的战略方向保持一致，是否存在偏差。

3. 对比分析

将高管层的执行结果与董事会设定的目标进行量化对比，分析差异及原因。

与同行业或同类型企业的战略执行情况进行比较，评估公司战略执行的竞争力。

4. 专家咨询与访谈

请教战略管理或行业专家，对高管层的战略执行进行专业评估。对公司高管、中层管理人员以及关键员工进行访谈，了解他们对战略执行的看法和反馈。

5. 现场调查与观察

对公司的研发部门、国际市场部门以及内部管理部门进行现场调查，观察战略执行的实际情况。检查关键流程和人员配置，评估其是否支持战略方向的实现。

二、审计方法

1. 文档审查法

仔细审阅所有与战略执行相关的文档，包括执行报告、会议纪要、业绩数据等。检查文档的完整性和准确性，确保审计依据的可靠性。

2. 数据分析法

利用数据分析工具，对研发投入、市场拓展、内部管理等方面的数据进行量化分析。通过趋势分析、比率分析等手段，识别战略执行中的偏差和异常。

3. 案例研究法

参考同行业或同类型企业在战略执行方面的成功案例和失败案例。分析这些案例中的关键成功因素和失败原因，为公司战略执行提供借鉴和警示。

4. 流程图分析法

绘制公司战略执行的流程图，包括关键步骤、责任部门、时间节点等。检查流程图中的潜在漏洞或不合规操作环节，提出改进建议。

5. 综合评估法

结合文档审查、数据分析、案例研究、流程图分析等方法的结果，对高管层在战略执行方面的整体表现进行综合评估，并提出审计结论和建议。

法规依据

对于"高管层是否遵循了董事会制定的战略方向"这一问题，相关的法律法规虽然没有直接提及战略执行的具体条款，但《中华人民共和国公司法》等法律中对高管层的职责、义务以及违法违规的责任有明确规定，这些可以作为审计人员评估高管层是否遵循董事会制定的战略方向的法规依据。

《中华人民共和国公司法》第一百一十二条：董事会会议，应由董事本人出席；董事因故不能出席，可以书面委托其他董事代为出席，委托书中应载明授权范围。董事会应当对会议所议事项的决定作成会议记录，出席会议的董事应当在会议记录上签名。董事应当对董事会的决议承担责任。董事会的决议违反法律、行政法规或者公司章程、股东大会决议，致使公司遭受严重损失的，参与决议的董事对公司负赔偿责任。但经证明在表决时曾表明异议并记载于会议记录的，该董事可以免除责任。此条规定了董事对董事会决议的责任，如果战略方向是由董事会制定的，那么董事需要对其负责。第一百四十七条：董事、监事、高级管理人员应当遵守法律、行政法规和公司章程，对公司负有忠实义务和勤勉义务。董事、监事、高级管理人员不得利用职权收受贿赂或者其他非法收入，不得侵占公司的财产。此条规定了高管层对公司的忠实和勤勉义务，这是评估他们是否遵循董事会制定的战略方向的重要依据。第一百四十九条：董事、监事、高级管理人员执行公司职务时违反法律、行政法规或者公司章程的规定，给公司造成损失的，应当承担赔偿责任。此条规定了高管层违规应承担的法律责任。

《中华人民共和国证券法》等相关法律也有对上市公司高管层职责和违规行为的规定，这些都可以作为审计人员评估高管层是否遵循董事会制定的战略方向的法律依据。

依据以上法规，审计人员可以评估高管层在执行战略时是否尽到了忠实和勤勉的义务，是否存在违反法律、行政法规或者公司章程的行为，以及是否因此给公司造成了损失。如果发现违规行为或损失，审计人员可以依据相关法律法规提出改进建议。

整改建议

高管层是否遵循董事会制定的战略方向，直接关系到企业的长期发展和市场竞争力。针对此问题，提出以下整改建议，以确保企业战略的有效执行和高管层的合规操作。

一、加强高管层的战略理解和执行力培训

定期组织高管层参加战略理解和执行力培训，确保其充分理解董事会制定的战略方向，明确自己在战略执行中的角色和职责。通过案例分析、角色扮演等互动方式，提升高管层的战略思维和执行能力。

二、完善对战略执行情况的监督和评估机制

完善对战略执行情况的监督和评估机制，定期对高管层的战略执行情况进行检查和评估。设立独立的监督机构或委员会，负责监督战略执行过程，确保高管层严格按照董事会制定的战略方向进行决策和操作。

三、增强高管层的责任意识和建立激励机制

明确高管层在战略执行中的责任，对于未能按照董事会战略方向执行或执行不力的高管层成员，应依法依规进行问责和处理。同时，建立与战略执行效果挂钩的激励机制，鼓励高管层积极、有效地执行战略。

四、加强内部沟通和信息共享

建立高效的内部沟通和信息共享机制，确保高管层与董事会、各部门之间保持畅通的信息交流。定期召开战略执行汇报会议，让高管层向董事会汇报战略执行情况，及时发现问题并进行调整。

五、提升高管层的法律意识和合规操作水平

加强对高管层的法律法规培训，提升他们的法律意识和合规操作水平。确保高管层在执行战略时，严格遵守相关法律法规和公司章程，不得进行任何违法违规的操作。

六、建立对战略执行情况的反馈和调整机制

建立对战略执行情况的反馈和调整机制，鼓励高管层在执行过程中及时发现问题并进行反馈。对于因市场环境变化或其他原因需要调整战略的情况，应及时进行战略调整，确保企业战略与市场环境保持同步。

加强高管层的战略理解和执行力培训、完善对战略执行情况的监督和评估机制、增强高管层的责任意识和建立激励机制、加强内部沟通和信息共享、提升高管层的法律意识和合规操作水平以及建立对战略执行情况的反馈和调整机制，可以有效地确保高管层遵循董事会制定的战略方向，推动企业的长期发展和市场竞争力提升。

专题 5：高管选拔与考核机制是否健全？

案例简介

一、案例背景

某大型集团公司为了提升企业竞争力，近年来不断扩张业务版图，并随之进行了多次高管人员的调整。然而，随着企业规模的扩大，高管选拔与考核机制的问题逐渐暴露出来，影响了企业的战略执行与长期发展。为此，集团内部审计部门决定对该问题进行深入审计。

二、审计发现

审计过程中，审计人员发现该公司在高管选拔与考核机制方面存在以下问题。

（1）高管选拔过程缺乏透明度和公正性，选拔标准不明确，且未建立有效的候选人评估体系。

（2）考核机制不完善，绩效考核指标过于模糊，缺乏具体的量化标准，导致考核结果难以客观反映高管的实际工作表现。

（3）高管选拔与考核过程中存在人为干预和主观判断过多的情况，影响了选拔与考核结果的公正性。

三、审计方法与程序

1. 文件审查

审计人员首先审查了公司的高管选拔与考核相关文件，包括选拔标准、考核指标、选拔流程等，以了解其制度设计和执行情况。

2. 访谈调查

审计人员与公司高层、人力资源部门以及部分高管进行了深入访谈，了解了高管选拔与考核的实际操作情况，并收集了相关反馈意见。

3. 数据分析

审计人员对公司近年来的高管选拔与考核数据进行了详细分析，包括选拔来源、考核成绩、晋升情况等，以发现其中可能存在的问题和规律。

四、审计结论与建议

经过审计，审计人员认为该公司在高管选拔与考核机制方面存在明显缺陷，需要进行全面改进。为此，审计人员提出了以下建议。

（1）明确高管选拔标准，建立科学的候选人评估体系，确保选拔过程的透明度和公正性。

（2）完善考核机制，制定具体的量化考核指标，确保考核结果的客观性和准确性。

（3）减少人为干预和主观判断在高管选拔与考核过程中的影响，确保选拔与考核结果的公正性。加强对高管选拔与考核工作的监督和管理，确保相关制度得到有效执行。

五、后续改进

公司根据审计人员的建议，对高管选拔与考核机制进行了全面改革：制定了明确的高管选拔标准和候选人评估体系，并引入了第三方机构参与选拔过程，确保了选拔的公正性；同时，完善了考核机制，制定了具体的量化考核指标，并加强了考核结果的反馈和应用。经过一段时间的实施，公司的高管选拔与考核机制得到了显著改善，为企业的长期发展奠定了坚实基础。

审计程序与方法

针对"高管选拔与考核机制是否健全"这一问题，审计人员需要遵循一套系统的审计程序，并采用多种审计方法，以确保审计工作的全面性和准确性。以下是一些建议的审计程序与方法。

一、审计程序

1. 初步了解

审阅公司的高管选拔与考核相关文件，包括选拔标准、考核指标、选拔流程等，以初步了解制度设计和执行情况。与公司高层、人力资源部门进行沟通，了解高管选拔与考核的总体情况和存在的问题。

2. 详细测试与检查

对高管选拔过程进行测试，检查选拔标准是否明确、候选人评估体系是否科学、选拔过程是否透明公正。对考核机制进行详细检查，包括考核指标的设定、考核方法的运用、考核结果的反馈和应用等。

3. 对比分析

将公司的高管选拔与考核机制和行业标准或同类企业进行比较，评估其合理性和有效性。分析不同年份或不同部门的高管选拔与考核数据，识别可能存在的趋势或问题。

4. 深入调查与访谈

对涉及高管选拔与考核的部门进行深入调查，了解实际操作流程和内部控制情况。与相关人员进行访谈，包括公司高层、人力资源部门员工等，获取第一手信息，验证选拔与考核的真实性和合规性。

5. 总结与报告

整理审计发现的问题和证据，进行综合分析，形成审计结论。编写审计报告，向公司高层和相关部门汇报审计结果，并提出改进建议。

二、审计方法

1. 文档审查法

仔细审阅所有与高管选拔和考核相关的文档，包括选拔标准、考核指标、选拔流程、考核结果等，以了解其制度设计和执行情况。

2. 数据分析法

利用数据分析工具，对高管选拔与考核数据进行筛选、比对和趋势分析，识别可能存在的问题或异常情况。

3. 访谈法

与公司高层、人力资源部门员工等进行深入访谈，了解他们对高管选拔与考核的看法和意见，获取第一手信息。

4. 流程图分析法

绘制高管选拔与考核的流程图，检查是否存在潜在的漏洞或不合规的操作环节，以评估其流程的合理性和有效性。

5. 对比分析法

将公司的高管选拔与考核机制与行业标准或同类企业进行比较，评估其合理性和有效性，发现可能存在的差距或不足。

通过遵循上述审计程序和方法，审计人员可以全面、准确地评估公司高管选拔与考核机制的健全性，并为公司提供有针对性的改进建议。

法规依据

对于高管选拔与考核机制是否健全的问题，相关法律法规提供了明确的指导和规定。例如，《中华人民共和国公司法》《中华人民共和国劳动合同法》以及相关的行政法规和部门规章都对高管选拔与考核进行了规范，并规定了相应的法律责任。审计人员在进行审计时，应依据这些法律法规进行判定，并确保审计过程的合法性和合规性。

《中华人民共和国公司法》第一百一十条：董事会决定聘任或者解聘公司经理及其报酬事项，并根据经理的提名决定聘任或者解聘公司副经理、财务负责人及其报酬事项。此条规定了董事会在高管选拔中的职责。第一百一十一条：董事会应当确定对外投资、收购出售资产、资产抵押、对外担保事项、委托理财、关联交易、对外捐赠等重大的权限，建立严格的审查和决策程序；重大投资项目应当组织有关专家、专业人员进行评审，并报股东大会批准。虽然此条主要规定的是公司决策程序，但间接要求高管选拔与考核时应确保高管具备相应的决策能力。第一百四十七条：董事、监事、高级管理人员应当遵守法律、行政法规和公司章程，对公司负有忠实义务和勤勉义务。此条对高管的行为准则进行了规定，是考核高管是否合格的重要依据。

《中华人民共和国劳动合同法》第三条："订立劳动合同，应当遵循合法、公平、平等自愿、协商一致、诚实信用的原则。依法订立的劳动合同具有约束力，用人单位与劳动者应当履行劳动合同约定的义务。"此条规定了劳动合同订立的基本原则，也适用于高管的聘用合同。第四十条："有下列情形之一的，用人单位提前三十日以书面形式通知劳动者本人或者额外支付劳动者一个月工资后，可以解除劳动合同：……（二）劳动者不能胜任工作，经过培训或者调整工作岗位，仍不能胜任工作的。"此条规定了因劳动者不能胜任工作而解除劳动合同的情况，是考核高管工作表现的重要法律依据。

除了上述法律，相关的行政法规和部门规章，如《企业国有资产监督管理暂行条例》《上市公司治理准则》等，也对高管选拔与考核提出了具体的要求和规范。

通过以上法规依据的综合运用，审计人员可以有效地评估高管选拔与考核机制的健全性，并及时提出改进建议，确保公司治理结构的合规性和有效性。

整改建议

高管选拔与考核机制的健全性对企业的长期发展和竞争力提升具有至关重要的影响。针对当前高管选拔与考核机制可能存在的问题，提出以下整改建议，以确保企业治理结构的合规性和有效性。

一、明确高管选拔标准和程序

企业应制定明确的高管选拔标准，包括专业技能、管理经验、道德品质等方面，确保选拔过程公开、公平、公正。同时，建立科学的选拔程序，包括候选人提名、面试、评估等环节，确保选拔结果的科学性和合理性。

二、完善高管考核机制

企业应建立全面、客观的高管考核机制，包括工作业绩、领导能力、团队协作、道德品质等多个方面。考核应定期进行，并采用 360 度反馈、自我评估、上级评估等多种方式，确保考核结果的准确性和全面性。

三、注重高管培养和发展

企业应注重高管的培养和发展，提供定期的培训和学习机会，提升他们的专业技能和管理能力。同时，建立高管继任计划，确保企业在高管变动时能够平稳过渡，保持持续稳定的发展。

四、建立高管激励和约束机制

企业应建立合理的高管激励和约束机制，包括薪酬激励、股权激励、职位晋升等，以激发高管的积极性和创造力。同时，对于高管的不当行为或绩效不佳情况，应建立相应的惩罚和降级机制，确保高管对企业的忠诚度和责任感。

五、完善企业治理结构和提高治理透明度

企业应完善企业治理结构，确保董事会、监事会等机构的独立性和有效性。同时，提高企业治理的透明度，定期公布高管选拔和考核结果，接受内外部的监督和建议。

六、引入外部专业机构和专家

企业可以引入外部的专业机构或专家，对高管选拔与考核机制进行评估。外部专业机构或专家可以提供独立的意见和建议，帮助企业改进和完善相关机制。

明确高管选拔标准和程序、完善高管考核机制、注重高管培养和发展、建立高管激励和约束机制、完善企业治理结构和提高治理透明度以及引入外部专业机构和专家，可以有效地提升高管选拔与考核机制的健全性，确保企业治理结构的合规性和有效性。这将为企业的长期发展和竞争力提升提供坚实的保障。

专题 6：员工、债权人等利益相关者是否有有效途径参与公司治理？

案例简介

一、案例背景

某大型上市公司近年来业务快速发展，但公司治理结构相对滞后，员工与债权人的利益诉求问题日益凸显。为改善公司治理，提升利益相关者参与度，公司决定邀请外部审计机构对其治理机制进行全面审计，特别关注员工和债权人是否有有效途径参与公司治理。

二、审计发现

审计团队通过审查文件、访谈管理层与普通员工代表，以及分析公司公开信息等审计程序，发现以下主要问题。

（1）公司章程及治理结构中未明确员工和债权人的参与机制，导致其在重大决策中的声音微弱。

（2）员工代表大会的功能被弱化，会议召开频次低，且议题多限于员工福利，不涉及公司战略层面。

（3）债权人缺乏与公司沟通的正式渠道，尤其是在公司财务状况变动或制定融资决策时，其知情权与参与权受限。

（4）公司信息披露不充分，对于影响员工和债权人权益的重要信息，如财务报告、重大合同等，公开透明度不足。

三、审计方法与程序

1. 文件审查

仔细研读公司章程、治理文件、会议纪要及相关政策，评估其对员工和债权人参与公司治理的支持程度。

2. 深度访谈

对公司管理层、员工代表、债权人及独立董事进行一对一访谈，了解他们的看法。

3. 问卷调查

设计问卷，面向全体员工及主要债权人收集关于公司治理参与度的反馈。

4. 分析

分析公司近年来在员工权益保护、债权人沟通方面的具体举措及成效。

四、审计结论与建议

审计团队认为，该公司在员工和债权人参与公司治理方面存在显著不足，影响了公司治理的有效性和公平性。为此，审计团队提出以下建议。

1. 修订公司章程

明确员工和债权人在公司治理中的角色与权利，建立常态化的参与机制。

2. 强化员工代表大会的功能

提高会议频率，拓宽讨论范围至公司战略、重大投资等关键议题。

3. 建立债权人沟通平台

设立债权人委员会或定期沟通会议，确保债权人在关键决策中的知情权与参与权。

4. 增强信息披露

扩大信息公开范围，特别是对公司财务状况、经营策略及风险管理的透明化。

五、后续改进

公司采纳了审计团队的建议，逐步实施了一系列改革措施，包括：修订公司章程，增设员工与债权人参与公司治理的条款；定期召开包含员工代表和债权人在内的多方参与会议；加强信息披露，建立更加开放透明的沟通机制。这些举措有效提升了员工和债权人的参与度，促进了公司治理结构的优化与公司的长期发展。

审计程序与方法

针对"员工、债权人等利益相关者是否有有效途径参与公司治理"这一问题，审计人员需执行一套详尽的审计程序，并采用多元化的审计方法。以下是对此问题的审计程序与方法。

一、审计程序

1. 初步了解

审阅公司章程、治理结构文件以及相关的政策与程序，了解员工和债权人参与公司治理的现状。与公司管理层进行沟通，了解他们对员工和债权人参与公司治理的看法和实际操作。

2. 访谈与分析

通过访谈员工代表、债权人以及独立董事，收集他们关于参与公司治理的看法和反馈。分析公司近年来在员工权益保护、债权人沟通方面的具体举措，评估其实际效果。

3. 对比分析

将公司的员工和债权人参与公司治理机制与行业标准或最佳实践进行对比，识别存在的差距和不足。分析公司在不同时间段内员工和债权人参与度的变化趋势，评估公司治理结构的改进情况。

4. 专家评估

请公司治理、劳动法或财务领域的专家对员工和债权人参与公司治理的现状进行专业评估。根据专家的建议，确定审计的重点和潜在的风险点。

5. 现场调查与验证

对公司治理结构进行现场调查，了解员工代表大会、债权人沟通平台的实际运作情况。通过观察、访谈和文件审查等方式，验证公司治理文件中关于员工和债权人参与公司治理的条款是否得到执行。

二、审计方法

1. 文档审查法

仔细审阅公司章程、治理文件、会议纪要、员工手册以及债权人沟通记录等文档，评估其对员工和债权人参与公司治理的支持程度。

2. 访谈法

设计访谈提纲，与公司管理层、员工代表、债权人以及独立董事进行一对一访谈，深入了解他们的看法。

3. 问卷调查法

设计问卷，面向全体员工及主要债权人收集关于公司治理参与度的反馈，以获取更广泛的信息。

4. 数据分析法

利用数据分析工具，对公司近年来在员工权益保护、债权人沟通方面的举措进行量化分析，评估其成效。

5. 对比分析法

将公司的员工和债权人参与公司治理机制与同行业其他公司或国际标准进行对比，识别存在的差距和不足。

6. 流程图分析法

绘制公司治理结构的流程图，特别是员工和债权人参与公司治理的路径和环节，检查是否存在潜在的漏洞或不合规的操作。

通过执行上述审计程序和方法，审计人员可以全面、深入地评估公司员工和债权人等利益相关者参与公司治理的有效途径和现状，并为公司提供有针对性的改进建议。

法规依据

对于"员工、债权人等利益相关者是否有有效途径参与公司治理"的问题，相关法律法规提供了明确的指导和规定。例如，《中华人民共和国公司法》《中华人民共和国企业国有资产法》等都对员工和债权人参与公司治理的权利和途径进行了规定，并强调了公司治理结构的透明度和公正性。审计人员在进行审计时，应依据这些法律法规进行判定，并确保审计过程的合法性和合规性。

《中华人民共和国公司法》第三十七条："股东会行使下列职权：……（二）选举和更换非由职工代表担任的董事、监事，决定有关董事、监事的报酬事项；……"虽然此条主要针对股东权利，但员工代表作为特定情况下的监事，其选举和更换也与此相关，体现了员工参与公司治理的途径。第五十一条至第五十五条规定了职工代表大会、职工董事和职工监事的相关制度，明确员工可以通过职工代表大会、职工董事和职工监事等途径参与公司治理，维护自身权益。第一百一十七条：公司应当定期向股东披露董事、监事、高级管理人员从公司获得报酬的情况。这条提高了公司治理的透明度，便于股东和债权人监督公司治理情况。

《中华人民共和国企业国有资产法》第六十八条：国有独资公司、国有资本控股公司、国有资本参股公司应当依照法律、行政法规以及企业章程的规定，向出资人分配利润。这条规定了债权人在特定情况下（如公司为国有企业或国有资本控股、参股公司时）参与公司利润分配的权利，体现了债权人参与公司治理的方面。

同时，虽然《中华人民共和国公司法》没有直接提及债权人参与公司治理的具体条款，但公司在运营过程中应当遵循公平、公正、透明的原则，确保债权人的合法权益不受损害，这在一定程度上也为债权人参与公司治理提供了法律基础。

依据以上法律法规，审计人员可以评估公司员工和债权人等利益相关者参与公司治理的有效途径是否得到了法律法规的保障，并进一步判断公司治理结构是否合规、公正和透明。在审计过程中，审计人员应特别关注公司章程、治理结构文件以及实际的治理操作是否符合相关法律法规的规定，从而确保审计结论的准确性和合法性。

整改建议

员工和债权人作为公司治理的重要利益相关者，其有效参与对维护公司治理的公正性、透明度和稳定性具有重要意义。针对员工、债权人等利益相关者是否有有效途径参与公司治理的问题，提出以下整改建议，以确保公司治理结构的完善和利益相关者的合法权益。

一、完善员工参与公司治理的机制

加强职工代表大会的制度建设，确保其能够定期召开，充分讨论和审议公司治理的重要事项。提高职工董事和职工监事的比例，增加员工在公司治理中的话语权。鼓励员工提出公司治理的改进建议，并建立有效的反馈机制。

二、拓宽债权人参与公司治理的渠道

对于国有企业或国有资本控股、参股公司，应依法保障债权人参与公司利润分配等治理活动的权利。建立债权人委员会或类似机构，代表债权人参与公司治理，维护其合法权益。公司应加强与债权人之间的沟通，定期向债权人通报公司治理情况和财务状况。

三、提高公司治理的透明度和公正性

定期公布公司治理报告，详细披露公司治理结构、运营情况和利益相关者参与情况。引入独立第三方机构对公司治理进行评估和审计，确保其公正性和客观性。加强对公司治理违规行为的监督和处罚，维护公司治理的秩序和稳定。

四、提升员工和债权人的法律意识和维权能力

定期开展法律培训活动，提高员工和债权人对公司治理相关法律法规的认识。

鼓励员工和债权人通过法律途径维护自身权益，提供必要的法律援助和支持。建立公司治理纠纷解决机制，确保员工和债权人的合法权益得到有效保障。

完善员工参与公司治理的机制、拓宽债权人参与公司治理的渠道、提高公司治理的透明度和公正性以及提升员工和债权人的法律意识和维权能力，可以有效地促进员工和债权人等利益相关者参与公司治理，维护其合法权益，推动公司治理结构的完善和公司的稳健发展。

专题7：公司章程是否明确规定了各治理机构的职责与权力？

案例简介

一、案例背景

某大型股份制公司，为了规范公司治理结构，提高管理效率，近年来不断推动公司治理体系的完善。公司设有股东大会、董事会、监事会和经理层等治理机构，并制定了公司章程以明确各机构的职责与权力。然而，在实际运营过程中，各治理机构之间的职责划分和权力行使常出现模糊地带，导致决策效率低下和管理混乱。为此，公司决定聘请外部审计机构对公司章程的执行情况进行全面审计。

二、审计发现

审计机构在审计过程中，发现公司章程在以下几个方面存在不足。

（1）公司章程虽然对各治理机构的职责进行了概括性描述，但具体职责和权力划分不够明确，导致实际操作中常出现职责重叠或空白。

（2）部分治理机构的职责与权力在公司章程中未得到充分体现，如监事会的监督职能在实际操作中受到制约。

（3）公司章程缺乏对各治理机构履行职责和行使权力的具体程序和方式的规定，导致决策过程不够透明和公正。

三、审计方法与程序

1. 文档审查

审计人员对公司章程、会议纪要、决策文件等进行了详细审查，以了解各治理机构的职责与

权力划分及实际执行情况。

2. 访谈调查

审计人员对公司高层、各治理机构成员及普通员工进行了深入访谈，了解他们对公司章程的看法及实际执行中遇到的问题。

3. 对比分析

审计人员将公司章程与行业内的标准公司治理结构进行对比，分析其中的差异和不足。

4. 实地观察

审计人员到公司现场观察了各治理机构的运作情况，包括会议召开、决策过程等，以了解实际执行情况。

四、审计结论与建议

经过审计，审计人员认为公司章程在明确各治理机构职责与权力方面存在不足，影响了公司治理的效率和公正性。为此，审计人员提出了以下建议。

（1）对公司章程进行修订和完善，明确各治理机构的具体职责和权力划分，确保职责无重叠和空白。

（2）强化监事会的监督职能，确保其在公司治理中的独立性和权威性。

（3）制定各治理机构履行职责和行使权力的具体程序和方式，提高决策过程的透明度和公正性。

五、后续改进

企业根据审计人员的建议，对公司章程进行了全面的修订和完善。在新的公司章程中，各治理机构的职责与权力得到了明确划分和具体规定。同时，企业还加强了内部培训，确保所有员工都能理解和遵守新的公司章程。在后续的运营过程中，企业治理效率得到了显著提升，管理混乱现象得到有效遏制。

审计程序与方法

针对"公司章程是否明确规定了各治理机构的职责与权力"这一问题，审计人员需要遵循一套系统的审计程序，并采用多种审计方法以确保审计的全面性和准确性。以下是一些建议的审计程序与方法。

一、审计程序

1. 初步了解与评估

审阅公司章程及相关治理文件，了解各治理机构的基本架构和职责划分。与公司高层及治理机构成员进行初步沟通，了解他们对公司章程的理解和执行情况。

2. 详细审查与分析

对公司章程进行逐条审查，特别是关于各治理机构职责与权力的部分。分析公司章程中是否存在职责重叠、空白或模糊地带。审查实际治理过程中，各机构是否严格按照公司章程执行，是否存在超越或忽视职责的情况。

3. 对比与评估

将公司章程与行业内的标准公司治理结构进行对比，评估其合规性和完善程度。对比公司章程与实际治理情况，识别存在的差异和问题。

4. 深入调查与访谈

对关键治理机构成员进行深入访谈，了解他们对公司章程执行情况的看法和体验。对公司员工进行随机抽样访谈，了解他们对公司治理结构的感知和评价。

5. 总结与报告

整理审计发现，分析公司章程中存在的问题及其对公司治理的影响。编写审计报告，提出改进建议，并与公司管理层进行沟通。

二、审计方法

1. 文档审查法

仔细审阅公司章程、会议纪要、决策文件等，提取关于各治理机构职责与权力的信息。

2. 访谈调查法

设计访谈问卷，对公司高层、治理机构成员及普通员工进行结构化访谈，收集他们对公司章程执行情况的反馈。

3. 对比分析法

以行业内的标准公司治理结构作为参照，对比分析公司章程的合规性和完善程度。

4. 实地观察法

到公司现场观察各治理机构的运作情况，包括会议召开、决策过程等，以了解实际执行情况与公司章程的符合度。

5. 流程图分析法

绘制公司治理结构的流程图，标明各治理机构的职责与权力关系，检查是否存在漏洞或不合规的操作环节。

6. 专家咨询法

请公司治理或法律专家对公司章程进行专业评估，提出改进建议。

通过上述审计程序与方法的综合运用，审计人员可以全面、深入地评估公司章程中各治理机构的职责与权力规定情况，发现存在的问题并提出有针对性的改进建议。

法规依据

对于"公司章程是否明确规定了各治理机构的职责与权力"这一问题，相关法律法规提供了明确的指导和规定。例如，《中华人民共和国公司法》对公司的治理结构及各治理机构的职责与权力进行了详细的规定，审计人员在进行审计时，应依据这些法律法规进行判定，并确保审计过程的合法性和合规性。

《中华人民共和国公司法》第十一条：设立公司必须依法制定公司章程。公司章程对公司、股东、董事、监事、高级管理人员具有约束力。这表明公司章程是公司治理的基础性文件，必须依法制定，并对所有相关方具有约束力。第四十四条：有限责任公司设董事会，其成员为三人至十三人；但是，本法第五十条另有规定的除外。两个以上的国有企业或者两个以上的其他国有投资主体投资设立的有限责任公司，其董事会成员中应当有公司职工代表；其他有限责任公司董事会成员中可以有公司职工代表。董事会中的职工代表由公司职工通过职工代表大会、职工大会或者其他形式民主选举产生。董事会设董事长一人，可以设副董事长。董事长和副董事长的产生办法由公司章程规定。此条规定了有限责任公司董事会的设立及其成员构成，并指出董事长和副董事长的产生办法由公司章程规定。

第四十五条："董事会对股东会负责，行使下列职权：……（六）制订公司增加或者减少注册资本以及发行公司债券的方案；（七）制订公司合并、分立、解散或者变更公司形式的方案；（八）决定公司内部管理机构的设置；（九）决定聘任或者解聘公司经理及其报酬事项，并根据经理的提名决定聘任或者解聘公司副经理、财务负责人及其报酬事项；（十）制定公司的基本管理制度；（十一）公司章程规定的其他职权。"此条规定了董事会的职权，并指出公司章程可以规定董事会的其他职权。第五十三条："监事会、不设监事会的公司的监事行使下列职权：……（一）检查公司财务；（二）对董事、高级管理人员执行公司职务的行为进行监督，对违反法律、行政法规、公司章程或者股东会决议的董事、高级管理人员提出罢免的建议；（三）当董事、高级管理人员的行为损害公司的利益时，要求董事、高级管理人员予以纠正；（四）提议召开临时股东会会议，在董事会不履行本法规定的召集和主持股东会会议职责时召集和主持股东会会议；（五）向股东会会议提出提案；（六）依照本法第一百五十一条的规定，对董事、高级管理人员提起诉讼；（七）公司章程规定的其他职权。"此条规定了监事会的职权，并指出公司章程可以规定监事会的其他职权。

从以上法律条文可以看出，《中华人民共和国公司法》明确要求公司章程必须明确规定各治理机构的职责与权力，并对各治理机构的职权进行了基本的列举。审计人员在审计过程中，应依据这些法律条文，仔细审查公司章程，确保其明确规定了各治理机构的职责与权力，并符合法律法规的要求。如发现公司章程存在不符合法律法规或职责与权力不明确的情况，应及时提出改进建议，以确保公司治理结构的合规性和有效性。

整改建议

公司章程作为公司治理的基础性文件，其明确规定各治理机构的职责与权力对确保公司治理的有效性至关重要。针对当前公司章程中可能存在的职责与权力不明确的问题，提出以下整改建议，以完善公司治理结构，确保其合规性和有效性。

一、全面审查并修订公司章程

组织专业团队对公司章程进行全面审查，确保其内容符合《中华人民共和国公司法》等相关法律法规的要求。对于章程中职责与权力不明确、存在冲突或空白的地带，应进行修订和完善，确保各治理机构的职责与权力得到明确界定。

二、明确各治理机构的职责与权力

在公司章程中明确规定股东会、董事会、监事会以及高级管理人员的职责与权力。确保各治理机构在决策、执行、监督等方面有清晰的分工和合作，形成相互制衡、协调运转的公司治理结构。

三、增强公司章程的约束力和执行力

加强公司章程在公司内部的宣传和培训，确保所有员工，特别是治理机构成员，充分理解和遵守公司章程。对于违反公司章程的行为，应依法依规进行严肃处理，维护公司章程的权威性和

约束力。

四、建立定期评估和改进机制

建立公司章程的定期评估和改进机制，对公司章程的执行情况进行定期检查和评估。对于发现的问题和不足，应及时进行解决和弥补，确保公司章程能够适应公司治理的实际需要。

五、提升公司治理的透明度和公信力

通过定期公布公司治理报告，加强与公司股东、投资者以及社会各界的沟通与交流，提升公司治理的透明度和公信力。鼓励员工、股东和社会各界对公司治理进行监督，提出改进建议，共同推动公司治理结构的完善和发展。

全面审查并修订公司章程、明确各治理机构的职责与权力、增强公司章程的约束力和执行力、建立定期评估和改进机制以及提升公司治理的透明度和公信力，可以有效地解决公司章程中职责与权力不明确的问题，完善公司治理结构，确保其合规性和有效性。这将有助于提升公司的整体竞争力和可持续发展能力，为公司的长期稳定发展奠定坚实的基础。

专题8：法人治理结构是否适应企业当前的发展阶段和业务需求？

案例简介

一、案例背景

某科技股份有限公司近年来发展迅速，业务规模持续扩大，涉及领域也逐渐增多。然而，随着公司的发展，原有的法人治理结构逐渐显现出与当前发展阶段和业务需求不相适应的问题。为此，公司决定进行一次内部审计，以评估法人治理结构的有效性和适应性。

二、审计发现

审计过程中，审计人员发现以下问题。

（1）董事会结构单一，缺乏具有行业专业背景和多元化经验的董事，难以对公司复杂的业务决策提供有效的指导和监督。

（2）监事会的作用未能充分发挥，对公司的财务和业务监督不够深入，存在监督盲区。

（3）高管层的职责划分不够明确，存在职能重叠和决策效率低下的情况。

（4）公司的法人治理结构未能充分考虑到新业务领域的发展需求，缺乏对新业务的有效整合和管理。

三、审计方法与程序

1. 文档审查

审计人员首先对公司章程、董事会和监事会会议记录、高管层职责划分文件等进行了详细的审查，以了解公司法人治理结构的基本框架和运作情况。

2. 访谈调查

审计人员与公司董事、监事、高管以及关键业务部门的负责人进行了深入的访谈，了解他们对法人治理结构的看法和意见。

3. 对比分析

审计人员将公司的法人治理结构与行业内的优秀企业进行对比分析，以找出存在的差距和不足。

4. 实地观察

审计人员对公司的实际运营情况进行了实地观察，以了解法人治理结构在实际运作中的效果。

四、审计结论与建议

审计结论为，该公司的法人治理结构在一定程度上已经不能适应公司当前的发展阶段和业务需求。为此，审计人员提出了以下建议。

（1）优化董事会结构，引入具有行业专业背景和多元化经验的董事，提高董事会的决策能力和监督效果。

（2）加强监事会的作用，明确监事会的职责和权力，加大监事会对公司的财务和业务监督力度。

（3）明确高管层的职责划分，避免职能重叠，提高决策效率。

（4）调整法人治理结构，充分考虑新业务领域的发展需求，加强对新业务的有效整合和管理。

五、后续改进

公司根据审计人员的建议，对法人治理结构进行了全面的调整和优化。通过引入新的董事、加强监事会的监督作用、明确高管层职责以及调整组织架构等措施，公司的法人治理结构得到了显著的改善。这不仅提高了公司的决策效率和监督效果，也为公司未来的可持续发展奠定了坚实的基础。同时，公司也加强了对内部审计的重视，定期进行法人治理结构的评估和审计，以确保其始终与公司的发展阶段和业务需求相适应。

审计程序与方法

针对"法人治理结构是否适应企业当前的发展阶段和业务需求"这一问题，审计人员需要执行一套系统的审计程序，并采用多种审计方法。以下是一些建议的审计程序与方法。

一、审计程序

1. 初步审查

收集公司章程、董事会和监事会会议记录、高管层职责划分文件等资料，进行初步审查。了解公司当前的法人治理结构、组织架构和业务运营模式。

2. 深入分析

对公司法人治理结构的各个组成部分进行详细分析，包括董事会、监事会、高管层等。评估各组成部分的职责划分、权力分配和运作效率。

3. 对比研究

将公司的法人治理结构与行业内的优秀企业进行对比分析，识别存在的差距和不足。考察同行业企业在法人治理结构方面的最佳实践，并评估其对公司发展的潜在影响。

4. 实地调查

对公司进行实地访问，观察法人治理结构在实际运作中的效果。对公司董事、监事、高管以及关键业务部门的负责人进行面对面访谈，了解他们对法人治理结构的看法和意见。

5. 综合评估

基于以上分析，对公司的法人治理结构进行综合评估，判断其是否适应企业当前的发展阶段和业务需求。识别法人治理结构中存在的问题和潜在风险，并提出改进建议。

二、审计方法

1. 文档审查法

仔细审阅公司章程、董事会和监事会会议记录、高管层职责划分文件等关键文档。分析文档中的信息，了解公司法人治理结构的基本框架和运作情况。

2. 访谈调查法

对公司董事、监事、高管以及关键业务部门的负责人进行深入的访谈，通过访谈获取第一手信息，了解他们对法人治理结构的看法、意见和建议。

3. 对比分析法

收集行业内的优秀企业在法人治理结构方面的最佳实践。将公司的法人治理结构与这些最佳实践进行对比分析，识别存在的差距和不足。

4. 实地观察法

对公司进行实地访问，观察法人治理结构在实际运作中的效果。注意观察董事会、监事会和高管层的实际运作情况，以及他们之间的互动和协作。

5. 综合评估法

基于以上各种审计方法获取的信息和数据，对公司的法人治理结构进行综合评估。评估法人治理结构的有效性、适应性和潜在风险，并提出具体的改进建议和优化方案。

法规依据

对于"法人治理结构是否适应企业当前的发展阶段和业务需求"这一问题，相关法律法规提供了明确的指导和规定。例如，《中华人民共和国公司法》对法人治理结构有着详尽的规定，为审计人员评估法人治理结构的适应性和有效性提供了法律依据。审计人员在进行审计时，应依据这些法律法规进行判定，并确保审计过程的合法性和合规性。

《中华人民共和国公司法》第三十七条："股东会行使下列职权：……（二）选举和更换非由职工代表担任的董事、监事，决定有关董事、监事的报酬事项；……"此条规定明确了股东会在法人治理结构中的角色和职权，审计人员可以依据此条评估股东会是否充分行使了其职权，以及选举和更换董事、监事的过程是否合规。第四十四条：董事会设董事长一人，可以设副董事长。董事长和副董事长由董事会以全体董事的过半数选举产生。此条规定了董事长的选举方式，审计人员可以检查董事长的选举是否符合法律规定。第四十五条：董事任期由公司章程规定，但每届任期不得超过三年。董事任期届满，连选可以连任。董事任期届满未及时改选，或者董事在任期内辞职导致董事会成员低于法定人数的，在改选出的董事就任前，原董事仍应当依照法律、行政法规和公司章程的规定，履行董事职务。此条规定了董事的任期和职责，审计人员可以评估公司是否按照法律规定进行董事的选举和更替。第五十一条：有限责任公司设监事会，其成员不得少于三人。股东人数较少或者规模较小的有限责任公司，可以设一至二名监事，不设监事会。监事会应当包括股东代表和适当比例的公司职工代表，其中职工代表的比例不得低于三分之一，具体比例由公司章程规定。监事会中的职工代表由公司职工通过职工代表大会、职工大会或者其他形式民主选举产生。此条规定了监事会的设置和成员构成，审计人员可以检查公司是否按照法律规定设立了监事会，并评估其成员构成是否合理。第一百零八条：本法第四十六条关于有限责任公司董事会职权的规定，适用于股份有限公司董事会。此条规定了股份有限公司董事会的职权，审计人员可以依据此条评估股份有限公司的董事会是否充分行使其职权。

通过以上法律条文，审计人员可以全面评估公司的法人治理结构是否符合法律法规的要求，以及是否适应企业当前的发展阶段和业务需求。在审计过程中，审计人员还应关注公司章程、股东会决议、董事会决议等相关文件，以确保法人治理结构的实际运作与相关规定相一致。

整改建议

法人治理结构作为企业管理的核心，其适应性和有效性直接关系到企业的长期发展和业务运营效率。针对当前企业法人治理结构可能存在的不适应问题，提出以下整改建议，以确保法人治理结构与企业的发展阶段和业务需求相匹配。

一、优化法人治理结构框架

企业应定期评估法人治理结构的合理性和有效性，根据评估结果进行必要的调整。例如，根据企业规模、业务复杂度和市场环境的变化，适时增减董事会、监事会的成员数量，调整其职责和权力分配，确保治理结构的灵活性和适应性。

二、加强董事会和监事会的职能建设

提高董事会和监事会成员的专业素养和履职能力，通过定期培训和考核，确保他们充分了解企业的战略目标和业务需求，能够做出符合企业长期发展的决策。同时，明确董事会和监事会的职责边界，避免职能重叠和冲突，提高治理效率。

三、完善高管层的激励和约束机制

建立科学合理的高管层激励机制，将高管层的利益与企业的长期发展绑定，鼓励他们做出有利于企业长期发展的决策。同时，建立健全的约束机制，对高管层的行为进行有效监督，防止他们利用职权谋取私利或做出损害企业利益的行为。

四、加强股东权益保护

企业应充分尊重和维护股东的合法权益，确保股东能够充分参与企业的重大决策过程。例如，建立健全的股东投票机制，确保股东在选举董事、监事等重大事项上能够充分表达自己的意愿。同时，加强股东与企业的沟通渠道建设，及时回应股东的关切和诉求。

五、提升法人治理结构的透明度和信息披露水平

企业应提高法人治理结构的透明度，定期向股东和社会公众披露治理结构的运行情况、重要决策和业绩成果等信息。这有助于增强企业的公信力，吸引更多的投资者和客户关注和支持。同时，信息披露可以促使企业更加注重治理结构的规范性和合规性。

六、引入外部监督和评估机制

企业可以邀请专业的第三方机构对法人治理结构进行定期评估和审计，提出改进建议。这有助于企业及时发现治理结构中存在的问题和风险点，并采取有效措施进行整改和优化。同时，外部监督和评估机制也可以为企业提供一种客观、公正的评价标准，推动其不断提升治理水平。

优化法人治理结构框架、加强董事会和监事会的职能建设、完善高管层的激励和约束机制、加强股东权益保护、提升法人治理结构的透明度和信息披露水平以及引入外部监督和评估机制等措施，可以有效地提升企业法人治理结构的适应性和有效性，为企业的长期发展和业务运营提供坚实的保障。

第四章
国有企业内部控制制度设计与执行专题

专题1：内部控制制度设计是否全面覆盖企业运营各个环节？

案例简介

一、案例背景

某大型国有能源企业（以下简称"国企A"），作为国家能源战略的重要组成部分，承担着保障国家能源安全和推动能源产业高质量发展的重任。近年来，为响应党和国家关于深化国有企业改革、促进绿色低碳发展的经济方针政策，国企A计划对其旗下的多个风电项目进行扩建和技术升级，以提高能源生产效率和环保水平。

二、审计发现

数月后，审计署对国企A进行了内部控制制度的审计。审计过程中，审计人员发现以下主要问题。

内部控制制度不健全：国企A在风电项目扩建和技术升级过程中，未能建立健全的内部控制制度，导致项目在资金管理、采购招标、工程建设等多个环节存在风险隐患。

政策执行不到位：国企A对党和国家关于绿色低碳发展、国有企业改革等扶持政策的具体要求执行不到位，未能充分结合企业实际条件制定科学合理的项目实施方案，导致部分投资未能达到预期效益。

风险管理缺失：国企A在项目实施过程中，对潜在的市场风险、技术风险和政策风险缺乏有效的评估和控制措施，导致项目面临较大的不确定性。

三、审计方法与程序

文件审查：审计人员对国企A的项目计划书、内部控制制度文件、财务报表等进行了细致审查，评估其对政策的理解与应用程度以及内部控制制度的完善性。

访谈调研：审计人员对国企A的高层管理人员、项目负责人、财务及风控部门员工进行深度访谈，了解内部控制制度的实际执行情况和存在的问题。

数据分析：通过对项目资金流、投资回报、风险管理等方面的数据的分析，评估内部控制制度的有效性及政策执行效果。

现场考察：审计人员实地考察了风电项目建设现场，观察项目实施进展和内部控制制度的执行情况。

四、审计结论与建议

审计人员认为，国企A在风电项目扩建和技术升级过程中，虽然积极响应国家绿色低碳发展政策，但在内部控制制度的建立和执行上存在明显不足。为此，审计人员提出以下建议。

完善内部控制制度：国企 A 应建立健全的内部控制制度，覆盖资金管理、采购招标、工程建设等各个环节，确保项目规范有序进行。

强化风险管理：国企 A 应建立完善的风险管理机制，对潜在的市场风险、技术风险和政策风险进行有效评估和控制，确保项目的稳健推进。

五、后续改进

国企 A 根据审计建议，组织专项团队对内部控制制度进行了全面梳理和完善，制定了涵盖资金管理、采购招标、工程建设等多个环节的内部控制手册。同时，企业加强与政府部门的沟通协作，有效利用了多项扶持政策，并加强了风险管理，建立了定期风险评估和报告机制。通过这些改进措施，国企 A 不仅更好地践行了国家绿色低碳发展战略，也为企业自身的可持续发展奠定了坚实基础。

审计程序与方法

针对国企 A 在风电项目扩建和技术升级过程中，内部控制制度的建立和执行上存在的问题，审计人员需要遵循一定的审计程序并运用专业的方法进行全面审查。以下是一些建议的审计程序与方法。

一、审计程序

初步审查与资料收集：收集国企 A 关于风电项目扩建和技术升级的所有相关文件，包括项目计划书、内部控制制度文件、财务报表、会议纪要、风险管理报告等。对这些文件进行初步审查，检查其完整性、格式规范性以及是否符合公司或行业的标准。

内部控制制度评估：深入阅读并审查国企 A 的内部控制制度文件，检查其中的条款是否清晰、明确，无歧义。评估内部控制制度是否全面覆盖了企业运营的各个环节，包括资金管理、采购招标、工程建设、风险管理等。

数据分析与风险评估：对国企 A 风电项目的投资数据、资金流动数据等进行深入分析，评估内部控制制度的执行效果。对潜在的市场风险、技术风险和政策风险进行评估，检查国企 A 是否建立了有效的风险管理机制。

对比分析与专家咨询：将国企 A 的风电项目与行业内其他类似项目进行对比，查找差异点和可能存在的问题。邀请内部控制、风险管理、能源领域的专家对国企 A 的内部控制制度和执行情况进行评估，并提供改进建议。

现场调查与访谈：实地考察风电项目建设现场，观察内部控制制度的执行情况。对国企 A 的高层管理人员、项目负责人、财务及风控部门员工进行深度访谈，了解内部控制制度的实际执行情况和存在的问题。

二、审计方法

文档审查法：仔细审阅企业内部的政策文件、会议纪要、工作报告、内部控制制度文件等文档，查找内部控制制度的制定和执行记录。

数据分析法：利用数据分析工具，对企业各部门的财务数据、风险管理数据等进行筛选、比对和趋势分析，识别因内部控制制度缺失或执行不力而导致的问题。

案例研究法：参考其他企业在风电项目或类似领域建立和执行内部控制制度的成功案例，为国企 A 提供改进建议。

风险评估法：利用风险评估工具和方法，对国企 A 风电项目面临的市场风险、技术风险和政策风险进行全面评估，检查企业是否建立了有效的风险管理机制来应对这些风险。

法规依据

针对内部控制制度设计是否全面覆盖企业运营各个环节的法规，主要涉及企业内部控制的相关法律法规，以及审计机关对企业内部控制制度的审计监督要求。以下是具体的法规。

《党政主要领导干部和国有企事业单位主要领导人员经济责任审计规定》第十九条：审计内容包括……（五）内部管理制度的制定和执行情况，以及内部控制的有效性；……此条规定明确要求审计人员对内部控制制度的全面性和有效性进行审计。

《中华人民共和国公司法》作为规范公司治理结构的基本法律，其中虽然没有直接提及"内部控制制度"的全面性要求，但在其第一百三十六条中规定了公司应当"依照法律、行政法规和国务院财政部门的规定建立本公司的财务、会计制度"，这可以视为建立公司内部控制制度的基本要求之一，涵盖财务和会计方面的内部控制。

更为直接的是，《企业内部控制基本规范》（财会〔2008〕7 号）这一由财政部等五部委联合发布的规范性文件，它明确要求企业应当建立和实施一套全面的内部控制体系，覆盖企业运营的所有重要环节，包括但不限于资金活动、采购业务、资产管理、销售业务、研究与开发、工程项目、担保业务、业务外包、财务报告等方面。该文件第二条规定："本规范适用于中华人民共和国境内设立的大中型企业。小企业和其他单位可以参照本规范建立与实施内部控制。"这为企业内部控制制度设计的全面性提供了直接的规范依据。

《关于印发〈关于加强中央企业内部控制体系建设与监督工作的实施意见〉的通知》（国资发监督规〔2019〕101 号）中强调："中央企业要建立健全以风险管理为导向、合规管理监督为重点，严格、规范、全面、有效的内控体系。实现对经济业务的全面覆盖、全程监控，确保企业经营管理合法合规、资产安全、财务报告及相关信息真实完整。"审计人员应依据这些法律法规，对企业的内部控制制度进行全面审计，确保其覆盖企业运营的各个环节。

整改建议

针对"内部控制制度设计是否全面覆盖企业运营各个环节"的问题，为确保企业内部控制制度的健全性和有效性，从完善内部控制制度体系、强化制度执行与监督、提升员工内部控制意识与能力、建立风险预警与应对机制、优化信息与沟通机制等方面提出以下整改建议。

一、完善内部控制制度体系

企业应全面梳理现有内部控制制度，确保制度覆盖企业运营的所有关键环节，包括财务、采购、生产、销售、人力资源等。对于发现的制度空白或不完善之处，应及时制定或修订相关制度，确保内部控制制度的全面性和有效性。同时，企业应定期对内部控制制度进行审查和更新，以适应企业发展和外部环境的变化。

二、强化制度执行与监督

为确保内部控制制度的有效执行，企业应建立严格的制度执行与监督机制。明确各部门、各岗位在内部控制制度执行中的职责和权限，确保制度得到切实执行。同时，企业应设立专门的内部审计部门或岗位，定期对内部控制制度的执行情况进行审计和检查，发现问题及时整改，确保制度执行的严肃性和有效性。

三、提升员工内部控制意识与能力

企业应加强对员工的内部控制培训和教育，提高员工的内部控制意识和能力。通过内部培训、外部专家讲座、案例分析等多种形式，让员工深入了解内部控制制度的重要性和具体要求，掌握内部控制的基本方法和技能。同时，企业应鼓励员工积极参与内部控制制度的建设和执行，形成良好的内部控制文化氛围。

四、建立风险预警与应对机制

企业应建立健全风险预警和应对机制，对可能影响企业内部控制制度执行的各种风险进行及时识别和评估。通过设立风险预警指标、建立风险监测体系等方式，实现对风险的实时监控和预警。一旦发现风险迹象，企业应迅速启动应对机制，采取措施化解风险，确保内部控制制度的稳定执行。

五、优化信息与沟通机制

企业应建立完善的信息与沟通机制，确保内部控制制度执行过程中的信息畅通和沟通有效。通过建立信息化平台、定期召开内部控制会议、设置内部控制信箱等方式，实现信息的及时传递和共享。同时，企业应鼓励员工积极提出内部控制制度的改进建议和问题反馈，确保制度的不断完善和优化。

专题2：内部控制制度的执行是否得到有效监督与反馈？

案例简介

一、案例背景

某国有大型制造企业（以下简称"国企A"）为了加强内部控制，提升企业治理水平，近年来制定并实施了一系列内部控制制度。然而，在实际执行过程中，这些制度是否得到有效监督与反馈，一直是一个值得关注的问题。近期，审计署决定对国企A进行内部控制审计，以评估其内部控制制度的执行效果。

二、审计发现

审计人员对国企A的内部控制制度执行情况进行了全面审计。审计过程中，审计人员发现以下问题。

内部控制制度执行不力：部分关键控制环节存在执行不到位的情况，如采购审批流程中，部分采购项目未经充分论证和审批即进行采购，导致采购成本上升。

监督反馈机制缺失：国企A虽然建立了内部控制制度，但缺乏有效的监督反馈机制。员工对内部控制制度的执行问题无法及时反馈，管理层也无法及时了解制度执行中的漏洞和不足。

信息系统应用不足：国企 A 在内部控制过程中，未能充分利用信息系统进行实时监控和数据分析，导致部分内部控制活动效率低下，且难以发现潜在风险。

三、审计方法与程序

文件审查：审计人员对国企 A 的内部控制制度文件进行了详细审查，包括制度内容、执行流程、责任分配等，以确认制度的完整性和合规性。

访谈调查：审计人员对国企 A 的管理层、关键岗位员工进行了深入访谈，了解他们对内部控制制度的认知和执行情况，收集他们对制度执行的问题和建议。

数据分析：审计人员利用数据分析工具，对国企 A 的采购、销售、财务等关键业务数据进行了分析，以发现内部控制执行中的异常和潜在风险。

现场观察：审计人员到国企 A 的各个部门进行了现场观察，了解内部控制制度的实际执行情况，以及员工对制度的遵守情况。

四、审计结论与建议

经过审计，审计人员认为国企 A 的内部控制制度在执行过程中存在明显问题，缺乏有效的监督和反馈机制。为此，审计人员提出了以下建议。

加大内部控制制度的执行力度，确保关键控制环节得到有效执行。对于采购等关键业务环节，应建立更为严格的审批和监控机制。

建立有效的监督反馈机制，鼓励员工积极参与内部控制的监督和反馈工作。管理层应定期听取员工对内部控制制度的意见和建议，及时改进和完善制度。

充分利用信息系统进行内部控制的实时监控和数据分析。国企 A 应建立或完善内部控制信息系统，提高内部控制的效率和准确性。

五、后续改进

国企 A 根据审计人员的建议，对内部控制制度进行了全面的修订和完善。国企 A 加大了关键控制环节的执行力度，建立了有效的监督反馈机制，并充分利用信息系统进行内部控制的实时监控和数据分析。在后续的运营过程中，国企 A 的内部控制水平得到了显著提升，企业治理水平也得到了相应提高。同时，审计署也继续加大对国企 A 的监督力度，确保各项内部控制制度得到有效执行。

审计程序与方法

针对"内部控制制度的执行是否得到有效监督与反馈"的问题，审计人员需要设计并执行一套系统的审计程序，同时采用多种审计方法以确保审计的全面性和深入性。以下是一些建议的审计程序与方法。

一、审计程序

初步评估：对国企 A 的内部控制制度进行全面的了解，包括制度的覆盖范围、关键控制点、执行流程等。评估现有监督反馈机制的有效性，包括员工反馈渠道、管理层对反馈的响应速度和处理方式等。

深度测试：选择关键业务环节进行深度测试，如采购、销售、财务等，检查内部控制制度的执行情况。通过模拟交易或场景，测试监督反馈机制的实际运作效果，评估其是否能够及时发现并纠正内部控制执行中的问题。

对比分析：将国企 A 的内部控制制度执行情况与同行业其他企业或国际最佳实践进行对比，识别存在的差距和不足。分析不同时间段（如季度、年度）的内部控制执行数据，识别趋势和潜在问题。

员工访谈与调查：与国企 A 的员工进行广泛访谈，了解他们对内部控制制度的认知、执行情况和反馈意见。设计调查问卷，收集员工对内部控制制度执行和监督反馈机制的匿名反馈，以确保信息的真实性和全面性。

总结与建议：基于审计发现，总结内部控制制度执行和监督反馈机制存在的问题和不足。提出具体的改进建议，包括加强制度执行、完善监督反馈机制、提高员工参与度等。

二、审计方法

文档审查法：仔细审阅国企 A 的内部控制制度文件、执行记录、监督报告等，以获取制度执行和监督反馈的书面证据。

流程分析法：通过流程图、流程图分析软件等工具，对国企 A 的内部控制流程进行可视化分析，识别潜在的控制漏洞和风险点。

数据挖掘法：利用数据挖掘技术，对国企 A 的业务数据进行深入分析，发现异常交易或模式，进而推断内部控制执行中的问题。

模拟测试法：通过模拟真实的业务场景或交易，测试内部控制制度的执行效果和监督反馈机制的响应速度。

法规依据

《中华人民共和国公司法》第五十三条："监事会、不设监事会的公司的监事行使下列职权：……（二）对董事、高级管理人员执行公司职务的行为进行监督，对违反法律、行政法规、公司章程或者股东会决议的董事、高级管理人员提出罢免的建议；……（五）向股东会会议提出提案；……（七）公司章程规定的其他职权。"此条规定明确了监事会对公司内部控制执行情况的监督职责，包括提出改进建议和向股东会报告等。第一百一十八条：董事会应当确定对外投资、收购出售资产、资产抵押、对外担保事项、委托理财、关联交易的权限，建立严格的审查和决策程序；重大投资项目应当组织有关专家、专业人员进行评审，并报股东大会批准。此条要求公司对关键业务建立严格的内部控制和审批程序，确保业务操作的合规性，同时要求董事会对执行情况进行监督。

《中华人民共和国会计法》第二十条："财务会计报告应当根据经过审核的会计账簿记录和有关资料编制，并符合本法和国家统一的会计制度关于财务会计报告的编制要求、提供对象和提供期限的规定；其他法律、行政法规另有规定的，从其规定。财务会计报告由会计报表、会计报表附注和财务情况说明书组成。向不同的会计资料使用者提供的财务会计报告，其编制依据应当一致。有关法律、行政法规规定会计报表、会计报表附注和财务情况说明书须经注册会计师审计的，注册会计师及其所在的会计师事务所出具的审计报告应当随同财务会计报告一并提供。"此条规定要求企业编制的财务会计报告必须真实、准确，并经过审核，为内部控制的执行和监督提供了依据。

《中华人民共和国审计法》第二十九条：依法属于审计机关审计监督对象的单位，应当按照国家有关规定建立健全内部审计制度；其内部审计工作应当接受审计机关的业务指导和监督。此条规定要求相关单位必须建立健全内部审计制度，并接受审计机关的业务指导和监督，为内部控制制度的执行和监督提供了法律保障。

通过以上审计程序与方法的综合运用，并结合相关法律法规的指导，审计人员可以有效地评估企业内部控制制度的执行和监督反馈情况，及时发现存在的问题，并提出改进建议，确保企业内部控制制度的有效性和合规性。

整改建议

内部控制制度的执行与监督反馈机制的有效性，直接关系到企业运营的稳健性和管理的规范性。针对内部控制制度的执行是否得到有效监督与反馈的问题，提出以下整改建议，以确保企业内部控制制度的健全和有效执行。

一、组织内部控制制度的宣传与培训活动

企业应定期组织内部控制制度的宣传活动，提高全体员工对内部控制制度的认识和重视程度。同时，开展有针对性的内部控制培训，确保员工充分理解内部控制制度的要求，明确各自在内部控制中的角色和责任，提升执行内部控制制度的自觉性和能力。

二、完善内部控制制度的执行与监督机制

企业应对现有的内部控制制度进行全面梳理，确保其覆盖所有关键业务流程和环节，无遗漏和缺失。同时，建立健全内部控制制度的执行与监督机制，明确监督的责任部门和人员，制定具体的监督方法和程序，确保内部控制制度的执行得到持续、有效的监督。

三、建立内部控制制度的反馈与改进机制

企业应建立内部控制制度的反馈渠道，鼓励员工积极反馈内部控制制度执行中存在的问题和不足。对于反馈的问题，企业应及时进行分析和研究，找出问题的根源，制定具体的改进措施，并跟踪改进效果，确保内部控制制度不断完善和优化。

四、加强对内部控制制度的审计与评价

企业应定期对内部控制制度的执行情况进行审计和评价，审计和评价的范围应涵盖所有关键业务流程和环节。通过审计和评价，企业可以发现内部控制制度执行中存在的问题和不足，根据审计人员提出的具体的整改建议，跟踪整改落实情况，确保内部控制制度的执行得到有效改善。

五、提高管理层对内部控制制度的重视程度

企业应加强对管理层在内部控制制度方面的培训和教育，提高管理层对内部控制制度重要性的认识。同时，将内部控制制度的执行情况纳入管理层的绩效考核体系，促使管理层更加关注和重视内部控制制度的执行与监督反馈。

六、利用信息技术提升内部控制制度的执行效率与监督效果

企业应积极利用信息技术手段，如企业资源计划（ERP）系统、内部控制管理系统等，提升内部控制制度的执行效率和监督效果。通过信息化手段，实现内部控制制度的自动化执行和实时监控，提高内部控制的准确性和及时性。

专题 3：内部控制是否能够有效防范舞弊和错误？

案例简介

一、案例背景

某大型国有能源企业（以下简称"国企 A"），作为国家能源战略的重要实施单位，承担着保障国家能源安全和推动能源产业高质量发展的重任。近年来，为响应党和国家关于深化国有企业改革、加强内部控制与风险管理的政策要求，国企 A 开展了一系列内部控制体系的建设工作。然而，在实施过程中，国企 A 的内部控制体系是否能够有效防范舞弊和错误，成了审计署关注的重点问题。

二、审计发现

在审计署对国企 A 进行的一次全面审计中，审计人员发现了以下主要问题。

内部控制制度不健全：国企 A 在部分关键业务环节，如物资采购、资金管理等，存在内部控制制度缺失或不完善的情况，为舞弊和错误的发生提供了空间。

内部控制执行不力：即使存在内部控制制度，但在实际执行过程中，员工内部控制意识薄弱、管理层监督不到位等，导致制度形同虚设，未能有效发挥防范舞弊和错误的作用。

信息系统控制薄弱：国企 A 的信息系统在权限管理、数据安全性等方面存在漏洞，使得部分敏感信息易于被非法获取或篡改，增加了舞弊和错误的风险。

三、审计方法与程序

制度审查：对国企 A 的内部控制制度进行了全面审查，评估其覆盖范围和有效性。

流程测试：通过模拟真实业务场景，对国企 A 的关键业务流程进行了测试，检查内部控制措施是否得到有效执行。

访谈调查：对国企 A 的高层管理人员、关键岗位员工进行了深入访谈，了解他们对内部控制的认识和执行情况。

数据分析：对国企 A 的财务数据、业务数据进行了深入分析，查找异常交易或行为，以发现潜在的舞弊和错误。

信息系统审计：对国企 A 的信息系统进行了专项审计，评估其在权限管理、数据安全等方面的控制效果。

四、审计结论与建议

审计人员认为，国企 A 在内部控制体系建设方面虽然取得了一定进展，但在制度健全性、执行有效性和信息系统控制等方面仍存在明显不足，未能有效防范舞弊和错误的发生。为此，审计人员提出以下建议。

完善内部控制制度：针对发现的制度缺失或不完善之处，尽快制定或修订相关内部控制制度，确保其覆盖所有关键业务环节。

加强内部控制执行：提高员工内部控制意识，加大管理层对内部控制执行的监督力度，确保制度得到有效执行。

强化信息系统控制：对信息系统进行全面升级和优化，加强权限管理和数据安全控制，防止敏感信息被非法获取或篡改。

建立内部控制评价机制：定期对内部控制体系进行评价和审计，及时发现并纠正存在的问题，持续改进内部控制效果。

五、后续改进

国企 A 根据审计建议，立即启动了内部控制体系的改进工作。通过完善制度、加强执行、优化信息系统等措施，国企 A 的内部控制体系得到了显著改善。同时，国企 A 还建立了内部控制评价机制，定期对内部控制体系进行评价和审计，确保其持续有效运行。这些改进措施的实施，不仅有效防范了舞弊和错误的发生，也提升了国企 A 的整体管理水平和市场竞争力。

审计程序与方法

一、审计程序

资料收集与初步评估：收集国企 A 关于内部控制体系的所有相关文件，包括内部控制制度、审计报告、风险管理文档、员工培训资料等。对这些文件进行初步评估，检查其完整性、时效性以及是否符合行业最佳实践。

内部控制制度审查：深入审查国企 A 的内部控制制度，特别关注物资采购、资金管理、信息系统控制等关键业务环节。评估制度的健全性、合理性和有效性，检查是否存在制度缺失或不完善的情况。

业务流程测试：选择国企 A 的关键业务流程进行测试，如采购流程、资金支付流程等。通过模拟真实业务场景，检查内部控制措施是否得到有效执行，是否存在潜在的舞弊和错误风险。

信息系统审计：对国企 A 的信息系统进行专项审计，评估其在权限管理、数据安全、操作日志等方面的控制效果。检查是否存在信息系统漏洞或不当操作，导致敏感信息泄露或被篡改的风险。

访谈与调查：对国企 A 的高层管理人员、关键岗位员工进行深入访谈，了解他们对内部控制的认识和执行情况。同时，进行员工满意度调查，收集员工对内部控制体系的反馈意见。

数据分析与风险评估：对国企 A 的财务数据、业务数据进行深入分析，查找异常交易或行为。结合访谈和测试结果，评估国企 A 内部控制体系的有效性，并识别潜在的舞弊和错误风险点。

二、审计方法

文档审查法：仔细审阅国企 A 的内部控制制度、审计报告等文档，查找制度缺失或不完善之处，以及审计发现的问题和整改情况。

流程图分析法：绘制国企 A 关键业务流程的流程图，检查内部控制措施在各个环节的执行情况，识别潜在的舞弊和错误风险点。

数据分析法：利用数据分析工具对国企 A 的财务数据、业务数据进行筛选、比对和趋势分析，识别异常交易或行为，以及潜在的舞弊和错误模式。

访谈法：对国企 A 的高层管理人员、关键岗位员工进行深度访谈，了解他们对内部控制的认识和执行情况，收集第一手信息，验证内部控制体系的有效性。

风险评估法：结合文档审核、流程测试、数据分析和访谈结果，对国企 A 的内部控制体系进行风险评估，识别高风险领域和潜在的舞弊和错误风险点，并提出改进建议。

法规依据

《中华人民共和国会计法》第二十七条规定："各单位应当建立、健全本单位内部会计监督制度。单位内部会计监督制度应当符合下列要求：……（四）对会计资料定期进行内部审计的办法和程序应当明确。" 这一条款要求企业建立并健全内部会计监督制度，其中包括对会计资料的内部审计，以确保内部控制的有效性，从而防范舞弊和错误。

同时，《中华人民共和国审计法》第二十九条规定："依法属于审计机关审计监督对象的单位，应当按照国家有关规定建立健全内部审计制度；其内部审计工作应当接受审计机关的业务指导和监督。" 这一条款进一步强调了企业建立健全内部审计制度的重要性，并指出内部审计工作应接受审计机关的业务指导和监督，以确保其有效运行。

此外，财政部等五部委发布的《企业内部控制基本规范》及其配套指引，为企业建立和完善内部控制体系提供了具体的指导和要求。这些规范和指引要求企业在内部控制体系中明确各岗位的职责和权限，建立有效的风险评估和应对机制，以及实施必要的控制措施，以防范舞弊和错误的发生。

审计人员在评估国企 A 的内部控制是否能够有效防范舞弊和错误时，应综合考虑《中华人民共和国会计法》《中华人民共和国审计法》以及《企业内部控制基本规范》及其配套指引等法律法规和规范的要求。这些法律法规和规范为企业建立和完善内部控制体系提供了明确的指导和要求，也是审计人员评估企业内部控制有效性的重要依据。在具体实践中，审计人员还需结合国企 A 的实际情况和行业特点，以及更详细的规定和指导性文件进行评估。

整改建议

内部控制的有效性对防范企业舞弊和错误至关重要。针对内部控制是否能够有效防范舞弊和错误的问题，提出以下整改建议，以确保企业内部控制的健全性和执行的有效性。

一、加强内部控制制度的建设和完善

企业应全面审查和评估现有内部控制制度的有效性和合规性，针对发现的漏洞和不足之处进行及时修订和完善。特别要关注关键业务环节和高风险领域，确保内部控制制度能够全面覆盖企业各项经济活动，有效预防和发现舞弊和错误。

二、强化内部控制的执行和监督

企业应建立健全内部控制执行机制，明确各部门和各岗位的内部控制职责和权限，确保内部控制制度得到有效执行。同时，加强内部控制的监督，设立内部审计部门或岗位，定期对内部控制制度的执行情况进行检查和评估，发现问题及时整改。

三、提高员工的内部控制意识和能力

企业应通过培训和教育，提高员工对内部控制的认识和重视程度，增强员工的内部控制意识和风险意识。同时，加强员工在内部控制方面的能力和技能培养，提高员工执行内部控制制度的自觉性和有效性。

四、建立舞弊和错误的防范和应对机制

企业应建立健全舞弊和错误的防范机制，通过制定和执行相关政策和程序，预防和减少舞弊和错误的发生。同时，建立应对机制，一旦发现舞弊和错误，能够迅速采取措施进行应对和处理，防止事态扩大和恶化。

五、加强信息技术的应用和控制

企业应充分利用信息技术手段，提高内部控制的效率和准确性。建立完善的信息系统控制制度，确保信息系统的安全性和稳定性。同时，加强对信息技术人员的培训和管理，提高他们的专业素养和职业道德水平。

六、建立内部控制的激励和约束机制

企业应建立内部控制的激励和约束机制，对执行内部控制制度表现突出的员工给予奖励和表彰，对违反内部控制制度的行为进行严肃处理。通过激励和约束机制的建立，提高员工执行内部控制制度的积极性和自觉性。

专题 4：内部控制流程是否存在烦琐低效的问题？

案例简介

一、案例背景

某大型国有能源企业（以下简称"国企 A"），作为国家能源战略的重要组成部分，承担着保障国家能源安全和推动能源产业高质量发展的重任。近年来，为响应国家关于加强内部控制、防范风险的政策要求，国企 A 着手对其内部控制体系进行了一系列改革和完善。然而，在实际执行过程中，却暴露出了一些问题。

二、审计发现

在对国企 A 进行内部控制执行情况的审计中，审计人员发现了以下主要问题。

流程烦琐低效：国企 A 在内部控制流程设计上存在烦琐低效的问题。部分业务流程过于复杂，审批环节过多，导致工作效率低下，影响了企业的正常运营。

政策执行不力：国企 A 虽然制定了相关的内部控制政策，但在实际执行过程中，部分政策未能得到有效落实。一些关键控制点没有得到严格执行，存在风险隐患。

信息沟通不畅：国企 A 内部信息沟通机制不健全，导致部分内部控制信息无法及时、准确地传递给相关部门和人员。这在一定程度上影响了内部控制的有效性。

三、审计方法与程序

流程图分析：审计人员首先通过绘制国企 A 的内部控制流程图，对其业务流程进行了全面梳理，识别出烦琐低效的环节。

政策文件对比：审计人员将国企 A 的内部控制政策与国家相关政策进行了对比分析，评估了政策执行的差距和不足之处。

问卷调查与访谈：审计人员向国企 A 的员工发放了问卷，并进行了深度访谈，了解了内部控制执行中的实际问题和员工的意见建议。

数据分析：审计人员对国企 A 的内部控制数据进行了深入分析，包括审批时间、错误率等关键指标，以评估内部控制流程的效率和效果。

四、审计结论与建议

审计人员认为，国企 A 在内部控制执行方面存在烦琐低效的问题，这在一定程度上影响了企业的运营效率和风险控制能力。为此，审计人员提出以下建议。

简化流程：对烦琐低效的内部控制流程进行简化和优化，减少不必要的审批环节，提高工作效率。

加强政策执行：加大对内部控制政策的执行力度，确保关键控制点得到有效执行，减小风险隐患。

加强员工培训：加强对员工的内部控制培训和教育，提高员工的内部控制意识和能力，确保内部控制政策得到有效执行。

五、后续改进

国企 A 根据审计建议，对内部控制流程进行了全面梳理和优化，简化了烦琐低效的环节，提高了工作效率。同时，加大了内部控制政策的执行力度，确保了关键控制点得到有效执行。此外，国企 A 还建立健全了内部信息沟通机制，加强了员工的内部控制培训和教育。通过这些改进措施，国企 A 的内部控制体系得到了进一步完善，为企业的稳健发展提供了有力保障。

审计程序与方法

一、审计程序

资料收集与初步审查：收集国企 A 关于内部控制的所有相关文件，包括内部控制制度、流程图、政策执行报告、内部审计报告、财务报表等。对这些文件进行初步审查，检查其完整性、规范性以及是否符合行业或国家的内部控制标准。

流程图分析与现场观察：绘制国企 A 的内部控制流程图，详细标注各个环节和审批节点。通过现场观察，了解内部控制流程的实际运行情况，识别烦琐低效的环节。

详细测试与数据分析：选取关键业务流程进行穿行测试，检查内部控制的执行情况和效果。对内部控制数据进行深入分析，包括审批时间、错误率、重复工作率等指标，评估流程的效率。

员工访谈与问卷调查：与国企 A 的员工进行深度访谈，了解他们对内部控制流程的看法和体验，收集改进建议。设计并发放问卷调查，广泛收集员工对内部控制流程的反馈意见。

对比分析与专家评估：将国企 A 的内部控制流程与行业内其他优秀企业的流程进行对比，查找差异和改进点。邀请内部控制领域的专家对国企 A 的流程进行评估，并提供专业建议。

二、审计方法

文档审查法：仔细审阅国企 A 的内部控制制度、流程图、政策文件等文档，查找烦琐低效的环节和潜在的风险点。

数据分析法：利用数据分析工具对内部控制数据进行筛选、比对和趋势分析，识别流程中的瓶颈和低效环节。

流程图分析法：通过绘制和分析内部控制流程图，直观展示流程中的烦琐环节和潜在的低效问题。

问卷调查与访谈法：设计有针对性的问卷调查，广泛收集员工对内部控制流程的反馈意见和改进建议。与不同层级的员工进行深度访谈，了解他们对流程的实际体验和看法。

对比分析法：选取行业内其他优秀企业的内部控制流程作为标杆，与国企 A 的流程进行对比分析，找出差距和改进方向。

法规依据

《中华人民共和国会计法》第二十七条规定：各单位应当建立、健全本单位内部会计监督制度。单位内部会计监督制度应当符合下列要求：（一）记账人员与经济业务事项和会计事项的审批人员、经办人员、财物保管人员的职责权限应当明确，并相互分离、相互制约；（二）重大对外投资、资产处置、资金调度和其他重要经济业务事项的决策和执行的相互监督、相互制约程序应当明确；（三）财产清查的范围、期限和组织程序应当明确；（四）对会计资料定期进行内部审计的办法和程序应当明确。

同时，《企业内部控制基本规范》第三条指出："本规范所称内部控制，是由企业董事会、监事会、经理层和全体员工实施的、旨在实现控制目标的过程。"这一条款强调了内部控制的广泛性和全员参与性。如果内部控制流程烦琐低效，那么它可能未能有效地实现控制目标，从而违反这一规范。

审计人员在评估国企 A 内部控制流程是否存在烦琐低效的问题时，应主要依据《中华人民共和国会计法》《企业内部控制基本规范》的相关条款。在具体实践中，审计人员还需结合当地和行业的实际情况，以及更详细的规定和指导性文件进行评估。

整改建议

企业内部控制流程的烦琐低效问题不仅影响运营效率，还可能增加错误和风险。针对国企 A 内部控制流程存在的烦琐低效问题，为优化流程、提高工作效率并降低风险，从流程梳理与简化、信息化建设、员工培训与意识提升、定期审计与反馈机制、跨部门协作与沟通等方面提出以下整改建议。

一、流程梳理与简化

国企 A 应对现有内部控制流程进行全面梳理，识别烦琐低效的环节，如重复审批、无效文档等。针对这些问题，制定简化方案，如合并审批节点、减少不必要的文档要求等，以提高流程效率。同时，建立流程持续优化机制，定期对内部控制流程进行审查和更新，确保其适应企业发展的需要。

二、信息化建设

国企 A 应加大信息化建设投入，利用现代信息技术手段优化内部控制流程。例如，引入自动化审批系统、电子文档管理系统等，减少人工操作环节，提高流程执行效率。同时，加强信息安全防护，确保信息化建设的顺利进行和内部控制流程的有效运行。

三、员工培训与意识提升

针对内部控制流程烦琐低效的问题，国企 A 应加强员工培训，提高员工对内部控制重要性的认识。国企 A 通过培训，使员工熟悉内部控制流程和要求，掌握相关技能和工具，提高执行效率。同时，培养员工的责任感和风险意识，使其能够自觉遵守内部控制规定，减少违规操作和风险事件的发生。

四、定期审计与反馈机制

国企 A 应建立定期审计机制，对内部控制流程的执行情况进行定期检查和评估。通过审计，发现流程中存在的问题和潜在风险，及时提出整改建议。同时，建立反馈机制，鼓励员工积极反映内部控制流程中存在的问题和改进建议，以便企业及时进行调整和优化。

五、跨部门协作与沟通

针对内部控制流程涉及多个部门的情况，国企 A 应加强跨部门协作与沟通。建立跨部门协作机制，明确各部门在内部控制流程中的职责和协作方式，确保流程顺畅执行。同时，加强部门间的信息共享和沟通，避免信息孤岛和重复劳动，提高整体工作效率。

专题 5：内部控制是否适应企业业务发展和外部环境变化？

案例简介

一、案例背景

某大型国有能源企业（以下简称"国企 A"），作为国家能源战略的重要组成部分，承担着保障国家能源安全和推动能源产业绿色发展的重任。近年来，为响应国家关于生态文明建设、绿色低碳发展的政策，国企 A 计划实施一项新能源开发项目，旨在通过开发和利用可再生能源，减少对传统化石能源的依赖，促进企业可持续发展。

二、审计发现

在对国企 A 进行政策执行情况审计的过程中，审计人员发现了以下问题。

内部控制滞后：国企 A 在新能源开发项目的推进过程中，内部控制流程未能及时适应业务发展和外部环境的变化。特别是在新能源技术快速迭代和政策环境频繁变动的背景下，现有的内部控制流程显得烦琐低效，无法有效应对新出现的风险和挑战。

风险评估不足：国企 A 在项目实施前未进行充分的风险评估，未能识别出新能源开发项目中潜在的市场风险、技术风险和政策风险。这导致项目在实施过程中遇到了诸多预料之外的问题，影响了项目的进度和效益。

政策响应不灵活：国企 A 在应对国家新能源政策调整时，内部控制机制缺乏足够的灵活性，无法迅速调整战略和业务模式以适应政策变化。这导致企业在享受政策红利方面存在滞后，错失了一些发展机遇。

三、审计方法与程序

流程分析：审计人员对国企 A 的内部控制流程进行了全面梳理和分析，特别关注了与新能源开发项目相关的风险控制、决策审批、信息沟通等环节。

风险评估：审计人员运用风险管理工具对新能源开发项目进行了全面的风险评估，识别出潜在的风险点和薄弱环节。

政策对比：审计人员将国企 A 的实际做法与国家关于新能源开发的最新政策进行了对比分

析，评估企业对政策的响应程度和执行情况。

访谈与调查：审计人员与国企 A 的高层管理人员、项目团队成员以及外部合作伙伴进行了深入访谈和调查，了解了项目实施过程中的实际情况和问题。

四、审计结论与建议

审计人员认为，国企 A 在新能源开发项目中，虽然积极响应国家绿色低碳发展的政策，但内部控制流程未能适应业务发展和外部环境的变化，导致项目实施过程中遇到了诸多问题和挑战。为此，审计人员提出以下建议。

优化内部控制流程：结合新能源开发项目的特点和外部环境的变化，对内部控制流程进行优化和重构，提高流程的效率和灵活性。

加强风险评估与监控：建立完善的风险评估机制，对新能源开发项目进行定期的风险评估和监控，及时发现并应对潜在的风险。

提高政策响应能力：加强对国家新能源政策的研究和解读，提高企业对政策变化的敏感度和响应能力，确保能够充分享受政策红利。

五、后续改进

国企 A 根据审计建议，对内部控制流程进行了全面的重构和优化，特别加强了与新能源开发项目相关的风险控制和信息沟通环节。同时，企业还建立了完善的风险评估机制，定期对项目进行风险评估和监控。此外，国企 A 还加强了与国家相关部门的沟通协作，积极对接国家新能源政策，为企业的可持续发展奠定了坚实基础。通过这些改进措施的实施，国企 A 在新能源开发领域取得了显著的成效，为企业和国家的绿色低碳发展做出了积极贡献。

审计程序与方法

一、审计程序

资料收集与初步审查：收集国企 A 关于新能源开发项目的所有相关文件，包括项目计划书、内部控制流程文档、风险评估报告、政策响应策略、财务报表、会议纪要、合作协议等。对这些文件进行初步审查，检查其完整性、时效性以及是否符合公司或行业的标准。

内部控制流程分析：深入审查国企 A 的内部控制流程，特别是与新能源开发项目相关的风险控制、决策审批、信息沟通等环节。分析内部控制流程是否适应业务发展和外部环境的变化，是否存在烦琐低效的问题。

风险评估与政策响应评估：评估国企 A 在新能源开发项目中是否进行了充分的风险评估，识别出潜在的市场风险、技术风险和政策风险。检查国企 A 对国家新能源政策的响应程度和执行情况，评估其政策响应能力。

数据分析与对比分析：对国企 A 新能源开发项目的投资、技术进展、市场效益等方面的数据进行深入分析，评估项目实施效果。将国企 A 的实际做法与国家关于新能源开发的最新政策进行对比分析，查找差异点和潜在问题。

现场调查与访谈：实地考察新能源开发项目现场，观察项目实施进展和内部控制执行情况。与国企 A 的高层管理人员、项目团队成员以及外部合作伙伴进行深度访谈，了解内部控制的实际运行情况和问题。

二、审计方法

文档审查法：仔细审阅国企 A 内部的政策文件、会议纪要、工作报告等文档，查找内部控制流程的制定和执行记录。

流程图分析法：绘制国企 A 新能源开发项目的内部控制流程图，检查流程中的缺失环节和潜在风险点。

数据分析法：利用数据分析工具对国企 A 新能源开发项目的投资数据、技术进展数据进行筛选、比对和趋势分析，识别内部控制问题。

风险评估法：运用风险管理工具对新能源开发项目进行全面的风险评估，识别潜在风险点并评估其对项目的影响。

对比分析法：将国企 A 的新能源开发项目与行业内其他类似项目进行对比分析，查找差异点。

法规依据

《中华人民共和国公司法》第二十条规定："公司股东应当遵守法律、行政法规和公司章程，依法行使股东权利，不得滥用股东权利损害公司或者其他股东的利益；不得滥用公司法人独立地位和股东有限责任损害公司债权人的利益。公司股东滥用股东权利给公司或者其他股东造成损失的，应当依法承担赔偿责任。公司股东滥用公司法人独立地位和股东有限责任，逃避债务，严重损害公司债权人利益的，应当对公司债务承担连带责任。" 这一条款要求公司股东和管理层在行使权利时，必须遵守法律、行政法规和公司章程，不得损害公司或其他股东的利益，这间接要求企业内部控制体系要健全有效，以适应企业业务发展和外部环境变化，防止因内部控制失效而给公司带来损失。

《企业内部控制基本规范》第三条明确指出："本规范所称内部控制，是由企业董事会、监事会、经理层和全体员工实施的、旨在实现控制目标的过程。内部控制的目标是合理保证企业经营管理合法合规、资产安全、财务报告及相关信息真实完整，提高经营效率和效果，促进企业实现发展战略。" 这一条款直接定义了内部控制的目标和范围，要求企业内部控制要能够适应企业业务发展和外部环境变化，以实现企业的战略目标。

《中华人民共和国审计法》第二十三条规定："审计机关对国家的事业组织和使用财政资金的其他事业组织的财务收支，进行审计监督。" 国有企业作为使用财政资金的事业组织之一，其内部控制的执行情况自然也在审计监督的范围之内。审计机关在审计过程中，会关注企业内部控制是否健全有效，是否适应企业业务发展和外部环境变化。

《中华人民共和国国民经济和社会发展第十四个五年规划和 2035 年远景目标纲要》中提出，要"完善企业内部控制体系，提高风险管理水平"，这进一步强调了企业内部控制在适应企业业务发展和外部环境变化方面的重要性，并为审计国有企业内部控制提供了政策导向。

审计人员在审计国有企业内部控制是否适应企业业务发展和外部环境变化时，应综合考虑《中华人民共和国公司法》《企业内部控制基本规范》《中华人民共和国审计法》《中华人民共和国国民经济和社会发展第十四个五年规划和 2035 年远景目标纲要》等相关法律法规和政策文件的要求，对国有企业的内部控制体系进行全面评估。在具体实践中，审计人员还需结合当地和行业的实际情况，以及更详细的规定和指导性文件进行评估。

整改建议

为确保国企 A 的内部控制体系能够适应企业业务发展和外部环境变化，提高风险管理水平，促进企业的可持续发展，从完善内部控制体系、加强风险管理、优化内部沟通机制、推动技术创新与产业升级、加强外部合作与交流以及加强内部审计和外部审计的协同作用等方面提出以下整改建议。

一、完善内部控制体系

国企 A 应对现有的内部控制体系进行全面的审查和评估，识别存在的缺陷和不足。针对发现的问题，及时修订和完善内部控制制度和流程，确保内部控制体系能够覆盖企业各项业务活动和关键风险点。同时，加强对内部控制执行情况的监督和检查，确保内部控制得到有效执行。

二、加强风险管理

国企 A 应建立完善的风险管理体系，对企业的市场风险、技术风险、政策风险等进行全面识别和评估。制定有针对性的风险应对策略和措施，确保企业能够有效应对外部环境变化带来的挑战。同时，加强对风险管理的监督和检查，确保风险管理措施得到有效执行。

三、优化内部沟通机制

国企 A 应优化内部沟通机制，确保信息在企业内部得到及时、准确的传递。建立跨部门、跨层级的沟通渠道，促进不同部门之间的信息共享和协作。同时，加强对员工的培训和教育，提高员工的沟通意识和能力，确保企业内部沟通的顺畅和有效。

四、推动技术创新与产业升级

针对企业业务发展和外部环境变化的需求，国企 A 应加大对技术创新的投入力度，积极引进和应用最新的技术成果，提高企业的核心竞争力。同时，加强与科研机构和高校的合作与交流，共同研发符合企业实际需求的新技术、新产品，推动企业的产业升级和可持续发展。

五、加强外部合作与交流

国企 A 应积极与外部机构建立合作关系，如行业协会、政策研究机构等，共同研究企业业务发展和外部环境变化的趋势和应对策略。企业通过合作与交流，及时获取行业最新动态和政策解读，为制定更加科学、合理的内部控制体系和风险管理策略提供有力支持。同时，积极参与行业协会和政策研究机构的各项活动，提高企业的行业影响力和政策参与度。

六、加强内部审计和外部审计的协同作用

企业应充分发挥内部审计和外部审计的协同作用，共同推动内部控制的完善和发展。内部审计部门应定期对企业内部控制的有效性进行审计和评估，提出改进建议；同时，积极配合外部审计机构的工作，接受外部审计的监督和指导，共同提升企业内部控制的质量和水平。

专题 6：信息系统是否安全可靠，能否支持内部控制的有效执行？

案例简介

一、案例背景

某国有大型企业为提升其业务处理效率与信息管理质量，近年来投入大量资源建设了一套全新的 ERP 系统。此系统旨在整合企业内部的各项业务流程，包括财务、采购、生产、销售等，以实现数据的实时共享与业务的自动化处理。同时，企业期望通过此信息系统强化内部控制，确保业务操作的合规性与资金的安全性。然而，在系统运行一段时间后，出现了一些与信息安全和内部控制相关的问题。

二、审计发现

在对该国有企业的 ERP 系统进行审计时，审计人员发现了以下主要问题。

信息系统存在安全漏洞，如未及时更新系统补丁、未对敏感数据进行加密存储等，这可能导致外部攻击者利用这些漏洞非法访问或篡改数据。

用户在系统中的权限设置不合理，存在部分员工权限过高，能够访问或修改不应由其负责的数据，这增加了数据泄露或错误操作的风险。

系统日志管理不善，未对所有重要操作进行记录或保留足够的日志信息，这使得在发生问题时难以追踪原因和责任。

尽管企业有相关的内部控制政策，但 ERP 系统中的部分业务流程并未完全遵循这些政策，如采购订单的审批流程存在跳过某些必要步骤的情况。

三、审计方法与程序

系统测试：审计人员利用专业的安全测试工具对 ERP 系统进行了全面的安全测试，以发现可能存在的漏洞和弱点。

数据分析：审计人员分析了系统中的用户权限设置、数据访问记录和系统日志，以识别潜在的权限滥用或数据泄露风险。

流程审查：审计人员详细审查了 ERP 系统中的业务流程设置，将其与企业内部控制政策进行对比，以发现不一致或违规之处。

访谈与调查：审计人员与企业员工进行了访谈，了解了他们对 ERP 系统的使用情况和感受，以及他们在执行内部控制政策时遇到的问题。

四、审计结论与建议

审计人员认为，该国有企业的 ERP 系统在信息安全和内部控制方面存在明显不足，这可能导致企业面临数据泄露、业务中断和合规风险。为此，审计人员提出了以下建议。

立即对 ERP 系统进行安全加固，包括更新系统补丁、加密敏感数据、设置更强的访问控制等。对用户权限进行重新审查和调整，确保每个员工只能访问其业务需要的数据。改进系统日志管理，确保所有重要操作都被记录并保留足够的日志信息。对 ERP 系统中的业务流程进行全面审查，确保其完全遵循企业的内部控制政策。

五、后续改进

该企业高度重视审计人员的建议，并立即着手对 ERP 系统进行改进。企业聘请了专业的信息安全团队对系统进行加固，并对用户权限进行了重新设置。同时，还加强了系统日志的管理，并定期对系统中的业务流程进行审查和调整。经过这些改进，该企业的 ERP 系统在信息安全和内部控制方面得到了显著提升，为企业的稳健发展提供了有力保障。

审计程序与方法

一、审计程序

初步评估：对信息系统的整体架构、安全策略和控制措施进行初步了解，评估其合规性和有效性。检查信息系统是否有定期的安全审计和维护记录。

漏洞扫描与测试：利用专业的安全工具对信息系统进行全面的漏洞扫描，识别潜在的安全风险。进行渗透测试，模拟黑客攻击，评估系统的实际防护能力。

访问控制与权限审查：检查信息系统的访问控制机制，确保只有授权用户才能访问敏感数据。审查用户权限设置，防止权限滥用或数据泄露。

日志管理与审计跟踪：检查系统日志的完整性和准确性，确保所有重要操作都被记录。进行审计跟踪，验证系统操作是否符合内部控制政策。

业务流程审查：审查信息系统中的业务流程设置，确保其遵循企业内部控制政策。对关键业务流程进行穿行测试，验证其在实际操作中的合规性。

访谈与调查：对信息系统管理人员和使用人员进行访谈，了解他们对系统安全性和内部控制的看法。调查过去是否有过安全事件或内部控制失效的情况，并了解其原因和处理结果。

二、审计方法

文档审查法：仔细审阅与信息系统安全和内部控制相关的文档，如安全策略、操作手册、内部控制政策等。

数据分析法：利用数据分析工具对系统日志、用户访问记录等数据进行深入分析，识别异常行为或潜在风险。

专家咨询法：请信息安全或内部控制领域的专家对信息系统的安全性和内部控制的有效性进行专业评估。

法规依据

《中华人民共和国网络安全法》第二十一条规定："国家实行网络安全等级保护制度。网络运营者应当按照网络安全等级保护制度的要求，履行下列安全保护义务，保障网络免受干扰、破坏或者未经授权的访问，防止网络数据泄露或者被窃取、篡改：（一）制定内部安全管理制度和操作规程，确定网络安全负责人，落实网络安全保护责任；（二）采取防范计算机病毒和网络攻击、网络侵入等危害网络安全行为的技术措施；（三）采取监测、记录网络运行状态、网络安全事件的技术措施，并按照规定留存相关的网络日志不少于六个月；（四）采取数据分类、重要数据备份和加密等措施；（五）法律、行政法规规定的其他义务。"这为审计企业的信息系统是否安全可靠提供了直接的法律依据。

同时，《中华人民共和国审计法》第二十三条规定："审计机关对国家的事业组织和使用财政资金的其他事业组织的财务收支，进行审计监督。"企业作为国有企业，其信息系统的建设和运营涉及财政资金的使用，因此其信息安全和内部控制情况也应纳入审计范围。

《企业内部控制基本规范》第六条：企业应当根据国家有关法律法规和本规范，结合部门或系统有关内部控制规定，建立适合本单位业务特点和管理要求的内部控制体系，并组织实施。此条要求企业建立并实施内部控制体系，确保业务活动的合规性和安全性。

审计人员在审计企业的信息系统是否安全可靠，能否支持内部控制的有效执行时，应综合考虑《中华人民共和国网络安全法》《中华人民共和国审计法》《企业内部控制基本规范》等法律法规和政策要求，对企业在信息安全和内部控制方面的建设、执行情况进行全面评估。在具体实践中，审计人员还需结合当地和行业的实际情况，以及更详细的规定和指导性文件进行评估。

整改建议

信息系统的安全可靠性和其可支持内部控制的有效执行对企业的稳健运营至关重要。针对信息系统是否安全可靠，能否支持内部控制有效执行的问题，提出以下整改建议，以确保企业信息系统的稳健运行和内部控制的有效实施。

一、加强信息系统安全管理和培训

企业应定期组织信息安全教育活动，提高全体员工对信息系统安全性的认识和重视程度。同时，对信息系统管理人员进行专业的安全培训，提升他们在系统维护、安全防护和应急响应方面的能力。通过不断加强培训和教育，确保员工具备必要的信息安全意识和技能。

二、完善信息系统内部控制体系

企业应建立完善的信息系统内部控制体系，明确各个信息系统环节的职责、权限和操作流程。制定详细的信息系统使用和管理规定，确保员工在操作过程中能够遵循规范，防止未经授权的访问和数据泄露。同时，建立信息系统审计机制，定期对信息系统的运行情况进行审计和检查，确保内部控制的有效执行。

三、加强信息系统安全防护措施

企业应采取先进的技术手段加强信息系统的安全防护措施，包括部署防火墙、入侵检测系统、数据加密等安全设备和技术，确保信息系统免受外部攻击和恶意软件的侵害。同时，定期对系统进行漏洞扫描和安全测试，及时发现并修复潜在的安全隐患。

四、建立信息系统应急响应机制

企业应制定详细的信息系统应急响应计划，明确在信息系统发生故障或安全事件时的应对措施和流程。建立专门的应急响应团队，负责处理各类信息系统安全事件，确保能够及时、有效地应对各种突发情况，减少损失和影响。

五、提高信息系统透明度和加大监控力度

企业应建立透明的信息系统管理制度，定期公布信息系统的运行情况和安全状况，接受内外部的监督。同时，加大对信息系统操作的监控力度，利用日志管理、审计跟踪等技术手段记录和分析系统操作行为，及时发现并纠正不合规的操作行为。

专题 7：内部审计功能是否健全，能否及时发现并纠正内部控制失效问题？

案例简介

一、案例背景

某大型国有金融企业（以下简称"国企 A"），在国内外金融市场上具有重要地位。为加强

内部控制和风险管理，国企 A 近年来不断投入资源完善内部审计体系。然而，随着金融市场的不断变化和企业业务的扩展，内部审计功能的健全性和有效性成了关注的焦点。

二、审计发现

在内部审计中，审计人员发现以下问题。

内部审计流程存在漏洞：国企 A 的内部审计流程在某些关键环节存在漏洞，导致部分内部控制失效问题无法被及时发现和纠正。具体来说，审计流程中对新兴金融业务的风险评估不足，相关审计程序未能及时更新以适应业务变化。

审计人员专业能力不足：部分内部审计人员对新兴金融业务知识和相关风险缺乏深入了解，导致在审计过程中无法准确识别和评估风险。

三、审计方法与程序

文件审查：审计人员详细审查了国企 A 的内部审计制度、流程和相关记录，以评估其完整性和有效性。

人员访谈：与内部审计人员进行深入交流，了解他们在实际工作中的挑战和困难，以及他们对改进内部审计功能的建议。

风险评估：针对国企 A 的新兴金融业务，审计人员进行了全面的风险评估，以识别潜在的内部控制失效问题。

四、审计结论与建议

审计人员认为，国企 A 的内部审计功能在应对新兴金融业务风险方面存在不足，需加强相关人员的专业培训，并更新审计流程以适应业务变化。为此，审计人员提出以下建议。

完善内部审计流程：针对新兴金融业务，增加风险评估环节，更新审计程序，确保能够及时发现并纠正内部控制失效问题。

加强审计人员培训：定期组织内部审计人员参加专业培训课程，提高他们对新兴金融业务知识和风险的了解。

建立持续改进机制：鼓励内部审计人员积极反馈和提出工作中的问题和改进建议，不断完善内部审计体系。

五、后续改进

国企 A 根据审计建议，对内部审计流程进行了全面梳理和优化，加强了对新兴金融业务的风险评估。同时，组织内部审计人员参加了多轮专业培训，提高了他们的专业素养。通过这些改进措施，国企 A 的内部审计功能得到了显著提升，为企业的稳健发展提供了有力保障。

审计程序与方法

一、审计程序

计划和准备：确定审计目标，明确要评估内部审计功能的哪些方面。收集并阅读有关内部审计政策、程序和以往审计报告的资料。与内部审计部门管理层沟通，了解当前内部审计的流程、方法和挑战。

初步风险评估：分析企业的组织结构、业务流程和关键风险点。评估内部审计部门对这些风险点的覆盖情况。

详细审计：审查内部审计计划，确认其完整性和合理性。观察内部审计人员的工作过程，包括审计准备、现场工作和报告撰写。抽查内部审计工作底稿，验证审计程序的执行情况和审计结论的合理性。

验证与分析：选择样本，对内部审计已完成的工作进行复核，以检验其质量。对内部审计未能发现的问题进行深入了解，分析原因。

编制报告与沟通：编制审计报告，详细记录审计发现、结论和建议。与内部审计部门及高层管理层沟通审计结果，确保建议被理解和接受。

二、审计方法

风险评估法：通过风险评估矩阵等工具，识别企业面临的关键风险，并评估内部审计对这些风险的应对能力。

访谈法：对内部审计人员及相关管理层进行访谈，了解他们对内部审计功能的看法和建议。

抽样审计法：通过随机或判断抽样，选取有代表性的审计项目进行深入分析，以评估内部审计的整体质量。

比较分析法：将内部审计的实践与行业标准或最佳实践进行比较，找出差距和改进空间。

法规依据

内部审计功能的健全性和有效性评估主要依据的是我国有关企业内部审计的相关法律法规。其中，《中华人民共和国审计法》《中华人民共和国会计法》《审计署关于内部审计工作的规定》为内部审计提供了基本的法律框架和指导原则。

《中华人民共和国审计法》第二十九条规定："依法属于审计机关审计监督对象的单位，应当按照国家有关规定建立健全内部审计制度；其内部审计工作应当接受审计机关的业务指导和监督。"这一条款明确要求了属于审计监督对象的单位必须建立健全内部审计制度，为内部审计功能的存在和运作提供了法律依据。

《中华人民共和国会计法》第二十七条：各单位应当建立、健全本单位内部会计监督制度。单位内部会计监督制度应当符合下列要求：……（三）对会计资料定期进行内部审计的办法和程序应当明确；……与《中华人民共和国审计法》相呼应，此条再次强调了单位应建立健全内部审计制度，并对内部审计的办法和程序提出了明确要求。

此外，《审计署关于内部审计工作的规定》（审计署令第 11 号）第三条明确指出："本规定所称内部审计，是指对本单位及所属单位财政财务收支、经济活动、内部控制、风险管理实施独立、客观的监督、评价和建议，以促进单位完善治理、实现目标的活动。"这一规定进一步明确了内部审计的职责和范围，即包括对内部控制的监督和评价，从而要求内部审计功能必须健全，能够及时发现并纠正内部控制失效问题。

整改建议

内部审计功能的健全性和有效性对及时发现并纠正内部控制失效问题具有至关重要的作用。针对当前内部审计功能可能存在的问题，提出以下整改建议，以确保企业内部控制体系的有效运行和业务的稳健发展。

一、加强内部审计制度建设

企业应完善内部审计制度，明确内部审计的职责、权限和工作流程。制度应涵盖审计计划的制定、审计程序的执行、审计报告的撰写以及后续整改措施的跟踪等环节。通过制度的规范化，确保内部审计工作的有序进行，提高审计效率和质量。

二、提升内部审计人员的专业素养

企业应定期对内部审计人员进行专业培训，提高他们的审计技能和风险意识。培训内容可包括审计理论、实务操作、案例分析等，以确保审计人员具备扎实的专业知识和丰富的实践经验。同时，鼓励审计人员参加行业交流和学术研讨，拓宽视野，提升专业素养。

三、强化内部审计与风险管理的结合

企业应将内部审计与风险管理紧密结合，通过建立风险评估机制，识别并评估企业面临的关键风险点。内部审计部门应针对这些关键风险点制定详细的审计计划，加大审计力度，确保及时发现并纠正潜在的内部控制失效问题。

四、优化内部审计工作流程

为提高内部审计效率，企业应优化审计工作流程。可借助信息化手段，如审计软件、大数据分析等，提高数据处理的准确性和效率。同时，建立审计问题台账，对发现的问题进行记录和分析，为后续审计提供参考。此外，加强与被审计部门的沟通与协作，确保审计工作的顺利进行。

五、加强内部审计结果的运用与监督

企业应高度重视内部审计结果，对发现的问题进行及时整改。建立问题整改跟踪机制，确保整改措施的有效实施。同时，将内部审计结果与绩效考核、问责机制等相结合，提高内部审计的权威性和影响力。此外，定期对内部审计工作进行自我评价和外部评估，不断改进和提升内部审计工作的质量和水平。

第五章
国有企业资产管理与保值增值专题

专题 1：国有资产的登记与管理制度是否完善并执行到位？

案例简介

一、案例背景

某国有资产管理公司（以下简称"国企 A"）是专门负责管理和运营国有资产的企业。近年来，随着国家对国有资产监管的加强，国企 A 面临着越来越严格的审计和监管要求。公司资产规模庞大，种类繁多，分布于全国各地，管理难度较大。

二、审计发现

在最近一次国家审计中，审计人员对国企 A 的国有资产登记与管理制度进行了全面审查，发现了以下问题。

登记制度不完善：国企 A 的国有资产登记制度存在漏洞，部分资产未及时登记或登记信息不准确，导致资产账实不符。

管理制度执行不力：虽然国企 A 已制定了一套完整的国有资产管理制度，但在实际执行过程中存在偏差。部分员工未严格按照制度要求进行资产管理，导致资产流失和浪费。

三、审计方法与程序

文档审查：审计人员详细审查了国企 A 的国有资产管理制度、登记台账、会计凭证等相关资料，以评估制度的完善性和执行情况。

数据分析：通过对比分析资产登记数据与财务数据，审计人员发现了数据不一致和异常情况。

实地调查：审计人员对部分重要资产进行了实地盘点，以核实资产的真实性和完整性。

员工访谈：审计人员与公司管理层和资产管理人员进行了深入交流，了解他们对国有资产管理制度的理解和执行情况。

四、审计结论与建议

审计人员认为，国企 A 在国有资产登记与管理制度方面存在明显不足，需要采取有效措施进行改进。为此，审计人员提出以下建议。

完善登记制度：建立健全的国有资产登记制度，确保所有资产得到及时、准确的登记。加强对登记信息的审核和监督，防止信息失真。

加强制度执行：加大对国有资产管理制度的宣传和培训力度，提高员工对制度的认识和执行力。建立严格的责任追究机制，对违反制度的行为进行严肃处理。

强化内部监督：设立专门的内部审计机构，定期对国有资产管理和运营情况进行审计和检查。及时发现问题并督促整改，确保国有资产的安全和完整。

五、后续改进

国企 A 根据审计建议，立即组织相关部门对国有资产登记与管理制度进行了全面梳理和完善。国企 A 加强了对资产登记信息的核查和比对工作，确保了数据的真实性和准确性；同时，加大了对制度执行情况的监督和考核力度，提高了员工的执行力和责任意识。通过这些改进措施，国企 A 的国有资产管理水平得到了显著提升。

审计程序与方法

一、审计程序

前期准备：收集并研读相关法律法规、政策文件以及行业标准，明确国有资产登记与管理的要求。了解被审计单位（国企 A）的基本情况，包括资产规模、种类、分布情况，以及管理架构和流程。

制定审计计划：根据国企 A 的实际情况，制定详细的审计计划，包括审计目标、范围、时间安排和人员分工。设计审计问卷和检查表，用于记录和分析审计过程中发现的问题。

实施现场审计：对国企 A 的国有资产登记台账、管理制度、相关凭证等资料进行详细审查。通过数据分析，比对资产登记数据与财务数据，识别数据不一致或异常情况。实地盘点重要资产，核实资产的真实性和完整性。与管理层和资产管理人员进行深入交流，了解管理制度的执行情况和存在的问题。

整理与分析：整理审计过程中收集的资料和信息，进行分类和汇总。分析国企 A 在国有资产登记与管理方面存在的问题及其成因。评估问题的严重性和可能带来的风险。

后续跟进：在审计报告提交后，跟进国企 A 的整改情况，确保问题得到有效解决。根据需要，进行后续的审计或检查。

二、审计方法

文档审查法：仔细审阅国企 A 的国有资产登记台账、管理制度、会计凭证等文档资料，检查其完整性、准确性和合规性。

数据分析法：利用数据分析工具对资产登记数据与财务数据进行比对和分析，发现数据不一致或异常情况，揭示可能存在的问题。

实地调查法：通过实地盘点重要资产，观察资产的实际状况和管理情况，验证登记数据的真实性。

访谈法：与公司管理层和资产管理人员进行深入交流，了解他们对国有资产管理制度的理解和执行情况，收集第一手信息。

案例分析法：参考其他企业在国有资产登记与管理方面的成功案例，为国企 A 提供借鉴和改进方向。

法规依据

《中华人民共和国企业国有资产法》对国有资产的管理有明确规定。其中，第十一条指出：

"国有资产监督管理机构应当依照法律和行政法规的规定，指导推动企业建立健全内部监督管理制度，负责企业国有资产的产权界定、产权登记、资产评估监管、清产核资、资产统计、综合评价等基础管理工作，协调其所出资企业之间的企业国有资产产权纠纷。"这一条款为国有资产的登记与管理提供了基本的法律框架。

《企业国有资产监督管理暂行条例》第二十一条规定："国有资产监督管理机构应当依照有关规定，确定所出资企业中的国有独资企业、国有独资公司的企业负责人薪酬分配办法。"同时，该条例还强调了对企业国有资产的监督和管理，确保国有资产的保值增值。

在国有资产登记方面，《企业国有资产产权登记管理办法》及其实施细则具体规定了企业国有资产产权登记的流程、需要提交的文件、变更登记等事项。这为国有资产的登记工作提供了具体的操作指南。

《中华人民共和国审计法》第二十三条规定："审计机关对政府投资和以政府投资为主的建设项目的预算执行情况和决算，对其他关系国家利益和公共利益的重大公共工程项目的资金管理使用和建设运营情况，进行审计监督。"这一条款为审计机关对国有资产进行审计监督提供了法律依据。

整改建议

一、完善国有资产登记与管理制度

国企 A 应全面梳理现有的国有资产登记与管理制度，查漏补缺，确保其完整性、科学性和可操作性。制度应明确资产的分类、登记流程、管理责任、处置程序等关键环节，为资产管理提供坚实的制度保障。

二、强化资产登记与更新的及时性

国企 A 应建立严格的资产登记与更新机制，确保每项资产的增减变动都能及时、准确地反映在登记台账中。对于新购置或处置的资产，应在规定时间内完成登记或注销手续，避免资产信息的滞后或遗漏。

三、提升资产管理信息化水平

为提高资产管理效率，国企 A 应积极引入先进的资产管理信息系统，实现资产信息的实时更新、查询、统计和分析功能。国企 A 通过信息化手段，可以更有效地监控资产状态，及时发现和解决管理中的问题。

四、加强资产盘点与清查工作

国企 A 应定期开展全面的资产盘点与清查工作，确保账实相符。对于盘盈或盘亏的资产，要查明原因并及时处理。国企 A 通过盘点与清查，不仅可以验证资产登记数据的准确性，还能及时发现和解决资产管理中的漏洞。

五、明确资产管理责任与考核机制

国企 A 应明确各级管理人员在资产管理中的职责与权限，建立相应的考核机制。对于因管理不善导致的资产损失或浪费，应追究相关人员的责任。同时，通过合理的激励机制，鼓励员工积极参与资产管理工作，提高整体管理水平。

专题 2：国有企业资产评估流程是否规范，评估结果是否公正？

案例简介

一、案例背景

某国有资源型企业（以下简称"国企 A"），主要负责矿产资源的开发与销售。近年来，随着国家对资源型企业监管的加强，特别是对国有资产保值增值的严格要求，国企 A 面临较大的经营压力。为了准确反映企业资产价值，国企 A 按照相关政策要求，定期对其矿产资源进行评估。

二、审计发现

审计署对国企 A 进行审计时，发现其在资产评估过程中存在以下问题。

评估流程不规范：国企 A 在进行资产评估时，未严格按照国家规定的评估程序和标准进行，导致评估结果的可靠性受到怀疑。

评估结果不公正：审计人员发现，部分矿产资源的评估价值明显高于市场实际价值，存在虚增资产价值的嫌疑。

内部控制不严格：国企 A 在资产评估过程中，缺乏有效的内部控制机制，导致评估过程中存在较大的操作风险和道德风险。

三、审计方法与程序

文档审查：审计人员详细审查了国企 A 的资产评估报告、评估程序文件以及相关内部控制制度，以评估其合规性和有效性。

数据分析：通过对比市场数据、历史评估数据和国企 A 的评估结果，审计人员分析了评估价值的合理性和准确性。

访谈与调查：审计人员对国企 A 的相关管理人员、评估人员进行了深入访谈，了解了评估过程的具体操作和内部控制的实际情况。

四、审计结论与建议

审计人员认为，国企 A 在资产评估方面存在明显的不规范和不公正行为，可能导致国有资产的流失和浪费。为此，审计人员提出以下建议。

规范评估流程：国企 A 应严格按照国家规定的评估程序和标准进行资产评估，确保评估结果的准确性和可靠性。

加强内部控制：建立健全的内部控制机制，包括对评估人员的培训和监督、评估过程的审核和复核等，以降低操作风险和道德风险。

公正评估资产价值：国企 A 应基于市场实际价值进行资产评估，避免虚增资产价值，确保国有资产的保值增值。

五、后续改进

根据审计建议，国企 A 进行了全面的整改。首先，国企 A 对评估流程进行了重新梳理和规范，确保每一步操作都符合国家政策要求。其次，国企 A 加强了内部控制机制的建设，包括设立专门的评估监督部门、定期对评估人员进行培训和考核等。最后，国企 A 还与市场机构进行了合作，引入第三方评估机构对其资产进行评估，以确保评估结果的公正性和准确性。通过这些改进措施，国企 A 的资产评估工作得到了显著提升，为国有资产的保值增值提供了有力保障。

审计程序与方法

一、审计程序

初步了解：收集并研读相关法律法规、行业标准和国企 A 的内部管理制度，明确资产评估的规范要求和操作流程。了解国企 A 的资产评估历史、现状及评估目的，确定审计的重点和范围。

初步评估：获取国企 A 近年来的资产评估报告、工作底稿及相关支持性文件。对获取的文档进行初步审查，评估其完整性和规范性。

详细审查：深入分析资产评估报告，核实评估方法、假设和参数的合理性。对比市场数据和行业信息，评估资产价值的公正性。审查内部控制流程，包括评估人员的资质、评估过程的记录和审核程序等。

现场调查与访谈：实地考察国企 A 的资产，特别是重大资产，了解其实际状况和使用情况。对评估人员、管理人员及其他相关人员进行访谈，了解资产评估的具体操作和内部控制的有效性。

二、审计方法

文档审查法：详细审阅资产评估报告、工作底稿和其他相关文档，检查评估流程的合规性和评估结果的公正性。

比较分析法：将国企 A 的资产评估结果与市场数据、行业标准进行比较，分析差异和原因。

专家咨询法：请资产评估领域的专家对国企 A 的评估流程和方法进行评估，获取专业意见。

访谈法：通过与相关人员深入交流，了解资产评估的实际操作情况，发现可能存在的问题。

法规依据

《中华人民共和国企业国有资产法》第四十七条规定："国有独资企业、国有独资公司和国有资本控股公司合并、分立、改制，转让重大财产，以非货币财产对外投资，清算或者有法律、行政法规以及企业章程规定应当进行资产评估的其他情形的，应当按照规定对有关资产进行评估。"这一法律条文明确要求国有企业在特定情况下必须进行资产评估，并遵循相关规定。

《国有资产评估管理办法》第三条规定："国有资产占有单位（以下简称占有单位）有下列情形之一的，应当进行资产评估：（一）资产拍卖、转让；（二）企业兼并、出售、联营、股份经营；（三）与外国公司、企业和其他经济组织或者个人开办中外合资经营企业或者中外合作经营企业；（四）企业清算；（五）依照国家有关规定需要进行资产评估的其他情形。"该条文详细列出了需要进行资产评估的具体情形，为审计提供了明确的法规依据。

《国有资产评估管理办法施行细则》进一步细化了资产评估的操作流程、评估方法以及评估报告的内容要求等，为审计国有企业资产评估流程的规范性和评估结果的公正性提供了具体的操作指南。

在审计过程中，审计人员应综合考虑上述法律法规，对国企 A 的资产评估流程和结果进行全面评估。特别要关注评估流程是否严格按照规定进行，评估方法是否合理，评估结果是否真实反映了资产的价值，以及内部控制是否有效等。通过依法审计，确保国有资产评估的规范性和公正性，维护国有资产的安全和完整。

整改建议

一、完善资产评估管理制度

国有企业应首先完善其资产评估管理制度，明确规定资产评估的流程、方法、标准和责任人。制度应涵盖资产评估的各个环节，确保每一步操作都有明确的指导和规范。同时，制度还应包括对评估结果的审核和复核机制，以确保评估结果的准确性和公正性。

二、加强评估人员的培训与管理

评估人员的专业素质和职业道德直接影响资产评估的质量和公正性。因此，国有企业应加强对评估人员的专业培训，提高他们的专业技能和知识水平。同时，还应加强对评估人员的职业道德教育，确保他们在评估过程中能够保持客观、公正的态度。

三、建立独立的审核机构

为确保资产评估结果的公正性，国有企业应建立一个独立的审核机构，负责对资产评估报告进行审核和复核。该机构应由具有丰富经验和专业知识的专家组成，能够独立、客观地对评估报告进行评价和审核。同时，该机构还应具有对评估结果进行质疑和调查的权力，以确保评估结果的准确性和公正性。

四、强化内部控制与监督

国有企业应建立健全的内部控制体系，对资产评估的各个环节进行严格的监督和管理，包括评估前的准备工作、评估过程中的操作规范以及评估后的结果审核等。同时，还应建立有效的信息反馈机制，及时发现和弥补评估过程中存在的问题和不足。

五、加强外部监管与合作

同时，国有企业还应加强与行业协会、专业机构等的合作与交流，共同推动资产评估行业的规范发展。

专题3：国有企业资产的使用效率是否达到预期，是否存在闲置或浪费现象？

案例简介

一、案例背景

某国有能源企业（以下简称"国企A"），在国家推动绿色发展和节能减排政策的大背景下，决定投资建设一个大型风力发电项目。该项目旨在利用可再生能源，减少对化石燃料的依赖，以促进企业的绿色转型和可持续发展。

二、审计发现

审计署在对国企A进行资产使用效率的审计过程中，发现了以下问题。

资产使用效率低下：风力发电项目建成后，设备选型不当、运营维护不足等，导致发电机组的运行效率低于预期，存在大量的闲置容量。

资源浪费现象：在项目建设和运营过程中，存在采购过量、库存管理不善等问题，导致部分设备和材料长期闲置，造成了资源浪费。

三、审计方法与程序

文件审查：审计人员审查了国企 A 的项目可行性研究报告、采购合同、库存清单等文件，以评估资产采购和使用的合理性。

数据分析：审计人员通过对风力发电机组的运行数据、能源消耗数据等进行分析，评估设备的运行效率和能源产出情况。

现场考察：审计人员前往风力发电项目现场，实地查看设备的运行状态和维护情况，以及与项目人员交流，了解项目运营中的实际问题。

四、审计结论与建议

审计人员认为，国企 A 在风力发电项目的建设和运营过程中，存在资产使用效率低下和资源浪费的问题。为此，审计人员提出以下建议。

优化设备选型与配置：在项目前期规划中，应充分考虑设备的性能和适应性，选择适合当地资源和气候条件的发电机组，以提高设备的运行效率。

加强运营维护管理：建立完善的设备维护和检修制度，确保设备正常运行和延长使用寿命。同时，加强对运营人员的培训和管理，提高其专业技能和责任意识。

改进采购与库存管理：建立科学的采购计划和库存管理制度，避免过量采购和库存积压。加强与供应商的沟通协作，确保采购的设备和材料符合项目需求。

五、后续改进

国企 A 根据审计建议，对风力发电项目进行了全面的整改和提升。国企 A 通过优化设备选型、加强运营维护管理以及改进采购与库存管理等方面的措施，项目的运行效率得到了显著提升，资源浪费现象也得到了有效控制。这些改进措施不仅提高了国企 A 的资产使用效率，也为企业践行绿色发展理念、实现可持续发展目标奠定了坚实基础。

审计程序与方法

一、审计程序

资料收集与初步了解：收集国企 A 关于风力发电项目的所有相关资料，包括但不限于项目规划报告、设备采购合同、运营维护记录、财务报表等。与国企 A 的管理层和项目负责人进行初步沟通，了解项目的整体情况和运营状况。

资产使用效率评估：对收集到的运营数据进行整理和分析，计算设备的实际运行时间、产能输出等指标，以评估资产的使用效率。将实际运行数据与项目可行性研究报告中的预期数据进行对比，分析差异及原因。

现场考察与验证：实地考察风力发电项目现场，观察设备的运行状态，检查是否存在闲置或未充分利用的设备。与现场运营人员交流，了解设备运行的实际情况和维护状况。

资源浪费情况审查：审查设备采购合同和库存管理记录，核实是否存在过量采购或库存积压的情况。检查设备的维修和更换记录，分析是否存在因维护不当导致的设备损坏或提前报废。

综合分析与报告撰写：综合以上步骤的审计结果，分析国企 A 在资产使用效率方面存在的问题及其原因。撰写审计报告，提出改进建议，并与管理层进行沟通。

二、审计方法

数据分析法：利用数据分析工具对收集到的运营数据进行处理和分析，以量化指标评估资产的使用效率。通过数据对比，发现实际运营与预期目标之间的差距。

观察法：通过实地考察和观察设备的实际运行状态，直接感知设备的利用情况。观察现场运营人员的工作流程和操作规范，评估其对设备使用效率的影响。

访谈法：与国企 A 的管理层、项目负责人和现场运营人员进行深入交流，获取他们对设备使用效率和资源浪费问题的看法和解释。通过访谈了解可能存在的深层次问题。

文档审查法：仔细审查项目相关文档，包括规划报告、采购合同等，以获取关于设备采购、使用和维护的全面信息。通过文档审查发现可能存在的问题点和改进空间。

法规依据

审计人员对国有企业资产的使用效率以及闲置或浪费现象的审查，主要依据的是国家关于国有企业资产管理、使用及监督的相关法律法规。

《中华人民共和国企业国有资产法》第十七条规定："国家出资企业应当依法建立和完善法人治理结构，建立健全内部监督管理和风险控制制度。"这一法律条文强调了国有企业应建立完善的内部管理和风险控制制度，以确保资产的有效使用和防止浪费。同时，该法第二十一条还规定："国家出资企业对其动产、不动产和其他财产依照法律、行政法规以及企业章程享有占有、使用、收益和处分的权利。"这要求国有企业在享有资产权利的同时，也必须承担起合理使用和管理资产的责任。

此外，《中华人民共和国审计法》第二十三条明确规定："审计机关对政府投资和以政府投资为主的建设项目的预算执行情况和决算，对其他关系国家利益和公共利益的重大公共工程项目的资金管理使用和建设运营情况，进行审计监督。"这一规定为审计机关对国有企业资产使用效率进行审计提供了法律依据，特别是对涉及公共资金使用的风力发电项目等重大工程项目。

在防止资产闲置和浪费方面，《企业国有资产监督管理暂行条例》第二十一条规定："国有资产监督管理机构依照法定程序决定其所出资企业中的国有独资企业、国有独资公司的分立、合并、破产、解散、增减资本、发行公司债券等重大事项。"这要求国有资产监督管理机构对国有企业的重大决策进行把关，以防止因决策失误导致的资产闲置和浪费。

在具体实践中，审计人员还需结合项目的实际情况和相关行业的规定，对国有企业资产的使用效率进行全面评估，以确保国有资产的保值增值和有效利用。

整改建议

一、加强资产管理制度建设

企业应建立完善的资产管理制度，明确资产的采购、使用、维护和处置等各个环节的职责和流程。通过制度化的管理，确保资产的合理配置和有效利用，避免资产的闲置和浪费。同时，建立资产管理信息化系统，实现资产信息的实时更新和查询，提高管理效率。

二、开展资产清查与评估

组织专业的资产清查团队，对企业所有资产进行全面清查和评估。了解资产的实际状况、使用效率和价值，为后续的资产管理和优化提供准确的数据支持。对于闲置或低效使用的资产，要深入分析原因，提出有针对性的改进措施。

三、优化资产配置与使用

根据企业实际需求和业务特点，制定合理的资产配置计划。对于关键业务和核心环节，要确保资产的充足和高效使用；对于非关键业务，可通过共享、租赁等方式优化资产配置，降低闲置率。同时，建立资产调度机制，根据业务需求灵活调整资产使用，提高资产利用效率。

四、强化资产维护与保养

建立完善的资产维护和保养制度，确保资产正常使用和延长使用寿命。定期对资产进行检查、维修和保养，及时发现并解决潜在问题。对于重要资产，可建立预防性维护计划，降低故障率，提高使用效率。

五、推进资产管理信息化

利用现代信息技术手段，推进资产管理信息化进程。通过建立资产管理信息系统，实现资产信息的实时采集、处理和分析。通过数据分析，发现资产管理中的问题和短板，为决策提供科学依据。同时，信息化手段还可以提高资产管理透明度和监督效率。

专题 4：国有资产是否存在未经批准擅自处置或转让的情况？

案例简介

一、案例背景

某国有资源型企业（以下简称"国企 A"），长期负责国家重要矿产资源的开采与销售。近年来，随着国内外市场环境的变化，国企 A 面临着资源逐渐枯竭、成本压力增大等诸多挑战。为了调整资产结构，优化资源配置，国企 A 决定对部分非核心资产进行处置。

二、审计发现

在对国企 A 进行常规审计时，审计人员发现了国有资产未经批准擅自处置的情况。具体来说，国企 A 的某下属单位在未向上级主管部门报批的情况下，私自将一处闲置的矿场及其附属设施以低价转让给了一家民营企业。该行为严重违反了国有资产处置的相关规定，导致了国有资产的流失。

三、审计方法与程序

文件审查：审计人员详细审查了国企 A 及其下属单位的资产处置文件、合同、账务记录等，发现其中存在诸多疑点。

访谈调研：审计人员对相关责任人进行了深入访谈，了解了资产处置的具体过程和原因。

现场勘查：审计人员前往被处置的矿场进行了现场勘查，确认了资产的实际状况。

市场调研：为了评估被处置资产的市场价值，审计人员还进行了市场调研，发现转让价格远低于市场价。

四、审计结论与建议

审计人员认为，国企 A 的下属单位在未经批准的情况下擅自处置国有资产，且处置价格远低于市场价，造成了国有资产的损失。为此，审计人员提出以下建议。

严肃处理相关责任人：对于擅自处置国有资产的责任人，应依法依规进行严肃处理，以儆效尤。

完善内部审批流程：应进一步完善资产处置的内部审批流程，确保所有资产处置行为都必须经过严格的审批程序。

加强资产评估与监管：在资产处置前，应委托专业机构对资产进行评估，确保处置价格的合理性。同时，加强对资产处置过程的监管，防止类似事件再次发生。

提升员工法治意识：通过培训、宣传等方式提升员工的法治意识，确保企业各项经营活动都在法律法规的框架内开展。

五、后续改进

根据审计建议，国企 A 对相关责任人进行了处理，并加强了内部管理和审批流程。同时，委托专业机构对所有拟处置资产进行了评估，确保了处置价格的公正性。此外，国企 A 还开展了全员法治教育和规范意识培训活动，提高了员工的合规意识和风险防范能力。这些改进措施有效防止了类似事件再次发生，保护了国有资产的安全与完整。

审计程序与方法

一、审计程序

初步评估与计划：评估国企 A 的资产规模、种类及分布情况。了解国企 A 的资产管理制度、审批流程和内部控制情况。制定详细的审计计划，明确审计目标、范围和时间表。

收集资料与文件审查：收集国企 A 的资产清单、处置记录、转让合同等相关文件。对收集到的文件进行初步审查，检查文件的完整性、真实性和合规性。

详细审计与数据分析：对国企 A 的资产处置和转让进行逐笔审查，核实每笔交易的审批手续是否齐全、合规。利用数据分析工具，对资产处置和转让数据进行比对、筛选，识别异常交易或潜在风险点。

现场调查与访谈：对国企 A 的资产进行实地盘点，确认资产的实际存在和状态。对国企 A 的管理层、资产管理部门及相关人员进行访谈，了解资产处置和转让的实际情况，收集第一手信息。

二、审计方法

文档审查法：仔细审阅国企 A 的资产管理制度、审批流程文件以及相关交易合同和记录。通过文档审查，判断资产处置和转让是否符合规定，审批手续是否完备。

数据分析法：利用审计软件或数据分析工具，对国企 A 的资产处置和转让数据进行深入分析。通过数据比对、趋势分析等，发现异常数据或潜在风险点。

访谈法：对国企 A 的相关人员进行面对面访谈，了解资产处置和转让的实际情况。通过访谈收集第一手信息，验证文档和数据的真实性。

实地观察法：对国企 A 的资产进行实地盘点和观察，确认资产的实际存在和状态。通过实地观察，发现可能存在的账实不符或资产流失情况。

法规依据

《财政违法行为处罚处分条例》（国务院令第 427 号）第八条明确规定："国家机关及其工作人员违反国有资产管理的规定，擅自占有、使用、处置国有资产的，责令改正，调整有关会计账目，限期退还违法所得和被侵占的国有资产。对单位给予警告或者通报批评。对直接负责的主管人员和其他直接责任人员给予记大过处分；情节较重的，给予降级或者撤职处分；情节严重的，给予开除处分。"这一条款直接对未经批准擅自处置国有资产的行为进行了规范，并规定了相应的处罚措施。

《中华人民共和国企业国有资产法》：第五十三条、五十四条、五十五条明确规定了国有资产转让的程序和要求。其中，第五十四条明确指出，除按照国家规定可以直接协议转让的以外，国有资产转让应当在依法设立的产权交易场所公开进行。转让方应当如实披露有关信息，征集受让方；征集产生的受让方为两个以上的，转让应当采用公开竞价的交易方式。

《企业国有资产交易监督管理办法》：该办法规定了企业国有资产交易的监督管理，明确了国有资产交易应当遵循的程序和规则，包括评估、批准、进场交易等关键环节。

《地方行政单位国有资产处置管理暂行办法》：第三十五条规定了资产处置过程中的禁止行为，包括未经批准擅自处置国有资产的行为，并明确了对此类行为的处理措施。

对于国有资产未经批准擅自处置或转让的情况，有明确的法规依据进行规范和处罚。这些法规不仅适用于国家机关及其工作人员，也为企业和其他组织处置国有资产提供了指导。任何违反这些规定的行为，都将受到相应的法律制裁。

整改建议

一、加强国有资产管理制度建设

企业应完善国有资产管理制度，明确规定资产处置和转让的流程、审批权限和责任主体。制度应确保任何国有资产的处置或转让都必须经过严格的审批程序，并获得相关部门的明确授权。同时，建立健全资产管理制度的监督和考核机制，确保制度得到有效执行。

二、强化国有资产处置与转让的审批流程

明确审批权限：根据资产价值、重要性和风险程度，设定不同级别的审批权限。对于重大资产处置或转让，应提交至公司高层或董事会进行决策。

审批流程透明化：建立公开、透明的审批流程，确保每一环节都有明确的责任人和审批标准。审批过程应记录并保存，以便后续审计和追责。

三、加强国有资产监管与审计

定期开展资产清查：企业应定期组织对国有资产的清查工作，确保资产账实相符。对于发现的问题，应及时查明原因并采取措施予以纠正。

强化内部审计：建立健全内部审计制度，定期对国有资产处置和转让的合规性进行审计。对于违规行为，应严肃处理并追究相关责任人的责任。

四、加强合规宣传与培训

加强合规宣传：通过内部宣传等方式，提高员工对国有资产管理制度和审批流程的认识，增

强合规意识。

定期开展培训：针对国有资产处置和转让的相关法律法规、政策以及公司内部管理制度，定期开展员工培训。确保员工了解并遵守相关规定，降低违规风险。

五、建立举报与奖惩机制

设立举报渠道：企业应设立专门的举报渠道，鼓励员工积极举报违规处置或转让国有资产的行为。对于举报属实的员工，应给予适当的奖励。

严格执行奖惩制度：对于违反国有资产管理制度的员工，应根据情节轻重给予相应的处罚。同时，对于在国有资产管理中表现突出的员工，应给予表彰和奖励。

专题 5：国有企业是否存在国有资产流失或低价转让的风险？

案例简介

一、案例背景

某国有煤炭企业（以下简称"国企 A"）在 20 世纪 80 年代由国家投资 3 000 多万元建成，储煤量达 1 600 多万吨。然而，21 世纪初由于各种原因，煤矿经营出现困难，国企 A 决定将煤矿承包给个人经营。经过多次不成功的承包尝试后，2003 年，国企 A 的煤炭部门以技术改造的名义，将煤矿违规承包给了民间投资人杨某。

二、审计发现

审计人员在最近的审计中，发现了以下问题。

国有煤矿被非法承包给个人，违反了国家规定。在技术改造期间，该煤矿仍然疯狂开采，导致安全事故频发，两年内死亡人数达到六人。按照规定，此类事故频发的煤矿应当关闭，但实际上一直没有关闭。

三、审计方法与程序

文件审查：审查国企 A 与承包人杨某之间的承包合同、相关财务报表和税务记录。

访谈调研：对国企 A 的管理层、员工以及承包人杨某进行访谈，了解煤矿的经营状况和承包过程。

现场考察：实地考察煤矿，观察其运营情况和安全设施。

四、审计结论与建议

审计人员认为，国企 A 存在严重的国有资产管理问题，包括非法承包、安全事故频发等。为此，审计人员提出以下建议。

立即收回非法承包的煤矿，恢复国有经营。对煤矿进行全面的安全检查和整改，确保安全生产。加强国有资产管理，完善内部控制和监督机制，防止安全事故再次发生。

五、后续改进

根据审计建议，国企 A 已经着手收回煤矿，并进行全面的安全检查和整改。此外，国企 A 还加强了国有资产的管理和监督，确保安全事故不再发生。通过这些改进措施，国企 A 可保障国有资产的安全和稳定增值。

审计程序与方法

一、审计程序

初步风险评估：收集并分析企业的历史财务数据、业务合同、资产评估报告等，以评估国有资产流失或低价转让的初步风险。了解企业的组织结构、内部控制系统和业务流程，识别可能的风险点。

制定详细的审计计划：根据初步风险评估结果，确定审计的重点领域和具体目标。制定详细的审计时间表和资源计划。

文件收集与审查：收集并审查与国有资产转让、处置相关的所有文件，包括合同、协议、发票、支付凭证等。对企业财务报表、库存记录、资产评估报告等进行详细审查。

现场审计与访谈：对企业进行现场审计，观察国有资产的实际情况，检查是否存在未经批准擅自处置或转让国有资产的情况。与企业管理层、员工以及相关第三方进行访谈，了解国有资产的转让过程、定价机制等。

数据分析与比对：对收集到的数据进行详细分析，比对市场价格、评估价值与实际转让价格，检查是否存在低价转让的情况。分析企业资金流向，检查是否存在异常支付或资金挪用的情况。

二、审计方法

文档审查法：仔细审阅与国有资产转让、处置相关的所有文档，以确认其合规性和准确性。

比较分析法：将实际转让价格与市场价格、评估价值进行比较，分析差异及原因。

访谈法：通过对管理层、员工等访谈，了解国有资产的实际情况和转让过程，发现可能存在的问题。

数据分析法：利用数据分析工具对收集到的数据进行深入分析，发现异常情况和潜在风险。

法规依据

《中华人民共和国刑法》第三百九十六条：国家机关、国有公司、企业、事业单位、人民团体若违反国家规定，将国有资产集体私分给个人，这种行为可能构成国有资产流失。这为认定国有资产流失的刑事责任提供了法律依据。

《企业国有资产监督管理暂行条例》明确了企业国有资产属于国家所有，并规定了国有资产的监管体制。这为审计国有资产流失风险提供了行政法规层面的支持。

在审计国有资产是否存在流失或低价转让的风险时，审计人员应综合考虑《中华人民共和国刑法》《企业国有资产监督管理暂行条例》等相关法律法规的规定。

整改建议

一、加强国有资产管理与监督

企业应完善国有资产管理制度，明确资产的采购、使用、处置等流程，确保每一步操作都符合法规要求。同时，设立专门的资产监督部门或指派专员，对国有资产的变动进行实时监控，并定期进行资产盘点，确保账实相符。

二、规范资产转让与处置流程

对于国有资产的转让与处置，企业应制定严格的流程规范。在转让或处置前，必须进行资产评估，确保转让价格的合理性。同时，所有转让与处置行为需经过内部审批，并在必要时报请上级主管部门批准。转让过程应公开透明，避免出现内部人控制或利益输送的情况。

三、建立风险防范机制

企业应建立一套完善的风险防范机制，包括但不限于风险识别、评估、监控和应对等环节。针对国有资产流失和低价转让的风险，企业应定期进行风险评估，及时发现并解决潜在问题。同时，建立应急响应机制，一旦出现问题能够迅速采取措施，防止损失扩大。

四、建立激励机制与问责制度

为激励员工积极参与国有资产管理工作，企业应建立完善的激励机制，对表现优秀的员工给予奖励。同时，建立问责制度，对违反国有资产管理规定的员工进行严肃处理，确保制度的严肃性和权威性。

专题 6：国有企业对外投资是否进行了充分的风险评估与监控？

案例简介

一、案例背景

某国有大型能源企业（简称"国企 A"）计划在东南亚某国家投资一个大型水电站项目，以拓展其境外能源业务。该项目旨在利用当地丰富的水力资源，为该国提供稳定的电力供应，并促进当地经济发展。

二、审计发现

在项目实施过程中，国企 A 委托专业审计团队对项目进行风险评估与监控。审计团队发现以下问题。

政治不稳定：该国政治环境复杂，存在政权更迭的风险，可能对项目的顺利实施造成影响。

法律环境差异：该国的法律环境与国内存在较大差异，合同签订、劳工权益等方面存在潜在的法律风险。

市场竞争激烈：当地已有多个水电站项目在建设中或已投入运营，市场竞争激烈。

供应链管理困难：由于地理位置和物流条件的限制，设备的采购、运输和安装面临诸多挑战。

三、审计方法与程序

文档审查：审计团队对项目合同、可行性研究报告、市场调研报告等文档进行了详细审查。

现场调研：审计团队赴项目所在地进行实地考察，了解当地政治、经济、社会和文化环境。

多方访谈：审计团队与当地政府官员、行业专家和项目团队成员进行深入交流，获取第一手资料。

数据分析：审计团队对项目投资、市场竞争格局、供应链风险等方面的关键数据进行深入分析。

四、审计结论与建议

审计团队认为，国企 A 在水电站项目投资过程中面临多重风险。为确保项目的顺利实施和预期收益的实现，审计团队提出以下建议。

建立风险管理团队：成立专门的风险管理团队，负责监测和评估项目的各类风险，并制定相应的应对措施。

完善风险评估体系：构建全面的风险评估体系，定期对项目的政治、法律、市场、供应链等方面的风险进行评估。

采取多元化投资策略：在境外投资时，采取多元化的投资策略，以分散风险，降低单一项目的风险暴露度。

加强与当地合作伙伴的沟通与合作：与当地政府、社区和企业建立紧密的合作关系，共同应对可能出现的风险和挑战。

五、后续改进

国企 A 根据审计建议，成立了专门的风险管理团队，并完善了风险评估体系。同时，积极与当地政府和合作伙伴进行沟通与合作，确保项目的顺利实施。通过这些改进措施，国企 A 有效降低了项目投资风险，为项目的成功实施奠定了坚实基础。

审计程序与方法

一、审计程序

资料收集与初步审查：收集国有企业对外投资的相关文件，包括但不限于投资决策报告、风险评估报告、投资合同、监控记录等。对收集到的资料进行初步审查，确保其完整性和真实性。

详细分析与风险评估：深入分析投资决策过程，评估其合理性和有效性，包括决策机制的建立与执行情况。检查风险评估报告的详细内容和结论，评估其全面性和准确性，特别关注其是否充分考虑了市场风险、政策风险和财务风险等。核实投资合同中的条款是否明确，是否存在潜在的法律风险。

数据对比与现场调查：将国有企业的对外投资数据与行业数据、历史数据进行对比，分析投资活动的合理性和效益。实地考察投资项目，了解项目的实际运营情况，与项目负责人和普通员工进行交流，获取第一手信息。

监控程序审查：审查国有企业对外投资的监控程序，包括资金流转监控、项目进度监控、风险控制措施等。评估监控程序的有效性和执行情况，确保投资活动在可控范围内进行。

二、审计方法

文档审查法：仔细审阅投资决策报告、风险评估报告等文档，查找可能存在的风险点和不合规之处。

数据分析法：利用数据分析工具，对投资数据进行深入分析，识别异常数据和潜在风险。

访谈法：与投资决策者、项目负责人等进行深入交流，了解他们的决策依据和风险控制措施。

法规依据

《中央企业投资监督管理办法》：

第三条提到国资委依法建立信息对称、权责对等、运行规范、风险控制有力的投资监督管理体系，推动中央企业强化投资行为的全程全面监管。

第四条明确国资委指导中央企业建立健全投资管理制度，监督检查中央企业投资管理制度的执行情况、重大投资项目的决策和实施情况，组织开展对重大投资项目后评价，对违规投资造成国有资产损失以及其他严重不良后果的进行责任追究。

第二十三条要求中央企业建立投资全过程风险管理体系，将投资风险管理作为企业实施全面风险管理、加强廉洁风险防控的重要内容。强化投资前期风险评估和风控方案制定，做好项目实施过程中的风险监控、预警和处置，防范投资后项目运营、整合风险，做好项目退出的时点与方式安排。

《中华人民共和国企业国有资产法》：

第四十七条规定国有独资企业、国有独资公司和国有资本控股公司合并、分立、改制，转让重大财产，以非货币财产对外投资，清算或者有法律、行政法规以及企业章程规定应当进行资产评估的其他情形的，应当按照规定对有关资产进行评估。

《国有企业境外投资财务管理办法》：

第四条明确国有企业境外投资财务管理应当贯穿境外投资决策、运营、绩效评价等全过程，并建立责权利相统一、激励和约束相结合的境外投资管理机制，健全境外投资财务管理制度，提升境外投资财务管理水平，提高境外投资决策、组织、控制、分析、监督的有效性；

第十一条要求国有企业以并购、合营、参股方式进行境外投资，应当组建包括行业、财务、税收、法律、国际政治等领域专家在内的团队或者委托具有能力并与委托方无利害关系的中介机构开展尽职调查并形成书面报告。其中，财务尽职调查应当重点关注以下财务风险。

《中央企业境外投资监督管理暂行办法》：

第三条指出国资委依法对中央企业境外投资进行监督管理，督促中央企业建立健全境外投资管理制度，引导中央企业防范境外投资风险。

第四条要求中央企业根据企业国际化经营战略需要制定境外投资规划，建立健全企业境外投资管理制度，提高决策质量和风险防范水平，组织开展定期审计，加强境外投资管理机构和人才队伍建设，加强对各级子企业境外投资活动的监督和指导。

整改建议

一、加强风险评估机制

国有企业应建立全面的风险评估机制，涵盖市场风险、政策风险、财务风险等多个方面。在投资决策前，必须进行深入的市场调研和风险评估，确保投资项目的可行性和实现盈利。同时，应定期对投资项目进行风险评估，及时调整投资策略，以降低潜在风险。

二、建立投资监控体系

国有企业应建立完善的投资监控体系，对投资项目的运营情况进行实时监控。通过设立专门的监控团队或利用信息化手段，及时获取投资项目的运营数据，分析项目的盈利状况和风险情况。一旦发现异常情况，应立即采取措施进行风险控制和损失弥补。

三、强化内部监管和审计

国有企业应加大内部监管和审计力度，确保投资活动的合规性和真实性。建立健全内部审计制度，定期对投资活动进行审计和检查，防止内部腐败和违规行为的发生。同时，应积极配合外部审计机构的审计工作，提供真实、完整的财务数据和信息。

四、提升投资决策的透明度和科学性

国有企业应提高投资决策的透明度和科学性，确保投资活动的公正性和合理性。建立公开、透明的投资决策流程，充分听取各方意见，避免个人或少数人的主观决策。同时，应利用专业的投资分析工具和团队，对投资项目进行科学的分析和评估。

五、建立健全风险预警和应对机制

国有企业应建立健全风险预警和应对机制，及时发现和降低投资风险。通过建立风险预警系统，对投资项目的运营情况进行实时监测和预警。一旦发现潜在风险，应立即启动应对机制，采取有效措施进行风险控制和化解。

专题 7：国有企业对无形资产（如知识产权）的管理是否得当，无形资产的价值是否得到充分体现？

案例简介

一、案例背景

某国有中药企业（以下简称"国企 A"），作为国内知名的中药生产商，持有众多独家中药配方和制作工艺。近年来，随着市场竞争的加剧，国企 A 面临着技术创新和知识产权保护的双重压力。为了保护企业的无形资产并增加其价值，国企 A 开始重视对知识产权等无形资产的管理。

二、审计发现

在一次内部审计中，审计人员发现国企 A 在无形资产管理方面存在以下问题。

内部管理不善：企业对无形资产的管理不够重视，未建立完善的无形资产管理制度。这导致技术人员离职时，将部分核心药品配方等专有技术带走，给企业带来潜在损失。

评估不足：在国企改制过程中，对无形资产如国有土地使用权等未进行全面评估，导致国有资产流失。

保护不够：虽然国企 A 拥有众多独家中药配方和制作工艺，但对这些核心无形资产的保护措施不够严密，存在被侵权的风险。

三、审计方法与程序

文档审查：仔细审查国企 A 的财务报表、资产管理记录以及知识产权申请和维权文件等。

员工访谈：与企业管理层、技术人员和法务人员进行深入交流，了解无形资产管理的实际情况和存在的问题。

实地调查：对国企 A 的生产车间、研发实验室等关键场所进行实地考察，评估无形资产的保护措施是否得当。

四、审计结论与建议

审计人员认为，国企 A 在无形资产管理方面存在明显不足，需要立即采取措施加以改进。为此，审计人员提出以下建议。

建立健全无形资产管理制度：制定完善的无形资产管理制度，明确管理职责和流程，确保无形资产的安全和完整。

加强评估工作：在国企改制、合资等关键时刻，要对无形资产进行全面评估，防止国有资产流失。

强化保护措施：加大对核心无形资产的保护力度，通过专利申请、商标注册等方式确保知识产权得到有效保护。同时，加强对外合作中的知识产权保护意识，防止技术泄露和侵权风险。

五、后续改进

国企 A 根据审计建议，迅速行动，建立了完善的无形资产管理制度，并加强对无形资产的评估和保护工作。通过这些改进措施，国企 A 不仅提升了企业的核心竞争力，还为企业的长远发展奠定了坚实基础。同时，这些举措也提升了国企 A 在市场上的形象和声誉，吸引了更多合作伙伴和投资者的关注。

审计程序与方法

针对国有企业对无形资产（如知识产权）的管理是否得当，无形资产的价值是否得到充分体现的问题，审计人员可遵循以下审计程序并运用相应的方法进行深入审查。

一、审计程序

资料收集与审查：收集企业无形资产的相关资料，包括但不限于知识产权证书、许可协议、转让合同、评估报告等。对收集到的资料进行初步审查，了解其完整性、合规性以及是否存在任何异常。

详细了解无形资产状况：与企业管理人员、技术人员及法务人员进行深入交流，全面了解企业无形资产的类型、数量、价值、使用情况等。实地考察企业的研发部门、技术部门等关键场所，观察无形资产的实际运用情况。

评估无形资产价值：利用专业的评估方法和技术，对企业无形资产进行价值评估，判断其价值是否得到充分体现。对比市场类似无形资产的价值，分析企业无形资产的竞争力及市场定位。

审查无形资产管理制度：仔细审阅企业的无形资产管理制度，检查其完善性、合理性和执行情况。了解企业对无形资产的登记、维护、保护、转让等流程是否规范。

分析无形资产运营情况：分析企业无形资产的运营情况，包括但不限于其产生的经济效益、市场份额、品牌影响力等。评估企业是否充分利用无形资产进行市场拓展和产品开发。

二、审计方法

文档审查法：仔细审阅与无形资产相关的各类文档，以获取全面的信息。

访谈法：通过对企业内部相关人员的深入访谈，了解无形资产管理的实际情况和问题。

实地观察法：实地考察企业相关部门和场所，观察无形资产的实际运用和保护情况。

比较分析法：将企业的无形资产状况与行业标准或同类企业进行比较，分析其优势和不足。

专家评估法：邀请无形资产评估领域的专家，对企业的无形资产价值和管理进行评估和指导。

法规依据

《企业会计准则第 6 号——无形资产》第三条："无形资产，是指企业拥有或者控制的没有实物形态的可辨认非货币性资产。"此定义明确了无形资产的范围。

《中华人民共和国专利法》第十三条："发明专利申请公布后，申请人可以要求实施其发明的单位或者个人支付适当的费用。"此条款说明企业有权要求其无形资产（如专利）得到合理的经济回报。

《国有资产评估管理办法》第三条："国有资产占有单位（以下简称占有单位）有下列情形之一的，应当进行资产评估：（一）资产拍卖、转让；（二）企业兼并、出售、联营、股份经营；（三）与外国公司、企业和其他经济组织或者个人开办中外合资经营企业或者中外合作经营企业；（四）企业清算；（五）依照国家有关规定需要进行资产评估的其他情形。"这一条款规定了国有企业在进行某些经济活动时，必须对包括无形资产在内的资产进行评估，以确保国有资产的价值得到准确反映和充分保护。

整改建议

一、加强无形资产管理制度建设

国有企业应制定或完善无形资产管理制度，明确无形资产的取得、使用、处置、评估和保护等各环节的规定。制度应细化到每项无形资产的具体管理措施，确保每项资产都有明确的管理责任人，并形成有效的监督机制。

二、建立无形资产登记与档案管理制度

建立无形资产登记制度，对所有无形资产进行全面清查和登记，确保资产不遗漏。同时，建立档案管理制度，对无形资产的来源、使用情况、价值评估、权属变更等进行详细记录，以便于跟踪管理和价值评估。

三、强化无形资产评估工作

定期对无形资产进行评估，确保其价值得到准确反映。评估过程中应遵循市场化原则，进行公正、公平、公开的评估，确保评估结果的真实性和准确性。同时，评估结果应作为企业内部决策和对外合作的重要依据。

四、加强无形资产保护工作

无形资产是企业的重要资产，必须加强保护。企业应建立完善的保密制度，对核心技术和商业秘密进行严格保密。同时，积极申请专利、商标等知识产权保护，确保企业的无形资产得到法律保障。对于外部侵权行为，应积极采取法律手段进行维权。

五、促进无形资产转化与增值

企业应积极探索无形资产的转化和增值途径，如通过技术转让、合作开发等方式，将无形资产转化为实际生产力，提高企业的经济效益。同时，加强对无形资产的宣传和推广，提升其在市场上的知名度和影响力，进一步增加无形资产的价值。

专题 8：国有企业资产的折旧、摊销政策是否合理，是否遵循相关会计准则？

案例简介

一、案例背景

某国有电力企业（以下简称"国企 A"），作为国内重要的电力供应商，负责管理和运营多个大型发电站。近年来，随着设备老化和技术更新的需求，国企 A 面临着资产管理和折旧的重要问题。为了确保资产价值的准确反映和合规性，国企 A 需要严格遵守相关会计准则，并合理设置资产的折旧年限。

二、审计发现

在一次内部审计中，审计人员发现国企 A 在资产管理方面存在以下问题。

折旧政策不合理：国企 A 对某些发电设备的折旧年限设置过长，与设备的实际使用寿命和行业惯例不符。这导致资产价值被高估，可能影响企业的财务报表真实性和准确性。

未遵循会计准则：国企 A 在折旧、摊销政策的执行上未严格遵循相关会计准则，如未按照规定的折旧方法进行计算，或未及时调整折旧年限以反映设备实际状况的变化。

资产管理风险：由于折旧、摊销政策不合理和未遵循会计准则，国企 A 面临着资产管理风险，包括资产价值虚高、决策失误等，可能对企业的长期发展产生负面影响。

三、审计方法与程序

文件审查：仔细审查国企 A 的财务报表、资产管理记录以及折旧、摊销政策文件等，以评估其合规性和准确性。

员工访谈：与国企 A 的财务人员、设备管理人员和高层管理人员进行深入交流，了解折旧、摊销政策的制定过程、执行情况和存在的问题。

实地调查：对国企 A 的发电站进行实地考察，评估设备的实际状况和使用寿命，以验证折旧年限设置的合理性。

四、审计结论与建议

审计人员认为，国企 A 在折旧、摊销政策方面存在明显问题，需要立即采取措施加以改进。为此，审计人员提出以下建议。

调整折旧年限：根据设备的实际使用寿命和行业惯例，合理调整折旧年限，确保资产价值的准确反映。

遵循会计准则：严格执行相关会计准则，按照规定的折旧方法进行计算，并及时调整折旧年限以反映设备实际状况的变化。

加强资产管理：建立完善的资产管理制度，加强设备的维护和更新，降低资产管理风险。

五、后续改进

国企 A 根据审计建议，迅速行动，调整了折旧年限并遵循相关会计准则进行折旧、摊销。同时，加强了资产管理制度的建设和设备的维护保养工作。通过这些改进措施，国企 A 不仅提高了财务报表的真实性和准确性，还降低了资产管理风险，为企业的长期发展奠定了坚实基础。

审计程序与方法

一、审计程序

资料收集与初步审查：收集国有企业的财务报表、会计政策文件、资产管理相关制度及折旧、摊销的详细记录和计算依据。对收集到的资料进行初步审查，确认其完整性和真实性。

会计准则与政策对比：详细研读国家颁布的会计准则和相关法规，特别是关于资产折旧、摊销的具体规定。将企业的折旧、摊销政策与会计准则进行对比，检查是否存在偏差或不符合规定的情况。

数据分析与比对：利用数据分析工具，对企业的资产折旧、摊销数据进行详细分析，包括折旧年限、折旧方法、摊销周期等。将分析结果与行业标准或类似企业的数据进行比对，评估其合理性。

实地调查与访谈：对国有企业的资产管理部门进行实地调查，了解资产折旧、摊销政策的实际执行情况。与相关财务和管理人员进行访谈，获取折旧、摊销政策制定和执行的背后逻辑，以及可能存在的问题和挑战。

问题识别与风险评估：根据上述程序的结果，识别出企业在折旧、摊销政策方面存在的问题，如政策不合理、未遵循会计准则等。对识别出的问题进行风险评估，确定其对企业财务状况和运营的影响程度。

二、审计方法

文档审查法：仔细审阅企业的会计政策、资产管理制度等文档，确保折旧、摊销政策的书面规定与会计准则相符。

数据分析法：利用财务软件和数据分析工具，对企业的财务数据进行深入分析，以评估折旧、摊销政策的合理性和执行情况。

比较分析法：将企业的折旧、摊销数据与行业标准、历史数据或其他类似企业的数据进行比较，以评估其合理性。

专家咨询法：在必要时，向会计、财务或资产管理领域的专家进行咨询，获取专业意见和建议，以确保审计结论的准确性和权威性。

法规依据

《中华人民共和国会计法》第五条规定："会计机构、会计人员依照本法规定进行会计核算，实行会计监督。任何单位或者个人不得以任何方式授意、指使、强令会计机构、会计人员伪造、变造会计凭证、会计账簿和其他会计资料，提供虚假财务会计报告。"这一规定强调了会计核算的真实性和准确性，要求企业必须遵循会计准则进行资产的折旧和摊销。

《企业会计准则——基本准则》中明确规定："企业应当以权责发生制为基础进行会计确认、计量和报告。""企业应当按照交易或者事项的经济实质进行会计确认、计量和报告，不应仅以交易或者事项的法律形式为依据。"这些规定要求企业在进行资产的折旧和摊销时，必须以实际的经济业务和经济实质为依据，而不仅仅是法律形式。

具体到折旧和摊销，《企业会计准则第 4 号——固定资产》和《企业会计准则第 6 号——无形资产》分别规定了固定资产和无形资产的折旧和摊销方法。如《企业会计准则第 4 号——固定资产》规定："企业应当根据与固定资产有关的经济利益的预期实现方式，合理选择固定资产折旧方法。"《企业会计准则第 6 号——无形资产》也类似地规定了无形资产的摊销方法。

《中华人民共和国审计法》第二十五条规定："审计机关对国有企业的资产、负债、损益，进行审计监督。"这意味着审计机关有权对国有企业的折旧、摊销政策进行审计，以确保其合理性和合规性。

国有企业在制定和执行资产的折旧、摊销政策时，必须严格遵循《中华人民共和国会计法》《企业会计准则》等相关法律法规的规定，确保政策的合理性和合规性。审计机关在进行审计时，也应依据上述法律法规进行监督和评估。在实际操作中，审计机关还需参考更具体的会计准则解释、应用指南以及行业惯例等，以确保折旧、摊销政策的科学性和合理性。同时，企业也应定期对折旧、摊销政策进行评估和调整，以适应经济环境和业务变化的需要。

整改建议

一、全面审查和更新折旧、摊销政策

国有企业应组织财务、会计及资产管理等相关部门，对当前实施的折旧、摊销政策进行全面审查。对照最新的会计准则和法规要求，检查政策中是否存在不合理或过时的条款。如有需要，应及时更新政策，确保其合规性和适用性。

二、加强内部培训和宣传

为提高员工对折旧、摊销政策的理解和执行能力，企业应定期组织内部培训。培训内容应包括折旧、摊销的基本概念、计算方法、相关政策法规等。同时，通过内部宣传栏、企业网站等渠道，加大对新政策的宣传力度，确保每位员工都能充分了解并遵循新政策。

三、建立严格的审批和监督机制

企业应建立完善的折旧、摊销审批流程，确保每项折旧、摊销都经过严格的审批程序。同时，设立专门的监督机构或岗位，对折旧、摊销政策的执行情况进行定期检查和不定期抽查。对于违规行为，应严肃处理并追究相关责任人的责任。

四、建立持续改进机制

企业应建立持续改进机制，定期对折旧、摊销政策进行评估和调整。通过收集员工反馈、分析财务数据等方式，不断优化政策条款和计算方法。此外，企业还应关注行业动态和会计准则的变化，及时调整政策以适应新的环境和要求。

专题 9：国有企业资产采购、验收、领用等环节是否存在舞弊或管理漏洞？

案例简介

一、案例背景

某国有大型企业（以下简称"国企 A"）是国内知名的能源企业，负责国家重要的能源项目开发与运营。近年来，随着国家加大对清洁能源的扶持力度，国企 A 开始大规模采购相关设备和材料，以推进新能源项目的建设。

二、审计发现

在一次内部审计中，审计团队对国企 A 的资产采购、验收、领用等环节进行了深入审查。审查过程中，审计人员发现了以下问题。

采购环节存在不合规现象：部分采购项目未经过公开招标，而是直接指定了供应商，涉嫌利益输送。

验收环节不严谨：部分设备在验收时未严格按照合同规定的技术参数进行核查，导致一些不合格设备被接收。

领用环节管理混乱：存在领用审批不严格、领用记录不完整等问题，有可能导致资产流失。

三、审计方法与程序

文档审查：审计人员对采购合同、验收报告、领用单等文档进行详细审查，以发现可能存在的问题。

数据分析：审计人员通过对采购价格、供应商信息、领用数据等进行分析，寻找异常情况和潜在风险。

访谈与调查：审计人员与采购、验收、领用等环节的相关人员进行访谈，了解实际操作流程和存在的问题。

四、审计结论与建议

审计人员认为，国企 A 在资产采购、验收、领用等环节存在明显的舞弊和管理漏洞，严重影响了企业的正常运营和资产管理。为此，审计人员提出以下建议。

加强采购管理：建立完善的采购制度，确保所有采购项目都经过公开、公平、公正的招标程序，防止利益输送。

严格验收流程：制定详细的验收标准和流程，确保所有设备都符合合同规定的技术参数和质量要求。

规范领用管理：建立完善的领用审批和记录制度，确保资产的准确领用和追踪，防止资产流失。

五、后续改进

国企 A 根据审计建议，立即组织相关部门对存在的问题进行了整改。通过加强内部管理、完善相关制度、提高员工合规意识等措施，国企 A 逐步规范了资产采购、验收、领用等环节的管理流程。经过一段时间的整改和持续监督，国企 A 的资产管理水平得到了显著提升，有效防范了舞弊行为的发生，保障了企业的正常运营和资产安全。

审计程序与方法

一、审计程序

审计计划制定：确定审计目标、范围和时间表。组建专业的审计团队，包括财务、采购、物流等方面的专家。

初步风险评估：通过分析企业历史数据、内部控制制度和相关业务流程，初步评估采购、验收、领用环节的风险点。

数据收集与整理：收集并整理与采购、验收、领用相关的各类文档，如采购合同、验收报告、领用单据等。获取电子数据，如 ERP 系统中的交易记录、库存变动等。

详细审计：对收集到的数据进行详细分析，查找异常交易和不合规行为。通过访谈相关员工，了解实际操作流程和可能存在的问题。

现场观察与测试：实地观察采购、验收、领用等环节的实际操作，检查是否有违规现象。对内部控制的有效性进行测试，如职责分离、审批流程等。

舞弊调查：若发现疑似舞弊行为，进行深入调查，收集证据。与法务部门合作，确保调查过程合法合规。

二、审计方法

文档审查法：仔细审阅采购合同、验收报告和领用单据，检查其合规性和完整性。对比历史文档，查找差异和疑点。

数据分析法：利用数据分析软件，对交易数据进行筛选、比对和趋势分析。识别异常交易模式，如频繁更改供应商、大量紧急采购等。

访谈法：对采购、验收、领用等环节的员工进行面对面或电话访谈。了解实际操作流程、存在的问题和可能的改进点。

流程图分析法：绘制采购、验收、领用等环节的流程图。检查流程中的关键控制点和潜在风险点。

实质性测试法：对关键控制点进行实质性测试，如检查采购订单的审批流程是否合规。验证库存变动与领用单据的一致性。

法规依据

《中华人民共和国审计法》第二十七条规定："审计机关对政府投资和以政府投资为主的建设项目的预算执行情况和决算，对其他关系国家利益和公共利益的重大公共工程项目的资金管理使用和建设运营情况，进行审计监督。"此条款为审计机关对国有企业资产采购、验收、领用等环节的审计提供了法律依据。

《中华人民共和国审计法实施条例》第二十条规定了审计机关对国家建设项目的审计内容，包括项目的财务收支情况、项目的招标、投标、合同订立和履行情况等。这为审计国有企业在资产采购环节的合规性提供了具体指导。

《党政主要领导干部和国有企事业单位主要领导人员经济责任审计规定》第十七条规定："审计机关应当根据领导干部的职责权限和履行经济责任的情况，结合其任职期间所在单位财政收支、财务收支以及有关经济活动的真实、合法和效益情况，围绕守法、守纪、守规、尽责情况，以及有关领导干部贯彻落实党和国家经济方针政策、决策部署情况，制定审计实施方案，确定审计目标、审计范围、审计重点、审计措施、人员分工和工作要求。"这一规定明确了领导干部在国有资产管理中的经济责任，为审计国有企业在资产验收、领用等环节的管理情况提供了法规依据。

《中华人民共和国政府采购法》及其实施条例对政府采购活动进行了规范，包括采购方式、采购程序、监督管理等。虽然主要针对政府采购，但其中的原则和规定对国有企业资产采购也有一定的借鉴意义。

《中华人民共和国企业国有资产法》对国有资产的监督管理、保值增值、防止国有资产损失等方面进行了规定。该法为审计国有企业资产管理中的舞弊或管理漏洞提供了法律依据。

审计人员在审计国有企业在资产采购、验收、领用等环节是否存在舞弊或管理漏洞时，应依据上述法律法规进行。在具体实践中，还需结合相关行业的实际情况和更为详细的规定进行审计。

整改建议

一、加强内部控制体系建设

国有企业应建立完善的内部控制体系，明确各环节的职责和权限，确保资产采购、验收、领用等流程的规范操作。具体包括：制定详细的资产管理流程和操作规范，明确各环节的责任人、操作要求和审批权限。建立健全的内部监督机制，确保各流程环节得到有效监控，防止舞弊行为的发生。

二、强化采购环节管理

采购环节是资产管理的重要一环，应重点加强该环节的管理。具体包括：建立供应商准入机制，对供应商进行严格的资质审查和信誉评估，确保供应商的合法性和信誉度；实行采购计划审批制度，确保采购需求的合理性和必要性，避免盲目采购和浪费；推行电子化采购系统，提高采购透明度和效率，减少人为干预和舞弊的可能性。

三、严格验收流程

验收环节是确保资产质量的关键环节，应严格执行验收流程。具体包括：制定详细的验收标准和程序，确保验收工作的规范性和准确性；建立专业的验收团队，提高验收人员的专业素质和责任意识；实行多人参与、共同负责的验收制度，确保验收结果的客观性和公正性。

四、规范领用程序

领用环节是资产管理的最后一道关卡，应规范领用程序，防止资产流失和浪费。具体包括：建立严格的领用审批制度，确保领用需求的合理性和真实性；实行领用登记制度，详细记录领用情况，包括领用时间、数量、领用人等信息，便于后续追踪和管理；定期对领用情况进行盘点和核查，确保资产的安全和完整。

五、加强员工培训和教育

员工是企业资产管理的直接参与者，其素质和能力直接影响到资产管理的效果。因此，应加强员工培训和教育，提高其资产管理意识和能力。具体包括：定期开展资产管理相关培训，提高和加深员工对资产管理流程和规范的认识和理解；加强员工职业道德教育，引导其树立正确的价值观和培养职业操守，防止舞弊行为的发生。

专题 10：国有企业是否做好境外资产的监督管理工作？

案例简介

一、案例背景

某国有跨国能源企业（以下简称"国企 A"），近年来积极响应国家"走出去"战略，大力拓展境外市场，特别是在东南亚地区投资了多个能源项目。随着境外资产的增加，国企 A 面临着如何有效监督和管理这些资产的问题。

二、审计发现

审计署对国企 A 进行了境外资产监督管理的专项审计。审计过程中，审计人员发现以下主要问题。

监督管理机制不完善：国企 A 在境外资产的监督管理机制上存在明显缺陷，缺乏统一、高效的监督管理体系。这导致境外资产的管理存在漏洞，容易出现资产流失、损失等问题。

内部控制不严格：国企 A 在境外项目的内部控制方面存在不足，如财务审批、物资采购、人员管理等环节存在违规操作的风险。这不仅可能影响项目的正常运营，还可能给企业带来经济损失和声誉风险。

风险防范意识不足：国企 A 在境外投资过程中，对当地政治、经济、法律等风险因素的评估和防范意识不足。这可能导致企业在面临突发事件时应对不力，造成资产损失。

三、审计方法与程序

文件审查：审计人员对国企 A 的境外投资项目合同、财务报告、内部管理制度等文件进行了详细审查，以评估其境外资产监督管理的合规性和有效性。

访谈调研：审计人员对国企 A 的境外项目管理团队、内部控制部门负责人等进行了深入访谈，了解境外资产管理的实际情况和存在的问题。

数据分析：通过对境外项目的财务数据、运营数据等进行分析，审计人员评估了国企 A 境外资产的经营状况和风险管理水平。

四、审计结论与建议

审计人员认为，国企 A 在境外资产的监督管理方面存在明显不足，需要加强相关机制和内部控制的建设。为此，审计人员提出以下建议。

完善监督管理机制：国企 A 应建立完善的境外资产监督管理机制，明确各级管理职责和权限，确保境外资产的安全和完整。

加强内部控制：国企 A 应加强对境外项目的内部控制，规范财务审批、物资采购、人员管理等环节的操作流程，降低违规操作的风险。

提高风险防范意识：国企 A 应加强对境外投资风险的评估和防范工作，密切关注当地政治、经济、法律等动态变化，及时应对可能的风险事件。

五、后续改进

国企 A 根据审计建议，对境外资产的监督管理机制进行了完善，并加强了内部控制和风险防范工作。国企 A 成立了专门的境外资产管理团队，负责统一监督和管理所有境外项目。同时，国企 A 还加强了与当地政府部门、法律顾问等机构和人员的合作，提高对境外投资风险的应对能力。通过这些改进措施，国企 A 有效提升了境外资产的管理水平和风险防范能力。

审计程序与方法

针对国有企业是否做好境外资产的监督管理工作这一问题，审计程序和方法的选择至关重要。以下是一些建议的审计程序与方法，以确保审计工作的全面性和有效性。

一、审计程序

资料收集与初步评估：收集国有企业境外投资的所有相关资料，包括但不限于投资项目清单、投资合同、境外资产管理报告、内部控制文件等。对收集到的资料进行初步评估，了解企业境外资产规模、分布及管理现状。

制定详细的审计计划：根据初步评估结果，确定审计重点，如高风险地区或项目、关键管理环节等。制定详细的审计计划，包括审计时间、地点、人员分工等。

现场审计与访谈：对境外项目进行现场审计，实地查看资产管理情况，包括资产保管、使用、处置等环节。对项目管理团队、内部控制部门负责人等进行访谈，了解管理流程和实际操作中的问题和挑战。

数据分析与比对：对收集的财务数据、运营数据等进行分析，比对境内外数据，查找异常或风险点。利用数据分析工具，对境外资产的投资回报、运营效率等指标进行评估。

审计报告撰写与反馈：根据审计结果，撰写审计报告，详细列出发现的问题、潜在风险及改进建议。将审计报告提交给企业管理层，并就审计发现进行沟通和反馈。

二、审计方法

文档审查法：仔细审阅企业提供的所有相关文档，包括投资合同、财务报告、管理制度等，以评估境外资产管理的合规性和有效性。

访谈法：通过对企业内部员工、合作伙伴等进行面对面或电话访谈，获取第一手信息，了解境外资产管理的实际情况。

数据分析法：利用数据分析工具和方法，对境外资产的财务数据、运营数据等进行深入挖掘和分析，以发现潜在的风险和问题。

比较分析法：将企业的境外资产管理情况与行业标准、最佳实践或同类企业进行比较，以评估企业的管理水平和竞争力。

流程图分析法：绘制企业境外资产管理的流程图，检查管理流程的完整性和合理性，识别可能存在的漏洞或风险点。

法规依据

对国有企业境外资产的监督管理工作进行审计，主要依据的是国家关于境外投资管理、国有资产监督管理等方面的法律法规。这些法律法规旨在规范国有企业境外投资行为，保障国有资产安全，促进境外投资健康发展。

首先，《中华人民共和国企业国有资产法》第十一条明确规定："国有资产监督管理机构应当依照本法和其他有关法律、行政法规的规定，建立健全企业国有资产的监督管理制度，防止国有资产损失，保障国有资产安全。"这一法律条文为国有企业境外资产的监督管理提供了基本的法律支撑。

《中央企业境外国有资产监督管理暂行办法》（国资委令第 26 号）：第一条明确了该办法的目的是加强国资委对中央企业境外国有资产的监督管理，规范境外企业经营行为，维护境外国有资产权益，防止国有资产流失。第三条国资委依法对中央企业境外国有资产履行监督管理职责，包括制定监督管理制度、组织开展产权登记、资产统计、清产核资、资产评估和绩效评价等基础管理工作。第四条中央企业依法对所属境外企业国有资产履行监督管理职责，包括审核决定境外企业重大事项，建立健全境外企业监管的规章制度及内部控制和风险防范机制。

《中央企业境外投资监督管理暂行办法》（国务院国有资产监督管理委员会令第 28 号）：第三条国资委依法对中央企业境外投资进行监督管理，督促中央企业建立健全境外投资管理制度，引导中央企业防范境外投资风险。第四条中央企业应当根据企业国际化经营战略需要制定境外投资规划，建立健全企业境外投资管理制度，提高决策质量和风险防范水平。

《关于进一步加强中央企业境外国有产权管理有关事项的通知》：通知中提到中央企业要加强境外资产评估管理，规范中介机构选聘工作，条件允许的依法选用境内评估机构。通知还强调中央企业要加大境外产权管理监督检查力度，与企业内部审计、纪检监察、巡视、法律、财务等各类监督检查工作有机结合，实现境外检查全覆盖。

《中央企业境外投资监督管理办法》（2017 年 1 月 7 日国务院国有资产监督管理委员会令第 35 号公布）：第一条明确了该办法的目的是加强中央企业境外投资监督管理，推动中央企业提升国际化经营水平。第三条国资委按照以管资本为主加强监管的原则，依法建立信息对称、权责对等、运行规范、风险控制有力的中央企业境外投资监督管理体系。

此外，《企业境外投资管理办法》也是为了促进和规范境外投资而制定的。该办法要求投资者在境外投资过程中应当遵守相关法律法规，履行社会责任，保护生态环境，并接受国家发展和改革委员会的监督管理。

在具体实践中，审计人员应依据上述法律法规，对国有企业的境外资产监督管理工作进行全面评估。同时，审计人员还需结合当地和行业的实际情况，以及更详细的规定和指导性文件进行审计，确保审计工作的准确性和有效性。

整改建议

为确保国有企业更好地进行境外资产的监督管理工作，提升其管理效率和风险防范能力，提出以下整改建议。

一、完善境外资产管理制度

国有企业应制定和完善境外资产管理制度，明确管理职责、流程和规范。资产购置、使用、处置等各个环节都应有详细的规定，确保所有操作都符合法律法规和企业内部规定。同时，制度应定期进行评估和更新，以适应不断变化的外部环境。

二、加强境外资产管理人员培训

针对境外资产管理人员，国有企业应定期开展专业技能和法律法规培训，提升他们的专业素养和法律意识。培训内容可包括境外资产管理知识、风险控制方法、相关法律法规等，以确保管理人员具备足够的能力去执行监督管理工作。

三、建立境外资产风险评估机制

国有企业应建立一套完善的境外资产风险评估机制，定期对境外资产进行风险评估。评估内容可包括政治风险、经济风险、法律风险等，以便及时发现和解决潜在问题。同时，根据风险评估结果，企业应制定相应的风险控制措施，降低境外资产损失的可能性。

四、强化境外资产内部审计

国有企业应加强对境外资产的内部审计工作，确保资产的安全和完整。审计内容应包括资产的购置、使用、处置等各个环节，以及相关的内部控制制度的执行情况。对于审计中发现的问题，企业应及时进行整改，并对相关责任人进行追究。

五、提升信息化管理水平

为提高境外资产监督管理的效率和准确性，国有企业应加大信息化建设投入，建立完善的境外资产管理信息系统。该系统应能够实现资产信息的实时更新、查询和统计分析等功能，帮助企业更好地掌握境外资产的动态情况。

六、加强与外部机构的合作与交流

国有企业应积极与外部机构如律师事务所、会计师事务所等建立合作关系，共同开展境外资产的监督管理工作。这些机构可以提供专业的法律咨询和财务审计服务，帮助企业更好地识别和防范风险。同时，通过与国际组织、行业协会等的交流，企业可以及时了解国际市场的最新动态和最佳实践，不断提升自身的境外资产监督管理水平。

第六章
国有企业重大经济事项决策及执行效果专题

专题1：重大经济决策制度是否建立健全，并符合国家法律法规要求？

案例简介

一、案例背景

某国有建筑企业（以下简称"国企A"）是国内知名的建设公司，多年来承建了大量的基础设施和公共建筑项目。为了响应国家关于绿色建筑和节能减排的政策，国企A决定在一个新的商业综合体项目中，大力推行绿色建筑设计和施工技术。该项目总投资金额达到数十亿元人民币，旨在打造成为城市的新地标，展示国企A在绿色建筑领域的实力。

二、审计发现

项目启动后不久，国家审计机关对该项目进行了专项审计。在审计过程中，审计人员发现了以下问题。

决策机制不健全：国企A在决定采用绿色建筑设计和施工技术时，未建立完善的决策机制。重大经济决策的流程和标准不明确，缺乏必要的风险评估和效益分析。

法规遵从问题：国企A在项目实施过程中，部分绿色建筑设计和施工措施并未严格遵循国家相关法律法规和标准。存在使用不符合环保标准的材料、未按规定进行节能评估等问题。

投资控制失效：由于决策机制不健全和法规遵从问题，项目的实际投资已超出预算。国企A未能有效控制成本，导致资金浪费和效益下降。

三、审计方法与程序

文档审查：审计人员详细审查了项目的决策文件、合同协议、施工图纸、预算报告等，以评估决策流程的合规性和投资控制的严密性。

人员访谈和问卷调查：审计人员与项目管理人员、设计师、施工人员等进行了深入交流，并通过问卷调查了解项目参与人员对绿色建筑政策和标准的认知情况。

现场考察和检测：审计人员对项目现场进行了实地考察，观察了绿色建筑设计和施工技术的实际应用情况，并对部分建筑材料和节能设施进行了检测。

四、审计结论与建议

审计人员认为，国企A在绿色建筑项目决策和执行过程中存在诸多问题，亟须改进。为此，审计人员提出以下建议。

建立健全决策机制：国企A应制定明确的重大经济决策流程和标准，包括风险评估、效益分析等环节。确保决策的科学性和透明度，提高项目成功率。

加强法规遵从性：国企 A 应加强对国家绿色建筑相关法律法规和标准的学习和培训，确保项目团队全面了解并严格遵守相关规定。同时，建立内部监控机制，定期对项目进行合规性检查。

强化投资控制：国企 A 应在项目初期就制定详细的预算计划，并严格执行。加强成本控制意识，优化设计方案和施工流程，降低不必要的成本支出。同时，建立成本超支预警机制，及时发现并处理成本异常问题。

五、后续改进

国企 A 高度重视审计建议，立即组织内部整改工作。首先，企业完善了重大经济决策制度，明确了决策流程和标准，并加强了风险评估和效益分析环节。其次，企业开展了全面的法规培训活动，提高项目团队对绿色建筑相关法律法规和标准的认知水平。再次，企业建立了内部监控机制，确保项目合规性。最后，企业在项目投资控制方面进行了大力改进，优化了设计方案和施工流程，降低了成本支出。

审计程序与方法

一、审计程序

初步了解与制定计划：收集并阅读国企 A 的相关政策、规章制度以及绿色建筑项目的相关文件。了解绿色建筑项目的背景、目标、预算、实施计划等基本情况。制定初步的审计计划和时间表。

初步评估：通过与国企 A 的管理层和项目团队进行初步沟通，了解其对重大经济决策制度的理解和执行情况。审查项目的决策流程文档，评估决策制度的健全性和合规性。

详细审查：深入审查项目的决策记录、会议纪要以及相关法律文件，核实决策过程是否符合国家法律法规和企业内部制度。对比项目决策与实际执行情况，检查是否存在偏差或违规行为。

数据分析与比对：对项目投资、成本控制等关键数据进行详细分析，评估决策制度的有效性和经济合理性。比对项目数据与行业标准和法律法规要求，识别潜在的风险和问题。

现场调查与访谈：实地考察项目现场，观察绿色建筑技术的实施情况，验证决策制度的执行效果。对项目团队成员进行面对面访谈，了解他们对决策制度的认知和遵守情况。

二、审计方法

文档审查法：仔细审阅项目的决策文档、合同等，确保所有经济活动均符合法律要求和企业内部规定。

流程图分析法：通过绘制决策流程图，分析决策过程中的关键节点和控制点，评估决策流程的完整性和合规性。

数据分析法：运用统计软件对项目数据进行深入分析，识别异常数据和风险点，评估决策制度的经济效果。

访谈法：通过与项目相关人员进行深入交流，获取第一手信息，了解决策制度的实际执行情况和员工的真实反馈。

通过上述审计程序与方法的综合运用，审计人员可以全面评估国企 A 在绿色建筑项目中的重大经济决策制度的建立健全情况，以及其是否符合国家法律法规要求，从而为企业的持续改进和合规经营提供有力支持。

法规依据

《党政主要领导干部和国有企事业单位主要领导人员经济责任审计规定》对经济责任审计的内容进行了详细规定。其中第十七条明确提到，审计机关应关注领导干部在经济活动中的决策情况，包括重大经济事项的决策、执行和效果情况。该规定为审计机关评估国有企业经济决策制度的健全性和合规性提供了明确的指导。

《关于进一步推进国有企业贯彻落实"三重一大"决策制度的意见》强调国有企业重大决策、重要人事任免、重大项目安排和大额度资金运作必须由领导班子集体作出决定。这体现了国家对国有企业重大经济决策的制度要求，确保了决策的合规性与透明度。《国有企业领导人员廉洁从业若干规定》中明确要求国有企业领导人员应当遵守国家法律法规和企业规章制度，正确行使经营管理权，防止可能侵害公共利益、企业利益行为的发生。这为审计国有企业重大经济决策制度是否合规提供了依据。

《中华人民共和国审计法》第二十二条也规定，审计机关有权对国家的事业组织和使用财政资金的其他事业组织的财务收支进行审计监督。这一法律条文赋予了审计机关对国有企业经济决策进行审计监督的权力，确保企业的经济决策符合国家法律法规的要求。在具体操作上，《中华人民共和国审计法实施条例》提供了更详细的指导。该条例明确了审计机关的职责和权限，规范了审计程序和方法。对于重大经济决策的审计，审计机关应依据该条例进行，确保审计工作的规范性和有效性。

整改建议

为确保国有企业重大经济决策制度的建立健全，并符合国家法律法规要求，以下提出有针对性的整改建议。

一、完善决策制度建设

国有企业应全面梳理现有的重大经济决策制度，对照国家法律法规和政策要求，查漏补缺，确保制度的完整性和合规性。针对决策流程中的关键环节，如项目立项、资金运作、风险评估等，应制定详细的操作规程，明确责任主体和操作要求，避免出现决策漏洞。

二、加强法律法规学习

定期组织企业管理人员和决策层进行法律法规培训，提高和加深他们对国家法律法规的认知和理解。特别是针对新出台或修订的法律法规，应及时组织学习，确保企业在进行重大经济决策时能够严格遵循最新法律法规要求。

三、建立法律顾问制度

企业应设立专门的法律顾问团队或聘请外部法律顾问，为重大经济决策提供法律咨询和审核服务。法律顾问应参与决策过程的各个阶段，确保决策的合法性和合规性。

四、强化内部监督机制

建立健全内部监督机制，设立独立的内部审计部门，对重大经济决策进行定期审计和评估。重点关注决策程序的合规性、风险评估的准确性以及资金使用的合理性等方面。对于发现的问题，应及时进行整改并追究相关责任。

五、促进多方参与和沟通协作

在重大经济决策过程中，应积极与各利益相关者进行沟通和协作，包括员工、投资者、政府部门等。通过多方参与和协商，提高决策的民主性和科学性，降低决策风险。

专题2：决策程序、范围和权限是否明确规定，并在决策过程中得到严格执行？

案例简介

一、案例背景

某建筑国有企业（以下简称"国企A"）近年来在国内基础设施建设领域取得了显著成就。随着国家"一带一路"倡议的推进，国企A积极响应，计划在某国投资建设一个大型基础设施项目。该项目旨在促进当地经济社会发展，同时拓展国企A的国际市场份额。为确保项目的顺利进行，国企A投入了大量资源进行前期调研和筹备工作。

二、审计发现

在项目投资决策过程中，国家审计部门对国企A进行了专项审计。审计过程中，审计人员发现以下问题。

决策程序不规范：国企A在投资决策过程中，未严格按照公司章程和国家相关法律法规规定的决策程序进行。具体而言，项目投资决策未经过充分的讨论和论证，部分关键决策环节存在缺失或简化。

决策范围和权限不明确：在决策过程中，涉及项目投资金额、建设规模等关键问题的决策范围和权限未明确界定。这导致部分决策事项存在越权或缺乏授权的情况，增加了决策风险。

决策执行不严格：尽管国企A制定了详细的投资决策流程和规范，但在实际执行过程中存在偏差。部分决策事项未按照既定流程进行审批和执行，导致项目投资进度受到影响，甚至可能引发合规风险。

三、审计方法与程序

文件审查：审计人员对国企A的投资决策文件、会议纪要等进行了详细审查，以评估决策程序的合规性和完整性。

访谈调研：审计人员对国企A的高层管理人员、项目投资团队成员进行了深入访谈，了解投资决策过程中的实际情况和存在的问题。

数据分析：通过对项目投资金额、建设规模等关键数据的分析，审计人员评估了决策的合理性和科学性。

四、审计结论与建议

审计人员认为，国企A在大型基础设施项目的投资决策过程中存在决策程序不规范、决策范围和权限不明确以及决策执行不严格等问题。为确保项目的顺利进行并降低风险，审计人员提出以下建议。

规范决策程序：国企A应严格按照公司章程和国家相关法律法规规定，完善投资决策程序。确保每个决策环节都经过充分的讨论和论证，避免出现缺失或简化的情况。

明确决策范围和权限：在投资决策过程中，国企 A 应明确界定涉及项目投资金额、建设规模等关键问题的决策范围和权限。确保各项决策事项在授权范围内进行，避免越权或缺乏授权的行为。

严格执行决策：国企 A 应加大对投资决策流程和规范的执行力度，确保各项决策事项按照既定流程进行审批和执行。对于违反流程的行为，应严肃处理并追究相关责任人的责任。

五、后续改进

国企 A 根据审计建议进行了积极的整改。首先，修订了投资决策流程，明确了各个环节的职责和权限，确保了决策的合规性和科学性。其次，加强了内部培训和沟通，提高和加大了员工对决策程序和规范的认识和执行力度。最后，建立了严格的监督机制，对投资决策过程进行持续监控和评估，确保各项改进措施得到有效实施。通过这些改进措施，国企 A 不仅提高了投资决策的效率和准确性，还降低了潜在的合规风险。同时，这也为国企 A 在国际市场上树立良好的企业形象和可持续发展奠定了坚实基础。

审计程序与方法

一、审计程序

文件收集与初步审查：收集与决策相关的所有文件，包括决策流程图、决策委员会会议纪要、决策通知书、相关人员的签字确认文件等。对这些文件进行初步审查，核实文件的完整性、真实性和准确性。

详细了解与评估：深入了解企业的决策流程、决策范围和权限设置，以及决策过程中各环节的职责划分。评估这些规定是否符合国家法律法规、公司章程以及行业惯例。

决策过程重现：通过访谈关键决策人员和其他相关人员，重现决策过程，确保所有步骤均按照规定执行。检查是否有任何偏离既定流程或超越权限的情况。

数据核对与验证：核对决策过程中涉及的所有数据，确保其真实性和准确性。验证决策结果是否与数据相符，以及是否存在任何不合规的操作。

合规性检查：检查决策过程中是否存在违反法律法规、公司章程或内部规定的情况。确认所有决策均经过适当授权，并符合公司的治理结构和内部控制要求。

二、审计方法

文档审查法：仔细审查与决策相关的所有文档，以验证其合规性和完整性。

访谈法：对关键决策人员和其他相关人员进行深入访谈，了解决策过程的实际情况。

数据分析法：对决策过程中涉及的数据进行深入分析，以验证其真实性和准确性，并识别任何异常或不合规的模式。

流程图分析法：利用流程图来可视化决策过程，识别任何潜在的流程漏洞或不合规环节。

法规依据

针对"决策程序、范围和权限是否明确规定，并在决策过程中得到严格执行"的问题，主要法规依据如下。

《关于进一步推进国有企业贯彻落实"三重一大"决策制度的意见》明确指出，国有企业应明确规定决策程序、范围和权限，并严格执行。该意见要求企业建立健全"三重一大"决策制度，并对决策过程进行记录和监督管理，确保决策的合规性和科学性。

《中央企业投资监督管理办法》（国务院国有资产监督管理委员会令第 34 号）中明确规定了中央企业投资应当符合国家发展规划和产业政策，履行社会责任，并做好风险评估和风险控制。这为审计重大经济决策是否符合国家法律法规和产业政策提供了具体指导。

《中央企业境外投资监督管理办法》（国务院国有资产监督管理委员会令第 35 号）要求中央企业建立健全境外投资管理制度，并规定了境外投资决策的程序和要求。这适用于审计涉及境外投资的重大经济决策是否合规。

《重大行政决策程序暂行条例》（中华人民共和国国务院令第 713 号）第七条明确规定："作出重大行政决策应当遵循依法决策原则，严格遵守法定权限，依法履行法定程序，保证决策内容符合法律、法规和规章等规定。"这为决策程序的合法性提供了基础。第八条要求："重大行政决策依法接受本级人民代表大会及其常务委员会的监督。"这确保了决策的透明度和公众监督。

整改建议

一、明确决策程序和范围

制定详细的决策流程图：企业应绘制清晰、详细的决策流程图，明确各个环节的职责、时间和操作要求。流程图应包括决策发起、信息收集、方案制定、评估论证、决策审批、执行监督等关键步骤。

界定决策范围：根据企业的实际情况和业务需求，明确哪些事项需要纳入决策程序，哪些事项可以由相关部门自行处理。对于重大决策事项，应建立专门的决策机构或委员会进行审议。

二、规范决策权限

明确决策权限分配：企业应制定详细的权限分配表，明确各级管理人员在决策过程中的职责和权限。确保决策权、执行权和监督权相互分离，形成有效的制衡机制。

建立权限审查机制：在决策过程中，应对参与决策的人员进行权限审查，确保其具备相应的决策资格。对于超越权限的决策行为，应予以纠正并追究相关责任。

三、加强决策执行与监督

严格执行决策程序：企业应确保所有决策都按照既定的程序进行，不得随意跳过或简化任何环节。对于违反决策程序的行为，应予以严肃处理。

建立决策监督机制：设立独立的监督部门或委员会，对决策过程进行全程监督。监督部门应定期向高层管理人员报告监督情况，并提出改进建议。

引入外部监督力量：企业可以邀请外部专家或机构对重大决策进行评估和监督，提高决策的科学性和公信力。

四、提升决策参与者的素质和能力

加强培训与教育：定期对参与决策的人员进行培训和教育，提高其政策理解、风险评估和决策能力。培训内容应包括决策理论、方法、案例分析等。

引入专业人才：积极引进具有丰富经验和专业知识的决策人才，优化和提高决策团队的结构和素质。

五、完善决策支持系统

建立信息收集与分析系统：构建完善的信息收集网络，确保决策过程中能够获取准确、全面的信息。同时，加强对信息的分析和处理能力，为决策提供有力支持。

利用现代科技手段：积极运用大数据、人工智能等现代科技手段，提高决策的科学性和效率。例如，利用数据挖掘技术对历史数据进行分析，为决策提供参考依据。

通过明确决策程序和范围、规范决策权限、加强决策执行与监督、提升决策参与者的素质和能力以及完善决策支持系统等方面的整改措施，企业可以进一步完善决策机制，确保决策的科学性、合法性和有效性。这将有助于企业更好地应对市场变化和挑战，实现可持续发展。

专题3：重大经济决策的执行过程中管理是否合规，是否存在违规操作或超越权限的情况？

案例简介

一、案例背景

某国有能源企业（以下简称"国企A"）是国内领先的煤炭开采和销售企业，拥有多个大型煤矿，并在煤炭市场上占有重要地位。近年来，随着国家对环保和能源结构调整的要求不断提高，国企A面临着巨大的转型压力。为了适应新形势，国企A决定投资建设一个清洁能源项目，以逐步减少对煤炭业务的依赖。

二、审计发现

审计署在对国企A进行审计时，发现了以下问题。

管理不合规：在清洁能源项目的执行过程中，国企A存在管理不合规的情况。具体而言，项目的部分采购和合同签订未经过充分的招标和比价程序，而是直接指定了供应商，这违反了国有企业的采购管理规定。

违规操作：项目负责人在项目执行过程中存在违规操作。例如，部分项目资金被违规用于其他非项目相关的支出，且部分支出未经过适当的审批程序。此外，还存在虚报项目进度和成本的情况，以获取更多的项目资金。

超越权限：在项目实施过程中，部分管理人员超越其权限范围进行决策。例如，一些重大设备的采购和合同条款的变更未经上级主管部门批准，而是由项目负责人直接决定。这种超越权限的行为可能导致项目风险增加，并损害企业的利益。

三、审计方法与程序

文件审查：审计人员仔细审查了项目的采购合同、财务报表、项目进度报告等文件，以确认是否存在违规操作和超越权限的情况。

访谈与问卷调查：审计人员对项目负责人、财务人员及供应商进行了深入访谈，了解项目执行过程中的具体情况。同时，还向项目团队成员发放了问卷，以收集更多关于项目管理和决策过程的细节信息。

数据分析：通过对项目资金流动数据、设备采购价格等数据的分析，审计人员评估了项目管理的合规性和资金使用的合理性。

四、审计结论与建议

审计人员认为，国企 A 在清洁能源项目的执行过程中存在严重的管理不合规、违规操作和超越权限的情况。这些问题可能导致项目风险增加，损害企业利益，甚至可能引发法律纠纷。为此，审计人员提出以下建议。

加强项目管理：建立完善的项目管理流程，确保所有采购和合同签订都经过充分的招标和比价程序。同时，加强对项目进度和成本的监控，防止虚报和违规使用资金的情况发生。

规范决策程序：明确各级管理人员的权限范围，确保所有重大决策都经过上级主管部门的批准。对于超越权限的决策行为，应予以纠正并追究相关责任。

加强内部监督：建立健全的内部监督机制，定期对项目进行审计和检查，确保项目管理的合规性和资金使用的合理性。同时，鼓励员工举报违规行为和超越权限的决策，以维护企业的利益和声誉。

五、后续改进

国企 A 根据审计建议进行了全面的整改。首先，对项目管理流程进行了重新梳理和优化，确保了采购和合同签订的合规性。其次，加强了对项目进度和成本的监控，防止了虚报和违规使用资金的情况再次发生。最后，明确了各级管理人员的权限范围并严格执行决策程序，加强了内部监督机制并定期对项目进行审计和检查。

对于已经发生的违规行为和超越权限的决策，国企 A 进行了严肃处理并追究了相关责任人的责任。部分涉事人员被给予纪律处分并调离原岗位，严重者被解除劳动合同并移送司法机关处理。这些措施有效地震慑了其他员工并起到了警示作用。

通过以上措施，国企 A 不仅规范了项目管理流程，还加强了内部监督机制，确保类似问题不再发生，为企业的健康发展和持续稳定运营奠定了坚实基础。

审计程序与方法

一、审计程序

资料收集与初步审查：收集与重大经济决策相关的所有文件资料，包括但不限于决策文件、会议纪要、合同协议、财务凭证等。对收集到的资料进行初步审查，确保其真实性、完整性和合规性。

详细审计与合规性检查：深入分析重大经济决策的流程、依据及执行情况，对照相关法律法规和企业内部规章制度，检查是否存在违规操作。核查决策过程中是否有超越权限的行为，如未经授权审批、违反程序规定等。

数据分析与比对：利用数据分析工具，对项目投资数据、资金流向数据、合同金额等关键数据进行统计和分析，识别异常交易和潜在风险点。将实际数据与预算、计划进行比对，评估决策执行的效果和合规性。

现场调查与访谈：对涉及重大经济决策的关键部门和人员进行现场调查，了解实际情况，观察操作流程。与相关人员进行访谈，获取第一手信息，验证决策过程的合规性。

编写审计报告与整改建议：根据审计发现，编写详细的审计报告，列明存在的问题和潜在风险。提出有针对性的整改建议，帮助企业改进管理，提升合规水平。

二、审计方法

文档审查法：仔细审阅与重大经济决策相关的文档资料，检查其合规性和完整性。

数据分析法：运用数据分析工具对关键财务和业务数据进行深入分析，发现异常和潜在问题。

比较分析法：将企业的经济决策与其他类似企业或行业标准进行比较，评估其合理性和合规性。

专家咨询法：在必要时邀请行业专家或法律顾问提供专业意见，确保审计结论的准确性和权威性。

法规依据

《中华人民共和国公司法》第十六条规定："公司为公司股东或者实际控制人提供担保的，必须经股东会或者股东大会决议。"这一条款强调了公司重大经济决策必须经过适当的决策程序，确保没有违规操作或超越权限的情况。

《中华人民共和国企业国有资产法》第四十七条规定："国有独资企业、国有独资公司和国有资本控股公司合并、分立、改制，转让重大财产，以非货币财产对外投资，清算或者有法律、行政法规以及企业章程规定应当进行资产评估的其他情形的，应当按照规定对有关资产进行评估。"此条款要求国有企业在重大经济决策过程中，必须遵循相关程序，对资产进行评估、确保资产评估的合规性，防止违规操作。

《党政主要领导干部和国有企事业单位主要领导人员经济责任审计规定》第二十二条规定："审计机关在审计过程中，应当关注领导干部在重大经济决策中的责任履行情况，包括决策程序的合规性、决策内容的合法性以及决策执行的有效性。"该条款为审计机关提供了明确的指导，强调了对重大经济决策过程合规性的审计要求。

《中央企业违规经营投资责任追究实施办法（试行）》（国务院国有资产监督管理委员会令第 37 号）中详细规定了中央企业违规经营投资的责任追究机制，为审计重大经济决策是否有违规行为及相应的责任追究提供了法律依据。《关于进一步推进国有企业贯彻落实"三重一大"决策制度的意见》明确要求国有企业在重大决策、重要人事任免、重大项目安排和大额度资金运作事项上必须遵循集体决策原则。这为评估国有企业重大经济决策过程的合规性提供了指导。

在审计过程中，我们将依据这些法律法规对国有企业的经济决策过程进行全面评估，确保其合规性和规范性。

整改建议

一、完善决策机制和流程

企业应建立并完善重大经济决策的机制和流程，明确决策的程序、参与人员、决策权限等。确保所有决策都在规定的框架内进行，避免出现违规操作或超越权限的情况。同时，决策流程应公开透明，确保所有相关人员都能了解并遵循。

二、加强决策前的风险评估和合法性审查

在做出重大经济决策之前，企业应进行全面的风险评估和合法性审查。这包括对决策可能带来的财务风险、法律风险、市场风险等进行评估，并确保决策内容符合相关法律法规的要求。这可以降低违规操作的风险，提高决策的合规性。

三、强化决策执行的监督和反馈机制

企业应设立专门的监督机构，对重大经济决策的执行过程进行持续监督。这包括检查决策是否得到正确执行、是否存在违规行为等。同时，建立有效的反馈机制，鼓励员工反映决策执行过程中出现的问题，以便及时调整和优化决策。

四、提升员工合规意识和能力

企业应定期开展合规培训和教育活动，提升员工的合规意识和能力。企业通过培训，使员工充分了解重大经济决策的重要性和合规性要求，增强他们在执行决策过程中的责任感和自律性。此外，对于关键岗位和敏感岗位的员工，还应进行额外的合规培训和监督。

五、建立严格的责任追究制度

对于在重大经济决策执行过程中出现的违规行为或超越权限的情况，企业应建立严格的责任追究制度。明确违规行为的认定标准和处罚措施，并对相关责任人进行严肃处理。这不仅可以起到警示作用，还能维护企业的整体利益和声誉。

专题 4：专项资金使用是否合规，是否存在挪用、滥用或违规使用专项资金的情况？

案例简介

一、案例背景

某国有能源企业（以下简称"国企 A"）为响应国家关于绿色能源和可持续发展的政策号召，决定投资建设一个大型风电项目。该项目计划总投资数十亿元，旨在提高清洁能源比重，优化能源结构，并促进地方经济的绿色发展。国企 A 获得了政府专项资金，并将其用于风电项目的建设和运营。

二、审计发现

在项目实施过程中，国家审计机关对该项目进行了专项资金使用情况的审计。审计过程中，审计人员发现了以下问题。

专项资金使用不合规：国企 A 在资金使用过程中存在挪用专项资金的情况。部分资金被用于与风电项目无关的其他投资，甚至包括一些高风险、高回报的金融产品，严重违背了专项资金使用的初衷和规定。

违规操作：国企 A 在资金使用过程中存在违规操作。一些资金支出未经适当审批，或者审批流程存在瑕疵。部分采购合同、发票等凭证存在伪造或篡改的情况，涉嫌虚假报销和套取专项资金。

管理制度缺失：国企 A 在专项资金管理方面缺乏完善的管理制度。资金使用的决策、审批、

执行和监督等环节存在脱节，导致资金使用过程中的漏洞和风险未能及时被发现。

三、审计方法与程序

文件审查：审计人员对国企 A 的财务报表、资金申请报告、采购合同等文件进行了逐一审查，以核实资金使用的真实性和合规性。

数据比对：审计人员利用数据分析工具，对国企 A 的资金流水、报销凭证等进行了详细比对，以发现异常交易和违规操作。

访谈与调查：审计人员对国企 A 的相关负责人、财务人员及项目执行人员进行了深入访谈，了解资金使用的具体情况和内部控制的有效性。同时，还对部分供应商和合作伙伴进行了调查，以核实交易的真实性和合法性。

四、审计结论与建议

审计人员认为，国企 A 在风电项目的专项资金使用过程中存在严重违规问题，包括挪用资金、违规操作和管理制度缺失等。这些问题不仅违背了国家关于专项资金使用的规定，也损害了国企的形象和信誉。为此，审计人员提出以下建议。

立即整改：国企 A 应立即停止挪用专项资金的行为，对已经挪用的资金进行追回，并确保未来资金使用的合规性。同时，对违规操作进行彻底排查和整改，完善内部控制流程，防止类似问题再次发生。

完善管理制度：国企 A 应建立健全专项资金管理制度，明确资金使用的决策、审批、执行和监督等环节的责任和流程。加大对资金使用的监督和检查力度，确保每一笔资金都能按照规定的用途和范围使用。

加强培训与教育：国企 A 应加强对员工特别是财务人员的培训与教育，提高他们的法律意识和合规意识。国企 A 应通过案例分析、警示教育等方式，使员工充分认识到违规使用资金的严重性和后果。

五、后续改进

针对审计发现的问题和建议，国企 A 高度重视并立即组织整改工作。首先，追回了被挪用的专项资金并归还到指定账户；其次，对涉及违规操作的人员进行了严肃处理并加强了对财务流程的监控；最后，完善了专项资金管理制度并加强了员工培训与教育工作。通过这些改进措施的实施，国企 A 逐渐恢复了信誉并提高了项目管理水平。

审计程序与方法

一、审计程序

资金流水审查：获取并详细审查国企 A 的资金流水记录，特别是与专项资金相关的部分。这包括资金的来源、去向、使用时间等信息，以全面了解资金的使用情况。

文件与凭证核查：收集并核查与专项资金使用相关的所有文件和凭证，如采购合同、发票、报销单据等。这些文件和凭证的真实性和合规性将直接影响审计结果。

内部控制评估：对国企 A 的内部控制体系进行评估，特别是与专项资金管理相关的部分。这包括资金使用的决策流程、审批程序、监督机制等，以判断其是否能够有效防止挪用、滥用或违规使用资金的情况。

访谈与调查：对相关人员进行访谈，了解他们对专项资金使用的看法和实际操作情况。同时，对供应商、合作伙伴等进行调查，以核实交易的真实性和合法性。

数据分析与比对：利用数据分析工具对专项资金的使用数据进行深入分析和比对，以发现异常交易和潜在风险。

二、审计方法

文档审查法：仔细审阅相关文件和凭证，判断专项资金的使用是否符合管理规定。

数据分析法：运用数据分析技术对资金流水、报销凭证等进行详细分析，以发现不合规的资金使用行为。

流程图分析法：绘制专项资金使用的流程图，以清晰展示资金使用的各个环节和流程，帮助审计人员更好地理解和评估资金使用的合规性。

风险导向审计法：以风险为导向进行审计，重点关注可能存在挪用、滥用或违规使用资金的高风险领域。

通过以上审计程序与方法的运用，审计人员可以全面、深入地了解国企 A 在专项资金使用过程中的合规性情况，从而为后续的整改和监管提供有力依据。

法规依据

《企业国有资产监督管理暂行条例》第二十一条规定："国有资产监督管理机构依照法定程序决定其所出资企业中的国有独资企业、国有独资公司的分立、合并、破产、解散、增减资本、发行公司债券等重大事项。其中，重要的国有独资企业、国有独资公司分立、合并、破产、解散的，应当由国有资产监督管理机构审核后，报本级人民政府批准。" 这表明，国有企业在资金使用，特别是涉及重大资金变动时，需经过严格的审核和批准程序。

《中央企业投资监督管理办法》（国务院国有资产监督管理委员会第 34 号）第十三条规定："中央企业应当根据本企业发展战略和规划，按照国资委确认的各企业主业、非主业投资比例及新兴产业投资方向，选择、确定投资项目，做好项目融资、投资、管理、退出全过程的研究论证。对于主业投资项目，中央企业应按照发展战略和规划要求，编制可行性研究报告，重点对投资项目实施的必要性和可行性进行分析论证；经决策后，按照相关管理要求向国资委报告。" 此规定强调了投资项目必须经过严格的研究论证，并确保资金使用的合理性和必要性。

《国有企业领导人员廉洁从业若干规定》第五条明确指出："国有企业领导人员应当忠实履行职责。不得有利用职权谋取私利以及损害本企业利益的行为。" 其中就包括不得"擅自将企业资金、证券等金融性资产委托他人管理投资，或者转借他人使用"。这一规定直接针对了挪用、滥用企业资金的行为。

国有企业在资金使用过程中必须严格遵守相关法规和管理制度，确保资金使用的合规性和有效性。审计人员在审计过程中应依据上述法规，对资金使用情况进行全面审查，以防范和发现挪用、滥用或违规使用资金的行为。

整改建议

为确保专项资金使用的合规性和有效性，提出以下整改建议。

一、加强专项资金管理制度的完善与执行

企业应审视并修订现有的专项资金管理制度，确保其符合国家法律法规和行业规范。制度中应明确资金的申请、审批、使用、监督和评估流程，以及各环节的责任人和执行标准。同时，要确保所有相关人员对制度有深入的理解和严格的执行，对于违反制度的行为，应建立明确的惩处机制。

二、建立严格的资金审批和使用流程

企业应设立专门的资金审批委员会或使用专门的资金管理系统，对每一笔专项资金的使用进行严格审查。资金使用部门需提交详细的资金使用计划，包括使用目的、预算、时间表等，经审批后方可执行。执行过程中，应严格按照计划使用资金，如遇特殊情况需调整资金使用，应重新进行审批。

三、强化专项资金的监督与检查

企业应设立独立的内部审计部门或委托第三方机构，定期对专项资金的使用情况进行监督和检查。监督和检查的内容应包括资金使用的合规性、有效性和经济性。对于发现的问题，应及时进行整改，并对相关责任人进行处理。

四、提升员工对专项资金管理的认识

企业应对员工加强专项资金管理的培训和教育，提升员工对专项资金管理重要性的认识，明确各自的职责和权限。同时，应鼓励员工积极参与专项资金使用的监督和反馈，对于提供有效建议和发现问题的员工，应给予适当的奖励。

五、建立专项资金使用的信息公开和透明机制

企业应定期公布专项资金的使用情况，包括资金使用的项目、金额、效果等，接受内外部的监督。这不仅可以增强企业的公信力，还可以及时发现和解决资金使用中的问题。

专题 5：重大经济决策事项是否按期完成，是否达到了预期的经济效益和社会效益？

案例简介

一、案例背景

某国有能源企业（以下简称"国企 A"），作为国内领先的煤炭生产企业，长期以来一直是国家能源供应的重要支柱。近年来，随着国家对清洁能源和环保要求的提高，国企 A 积极响应政策，决定投资建设一个大型煤化工项目，旨在提高煤炭资源的附加值，同时减少环境污染。该项目预计投资数十亿元，计划通过先进的煤化工技术，将煤炭转化为清洁、高效的化工产品。

二、审计发现

在项目实施一段时间后，国家审计机关对该项目进行了审计。审计过程中，审计人员发现了以下问题。

项目进度滞后：按照原计划，该项目应在审计时点前完成主体工程建设并投入试运行。然而，由于多种原因，如设计变更、设备采购延误等，项目进度严重滞后，未能按期完成。

经济效益未达预期：由于项目进度滞后，导致无法按计划投产并产生收益。同时，已投入的资金未能得到有效利用，产生了较大的资金成本。因此，项目的经济效益未达到预期目标。

社会效益有限：该项目原计划通过提高煤炭资源的附加值和减少环境污染来实现社会效益。然而，由于项目进度滞后，这些社会效益的实现也受到了影响。此外，项目在建设过程中未能充分考虑到当地社区的需求和利益，导致社区对项目的接受度不高。

三、审计方法与程序

文件审查：审计人员对项目相关的合同、计划、进度报告等文件进行了详细审查，以了解项目的整体情况和进度。

访谈与问卷调查：审计人员对项目管理人员、施工人员及当地社区居民进行了访谈和问卷调查，以获取更全面的信息和反馈。

现场考察：审计人员对项目现场进行了实地考察，观察了工程进度和施工质量，并与相关人员进行了深入交流。

四、审计结论与建议

审计人员认为，国企 A 在煤化工项目建设中存在项目进度滞后、经济效益和社会效益未达预期的问题。为此，审计人员提出以下建议。

加强项目管理：国企 A 应加强对项目的全面管理，包括设计、采购、施工等各个环节。要建立健全的项目管理制度和流程，确保项目按计划顺利推进。

优化资金利用：针对已投入资金未能得到有效利用的问题，国企 A 应加强资金管理，优化资金使用计划，降低资金成本。同时，要积极与金融机构合作，寻求更优惠的融资条件。

提升社会效益：国企 A 应更加关注项目的社会效益，加强与当地社区的沟通与协作，充分考虑社区需求和利益。同时，要加大环保投入，确保项目在环保方面达到国家标准和要求。

强化风险防控：针对项目中可能出现的风险和问题，国企 A 应建立完善的风险防控机制，及时发现和降低潜在风险，确保项目的稳定和可持续发展。

五、后续改进

国企 A 根据审计建议进行了积极的整改。通过加强项目管理、优化资金利用、提升社会效益和强化风险防控等方面的努力，项目进度逐渐恢复正常并取得了显著的成效。最终，该项目成功投产并实现了预期的经济效益和社会效益目标，为国企 A 的转型升级和可持续发展奠定了坚实基础。

审计程序与方法

一、审计程序

项目资料收集与初步审查：收集与重大经济决策事项相关的所有文件，包括决策文件、合同、进度报告、财务报告等。对这些文件进行初步审查，确保其真实性和完整性。

项目进度与完成情况评估：核实项目的实际进度与计划进度的符合程度。检查是否存在导致项目延期的因素，如设计变更、资金短缺、供应链问题等。

经济效益评估：分析项目的投资回报率、成本效益比等经济指标。对比项目预期的经济效益与实际实现的经济效益。

社会效益评估：评估项目对社区、环境、就业等方面的影响。通过问卷调查、访谈等方式收集项目受益者和相关利益方的反馈。

风险与合规性审查：检查项目是否遵循了相关的法律法规和政策要求。评估项目中的潜在风险和已发生的问题，及其对项目进度和效益的影响。

二、审计方法

文档审查法：仔细审阅项目相关的所有文档，包括合同、报告、会议纪要等，了解项目的整体进展、存在的问题和已采取的措施。

数据分析法：利用数据分析工具对项目中的财务数据、进度数据进行深入分析。通过数据对比，评估项目的经济效益和社会效益是否达到预期。

访谈与问卷调查法：与项目团队成员、受益者和其他相关利益方进行访谈，了解他们对项目的看法和反馈。通过问卷调查收集更广泛的信息和意见，以便更全面地评估项目的效益和影响。

现场观察法：对项目现场进行实地考察，观察项目的实际进度和完成情况。通过现场观察，发现可能存在的问题和需要改进的地方。

通过综合运用上述审计程序和方法，审计人员可以对重大经济决策事项的完成情况及其经济效益和社会效益进行全面、客观的评估。

法规依据

《关于进一步推进国有企业贯彻落实"三重一大"决策制度的意见》明确要求国有企业在重大经济决策事项上要实行集体决策，并确保决策的科学性和透明度。对于决策的执行情况和结果，企业应进行跟踪和评估。

《中央企业投资监督管理办法》（国务院国有资产监督管理委员会第 34 号）对中央企业的投资行为进行了规范，要求企业建立健全投资管理制度，加强投资项目的可行性研究和风险评估。同时，国资委将对企业投资活动进行监督检查，确保投资决策的合规性和效益性。

审计人员在执行审计任务时，应依据这些法规对企业的经济决策事项进行全面审查和评价。

整改建议

一、加强项目管理与监督

为确保重大经济决策事项能够按期完成，并达到预期效益，企业应建立完善的项目管理体系。明确项目各阶段的目标、任务和时间节点，设立专门的项目管理团队进行全程跟踪和监督。同时，采用项目管理软件等工具，实时掌握项目进展情况，确保项目按计划推进。

二、优化决策流程与机制

对于重大经济决策，企业应建立科学、民主的决策流程。在决策前进行充分的市场调研和风险评估，确保决策的科学性和合理性。同时，引入外部专家咨询机制，借助专业力量提高决策质量。此外，建立决策后的评估机制，对决策效果进行定期评估，及时调整决策策略。

三、提升团队执行力与协同能力

团队执行力是确保项目按期完成的关键因素。企业应加强对团队成员的培训和考核，提升他们的专业技能和执行力。同时，强化团队成员之间的沟通与协作，建立有效的信息共享机制，确保各部门之间能够形成合力，共同推进项目的实施。

四、加强风险管理与应对能力

在项目实施过程中，企业应建立完善的风险管理机制。通过定期的风险评估和监测，及时发现和应对潜在风险。同时，制定应急预案和处置措施，确保在风险事件发生时能够迅速响应并妥善处理，降低风险对项目进度和效益的影响。

第七章
国有企业财政财务合规与效益性专题

专题1：财务报表的编制是否真实、完整、合规？

案例简介

一、案例背景

某知名上市公司计划进行年度财务报表的编制与披露工作，以符合相关会计准则及监管要求。该公司业务涉及多个领域，包括制造、服务及金融，因此其财务报表的编制相对复杂。为确保财务报表的真实、完整与合规，公司聘请了外部审计机构进行审计。

二、审计发现

在审计过程中，审计人员发现该公司财务报表存在以下主要问题。

（1）部分收入确认存在提前或延后的情况，未严格按照会计准则进行收入确认，导致收入金额不准确。

（2）存货及成本的核算方法存在变动，未在公司财务报表附注中进行充分披露，影响报表使用者的判断。

（3）部分长期资产的折旧与摊销处理不当，未按照资产的实际使用寿命进行合理分摊，导致资产价值虚高或虚低。

三、审计方法与程序

1. 文件审查

审计人员对公司的财务报表、账簿、凭证等进行了详细的审查，以确认其内容的完整性和准确性。

2. 数据分析

审计人员利用专业的数据分析工具，对公司的收入、成本、资产等关键财务数据进行了深入分析，以发现可能存在的异常或不合规情况。

3. 询问与调查

审计人员向公司财务部门及相关业务部门的工作人员进行了询问，了解财务报表的编制过程及依据，并收集了他们对财务报表编制工作的反馈意见。

4. 现场勘查

审计人员还到公司进行了现场勘查，观察了财务报表的编制环境及流程，并检查了相关内部控制制度的执行情况。

四、审计结论与建议

经过审计，审计人员认为该公司的财务报表存在部分不真实、不完整及不合规的情况。为此，审计人员提出了以下建议。

（1）严格按照会计准则进行收入确认，确保收入金额的真实性与准确性。

（2）对存货及成本的核算方法进行统一和规范，并在财务报表附注中进行充分披露。

（3）重新进行长期资产的折旧与摊销处理，按照资产的实际使用寿命进行合理分摊。

（4）加强内部控制制度建设，确保财务报表编制工作的规范性和准确性。

五、后续改进

公司根据审计人员的建议，对财务报表编制工作进行了全面的整改。在后续的财务报表编制与披露工作中，公司严格按照相关会计准则及监管要求进行操作，确保了财务报表的真实、完整与合规。同时，公司还加强了内部控制制度建设，提高了财务报表编制工作的规范性和准确性。外部审计机构也对公司的整改措施进行了跟踪审计，并确认其已得到有效执行。

审计程序与方法

针对"财务报表的编制是否真实、完整、合规"这一问题，审计人员需要遵循一套系统而严谨的审计程序，并采用多种专业方法以确保审计质量。以下是一些建议的审计程序与方法。

一、审计程序

1. 初步审查与了解

对财务报表进行初步审阅，了解公司的业务性质、经营规模以及会计政策。核对财务报表各项目之间的勾稽关系，确保数据的一致性和逻辑性。

2. 详细测试与检查

对财务报表中的关键项目，如收入、成本、资产和负债等，进行详细的测试，包括抽样检查、计算复核等。检查财务报表附注，确认是否充分披露了所有重要信息。

3. 合规性评估

评估财务报表的编制是否符合相关会计准则和法规要求。检查公司是否采用了恰当的会计政策，并是否一致地应用于所有相似交易。

4. 内部控制评估

了解并评估公司的内部控制体系，包括财务报表编制过程中的控制活动。测试关键控制的有效性，确认是否存在重大缺陷。

5. 分析与总结

对审计发现进行综合分析，评估其对财务报表整体真实性和完整性的影响。编写审计报告，总结审计结果，并提出改进建议。

二、审计方法

1. 文档审查法

仔细审阅财务报表、账簿、凭证等会计文档，确认其完整性和准确性。检查相关合同、协议等外部文档，以验证交易的真实性和合规性。

2. 数据分析法

利用数据分析工具对财务报表数据进行深入分析，包括趋势分析、比率分析等。通过数据分析，识别异常或不合规的交易模式。

3. 询问与调查法

向公司财务部门及相关业务部门的工作人员进行询问，了解财务报表的编制过程和依据。进行现场调查，观察财务报表的编制环境及流程，并检查内部控制制度的执行情况。

4. 专家咨询法

咨询财务或会计专家复杂或疑难的会计问题，获取专业意见。

5. 流程图与内部控制测试法

绘制财务报表编制的流程图，以清晰展示编制过程和关键控制点。对关键控制进行测试，确认其是否得到有效执行，并评估其对财务报表真实性和完整性的影响。

法规依据

对于财务报表的编制是否真实、完整、合规的问题，相关法律法规提供了明确的指导和规定。例如，《中华人民共和国会计法》《中华人民共和国公司法》《企业会计准则》等都对财务报表的编制和披露进行了详细规定，并要求企业必须遵循相关会计准则。审计人员在进行审计时，应严格依据这些法律法规进行判定，并确保审计过程的合法性和合规性。

《中华人民共和国会计法》第十三条："会计凭证、会计账簿、财务会计报告和其他会计资料，必须符合国家统一的会计制度的规定。使用电子计算机进行会计核算的，其软件及其生成的会计凭证、会计账簿、财务会计报告和其他会计资料，也必须符合国家统一的会计制度的规定。任何单位和个人不得伪造、变造会计凭证、会计账簿及其他会计资料，不得提供虚假的财务会计报告。"此条规定要求企业编制的财务报表必须真实、完整，并符合国家统一的会计制度。第二十条："财务会计报告应当根据经过审核的会计账簿记录和有关资料编制，并符合本法和国家统一的会计制度关于财务会计报告的编制要求、提供对象和提供期限的规定；其他法律、行政法规另有规定的，从其规定。"财务报表作为财务会计报告的重要组成部分，其编制同样需要遵循此条规定。

《中华人民共和国公司法》第一百六十四条：公司应当在每一会计年度终了时编制财务会计报告，并依法经会计师事务所审计。财务会计报告应当依照法律、行政法规和国务院财政部门的规定制作。此条规定要求公司必须编制财务会计报告，并经过会计师事务所的审计，以确保其真实性和合规性。第二百零二条：公司在依法向有关主管部门提供的财务会计报告等材料上作虚假记载或者隐瞒重要事实的，由有关主管部门对直接负责的主管人员和其他直接责任人员处以三万元以上三十万元以下的罚款。此条规定对提供虚假财务报表的行为进行了明确的处罚规定。

《企业会计准则》是由财政部制定并发布的，它详细规定了企业编制财务报表时应遵循的原则、方法和程序。企业必须按照企业会计准则的要求编制财务报表，以确保其真实、完整、合规。

审计人员应依据以上法律法规进行审计，确保企业财务活动的合规性和财务报表的真实性、完整性。

整改建议

财务报表作为企业财务状况和经营成果的重要体现，其真实性、完整性、合规性直接关系到企业的信誉和决策的有效性。针对财务报表编制过程中可能存在的问题，提出以下整改建议，以确保企业财务报告的准确性和可靠性。

一、加强财务人员的专业培训和职业道德教育

企业应定期组织财务人员参加会计准则、财务报表编制和内部控制等方面的专业培训，提升他们的专业素养和业务能力。同时，加强职业道德教育，使财务人员充分认识到财务报表真实性和合规性的重要性，增强他们的责任感和使命感。

二、完善财务报表编制流程和内部控制体系

企业应建立完善的财务报表编制流程，明确各个环节的职责和权限，确保财务报表的编制过程规范、有序。同时，加强内部控制体系的建设，对财务报表编制过程中的关键控制点进行严格的监控和管理，防止错误和舞弊的发生。

三、加强财务报表的审核和审计

企业应设立专门的财务报表审核岗位，对编制的财务报表进行全面的审核，确保数据的准确性和合规性。同时，定期聘请外部审计机构对企业财务报表进行审计，提供独立的第三方意见，增强财务报表的可信度和公信力。

四、建立财务报表披露和透明度提升机制

企业应建立财务报表的定期披露机制，及时将财务报表向内外部利益相关者进行披露，接受他们的监督和评价。同时，提高财务报表的透明度，详细披露财务报表的编制基础、假设和估计等信息，增强财务报表的可理解性和可比性。

五、遵守法律法规和加大监管力度

企业应严格遵守相关法律法规对财务报表编制的要求，确保财务报表的合规性。同时，加大监管力度，对违反法律法规的行为进行严肃处理，维护良好的市场秩序和企业形象。

六、引入先进的财务管理软件和技术手段

企业应积极引入先进的财务管理软件和技术手段，提高财务报表编制的效率和准确性。通过自动化、智能化的财务报表编制工具，减少人为错误和舞弊发生的可能性，提升财务报表的质量和可靠性。

加强财务人员的专业培训和职业道德教育、完善财务报表编制流程和内部控制体系、加强财务报表的审核和审计、建立财务报表披露和透明度提升机制、遵守法律法规和加大监管力度以及引入先进的财务管理软件和技术手段，可以有效地提升财务报表的真实性、完整性、合规性，为企业的稳健发展和决策提供有力保障。

专题2：是否存在违规使用或挪用财政专项资金的情况？

案例简介

一、案例背景

某县为推进乡村振兴战略，设立了一项专项资金用于农村道路改造工程。该县交管局负责具体实施，包括资金分配、项目招标、施工监督等。为确保资金使用的合规性和有效性，县审计局对该专项资金的使用情况进行了专项审计。

二、审计发现

在审计过程中，审计人员发现以下问题。

（1）部分农村道路改造项目未按照原计划实施，但资金已经拨付，交管局存在资金挪用嫌疑。

（2）专项资金账户管理不规范，存在多笔资金支付未附相关合法票据和审批手续。

（3）部分项目施工单位与交管局存在关联关系，交管局涉嫌违规使用专项资金进行利益输送。

三、审计方法与程序

1. 资料审查

对该专项资金的相关文件进行审查，包括资金拨付申请书、项目合同、施工进度报告等。

2. 数据分析

利用数据分析工具，对专项资金账户的交易记录进行分析，识别异常交易。

3. 现场勘查

实地走访多个农村道路改造项目现场，核查实际施工情况与资金拨付是否一致。

4. 询问与调查

向交管局工作人员、项目施工单位及相关村民进行询问，了解资金使用的实际情况。

四、审计结论与建议

经过审计，审计人员认为该县农村道路改造工程专项资金存在违规使用和挪用的情况，严重影响了资金的安全和有效使用。为此，审计人员提出了以下建议。

（1）立即停止资金拨付，并对已拨付资金进行追回。

（2）加强专项资金账户管理，确保每笔资金支付都有合法票据和完整审批手续。

（3）对与交管局存在关联关系的施工单位进行重新审查，避免利益输送。

（4）建立健全专项资金使用监督机制，定期进行审计和检查。

五、后续改进

县交管局根据审计人员的建议，加强了资金账户管理，完善了审批手续，并对涉嫌违规使用的资金进行了追回。同时，县审计局也加强了对该专项资金的后续监督，确保资金使用的合规性和有效性。该县还建立了专项资金使用公开透明机制，定期向社会公布资金使用情况，接受公众监督。

审计程序与方法

针对"是否存在违规使用或挪用财政专项资金的情况"这一问题，审计人员需执行一系列严谨的审计程序，并采用科学专业的审计方法。以下是一些建议的审计程序与方法。

一、审计程序

1. 初步审查

对财政专项资金的相关财务报表、银行对账单、资金拨付申请书及审批文件进行初步检查，确认资金流动的总体情况。核对账户余额、交易记录以及专项资金的使用计划，确保数据的完整性和准确性。

2. 详细分析

深入分析每一笔大额资金流动，特别关注资金拨付的对象、用途及其是否符合专项资金的使用规定。追踪可疑交易的来源和去向，查明资金的实际用途，确认是否存在违规使用或挪用的情况。

3. 对比分析

将本期的资金流动情况与往期进行对比，识别异常或突变的交易模式。与同类项目的资金流动情况进行比较，评估资金使用的合理性和合规性。

4. 专家咨询

请财务、法律或相关领域的专家对疑似违规的资金流动进行专业评估。

5. 现场调查与访谈

对涉及资金流动的部门进行现场调查，了解实际操作流程和内部控制情况。对相关人员进行访谈，获取第一手信息，验证交易的真实性和合规性。

二、审计方法

1. 文档审查法

仔细审阅所有与财政专项资金流动相关的文档，包括转账凭证、审批文件、项目合同等。

2. 数据分析法

利用数据分析工具，对资金流动数据进行筛选、比对和趋势分析，识别异常交易。构建数据分析模型，对专项资金的使用效率和合规性进行评估。

3. 案例研究法

参考过往的财政专项资金违规使用或挪用案例，了解常见的违规手段和特征，提高警觉性。

4. 流程图分析法

绘制财政专项资金流动的流程图，检查是否存在潜在的漏洞或不合规的操作环节。通过流程图分析，识别资金流动中的关键控制点和风险点。

5. 软件辅助审计法

利用专业的审计软件，对财务数据进行自动化分析，提高审计效率和准确性。通过软件辅助，对专项资金的使用情况进行实时监控和预警。

通过严谨的审计程序和科学专业的审计方法，审计人员可以有效地发现财政专项资金使用过程中存在的违规使用或挪用情况，并提出相应的改进建议。

法规依据

对于是否存在违规使用或挪用财政专项资金的情况，相关法律法规提供了明确的指导和规定。审计人员在进行审计时，应严格依据这些法律法规进行判定，并确保审计过程的合法性和合规性。以下是具体的法律法规依据。

《中华人民共和国预算法》第五十七条规定："各级政府、各部门、各单位的支出必须按照预算执行，不得虚假列支。"这一法条直接禁止了挪用预算资金的行为，为审计提供了明确的法律依据。

《财政违法行为处罚处分条例》第六条："国家机关及其工作人员有下列违反规定使用、骗取财政资金的行为之一的，责令改正，调整有关会计账目，追回有关财政资金，限期退还违法所得。对单位给予警告或者通报批评。对直接负责的主管人员和其他直接责任人员给予记大过处分；情节较重的，给予降级或者撤职处分；情节严重的，给予开除处分。……（二）挪用财政资金；（三）骗取财政资金；（四）……"这一条例详细列举了违反规定使用财政资金的多种情形，并规定了相应的法律责任，其中明确包括挪用财政资金。

公司、企业或其他单位的工作人员挪用资金的行为可能触犯《中华人民共和国刑法》第二百七十二条（挪用资金罪），对于挪用特定款项如财政专项资金的行为，还可能触犯其他相关法条，如挪用公款罪等，根据具体情况进行定罪处罚。

审计人员在进行财政专项资金使用的审计时，应严格遵守上述法律法规，通过审计程序与方法的综合运用，有效发现违规使用或挪用财政专项资金的问题，并及时提出改进建议，确保财政资金使用的合规性和安全性。对于发现的任何违规行为，都应依法追究相关责任人的法律责任。

整改建议

财政专项资金的管理和使用规范性对政府及公共部门的运作效率与公信力具有重要影响。针对是否存在违规使用或挪用财政专项资金的问题，提出以下整改建议，以确保财政资金的合规、安全和有效使用。

一、加强财政法律法规的宣传与教育

定期组织财政法律法规的宣传活动，提高相关部门和人员对财政专项资金管理和使用规定的认识和重视程度。通过教育培训，确保工作人员充分理解专项资金的使用范围、审批程序和监督要求，增强法律意识和合规观念。

二、完善财政专项资金的内部控制体系

建立健全财政专项资金的内部控制体系，明确资金使用的审批流程、权限和责任。实施严格的资金拨付和使用审批机制，确保每一笔资金都按照规定的用途、程序和时间使用，防止资金被违规挪用或滥用。

三、强化财政专项资金的监督与审计

加强对财政专项资金使用的日常监督和定期审计，确保资金使用的合规性和效益性。设立专门的监督岗位或利用信息技术手段，实时监控资金的流动情况，及时发现并纠正不合规的资金使用行为。同时，定期邀请第三方审计机构进行独立审计，提高资金使用的透明度和公信力。

四、建立举报和奖惩机制

鼓励内部员工和社会公众积极举报财政专项资金的违规使用行为，对于举报属实的给予适当的奖励和保护。对于违规使用或挪用财政专项资金的行为，应依法依规进行严肃处理，追究相关责任人的法律责任，以儆效尤。

五、提高财政专项资金管理的信息化水平

利用现代信息技术手段，建立财政专项资金的管理信息系统，实现资金的全程电子化管理和监控。通过信息系统，可以实时追踪资金的流向和使用情况，提高资金管理的效率和准确性，减少人为操作失误和违规行为。

六、加强跨部门协作与信息共享

加强财政部门与其他相关部门之间的协作与信息共享，形成合力，共同监督财政专项资金的使用。建立跨部门的数据共享机制，实现资金使用的全程监控和联合审计，提高资金管理的整体效能。

加强财政法律法规的宣传与教育、完善财政专项资金的内部控制体系、强化财政专项资金的监督与审计、建立举报和奖惩机制、提高财政专项资金管理的信息化水平以及加强跨部门协作与信息共享，可以有效地防止财政专项资金的违规使用或挪用问题，确保资金的安全、合规和有效使用。这将有助于提升政府及公共部门的运作效率和公信力，更好地服务于社会公众的利益。

专题3：企业的成本核算是否准确，有无虚增或虚减成本？

案例简介

一、案例背景

某大型制造企业近年来发展迅速，业务范围不断扩大，但其成本核算的准确性一直受到内部管理和外部审计的关注。特别是近期，有匿名举报称该企业可能存在虚增或虚减成本的问题，影响财务报表的真实性和准确性。为此，企业聘请了第三方审计机构对其进行全面的成本审计。

二、审计发现

审计团队在审计过程中，发现该企业在成本核算方面确实存在一些问题，具体如下。

（1）原材料采购成本的核算不准确。部分原材料的采购价格与市场平均价格存在较大差异，且没有合理的解释和依据。

（2）生产成本分摊不合理。企业在分摊生产成本时，未按照合理的比例和方法进行，导致部分产品的成本被高估或低估。

（3）存货管理不善。企业的存货实际数量与账面记录存在较大差异，且存货的计价方法也存在问题，导致成本计算不准确。

三、审计方法与程序

1. 数据收集与分析

审计团队首先收集了企业近年来的成本核算数据，包括原材料采购、产品生产、存货管理等方面的数据，并进行了详细的分析。

2. 对比分析

审计团队将企业的成本核算数据与同行业其他企业的数据进行对比，分析其中的差异和可能存在的问题。

3. 询问与调查

审计团队向企业的财务、生产、采购等部门的工作人员进行了询问，了解成本核算的具体方法和过程，并收集了相关的证据和资料。

4. 现场勘查

审计团队对企业的生产车间、仓库等进行了现场勘查，观察了生产过程和存货管理情况，并与账面记录进行了核对。

四、审计结论与建议

经过审计，审计团队认为该企业在成本核算方面存在明显的不准确和不合理之处，可能影响财务报表的真实性和准确性。为此，审计团队提出了以下建议。

（1）加强原材料采购的成本控制，确保采购价格的合理性和准确性。

（2）改进生产成本分摊方法，按照合理的比例和方法进行分摊，确保产品成本的准确性。

（3）加强存货管理，定期盘点存货数量，并采用合理的计价方法进行成本核算。

（4）建立健全的成本核算制度和内部控制体系，确保成本核算的准确性和合规性。

五、后续改进

企业根据审计团队的建议，对成本核算体系进行了全面的改进和完善。企业加强了原材料采购的成本控制，改进了生产成本分摊方法，并加强了存货管理。同时，企业还建立了健全的成本核算制度和内部控制体系，确保了成本核算的准确性和合规性。在后续的审计中，该企业的成本核算体系得到了明显的改善。

审计程序与方法

针对"企业的成本核算是否准确，有无虚增或虚减成本"这一问题，审计人员需遵循一套系统的审计程序，并采用多种审计方法以确保审计的全面性和准确性。以下是一些建议的审计程序与方法。

一、审计程序

1. 初步审查

对企业的财务报表、成本明细账、原材料采购记录、生产成本分配表以及存货管理记录进行初步检查，了解成本核算的总体情况。核对各项成本数据与相关凭证，确保数据的完整性和一致性。

2. 详细分析

深入分析每一项成本的构成，包括原材料采购成本、直接人工成本、制造费用等，检查是否存在异常或不合规的成本核算。追踪成本变动的趋势，分析成本变动的合理性和必要性。

3. 对比分析

将本期的成本核算情况与往期进行对比，识别成本变动的异常模式。与同行业其他企业的成本核算情况进行比较，评估企业成本水平的合理性和竞争力。

4. 专家咨询

请财务领域的专家对疑似虚增或虚减的成本项目进行专业评估。

5. 现场调查与访谈

对涉及成本核算的部门进行现场调查，了解成本核算的实际操作流程和内部控制情况。对财务、生产、采购等部门人员进行访谈，获取第一手信息，验证成本核算的真实性和合规性。

二、审计方法

1. 文档审查法

仔细审阅所有与成本核算相关的文档，包括采购合同、发票、生产记录、存货盘点表等。

2. 数据分析法

利用数据分析工具，对成本核算数据进行筛选、比对和趋势分析，识别异常成本项目。

3. 案例研究法

研究过往的成本核算违规案例，了解常见的虚增或虚减成本手段和特征，提高警觉性。

4. 流程图分析法

绘制成本核算的流程图，检查是否存在潜在的漏洞或不合规的操作环节。

5. 软件辅助审计法

利用专业的审计软件，对成本核算数据进行自动化分析，提高审计效率和准确性。例如，使用数据挖掘技术来识别异常的成本模式或交易。

6. 抽样审计法

在大量成本数据中，采用随机抽样或风险导向抽样的方法，选取样本进行详细审计，并根据样本结果推断总体情况。

7. 内部控制测试法

测试企业成本核算的内部控制制度的有效性，包括成本预算控制、成本审批流程、存货管理制度等。

通过上述审计程序与方法的综合运用，审计人员可以全面、深入地审查企业的成本核算情况，发现可能存在的虚增或虚减成本问题，并提出相应的解决方案。

法规依据

对于企业的成本核算是否准确，有无虚增或虚减成本的问题，相关法律法规提供了明确的指导和规定。审计人员在进行审计时，应依据这些法律法规进行判定，并确保审计过程的合法性和合规性。

《中华人民共和国会计法》第九条："各单位必须根据实际发生的经济业务事项进行会计核算，填制会计凭证，登记会计账簿，编制财务会计报告。任何单位不得以虚假的经济业务事项或者资料进行会计核算。"此条规定要求企业必须基于真实的经济业务进行会计核算，禁止虚增或虚减成本。第二十五条：公司、企业必须根据实际发生的经济业务事项，按照国家统一的会计制度的规定确认、计量和记录资产、负债、所有者权益、收入、费用和利润。此条进一步强调了企业必须按照实际经济业务进行会计确认、计量和记录，包括成本费用的核算。第四十三条：伪造、变造会计凭证、会计账簿，编制虚假财务会计报告，构成犯罪的，依法追究刑事责任。有前款行为，尚不构成犯罪的，由县级以上人民政府财政部门予以通报，可以对单位并处五千元以上十万元以下的罚款；对其直接负责的主管人员和其他直接责任人员，可以处三千元以上五万元以下的罚款；属于国家工作人员的，还应当由其所在单位或者有关单位依法给予撤职直至开除的行政处分；其中的会计人员，五年内不得从事会计工作。此条对伪造、变造会计凭证、会计账簿等行为进行了惩罚规定，虚增或虚减成本往往伴随着会计凭证、会计账簿的造假。

《中华人民共和国企业所得税法》第二十条：企业发生的支出应当区分收益性支出和资本性支出。收益性支出在发生当期直接扣除；资本性支出应当分期扣除或者计入有关资产成本，不得在发生当期直接扣除。企业的不征税收入用于支出所形成的费用或者财产，不得扣除或者计算对应的折旧、摊销扣除。此条规定要求企业正确区分收益性支出和资本性支出，并按照规定进行成本费用的扣除，禁止将资本性支出一次性计入成本费用，从而虚增成本。第二十一条："在计算应纳税所得额时，企业财务、会计处理办法与税收法律、行政法规的规定不一致的，应当依照税收法律、行政法规的规定计算。"此条规定要求企业在计算应纳税所得额时，必须遵循税收法律、行政法规的规定，不得随意调整成本费用的核算方法，从而虚增成本或虚减成本。

通过以上审计程序与方法的综合运用，并结合相关法律法规的规定，审计人员可以有效地审查企业的成本核算情况，发现可能存在的虚增或虚减成本问题，并及时提出改进建议，确保企业财务活动的合规性和准确性。

整改建议

成本核算的准确性对企业的财务健康和可持续发展至关重要。针对企业成本核算是否准确，有无虚增或虚减成本的问题，提出以下整改建议，以确保企业财务报告的准确性和合规性。

一、加强财务人员的成本核算培训和职业道德教育

定期组织成本核算相关的培训课程，提升财务人员对成本核算方法和原则的理解和应用能力。同时，加强职业道德教育，强调成本核算的准确性和合规性对企业的重要性，增强财务人员的责任感和诚信意识。

二、完善成本核算制度和内部控制流程

企业应建立和完善成本核算制度，明确成本核算的具体方法和步骤，确保成本核算的规范化和标准化。同时，优化内部控制流程，加强对成本核算过程的监督和审核，确保成本核算的准确性和合规性。

三、实施定期的成本核算审计和复核

设立专门的内部审计部门或岗位，定期对成本核算进行审计和复核，检查成本核算的准确性和合规性。对于发现的问题，及时进行纠正和调整，确保成本核算的真实性和可靠性。

四、提升成本核算的信息化水平和数据分析能力

利用信息技术手段提升成本核算的效率和准确性，减少人为错误和违规行为。同时，加强对成本核算数据的分析和利用，为企业决策提供准确、及时的成本信息支持。

五、建立成本核算的考核和奖惩机制

将成本核算的准确性纳入财务人员的绩效考核体系，对于成本核算工作表现优秀的员工给予适当的奖励和晋升机会。对于故意虚增或虚减成本的行为，应依法依规进行严肃处理，以维护企业财务的健康和合规性。

六、提高成本核算的透明度和加强沟通

建立透明的成本核算制度，定期向相关部门和人员通报成本核算的情况和结果。同时，加强与其他部门的沟通和协作，共同解决成本核算中遇到的问题和困难，确保成本核算的准确性和合规性。

加强财务人员的成本核算培训和职业道德教育、完善成本核算制度和内部控制流程、实施定期的成本核算审计和复核、提升成本核算的信息化水平和数据分析能力、建立成本核算的考核和奖惩机制以及提高成本核算的透明度和加强沟通，可以有效地解决企业成本核算是否准确，有无虚增或虚减成本的问题，确保企业财务报告的准确性和合规性。这将有助于提升企业的财务管理水平，为企业的可持续发展奠定坚实的基础。

专题4：企业薪酬管理是否符合规定，有无违规发放薪酬的情况？

案例简介

一、案例背景

某大型国有企业为了提升员工工作积极性与满意度，近年来持续进行薪酬体系改革。然而，近期企业内部出现了一些关于薪酬发放不合规的传言，引发了员工的不满和怀疑。为了核实情况，企业内部审计部门对薪酬管理进行全面的审计。

二、审计发现

审计人员在审计过程中，发现了以下主要问题。

（1）部分高管的薪酬发放存在超标情况，其年薪及奖金总额超过了公司薪酬管理制度规定的上限。

（2）薪酬调整流程不规范，部分员工的薪酬调整未经过人力资源部门的审批，直接由部门经理决定并执行。

（3）存在违规发放福利的现象，如未经批准私自给员工发放购物卡、旅游补贴等非货币性福利。

三、审计方法与程序

1. 文件审查

审计人员对公司现行的薪酬管理制度、薪酬发放记录、薪酬调整审批文件等进行了详细的审查。

2. 数据分析

审计人员利用数据分析工具对薪酬数据进行深入挖掘，对比不同职位、不同部门的薪酬水平，以及薪酬调整的频率和幅度。

3. 访谈与调查

审计人员与公司高层、人力资源部门负责人、财务部门负责人以及部分员工进行访谈，了解薪酬管理的实际操作情况和存在的问题。

4. 现场观察

审计人员到人力资源部门和财务部门进行现场观察，了解薪酬计算和发放的具体流程。

四、审计结论与建议

经过审计，审计人员认为该企业在薪酬管理方面存在明显的违规行为，严重影响了薪酬体系的公正性和员工的积极性。为此，审计人员提出了以下建议。

（1）严格执行薪酬管理制度，对超标的薪酬发放进行清理和整改，确保所有员工的薪酬都在制度规定的范围内。

（2）规范薪酬调整流程，所有薪酬调整都必须经过人力资源部门的审批，并留存相关审批文件。

（3）加强对福利发放的管理，所有非货币性福利的发放都必须经过公司高层批准，并在财务部门进行备案。

五、后续改进

企业高层高度重视审计结果，立即组织相关部门进行整改。企业对超标的薪酬进行了清理，对薪酬调整流程进行了规范，并加强了对福利发放的管理。同时，企业还决定定期对薪酬管理进行内部审计，确保薪酬体系的公正性和合规性。经过一系列的改进措施，员工的满意度得到了显著提升，企业内部也恢复了稳定和谐的工作氛围。

审计程序与方法

针对"企业薪酬管理是否符合规定，有无违规发放薪酬的情况"的问题，审计人员需要遵循一套系统而严谨的审计程序，并采用多种专业方法。以下是一些建议的审计程序与方法。

一、审计程序

1. 初步审查

对企业的薪酬管理制度、政策文件进行审阅，了解薪酬管理的整体框架和规定。

对薪酬发放记录进行初步检查，包括工资单、奖金发放记录、福利发放记录等，确认薪酬发放的总体情况。

2. 详细分析

深入分析每一笔薪酬发放，检查是否有超标、未经审批或违规发放的情况。追踪可疑薪酬发放的来源和依据，查明薪酬发放的具体原因。

3. 对比分析

将不同职位、不同部门的薪酬水平进行对比，识别异常或不合理的薪酬差异。

与行业标准或同类企业的薪酬水平进行比较，评估企业薪酬的内部公平性和外部竞争性。

4. 专家咨询

请薪酬管理或法律专家对疑似违规的薪酬发放情况进行专业评估，确保审计判断的准确性和权威性。

5. 现场调查与访谈

对薪酬管理部门进行现场调查，了解薪酬计算、发放和审批的实际操作流程。对相关人员进行访谈，包括高层管理人员、人力资源部门员工、财务部门员工等，获取第一手信息，验证薪酬发放的真实性和合规性。

二、审计方法

1. 文档审查法

仔细审阅所有与薪酬发放相关的文档，包括薪酬管理制度、薪酬发放记录、审批文件、劳动合同等。

2. 数据分析法

利用数据分析工具，对薪酬数据进行深入挖掘和分析，包括薪酬水平、薪酬结构、薪酬增长率等指标。通过数据分析，识别异常薪酬发放模式或趋势。

3. 案例研究法

研究过往的薪酬违规发放案例，了解常见的违规手段和特征，提高警觉性。

4. 流程图分析法

绘制薪酬管理和发放的流程图，检查薪酬计算、审批、发放等各个环节是否存在潜在的漏洞或不合规操作。

5. 软件辅助审计法

利用专业的审计软件或薪酬管理软件，对薪酬数据进行自动化分析和比对，提高审计效率和准确性。通过软件辅助，快速识别薪酬数据中的异常值或不合规项。

针对企业薪酬管理的审计程序与方法需要综合考虑多个方面，包括初步审查、详细分析、对比分析、专家咨询以及现场调查与访谈等程序，并结合文档审查法、数据分析法、案例研究法、流程图分析法以及软件辅助审计法等多种方法，以确保审计工作的全面性和准确性。

法规依据

对于"企业薪酬管理是否符合规定，有无违规发放薪酬的情况"的问题，相关法律法规提供了明确的指导和规定。审计人员在进行审计时，应依据这些法律法规进行判定，并确保审计过程的合法性和合规性。

《中华人民共和国劳动法》第五十条："工资应当以货币形式按月支付给劳动者本人。不得克扣或者无故拖欠劳动者的工资。"此条规定了工资支付的基本形式和周期，任何违反此规定的行为都可能构成违规发放。

《中华人民共和国劳动合同法》第三十条："用人单位应当按照劳动合同约定和国家规定，向劳动者及时足额支付劳动报酬。用人单位拖欠或者未足额支付劳动报酬的，劳动者可以依法向当地人民法院申请支付令，人民法院应当依法发出支付令。"此条进一步强调了用人单位支付劳动报酬的义务，并提供了劳动者维护自身权益的法律途径。

《中华人民共和国公司法》第一百六十六条：公司的公积金用于弥补公司的亏损、扩大公司生产经营或者转为增加公司资本。但是，资本公积金不得用于弥补公司的亏损。法定公积金转为资本时，所留存的该项公积金不得少于转增前公司注册资本的百分之二十五。虽然此条主要规定了公积金的使用，但从中可以推断出，公司资金的使用必须遵循法律规定，薪酬发放也不例外。

《企业财务通则》第四十六条：企业不得承担属于个人的下列支出：……（五）其他应当由个人承担的费用。企业违反前款规定承担属于个人的支出，审计机关应责令其改正，并给予警告、通报批评；情节严重的，依照《财政违法行为处罚处分条例》的有关规定给予处理、处罚。此条规定禁止企业承担个人费用，薪酬发放应严格限于员工因履行职务而应得的报酬。

《财政违法行为处罚处分条例》第六条："国家机关及其工作人员有下列违反规定使用、骗取财政资金的行为之一的，责令改正，调整有关会计账目，追回有关财政资金，限期退还违法所得。对单位给予警告或者通报批评。对直接负责的主管人员和其他直接责任人员给予记大过处分；情节较重的，给予降级或者撤职处分；情节严重的，给予开除处分：……（二）截留、挪用财政资金；（三）滞留应当下拨的财政资金；（四）违反规定扩大开支范围，提高开支标准；（五）其他违反规定使用、骗取财政资金的行为。"虽然此条主要针对国家机关，但国有企业薪酬管理中的违规行为若涉及财政资金，则同样适用。

通过以上法规依据的综合运用，审计人员可以有效地判断企业薪酬管理是否符合规定，是否存在违规发放情况，并及时提出改进建议，确保企业薪酬活动的合规性和公平性。

整改建议

企业薪酬管理的规范性和公平性对维护员工权益、激发员工积极性以及保障企业稳健运营具有重要意义。针对企业薪酬管理是否符合规定，有无违规发放薪酬的情况的问题，提出以下整改建议，以确保企业薪酬活动的合规性和公平性。

一、加强薪酬管理人员的法律法规培训

定期组织薪酬管理人员参加法律法规培训，特别是与薪酬管理相关的劳动法、劳动合同法、公司法等，增强他们的法律意识和合规意识。确保薪酬管理人员在制定和执行薪酬政策时，能够严格遵守法律法规，避免违规发放薪酬情况的发生。

二、完善薪酬管理制度和内部控制流程

企业应建立完善的薪酬管理制度，明确薪酬计算、发放、审批等各个环节的流程和标准。同时，加强内部控制，确保薪酬发放过程中有严格的审批和监督机制，防止未经审批或违规发放薪酬的情况。对于关键岗位和高层管理人员的薪酬发放，应实行更加严格的审批和监控。

三、提高薪酬发放的透明度和公正性

企业应提高薪酬发放制度的透明度，定期公布薪酬发放情况，接受员工的监督。同时，确保薪酬发放过程公正、公平，避免出现不合理的薪酬差异。对于员工的薪酬投诉和异议，应及时进行调查和处理。

四、建立薪酬违规行为的举报和奖惩机制

鼓励员工积极举报薪酬违规行为，对于举报属实的员工给予适当的奖励和保护。同时，对于违规发放薪酬的行为，应依法依规进行严肃处理，追究相关人员的责任，以维护薪酬管理的严肃性和权威性。

五、加强薪酬管理与企业战略的衔接

企业应将薪酬管理与企业战略紧密衔接，确保薪酬政策能够支持企业战略目标的实现。在制定薪酬政策时，应考虑企业的长期发展和市场竞争力，避免过度依赖短期激励或不合理的高薪策略。

六、定期进行薪酬管理审计和评估

企业应定期对薪酬管理进行审计和评估，检查薪酬政策的执行情况和合规性。通过审计和评估，及时发现薪酬管理中存在的问题和风险，并提出改进建议。同时，将审计和评估结果与薪酬管理人员的绩效考核挂钩，以激发他们的积极性和责任心。

加强薪酬管理人员的法律法规培训、完善薪酬管理制度和内部控制流程、提高薪酬发放的透明度和公正性、建立薪酬违规行为的举报和奖惩机制、加强薪酬管理与企业战略的衔接以及定期进行薪酬管理审计和评估等措施，可以有效地规范企业薪酬管理活动，确保薪酬发放的合规性和公平性。这将有助于维护员工权益、激发员工积极性以及保障企业的稳健运营和长期发展。

专题 5：税收申报与缴纳是否及时、足额？

案例简介

一、案例背景

某大型国企 A 公司，作为一家多元化经营的集团，业务范围涵盖制造、销售、服务等多个领域。近年来，随着业务规模的不断扩大，A 公司的税收申报与缴纳工作也日益复杂。为确保公司税收合规，A 公司决定聘请外部审计机构对其过去三年的税收申报与缴纳情况进行全面审计。

二、审计发现

审计团队通过详细审查 A 公司的税务记录、财务报表以及与税务机关沟通的文件，发现以下问题。

（1）部分税收申报存在延迟现象，尤其是在季度末和年末，由于财务部门工作繁忙，导致部分税款未能在规定时间内缴纳。

（2）在某些复杂的跨境交易中，A 公司未能准确计算并缴纳相应的转让定价税款，导致少缴税款。

（3）A 公司未能充分理解某些税收优惠政策，错误享受税收优惠，进而影响了税款的足额缴纳。

三、审计方法与程序

1. 数据分析

利用数据分析工具，对 A 公司的税务数据进行全面分析，识别出异常情况。

2. 文档审查

详细审查 A 公司的税务申报表、会计凭证、税务机关的通知及回复等文件，以核实税收申报的准确性和合规性。

3. 访谈调查

对 A 公司的财务、税务部门员工进行深度访谈，了解税收申报流程、内部控制措施及面临的挑战。

4. 外部核实

与税务机关进行沟通，核实 A 公司的税收缴纳记录，确保审计发现的准确性。

四、审计结论与建议

审计团队认为，A 公司在税收申报与缴纳方面存在不及时申报、不足额缴纳的问题。为此，审计团队提出以下建议。

（1）加强税务管理团队建设，提升税务申报的效率与准确性，确保所有税款按时足额缴纳。

（2）针对跨境交易，建立更加严谨的转让定价税务管理机制，确保税收合规。

（3）加强对税收优惠政策的研究与应用，确保优惠政策的合法合规使用，避免不必要的税务风险。

五、后续改进

A 公司高度重视审计团队的发现与建议，立即组织相关部门进行整改。A 公司加强了税务管理团队的培训，优化了税收申报流程，并聘请了专业的税务顾问，以确保未来税收申报与缴纳的合规性。同时，A公司还建立了定期的内部审计机制，以持续监控税务合规情况，防范潜在风险。

审计程序与方法

在针对"税收申报与缴纳是否及时、足额"的问题进行审计时，审计人员需要遵循一套系统的审计程序，并采用多种审计方法以确保审计的全面性和准确性。以下是一些建议的审计程序与方法。

一、审计程序

1. 初步审查

对企业的税务登记信息、纳税申报表、缴税凭证等文档进行初步检查，了解企业税收缴纳的基本情况。核对税务机关的税收征管系统的税收数据与企业自行申报的税收数据，确保数据的一致性和完整性。

2. 详细分析

深入分析企业的每一笔税收缴纳记录，检查是否有延迟缴纳、少缴或漏缴的情况。对企业的税收优惠政策享受情况进行审查，确保其符合税法规定。

3. 对比分析

将企业本期的税收缴纳情况与往期进行对比，识别税收缴纳的变动趋势和异常情况。与同行业或同地区的企业税收缴纳情况进行比较，评估企业税收缴纳的合理性和合规性。

4. 专家咨询

请税务专家或法律顾问对复杂的税收问题进行专业解读和评估。

5. 现场调查与访谈

对企业的财务部门进行现场调查，了解税收申报和缴纳的实际操作流程。与企业财务人员、税务专员等进行访谈，获取第一手信息，验证税收申报和缴纳的真实性和合规性。

二、审计方法

1. 文档审查法

仔细审阅所有与税收相关的文档，包括纳税申报表、缴税凭证、税务机关的通知和回复等。

2. 数据分析法

利用数据分析工具对企业的税收数据进行筛选、比对和趋势分析，识别异常的税收缴纳情况。

3. 案例研究法

研究过往的税收违规案例，了解常见的税收违规行为和特征，提高警觉性。

4. 流程图分析法

绘制企业税收申报和缴纳的流程图，检查是否存在潜在的漏洞或不合规的操作环节。

5. 软件辅助审计法

利用专业的税务审计软件对企业的税收数据进行自动化分析，提高审计效率和准确性。通过软件可以更方便地进行数据比对和趋势分析，发现税收缴纳方面的问题。

通过遵循严谨的审计程序并采用多种审计方法，审计人员可以有效地发现企业在税收申报与缴纳方面存在的问题，并及时提出改进建议，确保企业税收活动的合规性。

法规依据

对于税收申报与缴纳是否及时、足额的问题，相关法律法规提供了明确的指导和规定。例如，《中华人民共和国税收征收管理法》及其实施细则等对税收的申报、缴纳进行了详细规定，并明确了相应的法律责任。审计人员在进行审计时，应依据这些法律法规进行判定，并确保审计过程的合法性和合规性。

《中华人民共和国税收征收管理法》第二十五条："纳税人必须依照法律、行政法规规定或者税务机关依照法律、行政法规的规定确定的申报期限、申报内容如实办理纳税申报，报送纳税申报表、财务会计报表以及税务机关根据实际需要要求纳税人报送的其他纳税资料。"此条明确了纳税人应按时、如实进行纳税申报的义务。第三十一条："纳税人、扣缴义务人按照法律、行政法规规定或者税务机关依照法律、行政法规的规定确定的期限，缴纳或者解缴税款。纳税人因有特殊困难，不能按期缴纳税款的，经省、自治区、直辖市国家税务局、地方税务局批准，可以延期缴纳税款，但是最长不得超过三个月。"此条规定了税款的缴纳期限及特殊情况下的延期缴纳程序。第六十二条："纳税人未按照规定的期限办理纳税申报和报送纳税资料的，或者扣缴义务人未按照规定的期限向税务机关报送代扣代缴、代收代缴税款报告表和有关资料的，由税务机关责令限期改正，可以处两千元以下的罚款；情节严重的，可以处二千元以上一万元以下的罚款。"此条对未按时进行纳税申报的行为进行了处罚规定。第六十四条："纳税人、扣缴义务人编造虚假计税依据的，由税务机关责令限期改正，并处五万元以下的罚款。纳税人不进行纳税申报，不缴或者少缴应纳税款的，由税务机关追缴其不缴或者少缴的税款、滞纳金，并处不缴或者少缴的税款百分之五十以上五倍以下的罚款。"此条对税收违法行为进行了处罚规定，包括编造虚假计税依据和不进行纳税申报等行为。

《中华人民共和国税收征收管理法实施细则》第七十六条："县级以上各级税务机关应当将纳税人的欠税情况，在办税场所或者广播、电视、报纸、期刊、网络等新闻媒体上定期公告。"此条规定了税务机关对欠税情况的公告义务，有助于增强税收缴纳的透明度和加大监督力度。

整改建议

税收的合规性对企业的稳健运营和声誉至关重要。针对"税收申报与缴纳是否及时、足额"的问题，提出以下整改建议，以确保企业税收活动的合规性。

一、加强税务人员的职业道德教育和业务培训

定期组织税务人员参加职业道德教育活动，提高他们对税收合规性的认识和责任感。同时，提供专业的税务业务培训，确保他们熟悉税法规定、税收政策，提升他们在税收申报和缴纳方面的专业能力。

二、建立健全的税收管理制度和内部控制体系

建立完善的税收管理制度，明确税收申报和缴纳的流程、责任和时限。同时，建立内部控制体系，确保税收活动经过合法、合规的审批程序，防止税收违规行为的发生，确保企业税收活动的合规性和准确性。

三、加强对税收申报和缴纳情况的监控和审计

设立专门的税务监控岗位或利用先进的税务管理软件，实时监控税收申报和缴纳情况。定期进行内部审计，确保税收活动的合规性和准确性，及时发现并纠正不合规的税收行为。

四、建立激励和约束机制

对在税收合规方面表现突出的员工给予适当的奖励和激励，以鼓励他们继续保持良好的合规意识。同时，对于违反税法规定的行为，应依法依规进行严肃处理，以起到警示作用。通过激励和约束机制，推动员工积极参与税收合规工作。

五、加强与税务机关的沟通和合作

主动与税务机关保持密切联系，及时了解税收政策和法规的变化。积极配合税务机关的税收检查和调查工作，提供所需的资料和文件。通过与税务机关的良好合作，确保企业税收活动的合规性。

六、提高税收管理的信息化水平

利用信息技术手段提高税收管理的效率和准确性。建立电子化的税收档案，方便随时查阅和审计。通过信息化手段的应用，减少人为操作失误和违规行为，提升企业税收管理的整体水平。

通过加强税务人员的职业道德教育和业务培训、建立健全的税收管理制度和内部控制体系、加强对税收申报和缴纳情况的监控和审计、建立激励和约束机制、加强与税务机关的沟通和合作以及提高税收管理的信息化水平，可以有效地确保企业税收申报与缴纳的及时、足额，从而确保和维护企业的合规性和声誉。

专题6：企业杠杆率是否控制在合理水平，有无隐性债务风险？

案例简介

一、案例背景

某大型制造企业近年来为了扩大生产规模，进行了多次大额融资，导致企业杠杆率持续上升。市场对该企业的隐性债务风险有所担忧，因此，企业聘请了外部审计机构对其财务状况进行全面审计，以评估企业杠杆率是否控制在合理水平，并排查是否存在隐性债务风险。

二、审计发现

审计人员在审计过程中，发现了以下几个问题。

（1）企业杠杆率较高，主要源于短期借款和长期借款的大幅增加，且部分借款的利率较高，增加了企业的财务负担。

（2）企业在财务报表中未充分披露部分关联方交易和担保情况，这些交易和担保可能构成企业的隐性债务。

（3）企业的现金流状况紧张，部分到期债务需要通过新的融资来偿还，存在潜在的偿债风险。

三、审计方法与程序

1. 数据分析

审计人员对企业的财务报表进行了详细的数据分析，包括资产负债表、利润表和现金流量

表，以评估企业的财务状况和杠杆率水平。

2. 关联方交易审查

审计人员对企业的关联方交易进行了全面的审查，包括交易的性质、金额、频率以及交易是否得到了适当的披露。

3. 担保情况调查

审计人员向企业的法务部门和财务部门了解了企业的担保情况，包括对外担保和接受担保的情况，并核查了相关合同和协议。

4. 现金流分析

审计人员对企业的现金流状况进行了深入分析，包括经营现金流、投资现金流和筹资现金流，以评估企业的偿债能力和现金流稳定性。

四、审计结论与建议

经过审计，审计人员认为该企业的杠杆率确实较高，且存在隐性债务风险。为此，审计人员提出了以下建议。

1. 优化融资结构

企业应积极寻求低成本的融资渠道，降低借款利率，并适当延长借款期限，以减轻财务负担。

2. 加强财务披露

企业应充分披露关联方交易和担保情况，提高财务报表的透明度和可信度。

3. 改善现金流状况

企业应加强现金流管理，提高经营现金流的稳定性，并合理安排筹资活动，以确保有足够的现金流来偿还到期债务。

五、后续改进

企业根据审计人员的建议，积极采取了措施来优化融资结构、加强财务披露和改善现金流状况。在后续的财务管理中，企业更加注重杠杆率的控制和隐性债务的排查，以确保财务状况的稳定和企业可持续发展。同时，企业也与外部审计机构保持了长期的合作关系，定期进行财务审计和风险评估。

审计程序与方法

在针对"企业杠杆率是否控制在合理水平，有无隐性债务风险"的审计过程中，审计人员需要遵循一套系统而严谨的审计程序，并采用多种专业方法以确保审计的全面性和准确性。以下是一些建议的审计程序与方法。

一、审计程序

1. 初步审查

收集企业近年的财务报表，包括资产负债表、利润表和现金流量表。对报表进行初步分析，了解企业杠杆率的总体水平和变化趋势。收集企业的融资合同、担保协议等相关文件，以查明潜在的隐性债务。

2. 详细分析

深入分析企业的融资结构，包括短期借款、长期借款以及债券等融资工具的使用情况。通过相关指标评估企业的偿债能力，如利息保障倍数、现金流量比率等指标。对企业的关联方交易和担保情况进行详细审查，查明是否存在未披露的隐性债务。

3. 对比分析

将企业的杠杆率水平与行业平均水平或标杆企业水平进行对比，评估其合理性。

分析企业的现金流状况，与同行业企业进行比较，识别潜在的现金流风险。

3. 现场调查与访谈

对企业的财务部门、法务部门进行现场调查，了解融资和担保的实际操作情况。对企业高管、财务人员进行访谈，获取关于企业融资策略、债务管理等方面的第一手信息。

4. 撰写报告与提出建议

根据审计结果，撰写审计报告，详细阐述企业的杠杆率水平和隐性债务风险情况。提出有针对性的建议。

二、审计方法

1. 数据分析法

利用数据分析工具对财务报表进行深入分析，识别异常的财务数据和趋势。

构建财务模型，对企业的杠杆率水平和偿债能力进行量化评估。

2. 文档审查法

仔细审阅企业的融资合同、担保协议等文件，查明隐性债务和潜在的风险点。

对企业的财务报表附注进行详细审查，了解关联方交易和担保情况的披露情况。

3. 访谈与调查法

通过对企业高管、财务人员访谈，获取关于企业融资和债务管理的详细信息。对企业的财务部门、法务部门进行现场调查，了解其实际操作流程和内部控制情况。

4. 对比分析法

将企业的杠杆率水平与行业平均水平或标杆企业水平进行对比分析。

5. 风险评估与建模法

利用风险评估工具和方法，对企业的隐性债务风险进行量化评估。构建财务预测模型，模拟不同情境下企业的偿债能力和现金流状况。

法规依据

对于企业杠杆率是否控制在合理水平以及有无隐性债务风险的问题，相关法律法规提供了明确的指导和规定。审计人员在进行审计时，应依据这些法律法规进行判定，并确保审计过程的合法性和合规性。

《中华人民共和国公司法》第一百六十六条：公司的公积金用于弥补公司的亏损、扩大公司生产经营或者转为增加公司资本。但是，资本公积金不得用于弥补公司的亏损。法定公积金转为资本时，所留存的该项公积金不得少于转增前公司注册资本的百分之二十五。此条规定了对公司资本的管理要求，审计人员应检查公司是否遵守了这些规定，以评估其杠杆率的合理性。

《中华人民共和国证券法》第六十七条：发生可能对上市公司股票交易价格产生较大影响的重大事件，投资者尚未得知时，上市公司应当立即将有关该重大事件的情况向国务院证券监督管理机构和证券交易所报送临时报告，并予公告，说明事件的起因、目前的状态和可能产生的法律后果。上市公司涉及隐性债务风险时，若该风险可能对股票价格产生较大影响，则上市公司有义务进行公告。审计人员应关注公司是否及时、充分地披露了相关信息。

《企业会计准则》多项准则涉及企业财务报表的编制和披露，要求企业真实、完整地反映其财务状况、经营成果和现金流量。审计人员应依据这些准则，评估企业财务报表是否准确反映了其杠杆率水平和隐性债务风险。

《中华人民共和国商业银行法》第三十九条："商业银行贷款，应当遵守下列资产负债比例管理的规定：……（三）对同一借款人的贷款余额与商业银行资本余额的比例不得超过百分之十；……"此条规定了对商业银行贷款的限制，若企业从银行借款，审计人员应检查其是否遵守了这些规定，以评估其债务风险。

通过以上法规依据的综合运用，审计人员可以有效地评估企业杠杆率是否控制在合理水平以及是否存在隐性债务风险，并及时提出改进建议，确保企业财务活动的合规性和安全性。

整改建议

企业杠杆率的合理控制以及隐性债务风险的防范对企业的长期稳健发展具有至关重要的意义。针对企业杠杆率是否控制在合理水平以及有无隐性债务风险的问题，提出以下整改建议，以确保企业财务结构的稳健和资金的安全。

一、优化融资结构，降低杠杆率

企业应对其融资结构进行全面梳理，通过增加股权融资、优化债务结构等方式，逐步降低杠杆率，使其保持在行业合理水平之内。同时，企业应关注市场利率变动，合理安排债务到期结构，避免集中偿债风险。

二、加强财务风险管理，防范隐性债务风险

企业应建立健全的财务风险管理体系，对各类财务风险进行定期评估，并制定相应的风险应对措施。特别要关注表外融资、关联方交易等可能产生隐性债务的领域，确保所有债务都充分披露，并纳入统一管理。

三、提升财务透明度，加强信息披露

企业应提高财务信息的透明度，定期、准确、完整地披露财务报表和相关信息，确保投资者和债权人能够充分了解企业的财务状况和风险情况。同时，企业应加强与投资者和债权人的沟通，及时回应其关切和解答疑问。

四、强化内部控制，确保财务合规

企业应建立完善的内部控制体系，确保财务活动的合规性和准确性。特别要加强对资金流动、财务报表编制、融资活动等关键环节的内部控制，防止财务舞弊和违规行为的发生。

五、建立风险预警机制，及时应对风险

企业应建立财务风险预警机制，通过定期监测和分析财务指标、市场环境等信息，及时发现潜在的财务风险和隐患。一旦发现风险迹象，企业应迅速采取应对措施，防止风险扩大。

六、加强财务团队建设，提升专业能力

企业应重视财务团队的建设和发展，通过招聘优秀人才、加强培训和教育等方式，提升财务团队的专业能力和职业素养。同时，企业应建立激励和约束机制，激发财务团队的工作积极性和创造力。

通过优化融资结构，降低杠杆率；加强财务风险管理，防范隐性债务风险；提升财务透明度，加强信息披露；强化内部控制，确保财务合规；建立风险预警机制，及时应对风险以及加强财务团队建设，提升专业能力等措施，企业可以有效地控制杠杆率并防范隐性债务风险，确保企业财务结构的稳健和资金的安全。这将为企业的长期稳健发展奠定坚实的基础。

专题 7：财务内部控制系统是否健全，能否有效防范财务风险？

案例简介

一、案例背景

某大型制造企业为了加强财务管理，提高资金使用效率，近年来投入大量资源建设了一套财务内部控制系统。然而，随着企业规模的扩大和业务的复杂化，该系统是否仍然健全，能否有效防范财务风险，成为企业管理层关注的焦点。为此，企业聘请了外部审计机构对该财务内部控制系统进行全面审计。

二、审计发现

在审计过程中，审计人员发现该企业的财务内部控制系统存在以下问题。

（1）系统权限设置不合理，部分关键财务岗位的员工拥有过高的系统权限，存在潜在的操作风险。

（2）系统日志记录不完整，部分重要的财务操作没有留下足够的审计轨迹，不利于后续的问题追踪和责任划分。

（3）系统与部分业务部门的信息系统未实现有效对接，导致财务数据与业务数据存在不一致的情况，影响了财务分析的准确性。

（4）系统对异常交易的监控和预警机制不够健全，无法及时发现并防范潜在的财务风险。

三、审计方法与程序

1. 系统测试

审计人员对该财务内部控制系统进行了全面的测试，包括功能测试、性能测试和安全性测试，以评估其整体的运行状况。

2. 数据分析

审计人员对企业的财务数据进行了深入的分析，包括趋势分析、比率分析和异常交易分析，以发现潜在的财务风险点。

3. 访谈与调查

审计人员对企业的财务部门、业务部门以及 IT 部门的相关人员进行了深入的访谈，了解了他们对财务内部控制系统的使用情况和反馈意见。

4. 文档审查

审计人员对企业的财务内部控制制度、系统操作手册以及相关的培训资料进行了详细的审查，以确认其内容的完整性和合规性。

四、审计结论与建议

经过审计，审计人员认为该企业的财务内部控制系统存在多处不足，无法有效防范财务风险。为此，审计人员提出了以下建议。

（1）对系统权限进行重新分配，确保关键财务岗位的员工只拥有必要的系统权限，降低操作风险。

（2）完善系统日志记录功能，确保所有重要的财务操作都能留下完整的审计轨迹。

（3）加强系统与业务部门信息系统的对接，确保财务数据与业务数据的一致性。

（4）健全系统对异常交易的监控和预警机制，及时发现并防范潜在的财务风险。

五、后续改进

企业根据审计人员的建议，对财务内部控制系统进行了全面的改进和优化。在后续的运营中，企业加强了对系统的日常维护和监控工作，确保了系统的稳定运行和财务数据的准确性。同时，企业也加强了对员工的培训和教育工作，提高了员工对财务内部控制制度的认识和执行力。这些改进措施有效地提升了企业的财务管理水平，降低了财务风险。

审计程序与方法

针对"财务内部控制系统是否健全，能否有效防范财务风险"这一问题，审计人员需要遵循一套系统而严谨的审计程序，并采用多种专业方法进行深入探究。以下是一些建议的审计程序与方法。

一、审计程序

1. 初步评估与了解

对企业的财务内部控制系统进行初步了解，包括其设计、实施和运行状况。评估系统是否覆盖了所有关键的财务活动，并了解系统的主要功能和目标。

2. 文档审查

仔细审阅企业的财务内部控制制度、操作手册、流程图等文档。核对文档中的规定与实际操作是否一致，确保文档内容的合规性和有效性。

3. 系统测试与穿行测试

对财务内部控制系统进行全面的测试，包括功能测试、性能测试和安全性测试。进行穿行测试，追踪一笔或几笔交易从发生到记录的全过程，验证系统在实际操作中的表现。

4. 数据分析与比对

对企业的财务数据进行深入分析，包括趋势分析、比率分析和异常交易分析。将财务数据与业务数据进行比对，确保两者的一致性，并查明任何不一致的原因。

5. 访谈与调查

对企业的财务部门、业务部门以及 IT 部门进行深入访谈，了解他们对财务内部控制系统的使用情况和反馈意见。对关键财务岗位的员工进行调查，了解他们的系统权限和使用习惯。

6. 风险评估与报告

根据审计发现，评估企业财务内部控制系统的健全性和有效性，识别潜在的财务风险点。编写审计报告，详细阐述审计发现、结论和建议，并向企业管理层汇报。

二、审计方法

1. 文档审查法

仔细审阅所有与财务内部控制相关的文档，确保文档内容的完整性和合规性。

2. 系统测试法

利用专业的测试工具和方法，对财务内部控制系统进行全面的测试，评估其性能和安全性。

3. 数据分析法

利用数据分析工具，对财务数据进行深入分析，识别异常交易和潜在风险点。

4. 访谈与调查法

通过访谈和调查，收集和了解企业员工对财务内部控制系统的反馈意见和使用情况，为得出审计结论提供第一手资料。

5. 风险评估法

根据审计发现，利用风险评估工具和方法，对企业财务内部控制系统的健全性和有效性进行量化评估。

编写清晰、准确的审计报告，向企业管理层汇报审计发现、结论和建议，并与他们进行有效沟通，确保审计成果得到充分利用。

法规依据

对于"财务内部控制系统是否健全，能否有效防范财务风险"这一问题，相关法律法规提供了明确的指导和规定。审计人员在进行审计时，应依据以下法律法规进行判定，并确保审计过程的合法性和合规性。

《中华人民共和国会计法》第九条："各单位必须根据实际发生的经济业务事项进行会计核算，填制会计凭证，登记会计账簿，编制财务会计报告。任何单位不得以虚假的经济业务事项或者资料进行会计核算。"此条规定要求企业必须有真实、准确的财务记录，为内部控制系统的有效性提供基础。第二十七条　各单位应当建立、健全本单位内部会计监督制度。单位内部会计监督制度应当符合下列要求：

（一）记账人员与经济业务事项和会计事项的审批人员、经办人员、财物保管人员的职责权限应当明确，并相互分离、相互制约；

（二）重大对外投资、资产处置、资金调度和其他重要经济业务事项的决策和执行的相互监督、相互制约程序应当明确；

（三）财产清查的范围、期限和组织程序应当明确；

（四）对会计资料定期进行内部审计的办法和程序应当明确。

第四十二条：违反本法规定，有下列行为之一的，由县级以上人民政府财政部门责令限期改正，可以对单位并处三千元以上五万元以下的罚款；对其直接负责的主管人员和其他直接责任人员，可以处二千元以上二万元以下的罚款；属于国家工作人员的，还应当由其所在单位或者有关单位依法给予行政处分：（一）不依法设置会计账簿的；（二）私设会计账簿的；（三）未按照规定填制、取得原始凭证或者填制、取得的原始凭证不符合规定的；（四）以未经审核的会计凭证为依据登记会计账簿或者登记会计账簿不符合规定的；（五）随意变更会计处理方法的；（六）向不同的会计资料使用者提供的财务会计报告编制依据不一致的；（七）未按照规定使用会计记录文字或者记账本位币的；（八）未按照规定保管会计资料，致使会计资料毁损、灭失的；（九）未按照规定建立并实施单位内部会计监督制度或者拒绝依法实施的监督或者不如实提供有关会计资料及有关情况的。这些行为都可能导致财务内部控制系统的不健全，审计人员应依据此条进行判定。

《企业内部控制基本规范》由财政部等五部委联合发布，明确要求企业应当建立和实施一套完整的内部控制体系，包括财务内部控制。规范详细列出了内部控制的要素、原则、内容和方法，为企业建立和完善财务内部控制系统提供了具体的指导。

《中华人民共和国公司法》对董事、监事、高级管理人员的职责和法律责任进行了规定，他们的行为直接影响到财务内部控制系统的健全性和有效性。

依据以上法律法规，审计人员可以对企业的财务内部控制系统进行全面的审计，评估其健全性和有效性，并提出改进建议，以确保企业财务活动的合规性和安全性。在审计过程中，审计人员应特别关注企业是否按照相关法律法规的要求建立和实施了财务内部控制系统，并对其进行了有效的维护和更新。

整改建议

财务内部控制系统的健全性和有效性对防范财务风险、保障企业资产安全以及确保财务信息的真实性和完整性具有至关重要的作用。针对财务内部控制系统可能存在的问题，提出以下整改建议，以期提升企业财务管理的水平和风险防范能力。

一、完善财务内部控制制度建设

企业应全面审查和评估现有的财务内部控制制度，确保其覆盖所有关键的财务活动和业务流程。对于发现的制度漏洞或缺陷，应及时进行堵塞和弥补，确保制度的合规性和有效性。同时，企业应建立定期的内部控制制度审查和更新机制，以适应业务发展和环境变化。

二、加强对财务人员的专业培训和职业道德教育

企业应加强对财务人员的专业培训和职业道德教育，提升他们在财务处理、内部控制和风险管理方面的专业能力。通过定期组织和实施职业道德教育活动，提升财务人员对内部控制的重要性和合规性的认识，培养他们的责任感和忠诚度。

三、建立健全的财务风险评估和预警机制

企业应建立完善的财务风险评估和预警机制，定期对财务活动进行风险评估，识别潜在的财务风险点。通过建立关键财务指标和预警信号，实时监测财务状况的变化，一旦发现异常或潜在风险，应立即采取措施进行应对和防范。

四、加强财务信息系统的安全性和稳定性

企业应加强对财务信息系统的安全管理和维护，确保系统的稳定性和数据的准确性。通过实施严格的信息系统访问控制和数据加密措施，防止未经授权的访问和数据泄露。同时，企业应建

立定期的信息系统备份和恢复机制，以应对可能发生的系统故障或数据丢失情况。

五、建立内部审计和监督机制

企业应设立独立的内部审计部门或岗位，负责定期对财务活动进行审计和监督。通过实施全面的内部审计程序，检查财务内部控制系统的执行情况和有效性，发现并解决可能存在的问题。同时，企业应鼓励员工积极参与内部审计和监督工作，建立举报和奖惩机制，对于发现问题并提出改进建议的员工给予适当的奖励。

六、提升管理层对财务内部控制的重视程度

企业应加强对管理层在财务内部控制方面的培训和教育，提升他们对内部控制重要性的认识和重视程度。管理层应积极参与和支持财务内部控制系统的建设和运行工作，为内部控制的有效实施提供良好的环境和资源支持。

完善财务内部控制制度建设、加强对财务人员的专业培训和职业道德教育、建立健全的财务风险评估和预警机制、加强财务信息系统的安全性和稳定性、建立内部审计和监督机制以及提升管理层对财务内部控制的重视程度等措施的实施，可以有效地提升企业财务内部控制系统的健全性和有效性，防范财务风险的发生，保障企业资产的安全与财务信息的真实性和完整性。

专题 8：企业的资金使用效益是否达到预期，有无资金浪费或低效使用的情况？

案例简介

一、案例背景

某大型制造业企业为了扩大生产规模，提高市场竞争力，决定投资建设一条新的生产线。该项目预计总投资额为 5 亿元人民币，资金来源主要为企业自有资金及银行贷款。项目启动后，企业成立了专门的项目组负责资金的管理和使用。然而，在项目接近完工时，企业发现资金使用效益未达到预期，存在部分资金浪费和低效使用的情况。

二、审计发现

为了查明资金使用效益未达到预期的原因，企业聘请了外部审计机构进行专项审计。审计过程中，审计人员发现以下问题。

（1）项目组在资金使用时缺乏明确的预算和计划，导致部分资金被随意使用，未能充分发挥效益。

（2）采购过程中存在价格虚高、质量不达标的情况，导致资金浪费。

（3）项目进度管理不善，部分工程存在返工、延误等问题，增加了不必要的成本。

（4）项目组内部财务管理混乱，存在资金挪用、账目不清等问题。

三、审计方法与程序

1. 资料审查

审计人员对项目组的资金使用记录、采购合同、工程进度报告等相关资料进行了详细的审查。

2. 对比分析

审计人员将项目组的资金使用计划与实际情况进行对比，分析差异产生的原因。

3. 询问与调查

审计人员向项目组成员、供应商、承包商等相关方进行了询问，了解资金使用的具体情况和存在的问题。

4. 现场勘查

审计人员到项目现场进行了勘查，观察了工程进度和资金使用情况，并与项目组人员进行了沟通。

四、审计结论与建议

经过审计，审计人员认为该企业在资金使用方面存在明显的问题，导致资金使用效益未达到预期。为此，审计人员提出了以下建议。

（1）加强项目预算管理，制订详细的资金使用计划，确保资金使用的合理性和有效性。

（2）优化采购流程，加强供应商管理，确保采购物资的质量和价格合理。

（3）加强项目进度管理，制定科学的工程进度计划，减少返工和延误等问题。

（4）规范项目组内部财务管理，建立健全的财务制度和账目管理体系。

五、后续改进

企业根据审计人员的建议，对项目组进行了整改和优化。企业加强了项目预算管理，优化了采购流程，加强了项目进度管理，并规范了项目组内部财务管理。在后续的运营中，企业严格按照新的管理制度进行操作，确保了资金的合理使用和效益的充分发挥。同时，企业也加大了对项目组的监督和考核力度，确保各项规定得到严格执行。

审计程序与方法

针对"企业的资金使用效益是否达到预期，有无资金浪费或低效使用的情况"这一问题，审计人员需要遵循一套系统的审计程序，并采用多种审计方法。以下是一些建议的审计程序与方法。

一、审计程序

1. 初步审查

对企业的财务报表、预算计划、项目计划书等文件进行初步检查，了解资金使用的总体情况。核对账户余额、资金流动记录与预算计划，确保数据的完整性和准确性。

2. 详细分析

深入分析每一笔大额资金的使用情况，检查企业是否按照预算和计划使用资金。

追踪可疑资金的使用去向，查明资金的实际效益和是否存在资金浪费或低效使用的情况。

3. 对比分析

将本期的资金使用效益与往期进行对比，识别效益下降或资金浪费的异常情况。将企业的资金使用效益与行业标准或同类企业的资金使用效益进行比较，评估企业资金使用的合理性和竞争力。

4. 专家咨询

请财务、项目管理等领域的专家对资金使用效益进行专业评估，并提出改进建议。

5. 现场调查与访谈

对涉及资金使用的部门进行现场调查，了解实际操作流程和内部控制情况。

对相关人员进行访谈，获取第一手信息，验证资金使用的真实性和合规性。

二、审计方法

1. 文档审查法

仔细审阅所有与资金使用相关的文档，包括预算计划、支出凭证、项目报告等。

2. 数据分析法

利用数据分析工具，对资金使用数据进行筛选、比对和趋势分析，识别异常使用或效益低下的情况。

3. 效益评估法

采用定量和定性的方法，对资金使用的效益进行评估，包括经济效益、社会效益等。

4. 流程图分析法

绘制资金使用的流程图，检查是否存在潜在的漏洞、冗余环节或不合规的操作。

5. 软件辅助审计法

利用专业的审计软件，对财务数据进行自动化分析，提高审计效率和准确性，特别是针对数据量大的资金使用数据。

6. 对比分析法

将实际资金使用效益与预期效益进行对比，分析差异原因，评估资金使用的合规性和效益性。

通过遵循上述审计程序和方法，审计人员可以全面、客观地评估企业的资金使用效益，发现潜在的资金浪费或低效使用情况，并提出相应的改进建议。

法规依据

针对"企业的资金使用效益是否达到预期，有无资金浪费或低效使用的情况"这一问题，相关的法律法规提供了明确的指导和规定，以确保企业资金使用的合规性、效益性和安全性。审计人员在进行审计时，应依据以下法律法规进行判定，并确保审计过程的合法性和合规性。

《中华人民共和国公司法》第一百四十七条：董事、监事、高级管理人员应当遵守法律、行政法规和公司章程，对公司负有忠实义务和勤勉义务。此条规定要求企业高管在资金使用上必须尽到忠实和勤勉的义务，确保资金使用的效益。第一百六十三条：公司应当依照法律、行政法规和国务院财政部门的规定建立本公司的财务、会计制度。这条要求企业建立规范的财务会计制度，为评估资金使用效益提供基础。

《中华人民共和国会计法》第九条："各单位必须根据实际发生的经济业务事项进行会计核算，填制会计凭证，登记会计账簿，编制财务会计报告。任何单位不得以虚假的经济业务事项或者资料进行会计核算。"此条规定要求企业的会计核算必须真实、准确，以反映资金使用的实际情况。第二十六条：公司、企业必须根据实际发生的经济业务事项，按照国家统一的会计制度的规定确认、计量和记录资产、负债、所有者权益、收入、费用和利润。这条进一步强调了企业必须按照国家规定进行会计核算，确保资金使用的真实性和准确性。

《中华人民共和国预算法》第十二条："各级预算应当遵循统筹兼顾、勤俭节约、量力而行、讲求绩效和收支平衡的原则。"这条要求企业在资金使用上必须讲求绩效，确保资金使用效益。第五十七条规定："各级政府、各部门、各单位的支出必须按照预算执行，不得虚假列支。"此条规定要求企业的支出必须与预算相符，不得存在虚假列支等浪费资金的行为。

《中华人民共和国审计法》第二十三条："审计机关对政府投资和以政府投资为主的建设项目的预算执行情况和决算，对其他关系国家利益和公共利益的重大公共工程项目的资金管理使用和建设运营情况，进行审计监督。"这条赋予了审计机关对企业资金使用情况进行审计监督的权力。

依据以上法律法规，审计人员可以对企业资金使用效益是否达到预期、是否存在资金浪费或低效使用的情况进行全面的审计和监督。在审计过程中，审计人员应严格依据相关法律法规进行判定，确保审计结果的合法性和合规性，并提出相应的改进建议，以促进企业资金使用的合规性、效益性和安全性。

整改建议

针对"企业资金使用效益是否达到预期，有无资金浪费或低效使用的情况"的问题，提出以下整改建议，旨在提升企业资金使用的合规性、效益性和安全性，确保每一笔资金都能得到合理、高效的利用。

一、加强资金使用计划和预算管理

企业应制定详细的资金使用计划和预算，明确资金使用的目的、金额、时间等关键要素。同时，对预算执行情况进行定期跟踪和评估，确保资金按照计划使用，避免出现浪费或低效使用的情况。

二、加强财务人员的专业技能培训和效益意识培养

通过定期组织和实施专业的财务技能培训，提升财务人员在资金管理、财务分析等方面的专业能力。同时，加强效益意识培养，使财务人员充分认识到资金使用效益的重要性，从而在日常工作中更加注重资金使用的合规性和效益性。

三、建立健全的资金使用效益评估机制

企业应建立一套完善的资金使用效益评估机制，对资金使用的效益进行定期评估和分析。通过对比实际使用效益与预期效益，发现资金使用过程中存在的问题和不足，并及时进行解决和弥补。

四、优化内部控制流程和资金审批机制

对现有的内部控制流程和资金审批机制进行全面梳理和优化，确保资金使用的合规性和安全性。明确资金使用的审批流程、权限和责任，实施严格的资金审批制度，防止资金被浪费或低效使用。

五、引进和推广先进的资金管理理念和工具

积极引进和推广先进的资金管理理念和工具，如全面预算管理、资金集中管理等，提升企业资金管理的科学性和规范性。通过运用先进的管理理念和工具，更加精准地控制资金使用，提高资金使用效益。

六、建立关于资金使用效益的激励和约束机制

将资金使用效益与员工的绩效考核相挂钩，对于在资金使用过程中表现突出的员工给予适当的奖励和激励。同时，对于浪费或低效使用资金的行为，应依法依规进行严肃处理，以形成有效的约束和警示。

七、提高资金管理的信息化水平

利用现代信息技术手段，提升企业资金管理的信息化水平。通过建立完善的资金管理系统，实现资金的实时监控和动态管理，提高资金使用的透明度和可追溯性，从而有效防止资金的浪费或低效使用。

加强资金使用计划和预算管理、加强财务人员的专业技能培训和效益意识培养、建立健全的资金使用效益评估机制、优化内部控制流程和资金审批机制、引进和推广先进的资金管理理念和工具、建立关于资金使用效益的激励和约束机制以及提高资金管理的信息化水平等一系列整改措施的实施，可以有效地提升企业资金使用的合规性、效益性和安全性，确保企业资金得到合理、高效的利用。

专题 9：企业是否建立了有效的预算管理制度，并严格执行？

案例简介

一、案例背景

某大型制造企业为了提升生产效率与控制质量，决定实施一项全面的技术改造项目。该项目预计投资规模较大，因此企业高层非常重视预算的管理与执行。为了确保技术改造项目的顺利进行，企业特别设立了项目管理办公室，负责项目的整体规划、执行与监控。

二、审计发现

在项目进入中期阶段时，企业内部审计部门对该项目的预算管理与执行情况进行了专项审计。审计过程中，审计人员发现以下问题。

1. 预算制定不够详细

项目初期的预算制定过于粗略，没有细化到具体的科目和费用项，导致实际执行过程中难以准确控制。

2. 预算执行不严格

项目管理办公室在执行预算时，未能严格按照预算计划进行，存在超预算支出的情况，且未经过适当的审批程序。

3. 预算监控不到位

项目管理办公室未建立有效的预算监控机制，无法及时发现和纠正预算执行中的偏差。

三、审计方法与程序

1. 文件审查

审计人员审查了项目初期的预算制定文件，包括预算计划、费用估算等，以评估其详细性和合理性。

2. 数据对比

审计人员将实际支出数据与预算计划进行对比，分析差异，并找出超预算支出的原因。

3. 访谈调查

审计人员对项目管理办公室的工作人员进行了深入访谈，了解预算制定与执行的具体过程，以及存在的问题和困难。

4. 流程测试

审计人员对项目的预算执行流程进行了测试，包括审批程序、监控机制等，以评估其有效性和合规性。

四、审计结论与建议

经过审计，审计人员认为该技术改造项目的预算管理与执行存在明显不足，可能导致项目成本超出预期，影响企业的整体财务状况。为此，审计人员提出了以下建议。

1. 细化预算制定

在项目初期应制订更为详细的预算计划，包括具体的科目和费用项，以便更好地控制实际支出。

2. 严格执行预算

项目管理办公室应严格按照预算计划执行，对于任何超预算支出的情况，都应经过适当的审批程序。

3. 加强预算监控

建立有效的预算监控机制，定期对比实际支出与预算计划，及时发现和纠正偏差。

五、后续改进

项目管理办公室根据审计人员的建议，对预算管理与执行进行了全面的改进。项目管理办公室细化了预算制定，加强了预算执行的严格性，并建立了有效的预算监控机制。在后续的项目执行过程中，项目管理办公室严格按照新的预算管理制度进行操作，确保了项目的顺利进行和成本的有效控制。同时，企业内部审计部门也加强了对项目的持续监督，确保各项预算管理规定得到严格执行。

审计程序与方法

针对"企业是否建立了有效的预算管理制度，并严格执行"这一问题，审计人员需要遵循系统的审计程序，并采用科学的方法。以下是一些建议的审计程序与方法。

一、审计程序

1. 初步了解与评估

对组织的预算管理制度进行初步了解，包括预算制定、执行、监控和报告等环节。评估预算管理制度的完整性和合规性，以及与实际业务操作的契合度。

2. 深入审查与分析

详细审查预算制定过程中的文件记录，如预算计划、费用估算等，确认其详细性和合理性。分析实际支出数据与预算计划的差异，分析超预算支出的原因。

3. 预算执行合规性检查

检查预算执行过程中是否有严格的审批程序，并确认其执行情况。评估项目管理办公室或相关部门在执行预算时的合规性和严谨性。

4. 预算监控机制评估

了解组织是否建立了有效的预算监控机制，包括定期对比实际支出与预算计划，及时发现和纠正偏差。评估监控机制的有效性和实施情况，以及其对预算执行的改善作用。

5. 访谈与调查

对与预算管理相关的人员进行访谈，了解预算制定与执行的具体过程，以及存在的问题和困难。对业务部门进行现场调查，观察预算管理的实际操作流程和内部控制情况。

二、审计方法

1. 文档审查法

仔细审阅与预算管理相关的所有文档，包括预算计划、费用估算、审批文件等，以评估其合规性和完整性。

2. 数据分析法

利用数据分析工具对实际支出数据与预算计划进行对比分析，识别差异和趋势，以及潜在的超预算支出问题。

3. 流程图分析法

绘制预算管理与执行的流程图，检查是否存在潜在的漏洞或不合规的操作环节，并评估其对预算执行的影响。

4. 合规性测试法

通过抽样测试等方法，检查预算执行过程中的合规性，包括审批程序、监控机制等是否得到有效执行。

5. 风险评估法

对预算管理过程中可能存在的风险进行评估，包括超预算支出的风险、内部控制失效的风险等，并提出相应的改进建议。

通过遵循上述审计程序和方法，审计人员可以对组织的预算管理制度及其执行情况进行全面、客观的评价，并提出有针对性的改进建议，以帮助组织提高预算管理水平，确保预算得到有效执行。

法规依据

对于"企业是否建立了有效的预算管理制度，并严格执行"这一问题，相关法律法规提供了明确的指导和规定。例如，《中华人民共和国预算法》《中华人民共和国会计法》等都对预算管理制度的建立与执行进行了规范，并规定了相应的法律责任。审计人员在进行审计时，应依据这些法律法规进行判定，并确保审计过程的合法性和合规性。

《中华人民共和国预算法》第五条："预算包括一般公共预算、政府性基金预算、国有资本经营预算、社会保险基金预算。一般公共预算、政府性基金预算、国有资本经营预算、社会保险基金预算应当保持完整、独立。政府性基金预算、国有资本经营预算、社会保险基金预算应当与一般公共预算相衔接。"这要求企业预算管理制度应当全面，涵盖所有类型的预算，并保持各预算之间的衔接。第十条："预算由预算收入和预算支出组成。"这明确了预算的基本构成，企业预算管理制度应当明确预算收入和支出的具体内容和标准。第五十七条："各部门、各单位的预算支出应当按照预算科目执行。不同预算科目间的预算资金需要调剂使用的，必须按照国务院财政部门的规定报经批准。"这要求企业预算管理制度应当具有严格的执行性，预算支出必须按照预算科目执行，不得随意调剂。

《中华人民共和国会计法》第九条："各单位必须根据实际发生的经济业务事项进行会计核算，填制会计凭证，登记会计账簿，编制财务会计报告。任何单位不得以虚假的经济业务事项或者资料进行会计核算。"这要求企业预算管理制度的执行必须基于真实的经济业务事项，不得进行虚假的预算编制和执行。第二十七条："各单位应当建立、健全本单位内部会计监督制度。单位内部会计监督制度应当符合下列要求：……（三）对会计资料定期进行内部审计的办法和程序应当明确；……"此条规定要求企业建立内部审计制度，对预算管理制度的执行情况进行定期审计，确保预算的严格执行。

依据以上法律法规，审计人员可以对企业是否建立了有效的预算管理制度，并严格执行进行准确的判定。在审计过程中，审计人员应严格遵循相关法律法规的规定，确保审计工作的合法性和合规性，并对发现的问题提出有针对性的改进建议，以帮助企业提高预算管理水平，实现经济目标。

整改建议

有效的预算管理制度是企业资源合理配置和稳健运营的重要保障。针对"企业是否建立了有效的预算管理制度，并严格执行"的问题，提出以下整改建议，以确保企业预算管理的科学性和有效性。

一、增强预算管理意识，提升全员参与度

企业应通过内部培训、宣讲等方式，增强全体员工对预算管理重要性的认识，明确预算管理对企业发展的战略意义。同时，鼓励各部门积极参与预算编制和执行过程，形成全员参与的预算管理文化。

二、完善预算管理制度，确保制度的科学性和合理性

企业应根据自身业务特点和市场环境，制定一套全面、细致、可操作的预算管理制度。制度应涵盖预算编制、执行、监控、调整、考核等各个环节，并明确各环节的职责和权限。同时，制度应保持一定的灵活性，以适应市场变化和企业内部管理的需要。

三、加强对预算执行情况的监控和考核

企业应建立完善的预算执行监控体系，定期对预算执行情况进行检查和分析，及时发现和纠正预算执行中的偏差。同时，将预算执行结果与考核挂钩，对预算执行情况进行严格的考核和评价，以激励各部门和员工积极执行预算。

四、优化预算管理流程，提高管理效率

企业应对预算管理流程进行梳理和优化，减少不必要的审批环节，提高预算管理效率。同时，利用现代信息技术手段，如预算管理软件等，实现预算管理的自动化和智能化，提高预算管理的准确性和有效性。

五、加强预算管理队伍建设，提升专业水平

企业应重视预算管理队伍的建设，选拔具有丰富经验和专业素养的人才担任预算管理工作。同时，定期对预算管理人员进行培训和继续教育，提升他们的专业水平和业务能力。

六、建立预算管理反馈机制，持续改进管理效果

企业应建立一套预算管理反馈机制，鼓励员工对预算管理提出意见和建议。同时，定期对预算管理效果进行评估，根据反馈和评估结果对预算管理制度和流程进行持续改进和优化。

通过增强预算管理意识，提升全员参与度；完善预算管理制度，确保制度的科学性和合理性；加强对预算执行情况的监控和考核；优化预算管理流程，提高管理效率；加强预算管理队伍建设，提升专业水平以及建立预算管理反馈机制，持续改进管理效果等措施，企业可以建立起一套科学、合理、有效的预算管理制度，并确保其得到严格执行。这将有助于企业合理配置资源、提高运营效率、实现稳健发展。

专题 10：企业是否存在违规担保、借贷或其他财务风险行为？

案例简介

一、案例背景

某大型民营企业集团，近年来业务快速发展，涉及多个领域。为了筹集资金以支持其不断扩张的业务，该集团频繁进行融资活动，包括向银行借款、发行债券以及与其他企业进行资金拆借等。然而，近期市场传言该集团存在违规担保和借贷行为，可能引发财务风险。为此，集团内部审计部门决定对该集团是否存在违规担保、借贷及其他财务风险行为进行专项审计。

二、审计发现

在审计过程中，审计人员发现该集团确实存在以下违规担保、借贷及其他财务风险行为。

（1）未经集团董事会批准，部分子公司私自为其他企业提供担保，涉及金额巨大。

（2）集团内部存在大量的非正规资金拆借行为，部分资金拆借未签订书面协议，也未明确还款期限和利息。

（3）集团在多家银行的借款已接近或超过其授信额度，但仍继续申请新的借款。

（4）集团的部分投资项目未经过充分的可行性研究，存在盲目扩张和资金浪费的风险。

三、审计方法与程序

1. 文件审查

审计人员审查了集团的担保合同、借款合同、资金拆借协议等文件，以确认其合规性和真实性。

2. 数据分析

审计人员利用数据分析工具，对集团的借款、担保、资金拆借等方面的财务数据进行了深入分析，以发现潜在的财务风险。

3. 询问与调查

审计人员向集团的高管、财务人员以及相关子公司的工作人员进行了询问，了解担保、借贷等活动的具体情况和背景。

4. 现场勘查

审计人员对集团的财务部门、子公司以及部分投资项目进行了现场勘查，以获取更直接的证据和信息。

四、审计结论与建议

经过审计，审计人员认为该集团确实存在违规担保、借贷及其他财务风险行为，这些行为可能对该集团的财务稳健性造成严重影响。为此，审计人员提出了以下建议。

（1）立即停止所有未经董事会批准的担保和借贷行为，并对已发生的违规行为进行整改。

（2）加强集团内部的资金管理和风险控制，确保所有资金活动都符合法律法规和集团规定。

（3）对投资项目进行严格的可行性研究，避免盲目扩张和资金浪费。

（4）建立和完善财务风险预警机制，及时发现和应对潜在的财务风险。

五、后续改进

该集团根据审计人员的建议，进行了全面的整改和改进。首先，集团对所有未经批准的担保和借贷行为进行了清理和整改，并加强了内部的资金管理和风险控制。其次，集团对投资项目进行了重新评估和调整，确保所有投资都符合集团的长期发展战略。最后，集团建立了财务风险预警机制，定期对集团的财务状况进行风险评估和预警。通过这些改进措施的实施，该集团的财务风险得到了有效控制，为集团的可持续发展奠定了坚实基础。

审计程序与方法

针对"企业是否存在违规担保、借贷或其他财务风险行为"的问题，审计人员需要执行一套系统的审计程序，并采用多种审计方法以确保审计的全面性和准确性。以下是一些建议的审计程序与方法。

一、审计程序

1. 初步了解与风险评估

对被审计单位的业务性质、经营规模、财务状况及行业特点进行初步了解。评估潜在的违规担保、借贷或其他财务风险行为的风险。

2. 内部控制审查

检查被审计单位的内部控制制度和程序，特别是与担保、借贷或其他财务风险行为相关的部分。评估内部控制制度的有效性和执行情况。

3. 文件与交易审查

对担保合同、借款合同、资金拆借协议等文件进行详细审查，确认其合规性和真实性。检查大额或异常的交易记录，追踪资金的流向和使用情况。

4. 分析与对比

分析被审计单位的财务数据，特别是与担保、借贷或其他财务风险行为相关的指标。

将分析结果与行业标准或同类企业进行比较，评估被审计单位的财务风险水平。

5. 访谈与调查

对被审计单位的高管、财务人员及相关部门人员进行访谈，了解担保、借贷等活动的具体情况和背景。对关键人员进行背景调查，以确认其是否涉及不当行为。

6. 编写报告与提出建议

编写审计报告，总结审计发现的问题和潜在风险。提出改进建议，包括加强内部控制、完善财务风险管理制度等。

二、审计方法

1. 文档审查法

仔细审阅与担保、借贷或其他财务风险行为相关的所有文档，包括合同、协议、审批文件等。

2. 数据分析法

利用数据分析工具对财务数据进行分析，识别异常的交易模式或趋势。运用比率分析、趋势分析等方法对财务数据进行深入剖析。

3. 访谈与调查法

通过访谈和调查获取第一手信息，了解被审计单位担保、借贷等活动的实际情况。运用开放式和封闭式问题相结合的方式进行访谈，以获取更全面的信息。

4. 流程图与内部控制测试法

绘制担保、借贷等活动的流程图，检查内部控制的执行情况和潜在漏洞。对关键控制点进行测试，评估其有效性和合规性。

5. 专家咨询与协作法

请财务、法律等领域的专家对复杂的担保、借贷问题进行专业评估。与其他审计团队或外部审计机构进行协作，共享信息和资源，提高审计效率和质量。

通过执行上述审计程序和方法，审计人员可以全面、准确地评估被审计单位是否存在违规担保、借贷或其他财务风险行为，并为其改进内部控制和风险管理提供有价值的建议。

法规依据

对于"企业是否存在违规担保、借贷或其他财务风险行为"的问题，相关法律法规提供了明确的指导和规定。审计人员在进行审计时，应严格依据这些法律法规进行判定，并确保审计过程的合法性和合规性。

《中华人民共和国公司法》第十六条：公司向其他企业投资或者为他人提供担保，依照公司章程的规定，由董事会或者股东会、股东大会决议；公司章程对投资或者担保的总额及单项投资或者担保的数额有限额规定的，不得超过规定的限额。公司为公司股东或者实际控制人提供担保的，必须经股东会或者股东大会决议。此条对公司担保行为进行了规范，要求必须按照公司章程的规定进行，并明确了担保的决策机构。第一百四十八条：董事、高级管理人员不得有下列行为：……（三）违反公司章程的规定，未经股东会、股东大会或者董事会同意，将公司资金借贷给他人或者以公司财产为他人提供担保；……董事、高级管理人员违反前款规定所得的收入应当归公司所有。此条明确禁止了董事、高级管理人员的违规担保、借贷行为。

《中华人民共和国民法典》第六百八十二条："保证合同是主债权债务合同的从合同。主债权债务合同无效的，保证合同无效，但是法律另有规定的除外。保证合同被确认无效后，债务人、保证人、债权人有过错的，应当根据其过错各自承担相应的民事责任。"此条规定了保证合同的基本性质和无效后的法律责任。第六百八十八条："当事人在保证合同中约定保证人和债务人对债务承担连带责任的，为连带责任保证。连带责任保证的债务人不履行到期债务或者发生当事人约定的情形时，债权人可以请求债务人履行债务，也可以请求保证人在其保证范围内承担保证责任。"此条规定了连带责任保证的相关内容。

《中华人民共和国刑法》第一百六十九条之一（背信损害上市公司利益罪）规定："上市公司的董事、监事、高级管理人员违背对公司的忠实义务，利用职务便利，操纵上市公司从事下列行为之一，致使上市公司利益遭受重大损失的，处三年以下有期徒刑或者拘役，并处或者单处罚金；致使上市公司利益遭受特别重大损失的，处三年以上七年以下有期徒刑，并处罚金：……（三）在上市公司的财务会计报告上作虚假记载或者隐瞒重要事实的。"尽管此条主要针对财务会计报告的虚假记载，但违规担保、借贷往往也会在财务会计报告中有所体现。第二百二十四条（合同诈骗罪）："有下列情形之一，以非法占有为目的，在签订、履行合同过程中，骗取对方当事人财物，数额较大的，处三年以下有期徒刑或者拘役，并处或者单处罚金；数额巨大或者有其他严重情节的，处三年以上十年以下有期徒刑，并处罚金；数额特别巨大或者有其他特别严重情节的，处十年以上有期徒刑或者无期徒刑，并处罚金或者没收财产：……（五）以其他方法骗取对方当事人财物的。"如果违规担保、借贷行为涉及诈骗，将可能触犯此条。

依据以上法律法规，审计人员可以更加明确地判断企业是否存在违规担保、借贷或其他财务风险行为，并依法提出审计意见和建议。

整改建议

针对"企业是否存在违规担保、借贷或其他财务风险行为"的问题，提出以下整改建议，以确保企业财务活动的合规性、资金的安全以及企业的稳健运营。

一、增强管理层和财务人员的法律意识与风险意识

企业应定期组织法律知识的宣传和财务风险管理的培训，确保管理层和财务人员充分了解违规担保、借贷的法律后果及对企业可能造成的损害。通过宣传和培训，增强他们的法律意识和风险意识，确保其在日常工作中严格遵守相关法律法规，不参与任何违规的担保、借贷活动。

二、建立健全的担保、借贷审批制度和内部控制体系

企业应制定明确的担保、借贷审批流程，明确各级审批权限和责任，确保所有担保、借贷活动都经过合法、合规的审批程序。同时，建立完善的内部控制体系，对担保、借贷活动进行严格的监控和管理，防止违规行为的发生。

三、提高财务透明度和加强信息披露

企业应提高财务透明度，定期公布担保、借贷情况及相关财务信息，接受内外部的监督。加强信息披露，可以减少信息不对称带来的风险，提高企业的信誉度和市场竞争力。

四、建立财务风险预警和应对机制

企业应建立财务风险预警机制，通过定期分析财务数据、市场动态以及政策法规等信息，及时发现潜在的财务风险。同时，制定完善的财务风险应对机制，确保在发现风险时能够迅速采取措施进行应对，防止风险扩大。

五、加强与合作伙伴的沟通和协调

企业在担保、借贷活动中应加强与合作伙伴的沟通和协调，确保双方对担保、借贷条款有清晰的理解和认识。加强沟通，可以减少因误解或信息不对称导致的纠纷和风险。

六、引入外部审计和咨询服务

企业可以定期聘请外部审计机构进行财务审计，确保财务报表的真实性和准确性。同时，可以引入专业的咨询服务机构，为企业提供财务风险管理、内部控制等方面的咨询服务，帮助企业更好地识别和管理财务风险。

通过增强管理层和财务人员的法律意识与风险意识，建立健全的担保、借贷审批制度和内部控制体系，提高财务透明度和加强信息披露，建立财务风险预警和应对机制，加强与合作伙伴的沟通和协调以及引入外部审计和咨询服务等措施，企业可以有效地防范违规担保、借贷等财务风险行为的发生，确保企业财务活动的合规性和资金的安全。

第八章
国有企业大额资金运用与监管专题

专题1：大额资金的运用是否经过严格的审批程序？

案例简介

一、案例背景

某大型国有企业计划进行一项重大的技术改造项目，预计投资金额高达数亿元人民币。为确保资金使用的合规性与效益性，企业决定在内部采取严格的审批程序，并聘请了第三方审计机构对资金使用情况进行全程跟踪审计。

二、审计发现

在审计过程中，审计人员发现该企业在大额资金的运用上存在以下问题。

1. 审批程序不够严格

部分大额资金的支出未经过充分的可行性研究和论证，审批过程中缺乏必要的财务分析和风险评估。

2. 资金支付不规范

存在未经审批即先行支付的情况，且部分支付凭证不完整，无法准确反映资金的真实用途。

3. 项目管理混乱

技术改造项目的进度管理、质量管理等方面存在问题，导致资金使用效率不高，存在浪费现象。

三、审计方法与程序

1. 文档审查

审计人员详细审查了与该技术改造项目相关的所有文件，包括项目建议书、可行性研究报告、审批文件、支付凭证等。

2. 访谈调查

审计人员与企业内部的相关人员进行了深入的访谈，了解了项目审批、资金支付、项目管理等方面的实际情况。

3. 详细分析

审计人员对项目资金的使用情况进行了详细的分析，包括资金支付的时间、金额、用途等，以发现其中可能存在的问题。

4. 现场勘查

审计人员到项目现场进行了勘查，观察了项目的实际进展情况，并与项目管理人员进行了交流。

四、审计结论与建议

经过审计，审计人员认为该企业在大额资金的运用上存在审批程序不够严格、资金支付不规范、项目管理混乱等问题。为此，审计人员提出了以下建议。

1. 加强审批程序的严格性

对于大额资金的支出，必须经过充分的可行性研究和论证，并进行必要的财务分析和风险评估。

2. 规范资金支付流程

严格按照审批程序进行资金支付，确保支付凭证的完整性和真实性。

3. 加强项目管理

改进项目进度管理、质量管理等方面的工作，提高资金使用效率，减少浪费现象。

五、后续改进

该企业根据审计人员的建议，对大额资金的运用进行了全面的整改。该企业加强了审批程序的严格性，规范了资金支付流程，并加强了项目管理。在后续的审计中，审计人员发现该企业已经按照建议进行了改进，大额资金的使用更加合规、高效。同时，该企业也表示将继续加强内部管理和审计监督，确保资金使用的合规性与效益性。

审计程序与方法

针对"大额资金的运用是否经过严格的审批程序"这一问题，审计人员需要遵循一套系统而严谨的审计程序，并采用多种专业方法以确保审计的全面性和准确性。以下是一些建议的审计程序与方法。

一、审计程序

1. 初步了解与规划

对被审计单位的大额资金运用情况进行初步了解，包括资金来源、使用目的、预期效益等。制订详细的审计计划，明确审计目标、范围、时间和人员分工。

2. 审批程序审查

检查大额资金的审批流程是否完善，包括审批层级、审批权限、审批文件等。核实审批程序是否得到严格执行，是否存在未经审批或越权审批的情况。

3. 资金运用分析

对大额资金的运用情况进行深入分析，包括资金支付的对象、用途、时间等。

评估资金运用的合规性和效益性，是否存在浪费或滥用资金的情况。

4. 内部控制评估

评估被审计单位的内部控制体系是否健全，包括财务管理制度、内部审计制度等。测试内部控制的有效性，是否存在控制漏洞或执行不力的情况。

5. 访谈与调查

对被审计单位的相关人员进行访谈，了解大额资金运用的具体情况和审批过程。进行必要的现场调查，获取第一手资料，验证审批程序和资金运用的真实性。

6. 编写报告与反馈

编写审计报告，详细反映审计发现的问题、提出的建议和改进措施。与被审计单位进行沟通，反馈审计结果，并督促其进行整改。

二、审计方法

1. 文档审查法

仔细审阅与大额资金运用相关的所有文档，包括审批文件、支付凭证、合同等。通过文档审查，发现审批程序中的漏洞或不合规行为。

2. 数据分析法

利用数据分析工具，对大额资金的支付数据进行筛选、比对和趋势分析。通过数据分析，识别异常支付行为或潜在的滥用资金情况。

3. 流程图分析法

绘制大额资金运用的流程图，包括审批流程、支付流程等。通过流程图分析，发现流程中的漏洞或不合规环节，并提出改进建议。

4. 内部控制测试法

设计并执行内部控制测试，评估被审计单位内部控制体系的有效性和执行情况。通过内部控制测试，发现控制漏洞或执行不力的情况，并提出改进建议。

5. 访谈与调查法

对被审计单位的相关人员进行深入访谈，了解大额资金运用的具体情况和审批过程。进行必要的现场调查，获取第一手资料，验证审批程序和资金运用的真实性。通过访谈与调查，发现潜在的问题或违规行为，并提出相应的处理建议。

法规依据

对于"大额资金的运用是否经过严格的审批程序"这一问题，相关法律法规提供了明确的指导和规定。审计人员在进行审计时，应依据这些法律法规判定大额资金运用的合法性和合规性，并确保审计过程的严谨性。

《中华人民共和国公司法》第三十七条：股东会行使下列职权：……（二）选举和更换非由职工代表担任的董事、监事，决定有关董事、监事的报酬事项；……（六）审议批准公司的利润分配方案和弥补亏损方案；……（九）对公司增加或者减少注册资本作出决议；（十）对发行公司债券作出决议；（十一）对公司合并、分立、解散、清算或者变更公司形式作出决议；（十二）修改公司章程。虽然该条款未直接提及大额资金的具体审批，但规定了股东会的职权，大额资金的运用往往涉及公司利益和利润分配等重要事项，因此需要经过股东会的审批。

第一百四十八条："面额股股票的发行价格可以按票面金额，也可以超过票面金额，但不得低于票面金额。"

第一百四十九条："股票采用纸面形式或者国务院证券监督管理机构规定的其他形式。

股票采用纸面形式的，应当载明下列主要事项：

（一）公司名称；

（二）公司成立日期或者股票发行的时间；

（三）股票种类、票面金额及代表的股份数，发行无面额股的，股票代表的股份数。

股票采用纸面形式的，还应当载明股票的编号，由法定代表人签名，公司盖章。

发起人股票采用纸面形式的，应当标明发起人股票字样。"

第一百五十条："股份有限公司成立后，即向股东正式交付股票。公司成立前不得向股东交付股票。"

第一百五十一条："公司发行新股，股东会应当对下列事项作出决议：

（一）新股种类及数额；

（二）新股发行价格；

（三）新股发行的起止日期；

（四）向原有股东发行新股的种类及数额；

（五）发行无面额股的，新股发行所得股款计入注册资本的金额。

公司发行新股，可以根据公司经营情况和财务状况，确定其作价方案。"

这些条款同样适用于大额资金运用的审批和监督，确保资金使用的合法性和合规性。

《中华人民共和国会计法》第九条："各单位必须根据实际发生的经济业务事项进行会计核算，填制会计凭证，登记会计账簿，编制财务会计报告。任何单位不得以虚假的经济业务事项或者资料进行会计核算。"该条款要求企业基于真实的经济业务进行会计核算，大额资金的运用必须有真实的业务背景。第十条至第二十七条（关于会计资料的真实性和完整性，以及单位内部会计监督制度的要求），这些条款要求企业建立健全的会计监督制度，确保大额资金的运用经过严格的审批和记录。

内部审计人员办理审计事项，应当忠于职守，坚持原则，客观公正，实事求是，廉洁奉公，保守秘密。要求内部审计人员在进行大额资金运用的审计时，保持独立性和客观性，确保审计结果的客观性。第三章和第四章中第十四条到第二十六条（关于内部审计机构职责、权限）详细规定了内部审计的要求和程序，为大额资金运用的审计提供具体法律依据。

根据《中华人民共和国刑法》中关于挪用资金罪的规定，对于大额资金未经严格审批程序而擅自运用的行为，可能构成挪用资金罪，相关责任人将受到刑事处罚。

依据以上法律法规，审计人员可以全面、深入地审查大额资金的运用是否经过严格的审批程序，确保企业财务活动的合法性和合规性，并及时提出改进建议，保障企业资产的安全和有效使用。

整改建议

大额资金的运用涉及企业的重大经济利益，其审批程序的严格性和合规性对保障企业资产安全、维护企业财务稳健具有重要意义。针对"大额资金运用是否经过严格的审批程序"的问题，提出以下整改建议，以确保企业财务活动的规范性和资金的安全。

一、增强审批意识和制定审批流程

企业应充分认识到大额资金运用审批的重要性，明确审批程序所起到的防止资金滥用、保障企业经济安全的关键作用。制定详细的大额资金运用审批流程，包括申请、审核、批准、执行和监控等环节，确保每一步都有明确的责任人和审批标准。

二、建立健全大额资金运用的内部控制体系

企业应建立完善的内部控制体系，特别是针对大额资金运用的风险控制。设立独立的内部审计部门或岗位，负责定期审计大额资金运用的合规性和效益性。同时，加强财务部门的内部管理，确保资金运用的每一环节都受到严格的内部控制。

三、提升财务人员的专业素养和审批能力

通过定期的专业培训，提升财务人员在大额资金运用方面的专业素养和审批能力。培训内容包括但不限于资金运用的法律法规、审批程序、风险管理等。确保财务人员能够准确判断资金运用的合规性，并严格执行审批程序。

四、加强大额资金运用的信息化管理和监控

利用现代信息技术手段，建立大额资金运用的信息化管理系统，实现资金运用的实时监控和数据分析。通过系统设置审批权限和流程，确保每一笔大额资金运用都经过严格的线上审批，同时留下完整的审批记录和数据轨迹。

五、建立大额资金运用的风险预警和应急机制

针对大额资金运用可能出现的风险，建立风险预警机制，设定风险阈值，一旦资金运用超出正常范围或存在异常波动，立即触发预警并进行调查处理。同时，制定应急处理预案，以应对大额资金运用中出现的突发事件或紧急情况。

六、提高大额资金运用的透明度和加强内外部监督

定期公布大额资金运用的情况，包括资金用途、审批程序、执行结果等，接受企业内部的监督。同时，积极配合外部审计机构或监管部门的审计工作，确保大额资金运用的合规性。

增强审批意识和制定审批流程、建立健全大额资金运用的内部控制体系、提升财务人员的专业素养和审批能力、加强大额资金运用的信息化管理和监控、建立大额资金运用的风险预警和应急机制以及提高大额资金运用的透明度和加强内外部监督，可以有效地确保大额资金运用经过严格审批程序，保障企业财务活动的合规性和资金的安全。

专题2：大额资金支付是否符合企业的财务政策和预算管理？

案例简介

一、案例背景

某大型制造业企业计划进行一项技术升级项目，涉及大额资金的支付。为了确保资金使用的合规性与效益性，企业内部审计部门对该项资金支付活动进行了专项审计。该项目旨在引进先进的生产设备和技术，以提升生产效率和产品质量，预算总额高达数千万元。

二、审计发现

在审计过程中，审计人员发现以下几个方面的问题。

（1）部分大额资金支付未严格遵循企业的财务政策，存在超预算支付的情况，且未获得相应的预算调整审批。

（2）部分支付款项的审批流程不完整，缺少必要的审批环节，导致资金支付的风险增加。

（3）对于某些关键设备的采购，未进行充分的市场调研和比价分析，直接选择了高价供应商，损害了企业的经济利益。

三、审计方法与程序

1. 文档审查

审计人员审查了与该资金支付相关的所有财务文件和审批记录，以确认支付活动的合规性。

2. 对比分析

通过对比分析预算数据与实际支付数据，审计人员发现了超预算支付的问题，并进一步分析了原因。

3. 访谈调查

审计人员对项目负责人、财务人员及相关审批人员进行了深入的访谈，了解了资金支付的具体过程和决策依据。

4. 市场调研

针对关键设备的采购，审计人员进行了市场调研，比较了不同供应商提供的产品的价格和质量，以评估采购决策的合理性。

四、审计结论与建议

经过审计，审计人员认为该企业在大额资金支付方面存在合规性问题，可能对企业的财务健康和经济效益造成不良影响。为此，审计人员提出了以下建议。

（1）严格执行企业的财务政策和预算管理规定，对于任何超预算支付都必须获得相应的审批。

（2）完善资金支付的审批流程，确保每一笔支付都经过必要的审批环节和签字。

（3）加强采购活动的市场调研和比价分析，选择性价比高的供应商，以维护企业的经济利益。

五、后续改进

企业根据审计人员的建议，对资金支付活动进行了全面的整改和规范。企业加强了预算管理和审批流程的控制，确保了资金支付的合规性和效益性。同时，企业也加强了对采购活动的监督和管理，提高了采购决策的合理性和经济性。内部审计部门也将继续加强对大额资金支付活动的审计和监督，确保企业的财务健康和可持续发展。

审计程序与方法

针对"大额资金支付是否符合企业的财务政策和预算管理"这一问题，审计人员需执行一系列严谨的审计程序，并运用专业的审计方法。以下是对审计程序与方法的详细阐述。

一、审计程序

1. 收集资料与初步审查

收集并分析企业的财务政策、预算管理规定及相关内部控制制度。对大额资金支付的相关财务凭证、银行对账单、合同等文档进行初步审查。

2. 对比分析

将大额资金支付情况与企业的年度预算、季度预算或月度预算进行对比，分析是否存在超预算支付的情况。对比同类型或同行业的企业在大额资金支付方面的做法，评估企业的支付行为是否合理。

3. 追踪资金流向

追踪大额资金的流向，确保资金按预算用途使用，并关注是否存在资金回流或不当使用的情况。对可疑或异常的资金支付进行深入调查，查明原因并评估风险。

4. 评估内部控制与检查审批流程

评估企业在大额资金支付方面的内部控制制度是否健全、有效。检查支付审批流程是否合规，关注审批权限、审批程序及签字盖章等细节。

5. 访谈与调查

对企业财务人员、项目负责人及审批人员进行访谈，了解大额资金支付的具体过程、决策依据及存在的问题。对供应商或客户进行必要的调查，以验证大额资金支付的合理性和真实性。

二、审计方法

1. 文档审查法

仔细审阅大额资金支付的相关文档，包括支付申请书、审批文件、合同、发票等，确保支付活动的合规性。

2. 数据分析法

利用数据分析工具对大额资金支付数据进行筛选、比对和趋势分析，识别异常支付行为。对支付数据与预算数据进行关联分析，评估预算执行情况。

3. 流程图分析法

绘制大额资金支付的流程图，检查支付流程是否存在漏洞或不合规的操作环节。通过流程图分析，识别潜在的风险点。

4. 风险评估法

对大额资金支付进行风险评估，关注支付活动的合规性、效益性及其对企业财务状况的影响。根据风险评估结果，确定审计的重点和范围。

5. 询证法

对与大额资金支付有关的供应商或客户进行询证，以验证支付的真实性和合理性。

通过询证，获取外部证据来支持审计结论和建议。

针对大额资金支付的审计程序应涵盖收集资料与初步审查、对比分析、追踪资金流向、评估内部控制与检查审批流程、访谈与调查等多个环节，审计人员应运用文档审查法、数据分析法、流程图分析法、风险评估法和询证法等多种审计方法来确保审计的全面性和准确性。

法规依据

对于"大额资金支付是否符合企业的财务政策和预算管理"的问题，相关法律法规提供了明确的指导和规定。审计人员在进行审计时，应依据这些法律法规进行判定，并确保审计过程的合法性和合规性。

《中华人民共和国公司法》第一百六十三条：公司应当依照法律、行政法规和国务院财政部门的规定建立本公司的财务、会计制度。此条规定要求企业建立符合法律法规的财务和会计制度，为大额资金支付的管理提供法律基础。第一百六十四条：公司应当在每一会计年度终了时编制财务会计报告，并依法经会计师事务所审计。财务会计报告应当依照法律、行政法规和国务院财政部门的规定制作。这条要求企业进行年度财务审计，应确保财务报告的准确性和合规性，包括但不限于大额资金支付的情况。

《中华人民共和国会计法》第九条："各单位必须根据实际发生的经济业务事项进行会计核算，填制会计凭证，登记会计账簿，编制财务会计报告。任何单位不得以虚假的经济业务事项或者资料进行会计核算。"此条规定要求企业的会计核算必须基于真实的经济业务，大额资金支付必须有真实的业务背景。第十四条："会计凭证包括原始凭证和记账凭证。办理本法第十条所列的经济业务事项，必须填制或者取得原始凭证并及时送交会计机构。会计机构、会计人员必须按照国家统一的会计制度的规定对原始凭证进行审核，对不真实、不合法的原始凭证有权不予接受，并向单位负责人报告；对记载不准确、不完整的原始凭证予以退回，并要求按照国家统一的会计制度的规定更正、补充……"这条要求企业应对原始凭证进行严格审核，确保大额资金支付的凭证真实、合法。

《中华人民共和国预算法》第十三条规定："各级政府、各部门、各单位的支出必须以经批准的预算为依据，未列入预算的不得支出。"此条规定要求企业的支出必须遵循预算，大额资金支付必须符合预算管理的规定。

依据以上法律条文，审计人员可以对大额资金支付是否符合企业的财务政策和预算管理进行合规性审计。在审计过程中，审计人员应重点关注大额资金支付的真实性、合法性以及是否符合企业的预算和财务政策，确保企业财务活动的合规性和安全性。

整改建议

对大额资金支付的管理对企业的财务健康和可持续发展具有重要意义。针对"大额资金支付是否符合企业的财务政策和预算管理"的问题，提出以下整改建议，以确保企业财务活动的合规性和资金的有效管理。

一、强化关于财务政策和预算管理的培训

企业应定期组织财务人员和相关业务部门参加关于财务政策和预算管理的培训，确保他们充分理解并遵守企业的规定。培训内容应包括财务政策的具体要求、预算制定的方法和流程，以及大额资金支付的审批程序等。

二、完善大额资金支付的审批流程

企业应建立明确的大额资金支付审批流程，确保每一笔支付都经过严格的审批程序。审批流程应包括申请、审核、批准和支付等环节，每个环节都应由不同的人员负责，以确保审批的独立性和客观性。同时，应建立审批责任制度，对审批人员进行监督和考核。

三、实时监控大额资金支付并及时报告

企业应建立大额资金支付的监控系统，实时监控资金的支付情况。对于异常或可疑的支付行为，应及时进行报告和调查。此外，企业应定期向管理层和相关部门报告大额资金支付的情况，以便使其了解资金的使用情况和存在的问题。

四、优化财务信息系统和加强内部控制

企业应优化财务信息系统，确保大额资金支付的数据准确、完整。同时，应加强内部控制，建立有效的风险管理和防控机制，防止资金被滥用或挪用。内部控制应包括资金使用的合规性检查、财务报表的审计以及内部监督等。

五、建立大额资金支付的合规性评估机制

企业应定期对大额资金支付的合规性进行评估，确保支付行为符合企业的财务政策和预算管理要求。评估机制应包括自我评估和外部评估两种方式，自我评估由企业内部财务人员进行，外部评估则由独立的第三方机构进行。通过评估，企业可以及时发现并纠正存在的问题，提高大额资金支付的管理水平。

六、增强对大额资金支付的风险意识

企业应增强对大额资金支付的风险意识，认识到资金支付可能带来的潜在风险。在制定支付决策时，应充分考虑风险因素，并进行合理的风险评估和控制。同时，企业应建立风险应对机制，对可能出现的风险进行预防和应对。

通过强化关于财务政策和预算管理的培训、完善大额资金支付的审批流程、实时监控大额资金支付并及时报告、优化财务信息系统和加强内部控制、建立大额资金支付的合规性评估机制以及增强对大额资金支付的风险意识，企业可以有效地管理大额资金支付，确保支付行为符合企业的财务政策和预算管理要求，保障企业财务活动的合规性和资金的安全。

专题3：企业是否存在违规将大额资金用于非经营性投资或高风险投资？

案例简介

一、案例背景

某大型国有企业（以下简称"甲企业"）近年来经营状况良好，资金充裕。为了进一步提高资金利用效率，甲企业决定进行一系列的投资活动。然而，近期有举报称甲企业可能将大额资金违规用于非经营性投资或高风险投资。为此，审计署决定对甲企业进行专项审计，以核实举报内容。

二、审计发现

审计人员对甲企业近年来的投资活动进行了全面的审查。在审计过程中，审计人员发现以下主要问题。

（1）甲企业未经董事会批准，将一笔大额资金投资于一家与主营业务无关联的房地产公司，且该投资未进行充分的市场调研和风险评估。

（2）甲企业将部分资金投资于高风险的股票和期货市场，且投资金额远超过企业规定的限额。

（3）甲企业在投资决策过程中，未充分考虑资金的安全性和流动性，导致部分投资资金被长期占用，无法及时回笼。

三、审计方法与程序

1. 文件审查

审计人员对甲企业的投资决策文件、资金划转凭证、投资协议等进行了详细的审查，以了解投资活动的具体情况。

2. 数据分析

审计人员利用数据分析工具，对甲企业的投资资金流向、投资收益等进行了深入分析，以发现潜在的投资风险。

3. 询问与调查

审计人员向甲企业的管理层、财务部门、投资部门等进行了询问，了解投资决策的过程、依据及风险控制措施。

4. 外部核实

审计人员走访了被投资的企业、证券公司等，核实了甲企业的投资情况和投资收益的真实性。

四、审计结论与建议

经过审计，审计人员认为甲企业确实存在违规将大额资金用于非经营性投资或高风险投资的问题。该问题不仅违反了企业的内部规定，还给企业的资金安全带来严重威胁。为此，审计人员提出了以下建议。

（1）甲企业应立即停止所有违规的非经营性投资和高风险投资活动，并对已投资的项目进行全面清理和评估。

（2）甲企业应加强投资决策的审批程序，确保所有投资活动都经过董事会的批准，并进行充分的市场调研和风险评估。

（3）甲企业应建立完善的投资风险管理制度，明确投资限额、风险控制措施等，以确保资金的安全性和流动性。

五、后续改进

甲企业根据审计人员的建议，对投资活动进行了全面的整改。企业完善了投资决策的审批程序，建立了投资风险管理制度，并对已投资的项目进行了清理和评估。同时，甲企业还加大了内部审计和监督力度，确保各项规定得到严格执行。审计署也对甲企业的整改情况进行了跟踪审计，确认其已按照审计建议进行了改进。

审计程序与方法

针对"企业是否存在违规将大额资金用于非经营性投资或高风险投资"的问题，审计人员需要执行一系列严谨的审计程序，并采用专业的审计方法。以下是一些建议的审计程序与方法。

一、审计程序

1. 初步审查

对财务报表、投资明细表以及相关的投资协议、合同进行初步检查，了解企业投资活动的总体情况。核对投资账户的余额和投资交易记录，确保数据的完整性和准确性。

2. 详细分析

深入分析每一笔大额投资，检查其是否符合企业的经营策略和投资方针。追踪投资的资金流向，查明资金的实际用途，确认其是否用于非经营性投资或高风险投资。

3. 对比分析

将本期的投资活动与往期进行对比，识别异常或突变的投资模式。与行业标准或同类企业的投资情况进行比较，评估企业投资的合理性和风险水平。

4. 专家咨询

请投资或财务专家对疑似违规的投资活动进行专业评估。咨询法律顾问，了解相关法律法规对投资活动的限制和要求。

5. 现场调查与访谈

对负责投资活动的部门进行现场调查，了解投资决策过程、风险控制措施等。

对相关人员进行访谈，获取第一手信息，验证投资活动的真实性和合规性。

二、审计方法

1. 文档审查法

仔细审阅所有与投资活动相关的文档，包括投资协议、合同、审批文件等。检查文档的完整性和合规性，确保投资活动有适当的授权和审批。

2. 数据分析法

利用数据分析工具，对投资数据进行筛选、比对和趋势分析，识别异常投资行为。分析投资收益与风险的关系，评估投资活动的经济性和可行性。

3. 案例研究法

研究过往的违规投资案例，了解常见的违规投资手段和特征，提高警觉性。分析案例中的违规原因和后果，为当前的审计工作提供借鉴和指导。

4. 流程图分析法

绘制投资活动的流程图，检查投资决策、资金划转、风险控制等环节是否存在漏洞或不合规操作。通过流程图分析，识别潜在的投资风险和违规行为。

5. 软件辅助审计法

利用专业的审计软件，对投资数据进行自动化分析，提高审计效率和准确性。

通过软件辅助，快速识别投资数据中的异常值和风险点，为进一步的审计工作提供线索和依据。

法规依据

对于"企业是否存在违规将大额资金用于非经营性投资或高风险投资"的问题，相关法律法规提供了明确的指导和规定。审计人员在进行审计时，应依据这些法律法规进行判定，并确保审计过程的合法性和合规性。

《中华人民共和国公司法》第一百四十八条：董事、高级管理人员不得有下列行为：……（三）违反公司章程的规定，未经股东会、股东大会或者董事会同意，将公司资金借贷给他人或者以公司财产为他人提供担保；……（七）擅自披露公司秘密。虽然该法条未直接提及非经营性投资或高风险投资，但违规进行此类投资可视为未尽到对公司的忠实义务和职责。第一百四十九条：董事、监事、高级管理人员执行公司职务时违反法律、行政法规或者公司章程的规定，给公司造成损失的，应当承担赔偿责任。此条为追究因违规投资给公司造成损失的责任提供了法律依据。第一百二十三条：上市公司设董事会秘书，负责公司股东大会和董事会会议的筹备、文件保管以及公司股东资料的管理，办理信息披露事务等事宜。这条要求上市公司公开透明地披露信息，包括投资活动，这有助于防止违规投资行为。

《中华人民共和国证券法》第六十三条：发行人、上市公司依法披露的信息，必须真实、准确、完整，不得有虚假记载、误导性陈述或者重大遗漏。这条要求上市公司对其投资活动进行准确披露，防止通过违规投资损害投资者利益。第一百九十七条："信息披露义务人未按照本法规定报送有关报告或者履行信息披露义务的，责令改正，给予警告，并处以五十万元以上五百万元以下的罚款；对直接负责的主管人员和其他直接责任人员给予警告，并处以二十万元以上二百万元以下的罚款。"这条对未按规定披露投资信息的行为进行了惩罚规定。

《中华人民共和国刑法》第一百六十九条之一（背信损害上市公司利益罪）规定："上市公司的董事、监事、高级管理人员违背对公司的忠实义务，利用职务便利，操纵上市公司从事下列行为之一，致使上市公司利益遭受重大损失的，处三年以下有期徒刑或者拘役，并处或者单处罚金；致使上市公司利益遭受特别重大损失的，处三年以上七年以下有期徒刑，并处罚金：（一）无偿向其他单位或者个人提供资金、商品、服务或者其他资产的；……"此条直接针对违规提供资金等行为进行了刑事处罚规定，可适用于非经营性投资或高风险投资导致公司利益受损的情况。

通过以上审计程序与方法的综合运用，并结合相关法律法规的具体规定，审计人员可以有效地发现企业是否存在违规将大额资金用于非经营性投资或高风险投资的问题，并及时提出解决方案，确保企业财务活动的合规性、安全性和稳健性。

整改建议

针对"企业是否存在违规将大额资金用于非经营性投资或高风险投资"的问题，提出以下整改建议，以确保企业财务活动的合规性、安全性和稳健性。

一、增强高层管理人员和财务人员的合规意识

定期组织高层管理人员和财务人员参加合规培训，重点讲解非经营性投资和高风险投资的风险，以及相关法律法规和公司内部规定。

强调违规投资可能带来的法律后果和给公司造成的声誉损失，提高他们对合规投资重要性的认识。

二、完善投资决策流程和风险评估机制

建立健全的投资决策流程，明确投资决策的权限、程序和责任，确保投资决策的合法性和合规性。

引入专业的风险评估机构或专家，对非经营性投资和高风险投资进行全面的风险评估，确保投资活动的风险可控。

三、加强对资金使用的监控和审计

设立专门的资金监控岗位，实时监控大额资金的流动情况，特别关注非经营性投资和高风险投资的资金流向。

定期进行内部审计，检查投资活动的合规性和效益性，及时发现并纠正违规投资行为。

四、建立举报和奖惩机制

鼓励员工积极举报违规投资行为，对于举报属实的员工给予保护和适当的奖励。

对于违规将大额资金用于非经营性投资或高风险投资的行为，应依法依规进行严肃处理，并追究相关责任人的法律责任。

五、提高投资活动的透明度和信息化水平

建立透明的投资管理制度，定期公布投资活动和资金使用情况，接受内外部的监督。

利用信息技术手段提高投资管理的效率和准确性，减少人为操作失误和违规行为。例如，建立投资管理系统，实现投资活动的线上审批和监控。

六、优化公司治理结构

加强董事会和监事会的监督作用，确保它们能够对公司的投资活动进行有效的监督。

引入独立董事和外部监事，提高公司治理的透明度和公正性。

通过增强高层管理人员和财务人员的合规意识、完善投资决策流程和风险评估机制、加强对资金使用的监控和审计、建立举报和奖惩机制、提高投资活动的透明度和信息化水平以及优化公司治理结构，企业可以有效地防止违规将大额资金用于非经营性投资或高风险投资的问题，确保企业财务活动的合规性、安全性和稳健性。

专题 4：大额资金运用是否进行了充分的风险评估与管理？

案例简介

一、案例背景

某大型国有企业计划进行一项重大技术改造项目，预计投资金额高达数亿元。为确保资金的有效运用，企业高层决定对该项目进行全面的风险评估与管理。然而，在项目启动后不久，企业内部审计部门收到了一封匿名举报信，信中质疑企业大额资金运用的风险评估与管理不充分，存在潜在的风险隐患。

二、审计发现

内部审计部门立即对该项目进行了深入的审计调查。在审计过程中，审计人员发现以下几个方面的问题。

1.风险评估不充分

企业在项目立项前虽然进行了初步的风险评估，但评估过程较为粗糙，未能全面识别潜在的风险因素，如市场需求变化、技术实现难度、供应链稳定性等。

2.风险管理不到位

企业在项目执行过程中，未能建立有效的风险管理机制，对已经识别的风险缺乏具体的应对

措施和监控手段，导致风险发生时无法及时应对。

3. 资金运用不透明

大额资金的运用过程缺乏足够的透明度和监督，部分资金支出未经过严格的审批程序，存在资金被滥用或挪用的风险。

三、审计方法与程序

1. 文档审查

审计人员对项目立项报告、风险评估报告、资金运用计划等相关文档进行了详细的审查，以了解项目背景和资金运用情况。

2. 访谈调查

审计人员对项目组成员、企业高层、财务部门员工等相关人员进行了深入的访谈，了解他们在项目执行过程中的角色、职责以及对风险评估与管理的看法。

3. 数据分析

审计人员对项目的资金流水、财务报表等进行了详细的分析，以发现资金运用中的异常和潜在风险。

四、审计结论与建议

经过审计，审计人员认为该企业在大额资金运用的风险评估与管理方面存在明显的不足。为此，审计人员提出了以下建议。

1. 加强风险评估

企业应建立更为完善的风险评估体系，对重大项目进行全面、深入的风险识别和分析，确保所有潜在风险都被充分考虑。

2. 完善风险管理机制

企业应建立有效的风险管理机制，对已经识别的风险采取具体的应对措施和监控手段，确保风险发生时能够及时应对。

3. 提高资金运用透明度

企业应加强对大额资金运用的监督和管理，确保所有资金支出都经过严格的审批程序，并定期进行资金运用的审计和检查。

五、后续改进

企业高层高度重视审计部门的建议和意见，立即组织相关部门对大额资金运用的风险评估与管理进行了全面的梳理和改进。企业提高了风险评估的准确性和全面性，完善了风险管理机制，提高和加大了资金运用的透明度和监督力度。在后续的项目执行过程中，企业严格按照新的规定和要求进行操作，确保了资金的有效运用和项目的顺利实施。同时，企业内部审计部门也加强了对大额资金运用的持续监督和审计，确保各项规定得到严格执行。

审计程序与方法

针对"大额资金运用是否进行了充分的风险评估与管理"这一问题，审计人员需执行一系列严谨的审计程序，并采用科学专业的审计方法。以下是一些建议的审计程序与方法。

一、审计程序

1. 初步审查与了解

审阅项目管理文档、资金运用计划及风险评估报告，了解大额资金运用的背景和目的。核对资金运用的预算与实际支出，确保数据的完整性和一致性。

2. 风险评估程序执行

评估项目管理团队是否已识别所有潜在风险，并分析风险的性质和影响。检查风险评估方法是否科学、合理，是否符合行业最佳实践。

3. 风险管理程序执行

审查项目是否有明确的风险管理策略，包括风险规避、减轻、转移和接受等措施。检查风险应对措施是否得到有效执行，是否有监控机制来跟踪风险的变化。

4. 资金运用审查

深入分析大额资金的每一笔支出，确保资金运用符合预算和计划。追踪资金流动的路径，确保资金没有被滥用或挪用。

5. 内部控制评估

评估项目内部控制的有效性，包括审批程序、财务监控和内部审计等。检查是否有足够的监督机制来确保资金运用的合规和透明。

6. 编制报告与反馈

编制审计报告，总结审计发现，并提出改进建议。与项目管理团队沟通审计结果，确保他们了解问题并采取纠正措施。

二、审计方法

1. 文档审查法

仔细审阅所有与大额资金运用相关的文档，包括项目计划、风险评估报告、资金支出凭证等。

2. 数据分析法

利用数据分析工具，对资金运用数据进行筛选、比对和趋势分析，识别异常支出或潜在风险。

3. 访谈法

对项目管理团队、财务人员和其他相关人员进行访谈，了解他们对风险评估与管理的看法。

4. 流程图分析法

绘制大额资金运用的流程图，检查是否存在潜在的漏洞或不合规的操作环节。

5. 内部控制测试法

测试项目的内部控制机制，评估其有效性和合规性。

6. 专家咨询法

请风险管理或内部审计专家对大额资金运用的风险进行专业评估并提供专业指导。

通过执行和运用上述审计程序和方法，审计人员可以全面评估大额资金运用的风险评估与管理情况，并发现潜在的问题和改进空间。这将有助于企业提高资金运用的合规性和透明度，降低潜在风险，并提高整体运营效率。

法规依据

对于"大额资金运用是否进行了充分的风险评估与管理"这一问题，相关的法律法规提供了明确的指导和规定。审计人员在进行审计时，应依据这些法律法规进行判定，并确保审计过程的合法性和合规性。

《中华人民共和国公司法》第一百一十一条：董事会会议应有过半数的董事出席方可举行。董事会作出决议，必须经全体董事的过半数通过。董事会决议的表决，实行一人一票。对于大额资金的运用，董事会应当进行充分讨论并形成决议，确保资金运用的合法性和合规性。若董事会未能履行这一职责，导致资金运用存在风险或损失，相关董事应承担相应的法律责任。第一百四十七条：董事、监事、高级管理人员应当遵守法律、行政法规和公司章程，对公司负有忠实义务和勤勉义务。董事、监事、高级管理人员不得利用职权收受贿赂或者其他非法收入，不得侵占公司的财产。这一法条要求公司的董事、监事、高级管理人员在大额资金运用过程中，必须遵守法律、行政法规和公司章程，履行忠实和勤勉义务，确保资金运用的合法性和合规性。

《中华人民共和国企业国有资产法》第三十条："国家出资企业合并、分立、改制、上市，增加或者减少注册资本，发行债券，进行重大投资，为他人提供大额担保，转让重大财产，进行大额捐赠，分配利润，以及解散、申请破产等重大事项，应当遵守法律、行政法规以及企业章程的规定，不得损害出资人和债权人的权益。"此条规定明确了对大额资金运用的管理要求，企业在进行大额资金运用时，必须遵守法律、行政法规以及企业章程的规定，确保资金运用的合法性和合规性，并维护出资人和债权人的权益。

《中华人民共和国商业银行法》第三十五条："商业银行贷款，应当对借款人的借款用途、偿还能力、还款方式等情况进行严格审查。商业银行贷款，应当实行审贷分离、分级审批的制度。"这一法条虽然针对的是商业银行，但其中的风险管理原则也适用于其他企业的大额资金运用。企业在进行大额资金运用时，同样需要对资金用途、偿还能力等进行严格审查，并建立相应的风险管理制度。

《中央企业全面风险管理指引》第七条：企业开展全面风险管理工作应与其他管理工作紧密结合，把风险管理的各项要求融入企业管理和业务流程中。风险管理体系应与其他管理体系实现有机融合，确保全面风险管理工作的有效开展。该条要求企业将风险管理融入日常管理和业务流程中，确保大额资金运用的风险评估与管理得到充分重视和有效执行。

依据以上法律法规，审计人员在进行大额资金运用的风险评估与管理审计时，可以更加明确地判断企业是否遵守了相关法律法规的要求，是否存在违规行为或潜在风险，并提出相应的改进建议，确保企业大额资金运用的合法性和合规性。

整改建议

大额资金运用的风险评估与管理是企业稳健运营的重要一环。针对大额资金运用是否进行了充分的风险评估与管理的问题，提出以下整改建议，以确保企业大额资金运用的合规性、安全性和效益性。

一、增强风险评估与管理意识

企业高层应充分认识到大额资金运用风险评估与管理的重要性，将其纳入企业战略规划，并传达给全体员工。通过内部培训、宣讲等方式，提高员工对大额资金运用风险的认识和防范意识。

二、完善风险评估体系

企业应建立完善的大额资金运用风险评估体系，明确风险评估的标准、方法和程序。在资金运用前，进行全面的风险评估，包括市场风险、信用风险、流动性风险等方面的评估，确保资金运用的合规性和安全性。

三、加强内部控制与监督

建立健全大额资金运用的内部控制机制，明确资金运用的审批流程、权限和责任，确保资金运用符合企业战略规划和法律法规要求。同时，加强内部审计和监督，定期对大额资金运用进行审计和检查，及时发现并纠正存在的问题。

四、建立风险应对机制

针对大额资金运用可能面临的风险，企业应建立相应的风险应对机制，包括风险预警、风险分散、风险转移等措施。在资金运用过程中，密切关注市场动态和企业经营状况，及时调整资金运用策略，降低风险损失。

五、提高信息化水平

利用现代信息技术手段，提高大额资金运用的信息化水平。建立大额资金运用信息系统，实现资金运用的实时监控和数据分析，提高资金运用的透明度和效率。同时，加强信息系统的安全防护，确保资金运用信息的安全性。

六、加强与合作伙伴的沟通与协作

在大额资金运用过程中，加强与合作伙伴的沟通与协作，共同识别和管理大额资金运用风险。与合作伙伴建立长期稳定的合作关系，共同制定风险应对措施，确保资金运用的顺利进行。

通过增强风险评估与管理意识、完善风险评估体系、加强内部控制与监督、建立风险应对机制、提高信息化水平以及加强与合作伙伴的沟通与协作，企业可以有效地提高大额资金运用的风险评估与管理水平，确保企业大额资金运用的合规性、安全性和效益性。这将有助于企业实现稳健运营和可持续发展。

专题 5：企业是否建立了对大额资金运用的实时监控和预警机制？

案例简介

一、案例背景

某大型金融企业为提升其市场竞争力，决定投入大额资金进行一项创新业务的研发与推广。为确保资金的有效运用，企业高层决定建立对大额资金运用的实时监控和预警机制。然而，在实施一段时间后，该机制的运行效果并不理想，资金运用过程中出现了多次超出预算的情况，且未能及时预警。

二、审计发现

内部审计部门对该大额资金运用及监控预警机制进行了专项审计，审计过程中，发现以下问题。

1. 实时监控机制不完善

企业虽然建立了实时监控机制，但监控范围有限，未能覆盖所有大额资金运用的关键环节，导致部分资金运用情况未能被有效监控。

2. 预警机制灵敏度不足

预警机制的阈值设置过高，导致资金运用超出预算时未能及时发出预警信号，失去了预警机制的意义。

3. 数据采集与处理能力不足

实时监控和预警机制所需的数据采集和处理能力不足，导致数据传送延迟、数据缺失或错误，影响了监控和预警的准确性。

三、审计方法与程序

1. 系统测试

审计人员对企业的大额资金运用监控系统进行了全面的测试，包括功能测试、性能测试和安全性测试，以评估其运行效果。

2. 数据比对

审计人员将监控系统采集的数据与企业财务部门提供的数据进行了比对，以验证数据的准确性和完整性。

3. 访谈与调查

审计人员对企业相关部门的工作人员进行了访谈，了解了他们对监控和预警机制的反馈意见。

4. 流程分析

审计人员对企业大额资金运用的整个流程进行了梳理和分析，以找出可能导致监控和预警机制失效的环节。

四、审计结论与建议

经过审计，审计人员认为该企业在大额资金运用的实时监控和预警机制方面存在明显不足，需要进行改进。为此，提出了以下建议。

1. 完善实时监控机制

扩大监控范围，确保覆盖所有大额资金运用的关键环节，提高监控的准确性和及时性。

2. 调整预警机制阈值

根据企业实际情况和资金运用特点，合理设置预警机制的阈值，确保其在资金运用超出预算时能够及时发出预警信号。

3. 提升数据采集与处理能力

加强监控和预警机制所需的数据采集和处理能力建设，确保数据的准确性、完整性和数据传送的及时性。

五、后续改进

企业根据审计人员的建议，对大额资金运用的实时监控和预警机制进行了全面的改进。在后续的资金运用过程中，该机制发挥了重要作用，有效避免了资金超出预算的情况，并提高了企业资金运用的透明度和效率。同时，内部审计部门也加大了对该机制的监督力度，确保其持续有效运行。

审计程序与方法

针对"企业是否建立了对大额资金运用的实时监控和预警机制"这一问题，审计人员需要执行一系列严谨的审计程序，并采用科学有效的审计方法。以下是一些建议的审计程序与方法。

一、审计程序

1. 初步了解与评估

对企业现有的大额资金运用监控和预警机制进行初步了解，包括其设计、实施和运行状况。评估该机制是否覆盖了所有关键的大额资金运用环节，以及是否具备及时发现和预警潜在风险的能力。

2. 机制测试与验证

对监控和预警机制进行实际测试，包括输入测试数据，观察其是否能准确识别并预警异常资金运用情况。验证该机制在实际运行中的有效性和准确性，检查是否存在误报或漏报的情况。

3. 数据分析与比对

分析企业大额资金运用的历史数据，检查是否存在未经监控或预警的异常资金流动。将监控系统采集的数据与财务部门的数据进行比对，确保数据的一致性和准确性。

4. 访谈与调查

对企业相关部门的工作人员进行访谈，了解他们对监控和预警机制的反馈意见。对大额资金运用的具体流程进行现场调查，查明是否存在监控和预警机制的盲区或漏洞。

5. 编写报告与提出建议

根据审计结果，编写详细的审计报告，描述审计过程、发现的问题以及提出改进建议。与企业高层进行沟通，就审计结果进行汇报，并讨论可能的改进措施。

二、审计方法

1. 文档审查法

仔细审查企业大额资金运用的监控和预警机制的设计文档和实施记录，评估其完整性和合规性。

2. 数据测试法

构建各种可能的异常资金运用场景，作为测试数据输入监控和预警机制中，检验其是否能准确识别和预警。

3. 数据分析法

利用数据分析工具，对企业大额资金运用的历史数据进行深入分析，识别潜在的异常资金流动模式。

4. 流程图分析法

绘制企业大额资金运用的流程图，标明监控和预警机制的关键节点，检查是否存在机制未覆盖或监控不力的环节。

5. 访谈与调查法

通过对企业员工进行访谈和现场调查，收集关于大额资金运用监控和预警机制的第一手信息，发现可能存在的问题和改进点。

6. 专家咨询法

请相关领域的专家对审计过程中发现的问题进行专业评估，并提出改进建议。

法规依据

对于"企业是否建立了对大额资金运用的实时监控和预警机制"的问题，相关法律法规提供了明确的指导和规定。这些法规要求企业建立健全的内部控制体系，确保资金运用的合规性和安全性，并规定了相应的法律责任。审计人员在进行审计时，应依据这些法律法规进行判定，并确保审计过程的合法性和合规性。

《中华人民共和国公司法》第二十一条：公司的控股股东、实际控制人、董事、监事、高级管理人员不得利用其关联关系损害公司利益。违反前款规定，给公司造成损失的，应当承担赔偿责任。虽然此条未直接提及实时监控和预警机制，但要求董事、高级管理人员等不得损害公司利益，间接要求他们建立有效的资金监控机制以防止资金被滥用。第一百四十七条：董事、监事、高级管理人员应当遵守法律、行政法规和公司章程，对公司负有忠实义务和勤勉义务。董事、监事、高级管理人员不得利用职权收受贿赂或者其他非法收入，不得侵占公司的财产。此条规定要求公司高管对公司负有忠实和勤勉义务，包括对大额资金运用的有效监控。

《中华人民共和国会计法》第九条："各单位必须根据实际发生的经济业务事项进行会计核算，填制会计凭证，登记会计账簿，编制财务会计报告。任何单位不得以虚假的经济业务事项或者资料进行会计核算。"这条要求企业会计核算必须真实，为实时监控资金运用提供了基础。

《中华人民共和国企业国有资产法》第三十五条：国家出资企业对其动产、不动产和其他财产依照法律、行政法规以及企业章程享有占有、使用、收益和处分的权利。国家出资企业依法享有的经营自主权和其他合法权益受法律保护。同时，国家出资企业应当对其所出资企业履行出资人职责，维护其出资人权益。此条要求国家出资企业必须合法、合规地管理和运用其资产，包括大额资金。

《企业内部控制基本规范》第六条："企业应当根据有关法律法规、本规范及其配套办法，制定本企业的内部控制制度并组织实施。"此条要求企业建立内部控制制度，包括对大额资金运用的实时监控和预警机制。

虽然直接提及大额资金实时监控和预警机制的法律法规不多，但从上述法律法规中可以看出，企业有责任和义务建立健全的内部控制体系，确保资金运用的合规性和安全性。审计人员在进行审计时，应依据这些法律法规，检查企业是否建立了有效的实时监控和预警机制，并评估其运行效果。如发现机制缺失或运行不效，应及时提出改进建议，确保企业财务活动的合规性和资金的安全性。

整改建议

大额资金的运用是企业运营中的重要环节，对其进行实时监控和预警是确保企业资金安全、防范风险的关键措施。针对当前大额资金运用监控和预警机制存在的问题，提出以下整改建议，以期完善企业资金管理体系，提升企业风险防控能力。

一、完善实时监控和预警机制

对现有的大额资金运用实时监控和预警机制进行全面审查和评估，识别存在的盲区和漏洞。在此基础上，对机制进行完善和优化，确保其能够覆盖所有关键的大额资金运用环节，并具备及时、准确识别和预警潜在风险的能力。

二、增强数据采集和处理能力

增强与大额资金运用相关的数据采集和处理能力，确保数据的准确性、完整性和及时性。引入先进的数据分析工具和模型，对资金流动数据进行深入分析，提高异常交易的识别准确率。

三、合理设置预警阈值和优化预警响应流程

根据企业实际情况和资金运用特点，合理设置预警机制的阈值，确保在资金运用超出预算或出现异常时能够及时发出预警信号。同时，优化预警响应流程，确保企业在收到预警信号后能够迅速进行核查和处理。

四、加强跨部门协作与信息共享

建立跨部门协作机制，确保大额资金运用的相关信息能够在不同部门之间及时传递和共享。加强财务部门与其他业务部门之间的沟通与协作，共同做好大额资金运用的监控和预警工作。

五、提升员工风险意识和操作能力

加强对员工的培训和教育，提高他们对大额资金运用监控和预警机制的认识。通过定期培训和考核，确保员工能够熟练掌握相关操作技能和风险防控知识。

六、建立定期审计和评估机制

定期对大额资金运用的实时监控和预警机制进行审计和评估，检查其运行效果和存在的问题。根据审计和评估结果，及时调整和完善机制，确保其持续有效运行。

通过完善实时监控和预警机制、增强数据采集和处理能力、合理设置预警阈值和优化预警响应流程、加强跨部门协作与信息共享、提升员工风险意识和操作能力以及建立定期审计和评估机制等措施，企业可以有效提升企业对大额资金运用的监控和预警能力，确保企业资金的安全和稳定运营。

专题 6：大额资金存放与使用是否分开管理？

案例简介

一、案例背景

某大型企业集团为了提升资金使用效率，决定对内部资金进行集中管理。为此，企业设立了专门的资金管理中心，负责大额资金的存放与使用。然而，在实际运营过程中，有员工举报资金管理中心存在资金管理不透明、使用不规范等问题。为了核实情况，企业决定聘请外部审计机构

对该资金管理中心进行专项审计。

二、审计发现

审计人员在审计过程中，发现该资金管理中心存在以下主要问题。

（1）大额资金的存放与使用未严格分开管理，资金调拨审批流程不够严谨，存在资金被随意挪用的风险。

（2）资金管理中心未建立完善的资金监控系统，无法实时掌握资金动向，导致资金安全存在隐患。

（3）部分大额资金的使用未经充分论证和审批，存在投资决策失误和资金浪费的风险。

三、审计方法与程序

1. 文件审查

审计人员审查了资金管理中心的相关规章制度、资金调拨审批流程等文件，以了解其资金管理的整体框架和运作机制。

2. 数据分析

审计人员利用专业的数据分析工具，对资金管理中心的资金流动历史数据进行了深入分析，以发现资金管理的异常情况和潜在风险。

3. 询问与调查

审计人员向资金管理中心的工作人员进行了详细的询问，了解他们的工作职责、资金管理流程以及实际操作中遇到的问题。同时，审计人员还了解企业内部其他相关部门和人员对资金管理中心的评价和反馈。

4. 现场勘查

审计人员到资金管理中心进行了现场勘查，观察了其工作环境、设备设施以及资金管理的实际操作过程。

四、审计结论与建议

经过审计，审计人员认为该资金管理中心在大额资金的存放与使用管理上存在明显缺陷，资金安全存在隐患。为此，审计人员提出了以下建议。

（1）严格分开管理大额资金的存放与使用，建立完善的资金调拨审批流程，确保资金使用的合规性和安全性。

（2）加强资金监控系统建设，实时掌握资金动向，及时发现和防范资金风险。

（3）对大额资金的使用进行充分论证和审批，确保投资决策的科学性和合理性，避免资金浪费。

五、后续改进

资金管理中心根据审计人员的建议，对资金管理流程进行了全面的梳理和优化。资金管理中心将资金的存放与使用分开管理，完善了资金调拨审批流程，并建立了资金监控系统。同时，企业也加强了对资金管理中心的监督和考核，确保各项改进措施得到有效执行。在后续的运营中，资金管理中心的工作得到了显著改善，资金使用的合规性和安全性得到了有效保障。

审计程序与方法

针对"大额资金存放与使用是否分开管理"这一问题，审计人员需要执行一系列严谨的审计程序，并采用科学专业的审计方法。以下是一些建议的审计程序与方法。

一、审计程序

1. 初步审查

审查企业关于大额资金管理的相关政策、制度和内部控制流程。对财务报表，特别是现金流量表进行初步分析，了解大额资金的总体流动情况。核对银行账户余额和交易记录，确保数据的完整性和准确性。

2. 详细分析

深入分析大额资金的存放与使用记录，检查是否存在未分开管理的情况。追踪大额资金的来源和去向，查明资金的实际用途，确认是否符合企业的资金管理政策。检查大额资金使用的审批流程，确认是否存在未经充分论证和审批的情况。

3. 对比分析

将大额资金的存放与使用情况与往期进行对比，识别异常或突变的交易模式。

与行业标准或同类企业的大额资金管理情况进行比较，评估资金管理的合规性和有效性。

4. 咨询、调查与访谈

请财务或资金管理专家对大额资金的存放与使用管理进行专业评估。对涉及大额资金管理的部门进行现场调查，了解实际操作流程和内部控制情况。对相关人员进行访谈，获取第一手信息，验证大额资金交易的真实性和合规性。

二、审计方法

1. 文档审查法

仔细审阅所有与大额资金存放与使用相关的文档，包括转账凭证、审批文件、资金管理政策文件等。

2. 数据分析法

利用数据分析工具，对大额资金流动数据进行筛选、比对和趋势分析，识别异常交易模式。通过数据分析，评估大额资金存放与使用的合规性和安全性。

3. 案例研究法

研究过往的大额资金管理案例，了解常见的违规手段和特征，提高警觉性。

4. 流程图分析法

绘制大额资金存放与使用的流程图，检查是否存在潜在的漏洞或不合规的操作环节。

5. 软件辅助审计法

利用专业的审计软件，对大额资金相关的财务数据进行自动化分析，提高审计效率和准确性。通过软件辅助，实现大额资金交易的实时监控和预警。

法规依据

针对"大额资金存放与使用是否分开管理"这一问题，相关的法律法规提供了明确的指导和规定。审计人员在进行审计时，应依据这些法律法规进行判定，并确保审计过程的合法性和合规性。

《中华人民共和国公司法》第一百六十三条：公司应当依照法律、行政法规和国务院财政部门的规定建立本公司的财务、会计制度。这一法条要求公司必须建立规范的财务会计制度，其中应包括大额资金的存放与使用管理。第一百六十四条：公司应当在每一会计年度终了时编制财务会计报告，并依法经会计师事务所审计。这要求公司必须对其财务会计报告进行审计，包括对大额资金的存放与使用情况的审计，以确保资金的安全。

《中华人民共和国会计法》第三条："各单位必须依法设置会计账簿，并保证其真实、完整。"这一法条要求公司必须设置真实的会计账簿，并完整记录大额资金的存放与使用情况，以防止资金的滥用和挪用。第二十一条："财务会计报告应当由单位负责人和主管会计工作的负责人、会计机构负责人（会计主管人员）签名并盖章；设置总会计师的单位，还须由总会计师签名并盖章。"这一法条要求财务会计报告的编制和签署必须符合规定，以确保大额资金存放与使用情况的真实性。

《企业内部控制基本规范》第六条：企业应当根据国家有关法律法规和本规范，结合部门或系统有关内部控制规定，建立适合本单位业务特点和管理要求的内部控制制度，并组织实施。这一条要求企业必须建立内部控制制度，包括大额资金的存放与使用管理，以确保资金的安全和资金使用的合规性。第二十九条：企业应当对货币资金收支和保管业务建立严格的授权批准制度，办理货币资金业务的不相容岗位应当分离，相关机构和人员应当相互制约，确保货币资金的安全。这一条款直接针对大额资金的存放与使用管理，要求企业必须建立严格的授权批准制度，并确保不相容岗位的分离，以防止资金的滥用和挪用。

通过以上审计程序与方法的综合运用，并结合相关法律法规，审计人员可以有效地评估企业资金管理的有效性与合理性。同时，审计人员还可以提出改进建议，帮助企业完善内部控制制度，提高资金管理的合规性和安全性。

整改建议

大额资金的存放与使用管理对企业的资金安全和稳健运营具有至关重要的作用。针对大额资金存放与使用是否分开管理的问题，提出以下整改建议，以帮助企业完善资金管理制度，提高资金管理的合规性和安全性。

一、增强大额资金管理的意识和完善制度建设

企业高层应充分认识到大额资金管理的重要性，将其视为企业稳健发展的基石。通过制定和完善大额资金管理制度，明确大额资金的存放、使用、审批和监督流程，确保每一笔大额资金流动都符合制度规定。

二、实施大额资金分开管理策略

企业应建立大额资金分开管理的机制，确保资金存放的安全性和使用的合规性。例如，可以设立专门的大额资金账户，用于存放和管理大额资金，同时建立严格的资金使用审批制度，确保资金使用的合规性和合理性。

三、加强对大额资金流动的监控和审计

企业应加强对大额资金流动的监控，利用先进的信息技术手段，实时监控大额资金的流动情况。同时，定期进行内部审计，确保大额资金使用的合规性和安全性，及时发现并阻止不合规的资金流动。对于发现的问题，应及时整改并追究相关责任人的责任。

四、建立健全的风险评估和预警机制

企业应对大额资金的使用进行风险评估，识别潜在的资金安全风险点，并制定相应的风险应对措施。同时，建立大额资金使用的预警机制，当资金使用出现异常或存在风险时，能够及时发出预警信号，以便企业及时采取措施进行应对。

五、提升财务人员的专业素养和职业道德水平

企业应加强对财务人员的培训和教育，提高他们的专业素养和职业道德水平。企业通过定期组织职业道德教育活动和专业培训，使财务人员充分认识到大额资金管理的重要性和合规性要求，增强他们的责任感和使命感。

六、加强内部审计和外部监管的协同作用

企业应加强与内部审计机构和外部监管机构的沟通与协作，共同构建大额资金管理的监督体系。内部审计机构应定期对大额资金管理进行审计和检查，发现问题及时整改；外部监管机构也应加强对企业大额资金管理的监督和指导，确保企业资金管理的合规性和安全性。

通过增强大额资金管理的意识和完善制度建设、实施大额资金分开管理策略、加强对大额资金流动的监控和审计、建立健全的风险评估和预警机制、提升财务人员的专业素养和职业道德水平以及加强内部审计和外部监管的协同作用，企业可以有效地确保大额资金存放与使用的分开管理，确保企业资金的安全和合规性。

专题 7：企业是否定期对大额资金运用进行内部审计和绩效评估？

案例简介

一、案例背景

某大型金融企业为了提升资金运用效率，近年来不断加大对各类金融产品和项目的投资力度。为确保资金运用的合规性与效益性，企业内部审计部门定期对大额资金运用进行内部审计和绩效评估。本次审计的对象是企业去年投资的一个高风险、高收益的金融衍生品项目，该项目涉及资金量巨大，对企业的财务状况和经营成果具有重要影响。

二、审计发现

在审计过程中，审计人员发现该项目存在以下主要问题。

1. 风险评估不足

企业在投资前未对该金融衍生品项目进行充分的风险评估，导致实际投资过程中面临较高的市场风险和信用风险。

2. 内部控制缺失

企业在资金运用过程中，未建立有效的内部控制机制，导致资金划转、交易执行等环节存在操作风险。

3. 绩效评估不准确

企业对该项目的绩效评估方法不合理，未能真实反映项目的实际收益和风险状况。

三、审计方法与程序

1. 资料审查

审计人员收集了与该项目相关的投资决策文件、交易记录、绩效评估报告等资料，并进行了详细的审查。

2. 数据分析

审计人员利用专业的金融分析工具，对项目的投资收益率、风险水平等关键指标进行了深入分析。

3. 访谈调查

审计人员对项目团队成员、风险管理部门人员、财务部门人员等相关人员进行了访谈，了解了项目投资、管理和绩效评估的具体情况。

4. 现场观察

审计人员到企业的交易室进行了现场观察，了解了资金运用的实际操作流程。

四、审计结论与建议

经过审计，审计人员认为该金融衍生品项目在资金运用过程中存在明显的风险管理和内部控制问题，绩效评估方法也需改进。为此，审计人员提出了以下建议。

1. 加强风险评估

企业在投资前应进行充分的市场调研和风险评估，制定科学合理的投资策略。

2. 完善内部控制

企业应建立健全的内部控制机制，确保资金运用的合规性和安全性。

3. 改进绩效评估方法

企业应采用更为准确、全面的绩效评估方法，真实反映项目的实际收益和风险状况。

五、后续改进

企业根据审计人员的建议，对资金运用和绩效评估流程进行了全面的梳理和改进。在后续的投资活动中，企业加强了风险评估和内部控制，采用了更为科学合理的绩效评估方法。同时，内部审计部门也加大了对大额资金运用的监督力度，确保企业资金的安全和有效运用。

审计程序与方法

针对"企业是否定期对大额资金运用进行内部审计和绩效评估"这一问题，审计人员需要遵循一套系统而严谨的审计程序，并采用科学专业的审计方法。以下是一些建议的审计程序与方法。

一、审计程序

1. 审计计划制订

确定审计目标、范围和时间表。识别大额资金运用的关键领域和风险点。制订详细的审计工作计划，包括人员分工、资源调配等。

2. 资料收集与初步审查

收集大额资金运用的相关文档，如投资决策文档、交易记录、绩效评估报告等。对这些文档进行初步审查，了解资金运用的总体情况和流程。

3. 风险评估与控制测试

评估大额资金运用过程中的潜在风险，包括市场风险、信用风险、操作风险等。测试企业内部控制的有效性，检查是否有充分的控制措施来防范潜在风险。

4. 详细分析与绩效评估

深入分析大额资金运用的具体细节，包括投资策略、交易情况、收益情况等。

对资金运用的绩效进行评估，比较实际收益与预期目标，分析差异原因。

5. 报告撰写与沟通

撰写审计报告，总结审计发现、结论和建议。与企业管理层进行沟通，汇报审计结果，并讨论改进方案。

二、审计方法

1. 文档审查法

仔细审阅大额资金运用的相关文档，确保信息的完整性和准确性。通过文档之间的联系，验证资金运用的合规性和真实性。

2. 数据分析法

利用数据分析工具，对大额资金运用的数据进行深入挖掘和分析。通过趋势分析、比率分析等方法，识别异常交易和潜在风险。

3. 访谈与调查法

对大额资金运用的相关人员进行访谈，了解他们的职责、操作流程和风险控制措施。对资金运用的关键环节进行现场调查，观察实际操作情况。

4. 风险评估法

采用风险评估模型，对大额资金运用过程中的潜在风险进行量化评估。根据风险评估结果，确定审计的重点和优先级。

5. 绩效评估法

设计合理的绩效评估指标，对大额资金运用的效益进行量化评价。通过对比分析、趋势分析等方法，评估资金运用的长期效果和可持续性。

通过综合运用以上审计程序和方法，审计人员可确保审计工作的全面性和深入性，为企业管理层提供有价值的审计建议和改进方案。

法规依据

针对"企业是否定期对大额资金运用进行内部审计和绩效评估"这一问题，相关的法律法规为企业内部审计和绩效评估提供了指导和规范。以下是一些主要的法律法规及其相关条文内容。

《中华人民共和国公司法》第一百六十三条：公司应当依照法律、行政法规和国务院财政部门的规定建立本公司的财务、会计制度。这一条款要求企业建立规范的财务和会计制度，为内部审计和绩效评估提供基础。第一百六十四条：公司应当在每一会计年度终了时编制财务会计报告，并依法经会计师事务所审计。财务会计报告应当依照法律、行政法规和国务院财政部门的规定制作。此条款强调了企业年度财务会计报告需要经过审计，并按照法律规定进行制作，包括对大额资金运用的审计和绩效评估。

《中华人民共和国审计法》第二十九条：依法属于审计机关审计监督对象的单位，应当按照国家有关规定建立健全内部审计制度；其内部审计工作应当接受审计机关的业务指导和监督。这一条款要求企业建立健全内部审计制度，并接受审计机关的业务指导和监督，确保内部审计的有效性。

《中华人民共和国会计法》第九条："各单位必须根据实际发生的经济业务事项进行会计核算，填制会计凭证，登记会计账簿，编制财务会计报告。任何单位不得以虚假的经济业务事项或者资料进行会计核算。"这一条款强调了会计核算的真实性和准确性，为大额资金运用的审计和绩效评估提供了依据。第二十一条："财务会计报告应当由单位负责人和主管会计工作的负责人、会计机构负责人（会计主管人员）签名并盖章；设置总会计师的单位，还须由总会计师签名并盖章。单位负责人应当保证财务会计报告真实、完整。"这一条款要求企业负责人对财务会计报告的真实性和完整性负责，包括大额资金运用的审计和绩效评估结果。

通过以上法律法规的条文内容可以看出，企业定期对大额资金运用进行内部审计和绩效评估是法律法规的明确要求。审计人员在进行审计时，应依据这些法律法规进行判定，并确保审计过程的合法性和合规性。同时，企业也应建立健全内部审计制度，确保大额资金运用的合规性和效益性。

整改建议

大额资金运用的合规性和绩效对企业的长期发展和稳定运营具有重要影响。针对"企业是否定期对大额资金运用进行内部审计和绩效评估"的问题，提出以下整改建议，以确保企业大额资金运用的合规性、效益性和安全性。

一、建立健全内部审计制度并严格执行

企业应依据相关法律法规，建立健全内部审计制度，明确内部审计的目标、范围、程序和方法。同时，设立独立的内部审计部门或岗位，配备专业的审计人员，确保内部审计工作的独立性和客观性。定期对大额资金运用进行内部审计，检查资金使用的合规性、效益性和安全性，及时发现并纠正存在的问题。

二、制定科学的绩效评估体系并定期评估

企业应制定科学的绩效评估体系，明确大额资金运用的绩效目标、评估指标和评估方法。定期对大额资金运用的绩效进行评估，分析资金使用的效益和效果，及时发现问题并采取改进措施。同时，将绩效评估结果与资金使用者的薪酬、晋升等挂钩，激励其更加合规、高效地使用大额资金。

三、加强财务人员的职业道德教育和业务培训

企业应通过定期组织和实施职业道德教育活动，强化财务人员对大额资金运用的重要性和合规性的认识。同时，提供专业的财务业务培训，提升他们在大额资金处理、风险评估和内部控制方面的专业能力。确保财务人员能够胜任大额资金运用的内部审计和绩效评估工作。

四、完善内部控制体系，确保大额资金运用的合规性

企业应完善内部控制体系，明确大额资金运用的审批流程、权限和责任。实施严格的资金审批机制，确保每一笔大额资金流动都经过合法、合规的审批程序。同时，加强对大额资金运用的风险评估和监控，及时发现并防范潜在风险。

五、利用信息技术手段提高大额资金管理的效率和准确性

企业应积极利用信息技术手段，如大数据分析、人工智能等，提高大额资金管理的效率和准确性。通过实时监控大额资金的流动情况，及时发现异常交易和潜在风险。同时，利用信息技术手段对大额资金运用的绩效进行自动化评估和分析，提高评估的准确性和效率。

六、建立举报和奖惩机制，鼓励合规行为

企业应鼓励员工积极举报大额资金运用中的违规行为，对于举报属实的员工给予适当的奖励。同时，对于违反大额资金运用规定的行为，应依法依规进行严肃处理，以儆效尤。通过建立举报和奖惩机制，营造合规、透明的企业文化氛围。

通过建立健全内部审计制度并严格执行；制定科学的绩效评估体系并定期评估；加强财务人员的职业道德教育和业务培训；完善内部控制体系，确保大额资金运用的合规性；利用信息技术手段提高大额资金管理的效率和准确性以及建立举报和奖惩机制，鼓励合规行为等措施，企业可以有效地规范大额资金运用的内部审计和绩效评估工作，确保企业大额资金运用的合规性、效益性和安全性。

专题 8：大额资金的筹集、使用与偿还是否合规，并进行了适当披露？

案例简介

一、案例背景

某大型集团公司计划进行一项跨国并购项目，涉及大额资金的筹集、使用与偿还。为此，公司成立了专门的并购团队，负责项目的筹划、资金安排及后续实施。并购项目涉及的资金规模巨大，且资金来源多样，包括银行贷款、公司自有资金及外部投资者投资等。

二、审计发现

在项目进行到一定阶段时，公司内部审计部门对该并购项目的资金筹集、使用与偿还情况进行了专项审计。审计过程中，审计人员发现以下问题。

（1）资金筹集过程中，部分银行贷款的利率及还款条件未在财务报告中充分披露，导致投资者对公司财务状况的理解存在偏差。

（2）在资金使用方面，存在部分资金被挪用至其他非并购项目的现象，且未经过适当的审批程序。

（3）关于资金的偿还计划，公司并未制定明确的还款时间表及资金来源安排，存在潜在的偿债风险。

三、审计方法与程序

1. 文件审查

审计人员审查了与并购项目相关的所有财务文件，包括银行贷款合同、投资协议、财务报告等，以确认资金筹集、使用与偿还的合规性。

2. 数据分析

审计人员利用财务数据分析工具，对资金流动进行了详细的追踪和分析，以发现任何异常的资金使用行为。

3. 访谈与调查

审计人员对并购团队、财务部门人员及外部投资者进行了深入的访谈，了解资金筹集、使用与偿还的具体情况及存在的问题。

4. 风险评估

审计人员基于审计发现，对公司的偿债风险进行了全面评估，并考虑了潜在的合规风险。

四、审计结论与建议

经过审计，审计人员认为该并购项目在资金筹集、使用与偿还方面存在多处不合规之处，且信息披露不充分。为此，审计人员提出了以下建议。

（1）提高资金筹集的透明度，确保所有银行贷款的利率及还款条件均在财务报告中充分披露。

（2）严格资金使用审批程序，防止资金被挪用至其他非并购项目。

（3）制定明确的资金偿还计划，包括还款时间表及资金来源安排，以降低偿债风险。

五、后续改进

公司根据审计人员的建议，对并购项目的资金筹集、使用与偿还进行了全面的整改。公司加大了财务报告的披露力度，提高了所有相关信息的透明度。同时，公司还加强了内部控制，严格了资金使用的审批程序，并制订了详细的资金偿还计划。在后续的并购活动中，公司严格按照新的规定进行操作，确保了资金的合规使用与偿还。

审计程序与方法

针对"大额资金的筹集、使用与偿还是否合规，并进行了适当披露"这一问题，审计人员需要执行一系列严谨的审计程序，并采用科学有效的方法。以下是一些建议的审计程序与方法。

一、审计程序

1. 资料收集与初步审查

收集并审阅公司关于大额资金筹集、使用与偿还的所有相关文件，包括但不限于银行贷款合同、投资协议、董事会决议、财务报告等。核实筹集资金的来源、金额、利率、还款条件等关键信息。

2. 资金使用合规性分析

追踪每一笔大额资金的使用情况，检查是否有未经批准的挪用现象。评估资金使用的经济性和效率性，判断是否符合公司的战略目标和经营计划。

3. 偿债能力与风险评估

评估公司是否有足够的资金来源按时偿还债务，并考虑潜在的违约风险。

4. 信息披露充分性评估

评估公司财务报告中关于大额资金筹集、使用与偿还的披露是否充分、准确。

5. 访谈与实地调查

对公司管理层、财务部门人员、法务部门人员等进行深入访谈，了解资金筹集、使用与偿还的具体情况及存在的问题。如有必要，进行实地调查，观察公司的资金管理流程和控制措施。

二、审计方法

1. 文档审查法

仔细审阅所有与资金筹集、使用与偿还相关的文档，确保信息的真实性和完整性。

2. 数据分析法

利用数据分析工具对资金流动数据进行深入分析，识别异常交易和潜在风险。

3. 比率分析法

通过计算相关财务比率（如资产负债率、流动比率等），评估公司的偿债能力和财务健康状况。

4. 趋势分析法

分析公司资金流动的历史趋势，识别任何不寻常或突变的交易模式。

5. 风险评估法

结合公司内外部环境，评估潜在的偿债风险和信息披露风险，并提出相应的风险应对措施。

6. 专家咨询法

如有需要，请财务、法律或风险管理领域的专家对资金筹集、使用与偿还的合规性和信息披露的充分性提供专业意见。

法规依据

针对"大额资金的筹集、使用与偿还是否合规，并进行了适当披露"这一问题，相关法律法规提供了明确的指导和规定。审计人员在进行审计时，应严格依据这些法律法规进行判定，确保审计过程的合法性和合规性。以下是相关法律法规的详细内容。

《中华人民共和国公司法》第一百七十九到第一百九十三条虽未直接提及大额资金的筹集、使用与偿还，但规定了董事、高级管理人员的忠实义务，赔偿责任以及股东质询权。虽然未直接提及大额资金的筹集、使用与偿还，但规定了董事、高级管理人员的忠实义务、赔偿责任以及股东质询权，这些条款有助于确保公司资金被合法、合规地使用。第一百六十三条：公司应当依照法律、行政法规和国务院财政部门的规定建立本公司的财务、会计制度。此条规定要求公司建立健全的财务会计制度，确保大额资金的筹集、使用与偿还得到适当记录和披露。

《中华人民共和国证券法》第六十七条：发生可能对上市公司股票交易价格产生较大影响的重大事件，投资者尚未得知时，上市公司应当立即将有关该重大事件的情况向国务院证券监督管理机构和证券交易所报送临时报告，并予公告，说明事件的起因、目前的状态和可能产生的法律后果。大额资金的筹集、使用与偿还可能构成重大事件，需要上市公司进行及时披露。第一百九十三条：发行人、上市公司或者其他信息披露义务人未按照规定披露信息，或者所披露的信息有虚假记载、误导性陈述或者重大遗漏的，责令改正，给予警告，并处以五十万元以上五百万元以下的罚款。此条对未按规定披露信息的行为进行了处罚规定。

《企业会计准则》规定了企业应当如何记录和披露财务信息，包括大额资金的筹集、使用与偿还，要求企业确保财务信息的真实性、完整性和准确性。

《中华人民共和国商业银行法》对商业银行的贷款业务进行了规范，要求银行在发放贷款时遵守相关法律法规，确保贷款资金的合法使用。同时，该法也规定了借款人应当按照合同约定的用途使用贷款，不得挪用贷款资金。

通过以上法律法规依据的综合运用，审计人员可以有效地评估大额资金的筹集、使用与偿还的合规性，以及公司是否进行了适当的披露。对于发现的任何问题或违规行为，审计人员应及时提出改进建议，并确保公司采取必要的纠正措施。

整改建议

大额资金的筹集、使用与偿还是企业运营中的重要环节，其合规性和适当披露对维护企业信誉、保障投资者利益以及遵守法律法规具有重要意义。针对大额资金筹集、使用与偿还的合规性问题及其披露的充分性，提出以下整改建议。

一、增强管理层和财务人员的合规意识

组织定期的培训和教育活动，使管理层和财务人员充分认识到大额资金筹集、使用与偿还的合规性要求，以及违规操作可能带来的严重后果。通过案例分析、法律法规解读等方式，增强他们的合规意识和风险意识。

二、完善大额资金管理制度和流程

建立健全大额资金筹集、使用与偿还的管理制度，明确资金的来源、用途、偿还计划等关键信息。制定详细的操作流程，确保每一笔大额资金都经过严格的审批和记录，防止资金被挪用或滥用。

三、加强内部控制和审计监督

建立完善的内部控制体系，对大额资金的筹集、使用与偿还进行全程监控。设立独立的内部审计部门或岗位，定期对大额资金进行审计，确保资金使用的合规性和效益性。对于发现的问题，要及时进行整改和追责。

四、提高信息披露的透明度和准确性

按照相关法律法规和会计准则的要求，对大额资金的筹集、使用与偿还进行充分、准确的披露。在财务报表中详细列示资金的来源、用途、偿还情况等信息，便于投资者和监管机构进行监督和评估。同时，加强与投资者的沟通，及时解答他们关于大额资金的疑问。

五、建立风险预警和应对机制

针对大额资金筹集、使用与偿还过程中可能出现的风险，建立风险预警机制，及时发现并解决潜在问题。对于可能出现的资金流动性风险、偿还风险等制定应急预案，确保企业能够稳健应对各种挑战。

六、引入外部监督和评估机制

邀请专业的外部机构对企业大额资金的筹集、使用与偿还进行监督和评估。通过外部审计、信用评级等方式，提高企业资金管理的透明度和公信力。对于外部机构提出的改进建议，要积极采纳并实施。

通过增强管理层和财务人员的合规意识、完善大额资金管理制度和流程、加强内部控制和审计监督、提高信息披露的透明度和准确性、建立风险预警和应对机制以及引入外部监督和评估机制等措施，企业可以有效提升大额资金筹集、使用与偿还的合规性和披露的充分性，保障企业的稳健运营和投资者的合法权益。

专题 9：企业是否存在大额资金被挪用、侵占或违规转移的情况？

案例简介

一、案例背景

某大型国有企业计划进行一项技术改造项目，涉及大额资金的投入。为确保资金使用的合规性与效率，企业决定委托内部审计部门对该项目的资金使用情况进行全面审计。技术改造项目旨在提升生产效率，预计总投资额为 5 亿元人民币，资金来源包括企业自有资金及银行贷款。

二、审计发现

在审计过程中，审计人员发现以下主要问题。

（1）部分项目资金被违规挪用至其他非技术改造相关的业务领域，涉及金额约 800 万元人民币。

（2）存在虚构合同、虚报项目进度以套取项目资金的情况，涉及金额约 300 万元人民币。

（3）项目资金管理中存在多处不规范操作，如未严格按照预算执行，资金支付审批流程不健全等。

三、审计方法与程序

1. 数据分析

审计人员对项目资金账户进行了全面梳理，通过数据分析工具比对资金流动与项目预算、合同等匹配程度，识别异常资金流动。

2. 文档审查

审计人员详细审查了与项目相关的合同、发票、支付凭证等文档，核实资金使用的真实性与合规性。

3. 访谈调查

审计人员对项目负责人、财务人员及相关部门人员进行深入访谈，了解资金使用的具体情况与存在的问题。

4. 现场核实

审计人员对部分关键合同执行情况及项目进度进行了现场核实，确保资金使用的实际情况与账面记录相符。

四、审计结论与建议

审计结果显示，该项目存在大额资金被挪用、侵占及违规转移的情况，严重影响了项目的正常实施与资金安全。为此，审计人员提出以下建议。

（1）立即追回被挪用与侵占的资金，并对相关责任人进行严肃处理。

（2）加强项目资金管理的内部控制，完善资金支付审批流程，确保资金使用的合规性。

（3）定期对项目进展与资金使用情况进行审计，及时发现并纠正问题。

五、后续改进

企业高层高度重视审计人员发现的问题，迅速采取了相应措施，包括追回被挪用与侵占资金、调整项目团队、完善内部控制体系等。同时，企业还成立专门的资金监管小组，加强对大型项目的资金监管，确保类似问题不再发生。内部审计部门也提高了对项目资金的审计频率，以保障企业资金的安全与合规使用。

审计程序与方法

针对"企业是否存在大额资金被挪用、侵占或违规转移的情况"这一问题，审计人员需执行一系列严谨的审计程序，并采用科学有效的审计方法。以下是对审计程序与方法的详细阐述。

一、审计程序

1. 初步审查

审计人员需对财务报表、银行对账单、资金流动记录以及相关的会计账簿进行初步检查，以确认资金流动的总体情况。核对账户余额和交易记录，确保所有数据的完整性和准确性，为后续深入分析打下基础。

2. 详细分析

深入分析每一笔大额资金流动，特别关注那些金额巨大、频繁发生或涉及敏感部门的交易。检查资金流动是否符合公司规定、合同条款以及相关法律法规，查明资金的实际用途，追踪可疑交易。

3. 对比分析

将本期的资金流动情况与往期进行对比，识别出异常或突变的交易模式。与行业标准或同类企业的资金流动情况进行比较，评估资金使用的合理性和合规性。

4. 专家咨询与现场调查

请财务或法律专家对疑似违规的资金流动进行专业评估，获取专业意见。

对涉及资金流动的部门进行现场调查，了解实际操作流程和内部控制情况。与相关人员进行访谈，获取第一手信息，验证交易的真实性和合规性。

二、审计方法

1. 文档审查法

仔细审阅所有与资金流动相关的文档，包括转账凭证、审批文件、合同等，确保资金流动的合法性和合规性。

2. 数据分析法

利用数据分析工具，对资金流动数据进行筛选、比对和趋势分析，识别出异常交易和潜在风险点。通过数据分析，发现资金流动的规律和异常波动，为审计结论提供数据支持。

3. 案例研究法

研究过往的资金被挪用、侵占或违规转移的案例，了解常见的违规手段和特征。审计人员通过案例研究，提高对潜在违规行为的警觉性和识别能力。

4. 流程图分析法

绘制资金流动的流程图，清晰展示资金从流入到流出的整个过程。检查流程图中的每一个环节，是否存在潜在的漏洞或不合规的操作环节，确保资金流动的合规性。

5. 软件辅助审计法

利用专业的审计软件，对财务数据进行自动化分析，提高审计效率和准确性。软件辅助审计，能够帮助审计人员快速识别出资金流动中的异常点和风险点，为审计人员提供有力的技术支持。

法规依据

对于企业是否存在大额资金被挪用、侵占或违规转移的情况，相关法律法规提供了明确的指导和规定。审计人员在进行审计时，应严格依据这些法律法规进行判定，并确保审计过程的合法性和合规性。以下是相关法律法规的详细内容。

《中华人民共和国公司法》第一百四十八条至第一百五十一条：这些法条规定了董事、高级管理人员不得有的行为，包括违反对公司忠实义务的其他行为，以及他们执行公司职务时违反法律、行政法规或者公司章程的规定应承担的赔偿责任。这些规定同样适用于资金被挪用、侵占或违规转移的情况。

《中华人民共和国会计法》第九条："各单位必须根据实际发生的经济业务事项进行会计核算，填制会计凭证，登记会计账簿，编制财务会计报告。任何单位不得以虚假的经济业务事项或者资料进行会计核算。"这条规定要求企业必须以真实的经济业务事项进行会计核算，防止通过虚假账目来挪用或侵占资金。第二十七条、第四十三条要求企业建立内部会计监督制度，并对伪造、变造会计凭证、会计账簿，编制虚假财务会计报告的行为进行了惩罚规定。这些措施有助于发现和防止资金被挪用或侵占。

《中华人民共和国刑法》第二百七十二条（挪用资金罪）直接针对资金挪用行为进行了刑事处罚规定。第二百七十一条（职务侵占罪）：公司、企业或者其他单位的人员，利用职务上的便利，将本单位财物非法占为己有，数额较大的，处五年以下有期徒刑或者拘役；数额巨大的，处五年以上有期徒刑，可以并处没收财产。这条法规针对资金被侵占的行为进行了刑事处罚规定。

通过以上审计程序与方法的综合运用，并结合相关法律法规的严格规定，审计人员可以有效地发现大额资金被挪用、侵占或违规转移的问题，并及时提出改进建议，确保企业财务活动的合规、安全和健康发展。

整改建议

资金管理的规范性和安全性对企业的长期稳健发展具有不可估量的价值。针对大额资金被挪用、侵占或违规转移的问题，提出以下整改建议，旨在增强企业财务活动的合规性，确保资金的安全。

一、增强财务人员的职业道德与法律意识

企业应定期组织财务人员参与职业道德教育与法律法规宣传活动，提高他们对资金管理合规性的认识，明确资金被挪用、侵占的严重后果及法律责任。企业通过案例分析，让财务人员深刻

理解合规操作的重要性，增强他们的法律意识和风险意识。

二、完善内部控制体系与资金审批流程

企业应全面审视并优化现有的内部控制体系，确保资金使用的每一个环节都有明确的审批流程、权限划分和责任归属。对于大额资金的流动，应实施更为严格的审批机制，如多级审批、跨部门会审等，确保资金流动的合规性和安全性。

三、对资金流动监控与审计

企业应设立专门的资金监控岗位，利用先进的技术手段如大数据分析、人工智能等，实时监控资金的流动情况，对异常资金流动进行及时预警和处理。同时，定期进行内部审计，确保资金使用的合规性和安全性，提高资金流动的透明度和可追溯性。

四、建立举报与奖惩机制

企业应鼓励内部员工积极举报资金违规行为，对于举报属实的员工给予物质和精神上的奖励。同时，对于挪用、侵占或违规转移资金的行为，应依法依规进行严肃处理，公开通报处理结果，以儆效尤。通过奖惩机制的建立，形成企业内部的合规文化。

五、提升资金管理的透明度与信息化水平

建立透明的资金管理制度，定期向企业内部员工及外部利益相关者公布资金使用情况，接受全方位的监督。同时，利用信息技术手段提升资金管理的效率和准确性，如引入 ERP 系统、资金管理系统等，减少人为操作失误和违规行为。

六、加强外部监管与合作

与金融机构、审计机构等外部机构建立紧密的合作关系，共同监管企业资金流动情况。对于发现的资金违规行为，及时与外部机构进行沟通协作，共同制定整改措施并跟踪执行情况。

通过增强财务人员的职业道德与法律意识、完善内部控制体系与资金审批流程、对资金流动监控与审计、建立举报与奖惩机制、提升资金管理的透明度与信息化水平以及加强外部监管与合作等多方面的整改措施的实施，企业可以有效地防止大额资金被挪用、侵占或违规转移，确保企业财务活动的合规性和资金的安全。

专题 10：大额资金运用的决策过程是否公开透明，有无利益输送问题？

案例简介

一、案例背景

某大型国有企业计划进行一项重大的技术改造项目，预计投资金额高达数亿元。为确保资金的有效运用，企业决定成立专门的项目组负责此改造项目的实施，并委托其财务部门进行资金的筹集与调配。此项目涉及大额资金的运用，因此，企业内部审计部门决定对该项目的决策过程及资金运用情况进行全面审计。

二、审计发现

在审计过程中，审计人员发现以下主要问题。

1. 决策过程不够公开透明

项目组在做出重大投资决策时，未充分征求企业内部各部门的意见，也未进行充分的市场调研和可行性分析，导致决策依据不足。

2. 存在利益输送嫌疑

审计人员在审查资金流向时，发现部分资金被转至与项目无直接关联的企业或个人账户，且这些资金转账未经过严格的审批程序，存在潜在的利益输送问题。

三、审计方法与程序

1. 文档审查

审计人员对项目组的决策文件、会议纪要、资金流转记录等进行了详细的审查，以了解决策过程和资金运用的具体情况。

2. 访谈调查

审计人员对项目组成员、财务部门工作人员以及其他相关部门人员进行了深入的访谈，了解他们对决策过程和资金运用的看法和意见。

3. 数据分析

审计人员利用专业的数据分析工具，对资金流转数据进行了深入的分析，以发现其中可能存在的异常交易和利益输送行为。

4. 外部调查

针对发现的潜在利益输送问题，审计人员进行了外部调查，核实了相关企业和个人的身份及与项目的关联关系。

四、审计结论与建议

经过审计，审计人员认为该技术改造项目的决策过程存在不够公开透明的问题，且存在潜在的利益输送行为。为此，审计人员提出了以下建议。

1. 提高决策过程的公开透明度

项目组在做出重大投资决策时，应充分征求企业内部各部门的意见，并进行充分的市场调研和可行性分析，确保决策的科学性和合理性。

2. 严格资金运用的审批程序

对于大额资金的运用，企业应建立严格的审批程序，确保每一笔资金的转账都经过合理的审批和记录。

3. 加强内部控制和监督

企业应加强对项目组及财务部门的内部控制和监督，确保资金的有效运用和防止利益输送行为的发生。

五、后续改进

针对审计人员的建议，企业进行了以下改进。

1. 完善决策机制

企业修订了投资决策流程，要求项目组在做出重大决策前，必须充分征求各部门意见，并进行市场调研和可行性分析。

2. 加强对资金运用的监管

企业建立了大额资金运用的严格审批程序，并加强了对资金流转的监控和记录。

3. 加强内部控制

企业加强了对项目组及财务部门的内部控制和监督，定期进行内部审计和检查，确保各项规定得到严格执行。

审计程序与方法

针对"大额资金运用的决策过程是否公开透明，有无利益输送问题"的审计，审计人员需要采取周密的审计程序，并采用科学的审计方法。以下是一些建议的审计程序与方法。

一、审计程序

1. 初步了解与评估

对大额资金运用的决策过程进行初步了解，包括决策的背景、目的、参与人员等。评估决策过程的公开透明程度，以及是否存在潜在的利益输送风险。

2. 详细审查决策文件

仔细审阅所有与大额资金运用相关的决策文件，包括会议纪要、审批文件、合同等。检查决策文件是否完整、合规，并关注其中的异常或可疑之处。

3. 追踪资金流向

追踪大额资金的流向，包括资金的来源、使用去向、实际用途等。核对资金流转记录与决策文件的一致性，确保资金运用的真实性。

4. 对比分析与评估

将大额资金运用的决策过程与行业标准或同类企业进行对比，评估其合规性和合理性。分析资金运用的经济效益和社会效益，判断是否存在利益输送行为。

5. 深入调查与访谈

对涉及大额资金运用的相关部门和人员进行深入调查，了解实际操作流程和内部控制情况。对相关人员进行访谈，获取第一手信息，验证决策的真实性和合规性。

二、审计方法

1. 文档审查法

仔细审阅所有与大额资金运用相关的文档，确保文档的完整性和合规性。对文档中的异常或可疑之处进行标注，并进行深入调查。

2. 数据分析法

利用数据分析工具，对大额资金流转数据进行筛选、比对和趋势分析，识别异常交易。

3. 风险评估法

对大额资金运用的决策过程进行风险评估，识别潜在的利益输送风险点。

4. 流程图分析法

绘制大额资金运用的决策流程图，分析决策过程的合规性和公开透明度。识别流程图中的潜在漏洞或不合规操作环节，并进行深入调查。

5. 综合审计法

结合文档审查、数据分析、风险评估和流程图分析等方法，对大额资金运用的决策过程进行全面审计。

审计人员综合各种方法的结果，对决策过程的公开透明度和利益输送问题进行综合评估，并提出相应的审计意见和建议。

法规依据

对于"大额资金运用的决策过程是否公开透明，有无利益输送"的问题，相关法律法规提供了明确的指导和规定。审计人员在进行审计时，应严格依据这些法律法规进行判定，确保审计过程的合法性和合规性。

《中华人民共和国公司法》第一百二十三条：上市公司设立独立董事，具体办法由国务院规定。独立董事应对公司重大事项发表独立意见，这包括大额资金的运用决策。此条规定了大额资金的审批流程。第一百四十七条：董事、监事、高级管理人员应当遵守法律、行政法规和公司章程，对公司负有忠实义务和勤勉义务。董事、监事、高级管理人员不得利用职权收受贿赂或者其他非法收入，不得侵占公司的财产。此条为防止利益输送行为提供了法律基础。第一百四十八条至第一百五十一条也对董事、高级管理人员等的职责和违法行为进行了规定，其中包括与公司资金运用相关的忠实义务和赔偿责任。

《中华人民共和国证券法》第六十三条：发行人、上市公司依法披露的信息，必须真实、准确、完整，不得有虚假记载、误导性陈述或者重大遗漏。对于大额资金的运用决策，上市公司需按照法律规定进行信息披露，确保公开透明。第一百九十七条："信息披露义务人未按照本法规定报送有关报告或者履行信息披露义务的，责令改正，给予警告，并处以五十万元以上五百万元以下的罚款；对直接负责的主管人员和其他直接责任人员给予警告，并处以二十万元以上二百万元以下的罚款。"此条对未按规定进行信息披露的行为进行了处罚规定。

《中华人民共和国刑法》第一百六十九条之一（背信损害上市公司利益罪）：上市公司的董事、监事、高级管理人员违背对公司的忠实义务，利用职务便利，操纵上市公司从事损害上市公司利益的行为，致使上市公司利益遭受重大损失的，处三年以下有期徒刑或者拘役，并处或者单处罚金；致使上市公司利益遭受特别重大损失的，处三年以上七年以下有期徒刑，并处罚金。此条对背信行为进行了刑事处罚规定，利益输送可视为一种背信行为。

通过以上法律法规的综合运用，审计人员可以对大额资金运用的决策过程进行全面审查，评估其公开透明度和合规性，并及时发现和防止利益输送问题，确保企业资金运用的合法性和安全性。

整改建议

大额资金运用的决策是企业治理的重要环节，对维护企业声誉、保障投资者利益和促进企业长期稳定发展具有重要意义。针对大额资金运用的决策过程是否公开透明以及有无利益输送问题，提出以下整改建议。

一、加强培训与明确职责和权限

定期组织董事、监事及高级管理人员进行公司治理、法律法规以及职业道德的培训，增强其在大额资金运用决策过程中的合规意识和责任感。

明确董事、监事及高级管理人员在大额资金运用决策中的职责和权限，确保其决策行为符合公司及股东的整体利益。

二、完善大额资金运用的决策机制与流程

建立健全大额资金运用的决策机制，明确决策程序、审批权限和责任主体，确保决策过程的科学性和合理性。

优化大额资金运用的决策流程，加强风险评估和合规审查，确保决策符合法律法规和公司章程的规定。

三、加强内部控制与审计监督

建立健全内部控制体系，加强对大额资金运用的监控和管理，确保资金运用的合规性和安全性。

加强内部审计监督，定期对大额资金运用的决策过程进行审计，及时发现并纠正违规行为。

四、及时披露信息并加大披露力度

及时披露信息，确保投资者及时了解公司资金运用的最新动态和风险状况。

加大信息披露的力度，确保披露内容的真实、准确和完整，避免误导投资者或损害公司利益。

五、建立举报与奖惩机制

鼓励员工积极举报大额资金运用中的违规行为，对于举报属实的员工给予保护和适当的奖励。

对于在大额资金运用决策过程中存在违规行为的人员，应依法依规进行严肃处理，以维护公司和股东的利益。

六、加强外部监管与合作

积极配合监管部门的监管要求，及时报告大额资金运用的相关情况，接受监管部门的指导和监督。

加强与行业协会、专业机构等外部机构的合作与交流，共同保证大额资金运用决策过程的公开透明和合规性。

通过加强培训与明确职责和权限、完善大额资金运用的决策机制与流程、加强内部控制与审计监督、及时披露信息并加大披露力度、建立举报与奖惩机制以及加强外部监管与合作等多方面的整改措施，公司可以有效地提升大额资金运用决策过程的公开透明度和合规性，防止利益输送问题的发生，从而保障公司和股东的整体利益。

第九章
国有企业风险管理机制与实施效果专题

专题 1：国有企业是否建立了完善的风险管理体系？

案例简介

一、案例背景

某大型国有企业近年来业务规模持续扩大，涉及多个高风险领域。为应对日益复杂的经营环境，企业高层决定建立一套完善的风险管理体系。然而，在实施过程中，企业遇到了诸多挑战，风险管理体系的建立进展缓慢，效果不尽如人意。为此，企业聘请了第三方审计机构对其风险管理体系的建立及执行情况进行全面审计。

二、审计发现

审计过程中，审计人员发现该企业在风险管理体系建设方面存在以下问题。

（1）风险管理组织架构不完善，缺乏专门的风险管理部门或岗位，导致风险管理职责不清，工作推进不力。

（2）风险评估方法不科学，未采用定量与定性相结合的方法对风险进行全面、客观的评估，风险评估结果缺乏准确性和可信度。

（3）风险控制措施执行不到位，部分关键业务流程缺乏必要的风险控制措施，或控制措施执行不严格，存在风险隐患。

（4）风险管理信息系统不健全，无法实现对风险的实时监控和预警，风险管理效率低下。

三、审计方法与程序

1. 资料审查

审计人员对企业现有的风险管理相关资料进行了详细的审查，以了解企业风险管理的基本情况。

2. 访谈调查

审计人员对企业高层、各部门负责人及关键岗位员工进行了深入的访谈，了解他们对风险管理的认知和态度，以及风险管理在实际工作中的执行情况。

3. 风险评估测试

审计人员采用专业的风险评估工具和方法，对企业的关键业务流程进行了风险评估测试，以验证企业风险评估方法的科学性和准确性。

4. 信息系统审查

审计人员对企业现有的风险管理信息系统进行了全面的审查，评估其功能和性能是否满足企业风险管理的需求。

四、审计结论与建议

经过审计，审计人员认为该企业在风险管理体系建设方面存在明显不足，需要进一步加强和完善。为此，审计人员提出了以下建议。

（1）完善风险管理组织架构，设立专门的风险管理部门或岗位，明确风险管理职责和工作流程。

（2）优化风险评估方法，采用定量与定性相结合的方法对风险进行全面、客观的评估，提高风险评估的准确性和可信度。

（3）加大风险控制措施的执行力度，对关键业务流程进行全面的风险梳理和控制设计，确保控制措施的有效执行。

（4）升级风险管理信息系统，实现对风险的实时监控和预警，提高风险管理效率。

五、后续改进

企业根据审计人员的建议，对风险管理体系进行了全面的改进和完善。企业设立了专门的风险管理部门，明确了风险管理职责和工作流程；优化了风险评估方法，提高了风险评估的准确性和可信度；加大了风险控制措施的执行力度，对关键业务流程进行了全面的风险梳理和控制设计；升级了风险管理信息系统，实现了对风险的实时监控和预警。经过一段时间的持续优化，企业的风险管理水平得到了显著提升。

审计程序与方法

针对"国有企业是否建立了完善的风险管理体系"这一问题，审计人员需要遵循一套系统的审计程序，并采用科学的方法进行全面、客观的评估。以下是一些建议的审计程序与方法。

一、审计程序

1. 初步了解与评估

收集企业现有的风险管理资料，进行初步的了解。

与企业高层管理人员进行初步沟通，了解他们对风险管理的认识和重视程度。

2. 深入分析与测试

对企业的风险管理组织架构、职责分工和工作流程进行详细的梳理和分析。

选择关键的业务流程和部门，进行风险评估方法的测试和验证，评估其科学性和准确性。

3. 全面审查与评估

对企业的风险管理信息系统进行全面的审查，评估其功能和性能是否满足需求。审查风险控制措施的执行情况，包括控制措施的设计和执行效果。

4. 总结与建议

根据审计发现，总结企业在风险管理体系建设方面的优势和不足。提出具体的改进建议，包括组织架构调整、风险评估方法优化、控制措施加强和信息系统升级等。

二、审计方法

1. 文档审查法

仔细审阅企业提供的所有与风险管理相关的文档，了解企业风险管理的整体框架和具体实施情况。

2. 访谈调查法

对企业高层管理人员、各部门负责人及关键岗位员工进行深入的访谈。通过访谈，了解他们对风险管理的认知和态度，以及风险管理在实际工作中的执行情况。

3. 风险评估测试法

选择关键的业务流程和部门，进行风险评估测试。通过测试，验证企业风险评估方法的科学性和准确性，并评估风险控制措施的有效性。

4. 信息系统审查法

对企业的风险管理信息系统进行全面的审查。通过审查，评估信息系统的功能和性能是否满足企业风险管理的需求，并提出改进建议。

5. 综合分析法

结合文档审查、访谈调查、风险评估测试和信息系统审查的结果，进行综合分析，评估企业风险管理体系的完善程度，并提出具体的改进建议。

法规依据

对于"国有企业是否建立了完善的风险管理体系"的问题，相关法律法规提供了明确的指导和规定。审计人员在进行审计时，应依据这些法律法规进行判定，并确保审计过程的合法性和合规性。

《中华人民共和国企业国有资产法》第三十三条：国家出资企业对其动产、不动产和其他财产依照法律、行政法规以及企业章程享有占有、使用、收益和处分的权利。国家出资企业依法享有的经营自主权和其他合法权益受法律保护。同时，国家出资企业应当对其经营管理的企业国有资产承担保值增值责任，不得损害企业国有资产所有者和其他出资人的合法权益。此条要求国有企业对国有资产进行有效管理，风险管理是其中不可或缺的一部分。

《中华人民共和国公司法》第五条：公司从事经营活动，必须遵守法律、行政法规，遵守社会公德、商业道德，诚实守信，接受政府和社会公众的监督，承担社会责任。公司的合法权益受法律保护，不受侵犯。虽然此条未直接提及风险管理体系，但强调了公司必须遵守法律法规，诚实守信，承担社会责任，这也是建立风险管理体系的基本要求。

通过以上法律法规的指引和规定，审计人员可以判断国有企业是否建立了完善的风险管理体系。同时，审计人员还可以依据这些法律法规提出改进建议，确保国有企业风险管理的合规性和有效性。

整改建议

国有企业作为国家经济的重要支柱，其风险管理的完善性直接关系到企业的稳健运营和国家的经济利益。针对国有企业是否建立了完善的风险管理体系的问题，提出以下整改建议，以确保国有企业风险管理的全面性和有效性。

一、增强风险管理意识

国有企业应加强对风险管理重要性的认识，将风险管理作为企业战略的重要组成部分。通过定期培训和宣传，提高全体员工的风险管理意识，形成全员参与、全员负责的风险管理文化。

二、完善风险管理体系和组织架构

国有企业应建立健全的风险管理体系，包括明确的风险管理策略、完善的风险评估机制、有效的风险控制措施等。同时，应优化风险管理组织架构，明确各部门和各岗位在风险管理中的职责和权限，确保风险管理的全面覆盖和有效执行。

三、提升风险识别和评估能力

国有企业应提升风险识别和评估的能力，运用先进的风险管理工具和方法，对企业面临的各类风险进行全面、准确的识别和评估。特别是要关注市场风险、信用风险、操作风险等对企业影响较大的风险类型，制定有针对性的风险控制措施。

四、建立健全风险监测和报告机制

国有企业应建立风险监测和报告机制，定期对企业风险状况进行监测和评估，及时发现和预警潜在风险。同时，应建立完善的风险报告制度，确保风险信息能够及时、准确地传递给企业管理层和相关部门，为决策提供支持。

五、提高风险管理的信息化和智能化水平

国有企业应利用信息技术手段提升风险管理的效率和准确性，建立风险管理信息系统，实现风险数据的集中管理和共享。同时，可以探索运用人工智能、大数据等先进技术，提高风险识别的准确性和风险控制的有效性。

六、建立风险管理的持续改进机制

国有企业应建立风险管理的持续改进机制，定期对风险管理体系进行审查和评估，发现问题及时整改。同时，应鼓励员工积极参与风险管理改进工作，提出建设性意见和建议，共同推动企业风险管理水平的提升。

通过增强风险管理意识、完善风险管理体系和组织架构、提升风险识别和评估能力、建立健全风险监测和报告机制、提高风险管理的信息化和智能化水平以及建立风险管理的持续改进机制，国有企业可以逐步建立完善的风险管理体系，提高风险管理的全面性和有效性，为企业的稳健运营和国家的经济利益提供有力保障。

专题 2：风险管理政策是否明确，并得到有效执行？

案例简介

一、案例背景

某大型金融机构计划在全球范围内实施一项新的信息系统，以提升业务处理效率和客户体验。为了确保项目顺利实施，该机构制定了一套详细的风险管理政策，并设立了专门的风险管理部门负责监督执行。项目启动后，机构内部审计部门决定对该项目的风险管理政策及其执行情况进行审计。

二、审计发现

在审计过程中，审计人员发现虽然该金融机构制定了详尽的风险管理政策，但在实际执行过程中存在以下问题。

（1）风险管理政策中的部分条款过于笼统，缺乏具体的操作指南，导致风险管理部门在执行时难以准确把握。

（2）风险识别与评估环节存在疏漏，未能及时识别出项目实施过程中的一些关键风险点。

（3）风险应对措施的执行力度不够，部分已识别的风险未得到有效控制。

（4）风险管理信息的沟通与报告机制不完善，导致高层管理者无法及时获取项目风险状况的全面信息。

三、审计方法与程序

1. 文件审查

审计人员对项目风险管理政策及相关文档进行了全面审查，以了解其内容和完整性。

2. 访谈与调查

审计人员对风险管理部门人员、项目团队及高层管理者进行了深入访谈，了解风险管理政策的执行情况及存在的问题。

3. 数据分析

审计人员对项目进展报告、风险登记册等中的数据进行了详细分析，以评估风险管理政策的执行效果。

4. 现场观察

审计人员到项目现场进行了实地观察，了解风险管理措施的实际执行情况。

四、审计结论与建议

经过审计，审计人员认为该金融机构虽然制定了风险管理政策，但在执行过程中存在明显不足。为此，审计人员提出了以下建议。

（1）对风险管理政策进行修订和完善，增加具体的操作指南和实例，提高政策的可执行性。

（2）加强风险识别与评估工作，确保所有关键风险点都能被及时识别。

（3）加大风险应对措施的执行力度，确保已识别的风险得到有效控制。

（4）完善风险管理信息的沟通与报告机制，确保高层管理者能够及时了解项目风险状况并做出决策。

五、后续改进

该金融机构根据审计人员的建议，对风险管理政策进行了全面的修订和完善，并加大了风险管理工作的执行力度。在后续的项目实施过程中，风险管理部门严格按照新的政策进行操作，有效提升了风险管理水平。同时，内部审计部门也持续对项目风险管理情况进行监督，确保各项规定得到严格执行。

审计程序与方法

针对"风险管理政策是否明确，并得到有效执行"这一问题，审计人员需要遵循一套系统的审计程序，并采用科学的方法。以下是一些建议的审计程序与方法。

一、审计程序

1. 初步了解

审阅风险管理政策文档，了解政策内容、目标和覆盖范围。与风险管理部门沟通，了解风险管理流程和实施情况。

2. 详细测试与评估

选择关键业务流程，测试风险管理政策在实际操作中的应用情况。评估风险管理措施的有效性和适当性，检查是否存在未识别的风险或未执行的风险应对措施。

3. 对比分析

将实际风险管理情况与政策要求进行对比，识别差距或不足。与行业最佳实践或类似企业的风险管理情况进行比较，评估本企业的风险管理水平。

4. 深入调查与访谈

对关键业务流程进行深入的现场调查，了解实际操作中的风险管理情况。对相关部门和人员进行访谈，获取第一手信息，验证风险管理措施的执行情况和有效性。

5. 总结与编写报告

汇总审计发现，评估风险管理政策的明确性和执行效果。编写审计报告，提出改进建议，并向管理层汇报审计结果。

二、审计方法

1. 文档审查法

仔细审阅风险管理政策文件、风险评估报告、风险应对计划等相关文件。

2. 流程图分析法

绘制风险管理流程图，检查风险管理流程的合理性和完整性。识别潜在的风险点和控制措施，评估其有效性。

3. 数据分析法

利用数据分析工具，对风险管理数据进行筛选、比对和趋势分析。识别风险管理的薄弱环节或异常情况。

4. 访谈与问卷调查法

对风险管理部门人员、业务部门人员和相关人员进行访谈，了解他们对风险管理政策的认知和执行情况。设计并发放问卷，收集更广泛的信息。

5. 模拟测试法

设计模拟风险事件，测试风险管理政策的响应速度和有效性。评估风险应对措施在实际操作中的可行性和效果。

通过遵循上述审计程序和方法，审计人员可以全面、客观地评估风险管理政策的明确性和执行效果，为企业管理层提供有价值的改进建议。

法规依据

对于"风险管理政策是否明确，并得到有效执行"的问题，相关法律法规提供了明确的指导和规定。审计人员在进行审计时，应依据这些法律法规进行判定，并确保审计过程的合法性和合规性。

《中华人民共和国公司法》第一百一十条：董事会应当确定对外投资、收购出售资产、资产抵押、对外担保事项、委托理财、关联交易的权限，建立严格的审查和决策程序；重大投资项目应当组织有关专家、专业人员进行评审，并报股东大会批准。虽然此条主要针对特定决策程序，但体现了公司对风险管理的重视和法定要求。第一百四十七条：董事、监事、高级管理人员应当遵守法律、行政法规和公司章程，对公司负有忠实义务和勤勉义务。此条规定要求公司管理层在履行职责时，必须遵守相关法律法规，包括风险管理方面的规定，体现了对风险管理政策执行的要求。

《企业内部控制基本规范》第六条："企业应当根据有关法律法规、本规范及其配套办法，制定本企业的内部控制制度并组织实施。"此条规定要求企业必须建立并实施内部控制制度，包括风险管理政策，确保企业运营的合规性和风险可控性。第三十条：企业应当对风险实施归口管理，建立规范的风险管理流程，对风险进行持续监控，并及时向管理层报告。此条规定具体明确了企业风险管理政策应包含的内容和执行要求，为审计人员评估风险管理政策提供了依据。

除了上述法律法规，各行业还有特定的风险管理法规，如银行业有《银行业金融机构全面风险管理指引》，保险业有《保险公司风险管理指引（试行）》等，这些法规都详细规定了各行业风险管理政策的制定和执行要求。

通过以上审计程序与方法的综合运用，并结合相关法律法规的具体要求，审计人员可以有效地评估企业风险管理政策是否明确并得到有效执行，及时发现存在的问题，并提出解决方案，确保企业风险管理活动的合规性和有效性。

整改建议

针对"风险管理政策是否明确，并得到有效执行"的问题，提出以下整改建议，以确保企业风险管理活动的合规性和有效性，进而保障企业的稳健运营。

一、完善风险管理政策体系

企业应全面梳理现有的风险管理政策，确保其覆盖所有关键业务领域和潜在风险点。对于缺失或不完善的风险管理政策，应及时制定或修订，并明确政策的执行标准和操作流程。同时，企业应将风险管理政策纳入内部管理制度体系，确保其与企业战略、业务流程和内部控制相衔接。

二、加强风险管理培训与宣传

企业应定期组织风险管理培训活动，提高全体员工对风险管理重要性的认识和风险防范意识。培训内容应包括风险管理政策、风险识别与评估方法、风险应对措施等。同时，企业应通过内部宣传、案例分享等方式，将风险管理理念深入人心，形成全员参与风险管理的良好氛围。

三、建立健全风险管理组织架构

企业应设立专门的风险管理部门或岗位，负责全面统筹和协调企业的风险管理工作。风险管理部门应具备独立性和权威性，能够直接向企业高层报告风险管理情况和提出改进建议。同时，企业应明确各部门和各岗位在风险管理中的职责和分工，形成协同配合的工作机制。

四、强化风险监测与报告机制

企业应建立完善的风险监测体系，对各类风险进行实时、动态的监测和预警。一旦发现潜在风险或风险事件，应立即启动应对机制，并及时向相关部门和人员报告。同时，企业应定期编制风险管理报告，对风险状况进行全面、客观的分析和评价，为管理层提供决策依据。

五、建立风险管理考核与激励机制

企业应将风险管理纳入绩效考核体系，对各部门和各岗位在风险管理中的表现进行评价和考核。对于在风险管理中表现突出的部门和个人，应给予适当的奖励和激励；对于风险管理不善或造成损失的部门和个人，应依法依规进行严肃处理。

六、持续优化风险管理信息系统

企业应注重风险管理信息系统的建设和优化，提高风险管理的信息化水平。通过引入先进的风险管理软件和工具，实现风险数据的自动化采集、分析和报告，提高风险管理的效率和准确性。同时，企业应加强对风险管理信息系统的维护和更新，确保其能够满足企业不断变化的风险管理需求。

通过完善风险管理政策体系、加强风险管理培训与宣传、建立健全风险管理组织架构、强化风险监测与报告机制、建立风险管理考核与激励机制以及持续优化风险管理信息系统等措施，企业可以有效地提升风险管理政策的明确性和执行效果，确保风险管理活动的合规性和有效性。

专题 3：企业是否对各类风险进行了全面识别和评估？

案例简介

一、案例背景

某大型跨国企业近年来业务快速发展，涉足多个领域和市场。为了更好地管理企业面临的各种风险，企业决定对其全球业务进行全面的风险评估。企业聘请了专业的风险管理咨询公司协助进行这一工作，并设立了专门的风险管理部门负责监督和执行。

二、审计发现

在风险评估工作结束后，企业内部审计部门对该风险评估活动进行了审计。审计过程中，审计人员发现以下几个方面的问题。

1. 风险评估范围小

企业在评估风险时，主要关注了市场风险和财务风险，而对操作风险、合规风险及战略风险等其他重要风险类型的评估则相对不足。

2. 风险评估方法不科学

企业在评估风险时，主要依赖历史数据和专家判断，没有采用更为先进的风险量化模型和方法，导致风险评估结果的主观性和不确定性较大。

3. 风险评估结果未得到充分利用

尽管企业进行了风险评估，但评估结果并未被充分应用到企业的决策和管理过程中，风险管理的实际效果有限。

三、审计方法与程序

1. 文件审查

审计人员审查了企业风险评估的相关文件，包括风险评估报告、风险识别清单等，以了解风险评估的整个过程和结果。

2. 数据分析

审计人员对企业近年来的业务数据进行了深入分析，特别是与风险相关的数据，以验证风险评估结果的准确性和可靠性。

3. 访谈与调查

审计人员对风险管理部门的工作人员进行了深入的访谈，了解了风险评估的具体方法和过程，并向企业各业务部门收集了关于风险评估的反馈意见。

4. 对比分析

审计人员将企业的风险评估方法与行业内的最佳实践进行了对比分析，以发现其中可能存在的差距和不足。

四、审计结论与建议

经过审计，审计人员认为该风险评估活动存在明显的不足，可能会影响企业风险管理的有效性。为此，审计人员提出了以下建议。

（1）扩大风险评估的范围，将操作风险、合规风险及战略风险等纳入评估体系，确保风险评估的全面性。

（2）改进风险评估方法，引入更为先进的风险量化模型和方法，提高风险评估的准确性和科学性。

（3）加强风险评估结果的利用，将评估结果与企业决策和管理过程相结合，提高风险管理的实际效果。

五、后续改进

企业根据审计人员的建议，对风险评估工作进行了全面的改进和完善。企业扩大了风险评估的范围，采用了更为先进的风险评估方法和技术，并将风险评估结果充分应用到企业的决策和管理过程中。同时，企业也加强了对风险管理部门的监督和指导，确保风险管理工作得到有效执行。

审计程序与方法

针对"企业是否对各类风险进行了全面识别和评估"这一问题，审计人员需要遵循一套系统而严谨的审计程序，并采用多种专业方法以确保审计的全面性和准确性。以下是一些建议的审计程序与方法。

一、审计程序

1. 风险管理政策的审核：审计人员需要检查企业是否建立了风险管理政策，以及这些政策是否得到了有效执行。

2. 风险识别和评估的审核：审计人员应当审核企业是否建立了有效识别风险的机制，是否充分识别了企业内外部的各种风险，以及风险识别是否覆盖所有重要的经营活动业务流程。

3. 风险评估方法的适当性和有效性：审计人员需要关注企业是否建立了科学的量化风险评估机制，对收集的风险管理初始信息和各项业务管理及其重要业务信息是否确定风险评估方法和流程。

4. 风险应对措施的适当性和有效性：审计人员需要关注风险应对措施是否适合企业的经营管

理特点，包括制订相应的应对措施和整体策略的适当性，风险应对措施的可行性等。

5. 控制活动：审计人员需要检查企业是否对各项经营活动实施全过程控制，包括内部控制活动是否有助于企业党委（党组）、董事会（或主要负责人）的决策得以执行，是否能够满足风险管理要求。

6. 信息与沟通：审计人员需要检查企业是否建立信息与沟通制度，明确内部控制信息与沟通的内容和范围、方式和途径。定期或不定期实施风险辨识、分析、评价：审计人员需要评估企业是否对新的风险和原有风险的变化重新评估等。

7. 风险识别的适当性和有效性：审计人员需要关注企业面临的内外部风险是否已得到充分、适当的确认。

8. 出具风险管理审计报告：审计工作的最终结果表现为审计报告，报告阶段在整个审计过程中十分重要。风险管理审计报告应当主要反映整个审计的要点，既要肯定企业在风险管理过程中好的、高效的管理方式，又要针对其中的问题和漏洞进行分析，并提出改进的建议。

9. 进行后续审计：后续审计是对风险管理审计项目的情况进行追踪审计。审计人员对其所提出的改进措施是否得以实施，风险管理的效果如何。

10. 编写报告与反馈

编写审计报告，总结审计发现，包括企业在风险识别和评估方面的优点和不足。向企业管理层提供审计结果和建议，以促进企业风险管理水平的持续提升。

二、审计方法

1. 文档审查法

仔细审阅企业的风险管理文档，包括风险识别清单、风险评估报告等。

2. 数据分析法

利用数据分析工具，对企业历史数据和业务数据进行深入分析，以识别潜在的风险因素。

3. 访谈与调查法

对企业风险管理部门和其他相关部门的员工进行访谈，了解他们对风险识别和评估的看法和实际操作情况。通过问卷调查等方式，收集企业员工对风险管理的反馈意见。

4. 流程图分析法

绘制企业风险管理流程图，以直观地展示风险识别和评估的过程，并检查其中可能存在的漏洞或不足。

5. 对比分析法

将企业的风险评估方法与行业内的最佳实践进行对比，以发现其中可能存在的差距和改进空间。

6. 专家咨询法

请风险管理等相关领域的专家对企业风险识别和评估的准确性和全面性进行专业评估。

法规依据

对于"企业是否对各类风险进行了全面识别和评估"这一问题，相关的法律法规提供了明确的指导和要求。审计人员在进行审计时，应依据这些法律法规进行判定，并确保审计过程的合法性和合规性。

《中华人民共和国公司法》第一百一十三条：董事会应当确定对外投资、收购出售资产、资产抵押、对外担保事项、委托理财、关联交易、对外捐赠等重大的购买、出售资产事项的方案，并建立严格的审查和决策程序；重大投资项目应当组织有关专家、专业人员进行评审，并报股东大会批准。虽然该法条主要针对重大事项决策，但风险识别和评估可视为决策的前提和基础。第一百四十七条：董事、监事、高级管理人员应当遵守法律、行政法规和公司章程，对公司负有忠实义务和勤勉义务。董事、监事、高级管理人员不得利用职权收受贿赂或者其他非法收入，不得侵占公司的财产。此条要求高管对公司负有忠实和勤勉义务，这间接要求他们进行充分的风险识别和评估，以保护公司利益。

《中华人民共和国安全生产法》第四条："生产经营单位必须遵守本法和其他有关安全生产的法律、法规，加强安全生产管理，建立健全全员安全生产责任制和安全生产规章制度，加大对安全生产资金、物资、技术、人员的投入保障力度，改善安全生产条件，加强安全生产标准化、信息化建设，构建安全风险分级管控和隐患排查治理双重预防机制，健全风险防范化解机制，提高安全生产水平，确保安全生产。"此条规定明确要求企业建立安全风险分级管控机制，进行全面的风险识别和评估。

《企业内部控制基本规范》第六条：企业应当根据国家有关法律法规和本规范，结合部门或系统有关内部控制规定，建立适合本企业实际情况的内部控制体系，并组织实施。此条要求企业建立并实施内部控制体系，而风险识别和评估是内部控制体系的重要组成部分。第三十一条：企业开展风险评估，应当准确识别与实现控制目标相关的内部风险和外部风险，确定相应的风险承受度。风险承受度是企业能够承担的风险限度，包括整体风险承受能力和业务层面的可接受风险水平。此条直接针对风险识别和评估提出了具体要求，明确了风险承受度的概念。

通过以上法律法规的指导和要求，审计人员在进行审计时，应关注企业是否按照法律法规的要求进行了全面的风险识别和评估，是否建立了相应的风险管理和内部控制体系，并评估其有效性和合规性。如发现企业在风险识别和评估方面存在不足或违规行为，审计人员应及时提出改进建议，确保企业风险管理的合法性和有效性。

整改建议

企业面临的各类风险复杂多变，对其进行全面识别和评估是确保企业稳健发展的基础。针对企业在风险识别和评估方面可能存在的不足，提出以下整改建议，以增强企业的风险管理能力和市场竞争力。

一、加强风险管理培训

企业应加强对全体员工的风险管理培训，特别是中高层管理人员，提升他们对风险管理的认识和重视程度。通过定期举办风险管理研讨会、培训课程等活动，增强员工的风险意识和应对能力。

二、建立和完善风险识别和评估机制

企业应建立科学、系统的风险识别和评估机制，明确风险识别的范围、方法和流程。通过引入先进的风险管理工具和技术，如风险矩阵、情景分析等，提高风险识别的准确性和全面性。同

时，定期对已识别的风险进行评估和更新，确保风险信息的时效性和有效性。

三、加强跨部门合作与信息共享

风险管理涉及企业的各个部门和业务环节，因此应加强跨部门合作与信息共享。建立风险管理跨部门协作机制，明确各部门的职责和协作方式，确保风险信息能够及时、准确地传递和共享，形成风险管理的合力。

四、建立风险预警和应对机制

企业应建立风险预警机制，通过监测关键风险指标和市场动态，及时发现潜在风险并发出预警信号。同时，制定相应的风险应对预案和措施，明确应对风险的责任人和执行流程，确保企业在风险发生时能够迅速、有效地应对。

五、加强内部审计和监督

内部审计是企业风险管理的重要环节，企业应加强对内部审计部门的投入和建设，提高其独立性和专业性。定期开展内部审计活动，对企业的风险管理流程、内部控制制度的执行情况进行检查和评估，及时发现并解决存在的问题。

六、持续改进和优化风险管理体系

企业应建立风险管理体系的持续改进机制，定期对风险管理流程、方法和工具进行评估和优化。通过咨询外部专业机构，借鉴行业内的最佳实践，不断完善和优化企业的风险管理体系。

通过加强风险管理培训、建立和完善风险识别和评估机制、加强跨部门合作与信息共享、建立风险预警和应对机制、加强内部审计和监督以及持续改进和优化风险管理体系等措施，企业可以全面提升其风险管理能力和市场竞争力，为其稳健发展提供有力保障。

专题4：风险控制措施是否得当，并能有效应对潜在风险？

案例简介

一、案例背景

某大型金融机构计划推出一款全新的理财产品，并在全国范围内进行推广。为了确保新产品的顺利上市，该机构成立了专门的项目组，负责产品的研发、市场推广及风险管理等工作。在产品研发阶段，项目组制定了一系列的风险控制措施，以应对潜在的市场风险、信用风险和操作风险等。

二、审计发现

在新产品上市前，机构内部审计部门对该项目进行了全面的审计。审计过程中，审计人员发现项目组的风险控制措施存在以下不足。

（1）市场风险评估不够充分，未对目标客户群体进行细分，也未对不同客户群体的风险偏好进行深入分析。

（2）信用风险控制措施不够完善，未建立有效的客户信用评估体系，也未对潜在的不良客户进行识别和管理。

（3）操作风险控制存在漏洞，未对新产品交易流程进行充分的测试和验证，也未制定详细的应急预案以应对可能出现的操作失误或系统故障。

三、审计方法与程序

1. 文档审查

审计人员对项目组制定的风险控制措施文档进行了详细的审查，包括市场风险评估报告等。

2. 数据分析

审计人员利用机构内部的数据资源，对市场风险、信用风险和操作风险进行了量化分析，以评估风险控制措施的有效性。

3. 访谈与调查

审计人员对项目组成员进行了深入的访谈，了解了他们在风险控制方面的具体做法和遇到的困难。同时，审计人员还向机构内的其他相关部门和分支机构收集了他们对新产品风险控制的意见和建议。

4. 穿行测试

审计人员对新产品的交易流程进行了穿行测试，模拟了各种可能出现的操作场景，以检验操作风险控制措施的有效性。

四、审计结论与建议

经过审计，审计人员认为该项目组在新产品风险控制方面存在明显的不足，可能无法有效应对潜在的市场风险、信用风险和操作风险。为此，审计人员提出了以下建议。

（1）加强市场风险评估，对目标客户群体进行细分，并深入分析不同客户群体的风险偏好，以便更好地制定市场推广策略。

（2）完善信用风险控制措施，建立有效的客户信用评估体系，并对潜在的不良客户进行识别和管理，以降低信用风险。

（3）强化操作风险控制，对新产品交易流程进行充分的测试和验证，并制定详细的应急预案以应对可能出现的操作失误或系统故障。

五、后续改进

项目组根据审计人员的建议，对风险控制措施进行了全面的修订和完善。在新产品上市前，项目组再次进行了全面的风险评估和测试，确保了新产品的顺利上市和稳定运行。同时，机构内部审计部门也加大了对新产品风险控制措施的监督和评估力度，确保各项风险控制措施得到有效执行。

审计程序与方法

针对"风险控制措施是否得当，并能有效应对潜在风险"这一问题，审计人员需要遵循一套系统的审计程序，并采用科学的方法。以下是一些建议的审计程序与方法。

一、审计程序

1. 初步了解与评估

对现有的风险控制措施进行初步了解，评估风险控制措施是否覆盖了所有关键的业务领域和潜在风险点。

2. 深入分析

详细审查风险控制措施的实施情况，包括执行情况、监控效果和应对机制。分析风险控制措施与业务需求的匹配度，以及是否存在过度控制或控制不足的情况。

3. 风险评估

利用风险评估工具和方法，对潜在风险进行量化和定性分析。评估风险控制措施对潜在风险的应对能力和有效性。

4. 对比分析

将本机构的风险控制措施与行业标准或最佳实践进行对比，识别差距和改进点。

5. 现场调查与访谈

对关键业务部门和风险控制部门进行现场调查，了解风险控制措施的实际执行情况。对相关人员进行访谈，获取第一手信息，验证风险控制措施的有效性。

6. 报告与反馈

编写审计报告，总结审计发现，评估风险控制措施的恰当性和有效性。向管理层提供审计反馈，提出改进建议。

二、审计方法

1. 文档审查法

仔细审阅与风险控制相关的所有文档，包括政策文件、流程图、内部控制手册等。

2. 数据分析法

利用数据分析工具，对风险控制数据进行筛选、比对和趋势分析，识别潜在风险和控制弱点。

3. 风险评估法

利用风险评估模型，对潜在风险进行定量和定性评估，判断风险控制措施是否充分。

4. 流程图分析法

绘制风险控制流程图，检查是否存在控制漏洞或不合规的操作环节。

5. 访谈与调查法

通过访谈和调查，获取关键业务部门和风险控制部门对风险控制措施的看法和评价。

6. 对比分析法

收集行业内的风险控制最佳实践，与本机构的风险控制措施进行对比，寻找改进空间。

7. 综合评估法

结合文档审查、数据分析、风险评估、流程图分析、访谈与调查以及对比分析等方法，对风险控制措施进行全面、综合的评估。

法规依据

对于"风险控制措施是否得当，并能有效应对潜在风险"的问题，相关法律法规提供了明确的指导和规定。审计人员在进行审计时，应依据这些法律法规进行判定，并确保审计过程的合法性和合规性。

《中华人民共和国公司法》第一百一十一条：董事会应当确定对外投资、收购出售资产、资产抵押、对外担保事项、委托理财、关联交易的权限，建立严格的审查和决策程序；重大投资项目应当组织有关专家、专业人员进行评审，并报股东大会批准。此条规定要求公司对重大事项进行风险评估和决策，是风险控制的重要法律依据。第一百四十七条：董事、监事、高级管理人员应当遵守法律、行政法规和公司章程，对公司负有忠实义务和勤勉义务。此条规定了公司管理层在风险控制方面的基本职责。

《中华人民共和国证券法》第六十三条：发行人、上市公司依法披露的信息，必须真实、准确、完整，不得有虚假记载、误导性陈述或者重大遗漏。这条要求企业公开的信息必须真实可靠，有助于外部投资者和监管机构评估企业的风险状况。

《中华人民共和国商业银行法》第三十五条："商业银行贷款，应当对借款人的借款用途、偿还能力、还款方式等情况进行严格审查。商业银行贷款，应当实行审贷分离、分级审批的制度。"这条对商业银行的贷款风险控制提出了具体要求。

《企业内部控制基本规范》第七条："企业应当运用信息技术加强内部控制，建立与经营管理相适应的信息系统，促进内部控制流程与信息系统的有机结合，实现对业务和事项的自动控制，减少或消除人为操纵因素。"此条规定要求企业利用信息技术加强风险控制，提高内部控制的效率和准确性。第二十条：企业应当建立内部控制实施情况检查制度，明确内部控制检查工作的机构或岗位及其职责权限，定期或不定期地对内部控制体系的执行情况进行检查，确保内部控制的贯彻实施。企业可以聘请中介机构或相关专业人员协助开展工作。这条要求企业定期对内部控制的执行情况进行检查，确保风险控制措施得到有效执行。

审计人员可以依据相关法律法规的要求，对企业的风险控制体系进行全面、客观的评估，并提出改进建议，确保企业能够有效应对潜在风险。

整改建议

针对"风险控制措施是否得当，并能有效应对潜在风险"的问题，提出以下整改建议，以确保企业能够建立完善的风险控制体系，有效应对各种潜在风险。

一、增强风险管理意识

企业应增强员工的风险管理意识，将风险管理作为企业文化的重要组成部分。通过定期培训和宣传，提高全体员工对风险管理的认识和重视程度，确保每个员工都能在工作中自觉践行风险管理要求。

二、完善风险评估与监控机制

企业应建立完善的风险评估机制，对各类潜在风险进行定期评估。通过引入先进的风险评估工具和方法，对风险进行定量分析和定性评估，确保风险控制的针对性和有效性。同时，建立风险监控机制，实时跟踪风险变化，及时发现并应对潜在风险。

三、优化内部控制体系与流程

企业应优化内部控制体系，确保内部控制覆盖所有关键业务领域和潜在风险点。通过梳理业务流程，识别潜在的控制漏洞和风险环节，并制定相应的控制措施。同时，加大内部控制的执行力度，确保控制措施得到有效执行。

四、建立风险应对与处置机制

企业应建立风险应对与处置机制，明确风险应对的责任部门和人员，制定详细的风险应对预案。一旦发生风险事件，能够迅速启动应对预案，及时采取措施控制风险扩散，并减小风险损失。

五、加强风险管理与业务融合

企业应将风险管理融入日常业务活动中，确保风险管理与业务发展的紧密结合。加强风险管理部门与业务部门的沟通与协作，共同识别、评估和应对潜在风险。同时，将风险管理要求嵌入业务流程中，实现风险管理与业务的有机融合。

六、提升风险管理信息化水平与技术应用能力

企业应利用信息技术提升风险管理的效率和准确性。通过引入先进的风险管理信息系统，实现风险数据的集中管理和实时更新。同时，利用数据分析工具对风险数据进行深度挖掘和分析，为风险管理提供有力支持。

七、建立风险管理的持续改进与反馈机制

企业应建立风险管理的持续改进与反馈机制，定期对风险管理体系进行评估和改进。通过收集员工、客户和外部机构的反馈意见，及时发现风险管理体系存在的问题，并制定相应的解决方案。同时，鼓励员工积极参与风险管理改进工作，共同推动企业风险管理水平的提升。

通过增强风险管理意识、完善风险评估与监控机制、优化内部控制体系与流程、建立风险应对与处置机制、加强风险管理与业务融合、提升风险管理信息化水平与技术应用能力以及建立风险管理的持续改进与反馈机制等措施的实施，企业可以建立完善的风险控制体系，有效应对各种潜在风险，确保企业的稳健运营和可持续发展。

专题 5：企业是否设立了专门的风险管理部门或岗位，并配备了合格的风险管理人员？

案例简介

一、案例背景

某金融机构计划推出一系列新的金融理财产品，以扩大市场份额并增加收入。为确保顺利推出新产品并有效管理潜在风险，该机构决定设立专门的风险管理部门，并配备合格的风险管理人员。然而，在一段时间后，机构内部对风险管理部门的工作成效及人员配置产生了怀疑。

二、审计发现

针对此情况，机构内部审计部门对该风险管理部门进行了专项审计。审计过程中，审计人员发现以下问题。

（1）风险管理部门虽然设立，但人员配置不足，且部分人员缺乏必要的专业背景和工作经验，导致风险评估和管理能力有限。

（2）风险管理部门与其他部门之间的沟通不畅，信息共享机制缺失，使得风险管理部门难以全面、及时地掌握机构面临的各种风险。

（3）风险管理流程不够完善，缺乏明确的风险识别、评估、监控和报告机制，导致部分潜在风险未能被及时发现和有效管理。

三、审计方法与程序

1. 文件审查

审计人员审查了风险管理部门的组织架构、人员配置、工作职责等相关文件，以了解其设立和运作情况。

2. 访谈调查

审计人员对风险管理部门的工作人员进行了深入访谈，了解他们的工作内容、面临的困难以及需要改进的地方。同时，还与其他部门的人员进行了沟通，了解他们对风险管理部门的看法和建议。

3. 流程分析

审计人员详细分析了风险管理部门的工作流程，包括风险识别、评估、监控和报告等环节，以发现其中可能存在的问题和漏洞。

4. 数据对比

审计人员将风险管理部门的工作数据与行业标准或机构历史数据进行对比，以评估其工作成效和改进空间。

四、审计结论与建议

经过审计，审计人员认为该金融机构的风险管理部门虽然设立，但在人员配置、部门沟通以及风险管理流程等方面存在明显不足。为此，审计人员提出了以下建议。

（1）加强风险管理部门的人员配置，招聘具有专业背景和工作经验的风险管理人员，提高部门整体的风险评估和管理能力。

（2）建立有效的信息共享机制，促进风险管理部门与其他部门之间的沟通与合作，确保风险管理部门能够全面、及时地掌握机构面临的各种风险。

（3）完善风险管理流程，明确风险识别、评估、监控和报告的具体步骤和责任人，确保潜在风险能够被及时发现和有效管理。

五、后续改进

针对审计人员的建议，该金融机构进行了积极的改进。首先，该金融机构加强了风险管理部门的人员配置，招聘了多名具有丰富经验和专业背景的风险管理人员；其次，建立了跨部门的信息共享机制，定期召开风险管理工作会议，促进各部门之间的沟通与协作；最后，对风险管理流程进行了全面的梳理和完善，制定了详细的风险管理手册和操作指南。经过这些改进措施的实施，该金融机构的风险管理能力得到了显著提升。

审计程序与方法

针对"企业是否设立了专门的风险管理部门或岗位，并配备了合格的风险管理人员"这一问题，审计人员需要执行一系列严谨的审计程序，并采用专业的审计方法。以下是一些建议的审计程序与方法。

一、审计程序

1. 初步了解与评估

收集公司组织架构图、部门职责说明等文件，了解风险管理部门或岗位的设立情况。评估风险管理部门的独立性、权威性和资源配备情况。

2. 人员配置与资质审查

检查风险管理部门的人员名单，确认人员数量与结构是否符合公司规模和业务需要。审查风险管理人员的专业背景、工作经验和资质证书，评估其是否具备合格的风险管理能力。

3. 风险管理流程与制度审查

了解并分析公司风险管理流程、制度和内部控制措施。检查风险管理部门与其他部门之间的沟通与协作机制。

4. 风险管理活动与实施效果评估

审查风险管理部门的工作记录、报告和会议纪要等文件，了解风险管理部门或岗位的具体工作内容和实施效果。通过访谈、问卷调查等方式，收集公司员工对风险管理部门工作的评价和反馈。

5. 对比分析与专家咨询

将公司风险管理部门的设置和人员配备情况与行业标准或同类企业进行比较，评估其合理性和有效性。请风险管理或内部控制专家对公司风险管理部门的工作进行专业评估并提出建议。

二、审计方法

1. 文档审查法

仔细审阅与风险管理部门设立和人员配备相关的所有文档，包括组织架构图、部门职责说明、人员名单、资质证书等。

2. 访谈调查法

对风险管理部门的工作人员进行深入访谈，了解他们的工作内容、职责、面临的挑战以及需要改进的地方。对其他部门的人员进行访谈，了解他们对风险管理部门的看法、建议以及风险管理部门的合作情况。

3. 流程图分析法

绘制公司风险管理的流程图，检查其完整性、合理性和有效性。识别流程图中的潜在漏洞或不合规环节，并提出改进建议。

4. 数据分析法

收集并分析公司风险管理相关的数据，如风险事件数量、类型、处理时间等，以评估风险管理部门的工作成效。利用数据分析工具，对风险数据进行趋势分析，识别潜在的风险点和改进机会。

5. 对比分析法

将公司风险管理部门的设置和人员配备情况与行业标准或最佳实践进行对比，找出差距和不足。通过对比分析，提出改进公司风险管理部门设置和人员配备的建议。

法规依据

对于"企业是否设立了专门的风险管理部门或岗位，并配备了合格的风险管理人员"这一问题，相关法律法规提供了明确的指导和规定。审计人员在进行审计时，应依据这些法律法规进行判定，并确保审计过程的合法性和合规性。

《中华人民共和国公司法》第二十二条：公司股东会、股东大会、董事会、监事会、高级管理人员应当遵守法律、行政法规和公司章程，对公司负有忠实义务和勤勉义务。此条强调了公司管理层和治理结构的法律责任，包括风险管理职责。第一百一十七条：股份有限公司设经理，由董事会决定聘任或者解聘。本法第五十条关于有限责任公司经理职权的规定，适用于股份有限公司经理。而第五十条中关于有限责任公司经理职权包括"（七）拟订公司基本管理制度"。风险管理制度属于公司基本管理制度之一，因此经理（及高级管理人员）有责任建立和维护有效的风险管理体系。第一百四十七条：董事、监事、高级管理人员应当遵守法律、行政法规和公司章程，对公司负有忠实义务和勤勉义务。此条要求董事、监事、高级管理人员必须尽职尽责，包括在风险管理方面的职责。

《中华人民共和国证券法》中有关于风险管理、内部控制和合规的详细要求，特别是在信息披露、内部控制系统以及合规管理等方面。例如，第六十八条要求上市公司董事会负责确保公司遵守法律、行政法规和部门规章，并履行信息披露义务。

通过以上审计程序与方法的综合运用，并结合相关法律法规的具体要求，审计人员可以有效地评估公司是否设立了专门的风险管理部门或岗位，并配备了合格的风险管理人员，从而确保公司风险管理的合规性和有效性。对于不符合法律法规要求的情况，审计人员应及时提出改进建议，并督促公司进行整改。

整改建议

针对"企业是否设立了专门的风险管理部门或岗位，并配备了合格的风险管理人员"这一问题，提出以下整改建议，以确保企业在风险管理方面的合规性和有效性。

一、设立专门的风险管理部门或岗位

企业应设立独立的风险管理部门或岗位，负责全面管理和监控企业的各类风险。该部门或岗位应具备足够的权威性和独立性，以便能够有效地履行其职责，并在必要时向企业高层提供及时、准确的风险报告。

二、配备合格的风险管理人员

风险管理部门或岗位应配备具备相关专业知识和经验的风险管理人员。这些人员应具备风险管理、内部控制、合规性检查等方面的专业知识，并能够通过持续的专业培训和实践不断提升自身的风险管理能力。

三、明确风险管理部门的职责和权限

企业应明确风险管理部门或岗位的职责和权限，包括风险识别、评估、监控、报告以及制定和执行风险管理策略等。同时，应确保该部门或岗位与其他部门之间的有效沟通和协作，以便共同应对和管理企业的各类风险。

四、建立和完善风险管理制度和流程

企业应建立和完善风险管理制度和流程，包括风险评估方法、风险监控机制、风险报告制度以及风险应对措施等。这些制度和流程应与企业的实际业务相结合，并具有可操作性和实效性。

五、加强风险管理的信息化和数据化建设

企业应利用信息技术手段加强风险管理的信息化和数据化建设，提高风险管理的效率和准确性。例如，可以建立风险数据库，收集和分析各类风险数据，以便更好地识别、评估和监控风险。

六、定期进行风险管理的内部审计和评估

企业应定期对风险管理进行内部审计和评估，检查风险管理部门或岗位的工作成效以及风险管理制度和流程的执行情况。对于发现的问题和不足，应及时进行解决和弥补，以确保风险管理的持续有效。

设立专门的风险管理部门或岗位、配备合格的风险管理人员、明确风险管理部门的职责和权限、建立和完善风险管理制度和流程、加强风险管理的信息化和数据化建设以及定期进行风险管理的内部审计和评估等措施，可以有效地提升企业的风险管理能力，确保企业在面对各类风险时能够做出及时、准确的应对和处置。这将有助于保障企业的稳健运营和可持续发展。

专题 6：风险信息报告与风险监控机制是否健全，并能及时预警风险事件？

案例简介

一、案例背景

某大型金融企业为了提升风险管理能力，建立了一套风险信息报告与风险监控机制。该机制旨在实时监控企业运营中的各类风险，确保管理层能够及时处理风险事件。然而，近期企业内部发生了一系列风险事件，部分事件未能得到处理，引发了管理层对风险信息报告与风险监控机制有效性的怀疑。

二、审计发现

审计部门对该企业的风险信息报告与风险监控机制进行了全面审计。审计过程中，发现以下问题。

（1）风险信息的报告渠道不畅，部分关键风险信息传递延迟或被遗漏，导致管理层无法及时获取完整的风险信息。

（2）风险监控机制存在漏洞，对于某些特定类型的风险事件，系统无法自动触发预警，需要人工识别，增加了响应时间。

（3）风险响应流程不够明确，当风险事件发生时，相关部门和人员的职责分工不清晰，导致响应效率低下。

三、审计方法与程序

1. 数据审查

审计人员审查了风险信息报告系统的历史数据，分析风险信息的传递路径和时间，以识别报

告渠道的问题。

2. 系统测试

审计人员对企业的风险监控系统进行测试，模拟各类风险事件的发生，检查系统是否能够及时触发预警。

3. 访谈与调查

审计人员访谈了企业各部门的风险管理人员，了解他们在风险信息报告和风险监控过程中的角色和职责，以及他们对现有机制的看法和建议。

4. 流程分析

审计人员对企业的风险响应流程进行了详细分析，识别其中的瓶颈和不必要的环节。

四、审计结论与建议

经过审计，审计人员认为该企业的风险信息报告与风险监控机制存在明显缺陷，需要改进以提升风险管理的有效性。为此，审计人员提出了以下建议。

（1）优化风险信息报告渠道，确保关键风险信息能够及时、准确地传递给管理层。

（2）完善风险监控机制，对系统进行升级，确保其能够自动识别和预警各类风险事件。

（3）明确风险响应流程，制订详细的响应计划，明确各部门和人员的职责和分工。

（4）加强风险管理培训，提高员工的风险意识和应对能力。

五、后续改进

企业根据审计人员的建议，对风险信息报告与风险监控机制进行了全面改进。企业优化了报告渠道，升级了监控系统，并制订了详细的风险响应计划。同时，企业还加强了风险管理培训，提高了员工的风险意识和应对能力。在后续的运营中，企业成功应对了多起风险事件，证明了改进后的风险信息报告与风险监控机制的有效性。

审计程序与方法

针对"风险信息报告与风险监控机制是否健全，并能及时预警风险事件"这一问题，审计人员需要遵循一套系统的审计程序，并采用科学的方法进行评估。以下是一些建议的审计程序与方法。

一、审计程序

1. 初步了解与评估

对企业的风险管理体系进行初步了解，包括风险信息的报告渠道、风险监控机制以及风险响应流程。评估与企业风险管理相关的政策、程序和文档是否齐全。

2. 报告机制审查

检查风险信息的报告渠道是否畅通，包括信息系统、内部通信渠道等。评估报告机制的及时性和有效性，是否存在信息传递延迟或被遗漏的情况。

3. 监控机制测试

对企业的风险监控系统进行测试，包括系统的覆盖范围、预警功能的有效性等。分析监控系统是否能够自动识别并预警各类风险事件。

4. 响应流程分析

审查企业风险事件的响应流程，包括响应速度、责任部门的明确性以及应对措施的有效性。通过案例分析，评估企业在过去风险事件中的响应表现。

5. 访谈与调查

对企业各部门的风险管理人员进行访谈，了解他们对风险信息报告和风险监控机制的看法和建议。进行现场调查，观察风险信息报告和风险监控机制在实际操作中的执行情况。

6. 总结与建议

根据审计结果，总结企业在风险信息报告与风险监控机制方面的优点和不足。提出改进建议，包括优化报告渠道、完善监控系统、明确响应流程等。

二、审计方法

1. 文档审查法

仔细审阅企业关于风险管理、报告和响应机制的文档，包括政策文件、程序手册等。

2. 系统测试法

利用测试工具和技术，对企业的风险监控系统进行全面测试，评估其性能。

3. 案例分析法

分析企业过去处理的风险事件案例，评估企业的响应速度、措施有效性和改进空间。

4. 访谈调查法

通过对企业员工的访谈，获取第一手信息，了解风险信息报告和风险监控机制在实际操作中的情况。

5. 流程图分析法

绘制企业风险信息报告和风险监控的流程图，分析其中的瓶颈和不必要的环节，提出优化建议。

6. 对比分析法

将企业的风险信息报告与风险监控机制和行业标准或同类企业进行比较，评估其先进性和有效性。

通过遵循上述审计程序和方法，审计人员可以全面、客观地评估企业风险信息报告与风险监控机制的健全性和预警能力，并提出有针对性的改进建议。

法规依据

对于"风险信息报告与风险监控机制是否健全，并能及时预警风险事件"这一问题，相关法律法规提供了明确的指导和规定。审计人员在进行审计时，应依据这些法律法规进行判定，并确保审计过程的合法性和合规性。

《中华人民共和国公司法》第一百一十六条：公司应当定期向股东披露董事、监事、高级管理人员从公司获得报酬的情况。虽然此条主要关注报酬披露，但暗示了公司应有完善的内部信息报告机制，以确保信息透明度，这同样适用于风险信息的报告。第一百四十七条：董事、监事、高级管理人员应当遵守法律、行政法规和公司章程，对公司负有忠实义务和勤勉义务。董事、监事、高级管理人员不得利用职权收受贿赂或者其他非法收入，不得侵占公司的财产。此条要求高管对公司忠诚，勤勉尽责，间接要求他们建立健全风险管理和报告机制，以防止公司资产受损。

《中华人民共和国证券法》第六十七条：发生可能对上市公司股票交易价格产生较大影响的重大事件，投资者尚未得知时，上市公司应当立即将有关该重大事件的情况向国务院证券监督管理机构和证券交易所报送临时报告，并予公告，说明事件的起因、目前的状态和可能产生的法律后果。此条要求上市公司对可能影响股价的重大风险事件进行及时报告，确保市场信息的透明度。

《企业内部控制基本规范》第七条：企业应当建立实施风险评估程序，以识别和应对可能影响企业目标实现的内部和外部风险。这表明企业需要建立风险评估和监控机制。第八条：企业应当建立内部信息传递机制，确保内部报告的信息及时、准确、完整，并得到有效利用。此条直接要求企业建立内部信息传递机制，确保风险信息能够及时报告。第四十二条：企业应当结合内部监督情况，定期对内部控制的有效性进行自我评价，出具内部控制自我评价报告。这表明企业需要对包括风险报告和监控在内的内部控制体系进行定期评价。

通过以上法律法规，审计人员可以评估企业风险信息报告与风险监控机制是否符合法律法规的要求，进而判断其健全性和对风险事件的预警能力。在审计过程中，审计人员应关注企业是否建立了有效的风险报告渠道、是否有完善的风险监控机制以及是否能够及时预警风险事件，并依据相关法律法规提出改进建议，确保企业风险管理的合规性和有效性。

整改建议

风险信息报告与风险监控机制是企业风险管理的重要组成部分，对保障企业的稳健运营和持续发展具有至关重要的作用。针对"风险信息报告与风险监控机制是否健全，并能及时预警风险事件"的问题，提出以下整改建议，以提升企业的风险管理能力和应急响应水平。

一、完善风险管理组织架构和加强培训

企业应完善风险管理组织架构，明确各级风险管理部门的职责和权限，确保风险管理工作的有效开展。同时，要加强对风险管理人员的专业培训，提高他们的风险识别、评估和应对能力。

二、建立健全风险信息报告机制

企业应建立多渠道、多层次的风险信息报告机制，确保风险信息能够及时、准确地传递到相关部门和人员。鼓励员工积极报告风险信息，对于员工报告的重要风险信息，企业应及时进行核实和处理，并给予报告人保护和适当的奖励。

三、完善风险监控和预警系统

企业应完善风险监控和预警系统，利用先进的技术手段对各类风险进行实时监控和预警。对于可能引发重大风险事件的因素，应建立相应的预警指标和设置预警阈值，一旦触发预警，应立即采取相应的应对措施，防止风险事件的影响范围进一步扩大。

四、制定详细的风险响应计划和应急预案

企业应针对可能发生的各类风险事件，制定详细的风险响应计划和应急预案。明确风险事件发生时的应急指挥体系、应急处置流程、资源调配方案等，确保在风险事件发生时能够迅速、有效地应对。

五、加强对风险管理的内部监督和外部审计

企业应加强对风险管理工作的内部监督和外部审计，确保风险管理工作的合规性和有效性。内部审计部门应定期对风险管理部门的工作进行检查和评估，提出改进建议。同时，也可以聘请外部专业机构对企业风险管理工作进行审计和评估，以提供更为客观、全面的意见。

六、建立风险管理的持续改进机制

企业应建立风险管理的持续改进机制，定期对风险管理工作进行回顾和总结，分析存在的问题，提出解决措施和建议。同时，也要关注行业内外风险管理的新理念、新方法和新技术手段，及时更新和完善企业的风险管理体系。

完善风险管理组织架构和加强培训、建立健全风险信息报告机制、完善风险监控和预警系统、制定详细的风险响应计划和应急预案、加强对风险管理的内部监督和外部审计以及建立风险管理的持续改进机制，可以有效提升企业的风险管理能力和应急响应水平，确保企业在面对各类风险事件时能够稳健运营和可持续发展。

专题 7：企业是否定期进行风险评估和审查，以更新风险管理策略？

案例简介

一、案例背景

某大型跨国金融集团在全球范围内运营，业务涉及银行、保险、证券等多个领域。为了保障业务的稳健运行，该集团建立了完善的风险管理体系，并定期进行风险评估和审查。然而，近年来，由于市场环境的变化和业务规模的扩大，集团面临的风险也日益复杂多变。因此，集团内部审计部门决定对风险管理部门的风险评估和审查流程进行专项审计，以验证其有效性和合规性。

二、审计发现

在审计过程中，审计人员发现该集团在风险评估和审查方面存在以下问题。

1. 风险评估方法过时

集团采用的风险评估方法较为传统，未能充分考虑新兴风险（如网络安全风险、生态环保风险、声誉风险、境外风险等）的影响，导致风险评估结果不够全面和准确。

2. 审查流程不够严谨

集团在审查风险管理策略时，缺乏系统的分析和评估，往往只基于过往经验和主观判断，未能形成科学的决策依据。

3. 风险管理策略更新滞后

由于市场环境和业务条件的变化，集团的部分风险管理策略已经过时，但未能及时得到更新和修订，导致风险管理效果不佳。

三、审计方法与程序

1. 文件审查

审计人员审查了集团的风险管理政策、程序和相关文件，以了解风险评估和审查的流程和标准。

2. 数据分析

审计人员利用数据分析工具，对集团近年来的风险评估报告和审查记录进行了深入分析，以发现潜在的问题和趋势。

3. 访谈与调查

审计人员对集团风险管理部门的工作人员进行了深入的访谈，了解了他们在风险评估和审查过程中的具体做法和遇到的困难。同时，还向其他业务部门收集了他们对风险管理策略的反馈意见。

4. 对比分析

审计人员将集团的风险管理策略与同行业内的最佳实践进行了对比分析，以评估其有效性和合规性。

四、审计结论与建议

经过审计，审计人员认为该集团在风险评估和审查方面存在明显的不足，可能会影响风险管理策略的有效性和合规性。为此，审计人员提出了以下建议。

1. 更新风险评估方法

建议集团采用更为先进的风险评估方法，充分考虑新兴风险的影响，以提高风险评估的全面性和准确性。

2. 完善审查流程

建议集团在审查风险管理策略时，建立系统的分析和评估机制，形成科学的决策依据。

3. 定期更新风险管理策略

建议集团根据市场环境和业务条件的变化，定期更新和修订风险管理策略，以确保其有效性和合规性。

五、后续改进

集团根据审计人员的建议，对风险评估和审查流程进行了全面的改进。集团更新了风险评估方法，引入了先进的风险管理工具和技术；完善了审查流程，建立了系统的分析和评估机制；并定期组织对风险管理策略的更新和修订。在后续的运营中，集团的风险管理能力得到了显著提升，为业务的稳健发展提供了有力保障。同时，内部审计部门也加大了对风险管理部门的监督力度，确保各项规定得到严格执行。

审计程序与方法

针对"企业是否定期进行风险评估和审查，以更新风险管理策略"这一问题，审计人员需要执行一系列严谨的审计程序，并采用专业的审计方法。以下是一些建议的审计程序与方法。

一、审计程序

1. 收集资料与初步了解

收集企业现行的风险管理策略、政策和程序文件。与企业风险管理部门进行沟通，了解他们进行风险评估和审查的频率、方法和过程。

（1）审计计划的制定：内部审计机构根据单位的具体情况拟定审计计划，并报告单位领导审批后实施。

风险评估程序的实施：审计人员实施风险评估程序，以识别和评估财务报表层次和认定层次的重大错报风险。审计人员根据风险评估程序获取审计证据，包括询问管理层和被审计单位内部其他适当人员，分析程序，观察和检查。

（2）项目组内部讨论：项目合伙人和项目组其他关键成员讨论被审计单位对财务报告编制基础的运用，以及财务报表发生重大错报的可能性。

（3）风险评估结果的应用：审计人员依据实施风险评估程序所获取的信息，识别和评估重大错报风险，并设计和实施进一步的审计程序。

（4）审计整改的跟踪检查：内部审计机构应当及时跟踪检查被审计领导干部及其所在单位落实审计意见建议进行整改的情况，可以采取建立整改清单、台账、实行整改销号等措施，督促监督整改。内部审计机构可以开展对审计整改情况的核实评价，重点核实评价整改的真实性、全面性和有效性，未整改事项的原因和风险程度，研究推动进一步整改的措施，并出具审计整改情况评价报告。

（5）审计材料归档：审计项目结束后，审计人员应当及时收集审计档案材料，完成审计材料的归档工作，注重审计档案的质量管理。

2. 对比分析

对比企业的风险管理流程与行业标准或最佳实践，识别存在的差距。

3. 访谈与调查

对企业不同层级的员工进行访谈，了解他们对风险管理策略的认知和执行情况。调查企业在面对新风险或环境变化时，风险管理策略的响应速度和效果。

4. 总结与提出建议

基于审计发现，总结企业在风险评估和审查方面的优势和不足。提出改进建议，帮助企业优化风险管理策略。

二、审计方法

1. 文档审查法

仔细审阅企业的风险管理策略、风险评估报告、审查会议记录等文档。

2. 流程分析法

分析企业风险评估和审查的流程，识别潜在的问题和改进点。

3. 访谈法

通过结构化或非结构化的访谈，收集企业员工对风险管理策略的看法和反馈。

4. 对比分析法

将企业的风险管理策略与行业标准、最佳实践进行对比，评估其有效性和合规性。

5. 风险评估法

利用专业的风险评估工具或模型，对企业的风险管理策略进行量化评估和模拟测试。

6. 跟踪审计法

在审计结束后的一段时间内，对企业的风险管理策略进行持续跟踪和审计，确保其得到有效执行和更新。

通过上述审计程序和方法的应用，审计人员可以全面评估企业在风险评估和审查方面的表现，并提出有针对性的改进建议，帮助企业提升风险管理水平。

法规依据

对于"企业是否定期进行风险评估和审查，以更新风险管理策略"的问题，相关法律法规提供了明确的指导和规定。审计人员在进行审计时，应依据这些法律法规进行判定，并确保审计过程的合法性和合规性。

《中华人民共和国公司法》第一百三十六条：公司应当定期向股东披露董事、监事、高级管理人员从公司获得报酬的情况。虽然此条未直接提及风险评估和审查，但强调了公司治理的透明度和定期披露的义务，这可以间接推动企业进行定期的风险评估和审查。

《中华人民共和国安全生产法》第十七条：生产经营单位应当具备本法和有关法律、行政法规和国家标准或者行业标准规定的安全生产条件；不具备安全生产条件的，不得从事生产经营活动。此条要求企业具备必要的安全生产条件，包括进行定期的风险评估和审查以确保生产安全。第二十二条："生产经营单位的全员安全生产责任制应当明确各岗位的责任人员、责任范围和考核标准等内容。生产经营单位应当建立相应的机制，加强对全员安全生产责任制落实情况的监督考核，保证全员安全生产责任制的落实。"这条强调了企业全员的安全生产责任，包括参与风险评估和审查的责任。第四十一条："生产经营单位应当建立安全风险分级管控制度，按照安全风险分级采取相应的管控措施。生产经营单位应当建立健全并落实生产安全事故隐患排查治理制度，采取技术、管理措施，及时发现并消除事故隐患。事故隐患排查治理情况应当如实记录，并通过职工大会或者职工代表大会、信息公示栏等方式向从业人员通报。其中，重大事故隐患排查治理情况应当及时向负有安全生产监督管理职责的部门和职工大会或者职工代表大会报告……"此条直接要求企业建立安全风险分级管控制度，并进行定期的事故隐患排查治理，这实质上包含了定期的风险评估和审查。

除上述法律外，各行业特定的监管规定也可能包含对企业风险评估和审查的具体要求。审计人员在进行审计时，还应参考这些行业规定，确保审计的全面性和合规性。

通过以上审计程序与方法的综合运用，并结合相关法律法规的具体要求，审计人员可以有效地评估企业是否定期进行风险评估和审查，以及是否及时更新风险管理策略，从而帮助企业提升风险管理水平，确保企业运营的合规性和安全性。

整改建议

针对"企业是否定期进行风险评估和审查，以更新风险管理策略"的问题，提出以下整改建议，以确保企业风险管理的有效性和合规性。

一、加强风险管理意识培养和风险管理培训

企业应加强对全体员工的风险管理意识培养，通过定期组织风险管理培训和研讨会，提高员工对风险评估和审查重要性的认识。特别是关键岗位和风险管理部门的员工，应接受更为专业和系统的风险管理培训，以提升他们在风险识别、分析和应对方面的能力。

二、建立完善的风险评估与审查机制

企业应建立一套完善的风险评估与审查机制，明确风险评估的频率、方法和责任部门。该机制应包括定期的风险评估会议，对潜在风险进行深入分析和讨论，并制定相应的风险应对措施。同时，企业应设立独立的风险审查部门或岗位，负责对风险管理策略的执行情况进行定期审查和评估，确保风险管理策略的有效性和合规性。

三、引入先进的风险管理工具和技术

企业应积极引入先进的风险管理工具和技术，如风险量化模型、风险评估软件等，以提高风险评估的准确性和效率。这些工具和技术可以帮助企业更好地识别、分析和应对潜在风险，为制定科学的风险管理策略提供有力支持。

四、加强风险管理与业务流程的融合

企业应将风险管理融入日常业务流程中，确保在业务决策和执行过程中充分考虑潜在风险。例如，在项目实施前进行风险评估，制定风险应对计划；在合同签订前进行客户信用评估，降低违约风险等。风险管理与业务流程融合，可以帮助企业更有效地识别和控制风险，提高企业的整体风险管理水平。

五、建立风险管理的激励与约束机制

企业应建立风险管理的激励与约束机制，鼓励员工积极参与风险管理活动，并对在风险管理方面表现突出的员工给予奖励。同时，对于违反风险管理规定或造成重大风险损失的员工，应依法依规进行严肃处理，以形成有效的风险管理约束机制。

六、持续改进与更新风险管理策略

企业应定期对风险管理策略进行审查和更新，以适应市场环境和企业内部条件的变化。在审查和更新过程中，企业应充分考虑内外部审计、监管要求以及行业最佳实践等因素，确保风险管理策略的先进性和有效性。

通过加强风险管理意识培养和风险管理培训、建立完善的风险评估与审查机制、引入先进的风险管理工具和技术、加强风险管理与业务流程的融合、建立风险管理的激励与约束机制以及持续改进与更新风险管理策略等措施，企业可以有效地提升其风险管理水平，确保企业的稳健运营和可持续发展。

专题 8：风险管理培训是否到位，员工对风险管理是否有足够认识？

案例简介

一、案例背景

某大型金融机构为了应对日益复杂的业务环境和市场风险，决定开展一次全面的风险管理培训。此次培训旨在提升全体员工的风险管理意识，确保他们能够在日常工作中有效识别、评估和控制各种潜在风险。培训结束后，内部审计部门对该培训的效果进行了评估。

二、审计发现

在审计过程中，审计人员发现风险管理培训存在以下问题。

（1）培训内容不够全面，主要侧重于理论知识和案例分析，缺乏针对具体业务流程和操作环节的风险管理指导。

（2）培训方式单一，主要以讲座形式进行，缺乏互动和实践环节，导致员工参与度不高，培训效果有限。

（3）培训后缺乏有效的考核和反馈机制，无法准确评估员工对风险管理知识的掌握程度和应用能力。

三、审计方法与程序

1. 文件审查

审计人员审查了培训计划和培训材料，了解培训内容是否全面和有针对性。

2. 员工访谈

审计人员随机选取了不同部门和层级的员工进行访谈，了解他们对培训的看法、收获以及培训内容在实际工作中的应用情况。

3. 问卷调查

审计人员设计了一份关于风险管理培训的问卷，向全体员工发放，收集他们对培训的评价和建议。

4. 实地观察

审计人员观察了培训现场，记录了培训方式、员工参与度以及培训氛围等情况。

四、审计结论与建议

经过审计，审计人员认为该风险管理培训虽然在一定程度上提升了员工的风险管理意识，但培训内容和方式存在不足，培训效果有待提升。为此，审计人员提出了以下建议。

（1）完善培训内容，增加针对具体业务流程和操作环节的风险管理指导，使员工能够更好地将理论知识应用于实际工作中。

（2）提供多样化培训方式，引入互动和实践环节，如小组讨论、模拟演练等，提升员工的参与度和培训效果。

（3）建立有效的考核和反馈机制，通过考试、项目作业等方式评估员工对风险管理知识的掌握程度，并定期收集员工对培训的反馈意见，持续优化培训方案。

五、后续改进

针对审计人员的建议，该金融机构对风险管理培训进行了全面的改进。在后续的培训中，该金融机构增加了与实际业务相结合的案例分析和操作指导，引入了小组讨论和模拟演练等互动环节，并建立了完善的考核和反馈机制。通过这些改进措施，员工的风险管理意识和应用能力得到了显著提升，为金融机构的稳健发展提供了有力保障。同时，内部审计部门也加强了对培训效果的跟踪和评估，确保培训工作的持续改进和优化。

审计程序与方法

针对"风险管理培训是否到位，员工对风险管理是否有足够认识"这一问题，审计人员需要执行一系列严谨的审计程序，并采用科学有效的审计方法。以下是一些建议的审计程序与方法。

一、审计程序

1. 收集资料与初步了解

收集并分析风险管理培训的相关资料，包括培训计划、培训材料、参与人员名单等。与企业风险管理部门沟通，了解培训的目标、内容和预期效果。

2. 审查培训内容与评估培训方式

审查培训内容是否全面覆盖了风险管理的关键领域，如风险识别、评估、控制和监测等。评估培训方式是否多样化，是否包括讲座、案例分析、互动讨论和实践演练等多种形式。

3. 评估培训效果

通过问卷调查、面对面访谈或小组讨论等方式，了解员工对风险管理培训的认知程度。评估员工在实际工作中应用风险管理知识和技能的情况。

4. 收集反馈

收集员工对培训的反馈意见，了解培训的优缺点及改进建议。

5. 总结与编写报告

汇总审计发现，编写审计报告，提出改进建议，并向企业管理层汇报。

二、审计方法

1. 文档审查法

仔细审阅风险管理培训的相关文档，包括培训计划、培训材料、学员反馈表等。

2. 问卷调查法

设计并发放问卷，了解员工对风险管理培训的认知程度、满意度和改进建议。

3. 访谈法

对不同层级和部门的员工进行面对面访谈，深入了解他们对风险管理培训的看法。

4. 实地观察法

观察培训现场，记录培训方式、员工参与度、培训氛围等实际情况。

5. 数据分析法

利用数据分析工具，对问卷调查结果、员工行为变化数据等进行统计和分析，以客观评估培训效果。

6. 对比分析法

对比培训前后的员工行为、企业风险管理水平等并进行分析，以评估培训的实际效果。

通过执行上述审计程序和方法，审计人员可以全面、客观地评估风险管理培训的效果，并为企业管理层提供有价值的改进建议。

法规依据

对于"风险管理培训是否到位，员工对风险管理是否有足够认识"的问题，相关法律法规提供了明确的指导和规定。审计人员在进行审计时，应依据这些法律法规进行判定，并确保审计过程的合法性和合规性。

《中华人民共和国安全生产法》第二十五条：生产经营单位应当对从业人员进行安全生产教育和培训，保证从业人员具备必要的安全生产知识，熟悉有关的安全生产规章制度和安全操作规程，掌握本岗位的安全操作技能，了解事故应急处理措施，知悉自身在安全生产方面的权利和义务。未经安全生产教育和培训合格的从业人员，不得上岗作业。此条规定虽然主要针对安全生产，但风险管理培训是安全生产教育和培训的重要组成部分。

《中华人民共和国企业国有资产法》第三十四条：国有独资企业、国有独资公司、国有资本控股公司应当对其所出资企业的企业国有资产监督管理工作进行指导和监督。这些企业应当加强风险管理，完善内部控制机制，确保企业国有资产的安全和有效使用。此条规定强调了国有企业对风险管理工作的重视和责任。

此外，各行业也有特定的风险管理规定，如金融行业的《银行业金融机构全面风险管理指引》、建筑行业的《建设工程安全生产管理条例》等，这些规定都对企业的风险管理培训提出了具体的要求。

《银行业金融机构全面风险管理指引》第八条：银行业金融机构应当建立全面风险管理的内控机制，确保风险管理的有效实施和内部控制的持续改进。这包括建立完善的风险管理培训体系，提高员工的风险管理意识和能力。

《建设工程安全生产管理条例》第三十六条：施工单位应当建立健全安全生产教育培训制度，加强对职工安全生产的教育培训；未经安全生产教育培训的人员，不得上岗作业。虽然主要针对安全生产，但风险管理培训同样适用于建筑工程领域的员工。

依据以上法律法规，审计人员可以在审计过程中对企业的风险管理培训情况进行全面、客观的评估，并提出改进建议，确保企业风险管理工作的合规性和有效性。

整改建议

风险管理对企业的稳健运营和可持续发展至关重要。针对"风险管理培训是否到位，员工对风险管理是否有足够认识"的问题，提出以下整改建议，以确保企业风险管理工作的有效性和合规性。

一、加强风险管理培训和建立评估机制

企业应定期对员工进行风险管理培训，确保培训内容全面覆盖风险管理的关键领域，如风险识别、评估、控制和监测等。培训方式应多样化，包括讲座、案例分析、互动讨论和实践演练等，以提升员工的参与度和学习效果。同时，企业应建立培训效果评估机制，通过问卷调查、测试或实际操作等方式，评估员工对培训内容的掌握程度和应用能力。

二、提升员工对风险管理的认识

除了定期的培训，企业还应通过内部宣传、会议、工作坊等形式，不断向员工传达风险管理的重要性和价值。鼓励员工将风险管理融入日常工作中，形成全员参与、全员负责的风险管理文化。同时，企业应建立风险管理知识共享平台，提供风险管理相关的图书、文章、案例等资料，供员工自学。

三、建立健全的风险管理体系和内部控制机制

企业应建立完善的风险管理体系，明确风险管理的目标、策略、流程和责任。制订详细的风险管理计划，包括风险识别、评估、控制、监测和报告等环节。同时，企业应建立健全的内部控制机制，确保风险管理工作的有效执行和监督。通过定期的内部审计和风险评估，检查风险管理

工作的合规性和有效性，及时发现并纠正存在的问题。

四、加强风险管理与业务流程的融合

企业应将风险管理融入业务流程中，确保在业务决策和执行过程中充分考虑风险因素。通过制定风险管理政策和程序，明确各部门和各岗位在风险管理中的职责和要求。同时，企业应鼓励员工在业务活动中主动识别和控制风险，形成风险管理与业务流程相互促进的良性循环。

五、建立风险管理激励机制和问责制度

企业应建立风险管理激励机制，对在风险管理工作中表现突出的员工给予奖励和表彰。同时，对于违反风险管理规定或造成风险损失的行为，企业应依法依规进行严肃处理，并追究相关责任人的责任。通过激励机制和问责制度的建立，激发员工参与风险管理的积极性和责任感。

加强风险管理培训和建立评估机制、提升员工对风险管理的认识、建立健全的风险管理体系和内部控制机制、加强风险管理与业务流程的融合以及建立风险管理激励机制和问责制度等措施，可以有效地提升企业的风险管理水平，确保企业稳健运营和可持续发展。

专题 9：企业在应对重大风险事件时，是否有应急预案和恢复计划？

案例简介

一、案例背景

某大型跨国企业，业务遍布全球多个国家和地区，主要从事电子产品制造与销售。近年来，随着市场竞争的加剧和自然灾害的频发，该企业面临的重大风险事件日益增多。为了保障业务的连续性和稳定性，企业高层决定对其重大风险事件的应急预案和恢复计划进行审计，以确保在面临突发事件时，企业能够迅速、有效地做出响应。

二、审计发现

审计团队对企业的应急预案和恢复计划进行了全面的审计。审计过程中，审计团队发现以下问题。

（1）应急预案缺乏针对性和可操作性，部分应急措施过于笼统，无法有效指导实际应急工作。

（2）恢复计划中的资源调配方案不够具体，未明确各部门在恢复过程中的职责和协作机制。

（3）应急预案和恢复计划的更新滞后，未能及时反映企业业务发展和外部环境的变化。

（4）企业员工对应急预案和恢复计划的了解程度不足，缺乏必要的应急培训和演练。

三、审计方法与程序

1. 文件审查

审计团队对企业的应急预案和恢复计划进行了详细的审查，包括其结构、内容、更新记录等。

2. 访谈

审计团队对企业的高层管理人员、各部门负责人以及一线员工进行了深入的访谈，了解他们对应急预案和恢复计划的看法以及实际执行中的问题。

3. 模拟演练

审计团队组织了一次模拟重大风险事件的演练，评估企业应对突发事件的实际能力和应急预案的有效性。

4. 对比分析

审计团队将企业的应急预案和恢复计划与行业内的最佳实践进行了对比分析，以发现其中的差距和不足。

四、审计结论与建议

经过审计，审计团队认为企业的应急预案和恢复计划存在明显的不足，需要进行全面的改进和优化。为此，审计团队提出了以下建议。

（1）对应急预案进行修订和完善，使其更加具有针对性和可操作性。

（2）明确恢复计划中的资源调配方案，包括各部门在恢复过程中的具体职责和协作机制。

（3）定期对应急预案和恢复计划进行更新和修订，以确保其与企业业务发展和外部环境的变化同步。

（4）加强应急培训和演练，提高员工的应急意识和应对能力。

五、后续改进

企业高层对审计团队的结论和建议给予了高度重视，并立即组织相关部门进行改进工作。经过数月的努力，企业的应急预案和恢复计划得到了全面的优化和提升。在后续的模拟演练中，企业应对突发事件的能力和效率得到了显著提高。同时，企业也加强了对员工的应急培训和演练，提高了整体的应急管理水平。

审计程序与方法

针对"企业在应对重大风险事件时，是否有应急预案和恢复计划"这一问题，审计人员需要执行一套系统的审计程序，并采用科学有效的审计方法。以下是一些建议的审计程序与方法。

一、审计程序

1. 初步审查

对企业现有的应急预案和恢复计划进行初步检查，了解其覆盖范围、制定时间和更新频率。评估预案和计划的全面性和针对性，以及其是否涵盖了企业面临的主要风险。

2. 详细分析

深入分析应急预案的具体内容，包括应急响应流程、资源调配方案、通信联络机制等。检查恢复计划中的业务连续性策略、数据备份与恢复措施、员工培训计划等。

3. 对比分析

将企业的应急预案和恢复计划与行业内的最佳实践进行对比，识别存在的差距和不足。分析企业在历史重大风险事件中的应对情况，评估预案和计划的实际效果。

4. 专家咨询

请风险管理或应急响应领域的专家对企业的应急预案和恢复计划进行专业评估。

5. 现场调查与访谈

对企业的应急管理部门进行现场调查，了解其组织架构、职责分工和工作流程。对关键部门负责人和普通员工进行访谈，了解他们对预案和计划的认知程度以及实际执行情况。

二、审计方法

1. 文档审查法

仔细审阅企业提供的所有与应急预案和恢复计划相关的文档，包括预案文本、修订记录、培训材料等。

2. 数据分析法

利用数据分析工具，对企业在历史风险事件中的应对数据进行分析，评估预案和计划的有效性。

3. 模拟演练法

组织一次模拟重大风险事件的演练，评估企业应急响应的实际能力和预案的有效性。

4. 流程图分析法

绘制企业应急响应的流程图，检查是否存在潜在的漏洞或不合规的操作环节。

5. 问卷调查法

设计问卷，向企业员工了解他们对预案和计划的认知程度、培训情况以及实际执行中的问题和建议。

6. 综合评估法

结合文档审查、数据分析、模拟演练、流程图分析和问卷调查的结果，对企业的应急预案和恢复计划进行综合评估，提出改进建议。

法规依据

对于"企业在应对重大风险事件时，是否有应急预案和恢复计划"这一问题，相关的法律法规提供了明确的指导和规定。审计人员在进行审计时，应依据这些法律法规进行判定，并确保审计过程的合法性和合规性。

《中华人民共和国突发事件应对法》第十七条：国家建立健全突发事件应急预案体系。国务院制定国家突发事件总体应急预案，组织制定国家突发事件专项应急预案；国务院有关部门根据各自的职责和国务院相关应急预案，制定国家突发事件部门应急预案。地方各级人民政府和县级以上地方各级人民政府有关部门，应当根据有关法律、法规、规章、上级人民政府及其有关部门的应急预案以及本地区的实际情况，制定相应的突发事件应急预案。应急预案制定机关应当根据实际需要和情势变化，适时修订应急预案。应急预案的制定、修订程序由国务院规定。此条规定要求企业根据国家和地方的相关规定，制定和完善自身的应急预案。第二十二条：所有单位应当建立健全安全管理制度，定期检查本单位各项安全防范措施的落实情况，及时消除事故隐患；掌握并及时处理本单位存在的可能引发社会安全事件的问题，防止矛盾激化和事态扩大；对本单位可能发生的突发事件和采取安全防范措施的情况，应当按照规定及时向所在地人民政府或者人民政府有关部门报告。此条规定要求企业建立健全安全管理制度，包括应急预案和恢复计划，并定期进行检查和报告。

《中华人民共和国安全生产法》第七十八条：生产经营单位应当制定本单位生产安全事故应急救援预案，与所在地县级以上地方人民政府组织制定的生产安全事故应急救援预案相衔接，并定期组织演练。此条规定要求企业制定生产安全事故应急救援预案，并定期组织演练，以确保在发生重大风险事件时能够及时、有效地应对。第八十一条：生产经营单位应当制定本单位生产安全事故应急救援预案，与所在地县级以上地方人民政府组织制定的生产安全事故应急救援预案相衔接，并定期组织演练。生产经营单位应当建立健全生产安全事故隐患排查治理制度，采取技术、管理措施，及时发现并消除事故隐患。事故隐患排查治理情况应当如实记录，并向从业人员通报。此条规定进一步强调了企业应当制定应急救援预案，并建立隐患排查治理制度，以确保生产安全。

审计人员可以在审计过程中依据以上法律法规进行判定和评价，确保企业应急管理的合规性和有效性。

整改建议

企业在面对重大风险事件时，拥有完善的应急预案和恢复计划是至关重要的。这不仅关乎企业的生存与发展，更关乎员工、客户的利益乃至社会的安全与稳定。针对"企业在应对重大风险事件时，是否有应急预案和恢复计划"的问题，提出以下整改建议，以确保企业在面对风险时能够迅速、有效地应对，并尽快恢复正常运营。

一、制定和完善应急预案

企业应根据自身业务特点和可能面临的风险类型，制定详细的应急预案。预案应涵盖风险识别、预警机制、应急响应流程、资源调配、通信联络、现场处置、后续跟进等各个环节。同时，预案应定期进行评估和更新，以适应企业发展和外部环境的变化。

二、建立恢复计划

恢复计划是企业在经历风险事件后，迅速恢复正常运营的重要保障。企业应制定详细的恢复计划，包括业务连续性策略、数据备份与恢复、关键设备替换、员工培训计划等。恢复计划应与应急预案相互衔接，确保在风险事件发生后，企业能够迅速启动恢复工作，减少损失。

三、加强应急演练和培训

企业应定期组织应急演练，模拟真实的风险事件，检验应急预案和恢复计划的有效性和可行性。通过演练，企业可以发现预案和计划中的不足之处，并及时进行弥补。同时，企业还应加强关于应急管理和恢复工作的培训，提高员工的风险意识和应对能力。

四、建立应急管理团队

企业应组建专业的应急管理团队，负责应急预案和恢复计划的制定、更新，应急演练和培训等工作。团队成员应具备丰富的应急管理经验和专业知识，能够在风险事件发生时迅速响应，并协调各方资源进行有效应对。

五、加强与外部机构的合作与沟通

企业应积极与当地政府、行业协会、救援机构等外部机构建立合作关系，共同应对可能发生的重大风险事件。通过与外部机构的沟通与协作，企业可以获取更多的资源和支持，提高应对风险的能力。

六、持续监督与改进

企业应建立持续的监督机制，对应急预案和恢复计划的执行情况进行定期检查和评估。通过监督，企业可以发现执行过程中的问题和不足，并及时进行解决和弥补。同时，企业还应鼓励员工积极参与监督和改进工作，共同提高企业的应急管理水平。

通过制定和完善应急预案、建立恢复计划、加强应急演练和培训、建立应急管理团队、加强与外部机构的合作与沟通以及持续监督与改进等措施，企业可以有效地提高自身的应急管理能力，确保在面对重大风险事件时能够迅速、有效地应对，并尽快恢复正常运营。这将有助于保护企业的资产和声誉，维护员工和客户的利益，以及促进社会的稳定与发展。

专题 10：企业是否对风险管理的实施效果定期评估，并有改进措施？

案例简介

一、案例背景

某大型金融机构为了应对日益复杂的业务环境和市场风险，建立了一套风险管理体系，并设有专门的风险管理部门负责实施和监控。该体系涵盖了信用风险、市场风险、操作风险等多个方面，旨在确保该机构的稳健运营。然而，近年来，该机构在业务快速发展的同时，也暴露出了一些风险管理方面的问题，如风险评估不准确、风险应对措施执行不到位等。因此，该机构决定进行一次内部审计，以评估风险管理体系的实施效果，并提出改进措施。

二、审计发现

审计团队对该金融机构的风险管理体系进行了全面的审计。审计过程中，审计人员发现以下问题。

（1）风险评估方法不够科学，过于依赖历史数据和经验判断，未能充分考虑市场变化和新业务带来的新风险。

（2）风险应对措施的执行力度不够，部分业务部门在执行风险管理政策时存在"打折扣"现象。

（3）风险管理体系的监控和评估机制不完善，缺乏定期的风险管理效果评估和持续改进机制。

三、审计方法与程序

1. 文件审查

审计人员审查了风险管理相关的政策、报告等文件，以了解风险管理体系的整体框架和运作流程。

2. 数据分析

审计人员利用数据分析工具，对金融机构的历史风险数据进行了深入分析，以评估风险评估方法的科学性和有效性。

3. 员工访谈

审计人员对风险管理部门和业务部门的员工进行了访谈，了解他们在执行风险管理政策过程中的实际体验和反馈意见。

4. 现场观察

审计人员到业务部门进行了现场观察，了解风险管理措施在实际业务中的执行情况和效果。

四、审计结论与建议

经过审计，审计人员认为该金融机构的风险管理体系在整体框架和理念上是符合行业标准的，但在具体实施和执行方面存在明显不足。为此，审计人员提出了以下建议。

（1）改进风险评估方法，引入更先进的风险评估模型和技术，提高风险评估的准确性和科学性。

（2）加大风险应对措施的执行力度，确保业务部门能够严格按照风险管理政策执行。

（3）建立定期的风险管理效果评估和持续改进机制，对风险管理体系进行持续的监控和优化。

五、后续改进

该金融机构高度重视审计团队的意见和建议，立即对风险管理体系进行改进。其引入了更先进的风险评估模型和技术，加大了风险应对措施的执行力度，并建立了定期的风险管理效果评估和持续改进机制。经过一段时间的改进，该金融机构的风险管理能力得到了显著提升，业务运营也更加稳健。同时，其也加强和加大了对内部审计的重视和投入，确保风险管理体系能够得到持续的监控和优化。

审计程序与方法

针对"企业是否对风险管理的实施效果定期评估，并有改进措施"这一问题，审计人员需要遵循一套系统的审计程序，并采用科学的方法。以下是一些建议的审计程序与方法。

一、审计程序

1. 初步了解与评估

对风险管理框架、政策和程序进行初步审查，了解其设计和实施情况。评估风险管理活动的组织结构和职责分配，确保存在有效的监控机制。

2. 审查风险评估过程

检查风险评估的方法和技术，确认其科学性和合理性。分析风险评估的结果，确认是否已识别所有关键风险，并对其进行适当分类和优先级排序。

3. 评估风险应对措施

审查针对已识别风险所采取的措施，确认其有效性和执行情况。检查是否存在未得到妥善应对的重大风险。

4. 评估监控与报告机制

评估风险管理的监控和报告机制，确认是否定期向管理层提供准确的风险信息。检查管理层是否对风险报告做出及时和有效的反应。

5. 评估改进措施

审查是否存在持续的风险管理改进机制，包括定期审计、风险评估更新等。评估改进措施的实施情况和效果。

6. 现场调查与访谈

对风险管理部门和业务部门进行现场调查，了解风险管理的实际操作和内部控制情况。对相关人员进行访谈，获取第一手信息，验证风险管理活动的真实性和有效性。

二、审计方法

1. 文档审查法

仔细审阅所有与风险管理相关的文档，包括风险评估报告、风险应对措施计划、监控报告等。

2. 数据分析法

利用数据分析工具，对风险管理数据进行筛选、比对和趋势分析，识别风险管理的弱点和改进机会。

3. 流程图分析法

绘制风险管理的流程图，检查是否存在潜在的漏洞或不合规的操作环节。

4. 问卷调查法

设计并发放问卷，收集员工对风险管理活动的反馈和意见，以评估其实际效果。

5. 对比分析法

将本机构的风险管理实践与行业标准或最佳实践进行对比，评估差距和改进空间。

6. 专家咨询法

请风险管理或内部审计专家对风险管理活动的专业性和有效性进行评估，并提供改进建议。

通过遵循上述审计程序和方法，审计人员可以全面、客观地评估风险管理的实施效果，并提出有针对性的改进措施。这将有助于该机构提升风险管理能力，确保业务的稳健运营。

法规依据

对于"企业是否对风险管理的实施效果定期评估，并有改进措施"这一问题，相关的法律法规提供了明确的指导和规定。审计人员在进行审计时，应依据这些法律法规进行判定，并确保审计过程的合法性和合规性。

《企业内部控制基本规范》第四十六条："企业应当结合内部监督情况，定期对内部控制的有效性进行自我评价，出具内部控制自我评价报告。"这表明企业需要对风险管理的实施效果进行定期评估，并形成书面报告。第四十七条：内部控制自我评价报告应当至少包括下列内容：……（二）内部控制评价的程序和方法；……（四）内部控制缺陷及其认定情况；……（六）改进内部控制的措施。此条规定要求企业在自我评价报告中明确风险管理的改进措施，体现了对风险管理持续改进的要求。

《中华人民共和国公司法》第一百一十一条：董事会应当确定对外投资、收购出售资产、资产抵押、对外担保事项、委托理财、关联交易、对外捐赠等重大的购买、出售、置换资产事项的标准，并将上述事项提交董事会审议。虽然该法条未直接提及风险管理，但公司重大事项的审议和决策过程与风险管理密切相关，体现了对风险管理的重视。

同时，根据公司法的相关规定，公司管理层有责任确保公司的运营和管理符合法律法规的要求，包括建立和维护有效的风险管理体系。

对于特定行业，如金融业、医疗业、制造业等，还有相关的行业规定和监管要求，如《银行业金融机构全面风险管理指引》《医疗质量管理办法》等，这些行业规定都明确要求企业定期评估风险管理的实施效果，并采取必要的改进措施。

法律法规明确要求企业定期评估风险管理的实施效果，并采取改进措施。审计人员在进行审计时，应依据这些法律法规，检查企业是否履行了相关职责，并确保审计建议的合法性和合规性。

整改建议

风险管理的实施效果对企业长期稳定发展具有重要意义。针对"企业是否对风险管理的实施效果定期评估，并有改进措施"的问题，提出以下整改建议，以确保企业风险管理的有效性和持续改进。

一、建立风险管理评估机制

企业应建立一套完善的风险管理评估机制，定期对风险管理的实施效果进行评估。评估内容应包括风险识别的准确性、风险评估的科学性、风险应对措施的有效性以及风险管理流程的合规性。评估结果应作为改进风险管理的重要依据。

二、制定风险管理改进措施

根据风险管理评估的结果，企业应制定具体的改进措施。对于评估中发现的问题和不足，应深入分析原因，制定相应的解决方案，并明确改进责任人和完成时限。改进措施应注重实效性和可操作性，确保能够真正提升风险管理的水平。

三、加强风险管理培训与宣传

企业应加强对员工的风险管理培训和宣传，提高员工对风险管理的认识和重视程度。培训内容应包括风险管理的基本理念、方法和技术，以及企业在风险管理方面的政策和流程。通过培训和宣传，员工能够更好地理解和执行风险管理要求，形成全员参与风险管理的良好氛围。

四、完善风险管理组织架构

企业应完善风险管理的组织架构，明确各级风险管理机构的职责和权限。设立专门的风险管理部门或岗位，负责风险管理的日常工作，确保风险管理工作的独立性和专业性。同时，加强风险管理部门与其他部门之间的沟通与协作，形成风险管理的合力。

五、利用信息技术提升风险管理水平

企业应积极利用信息技术手段提升风险管理水平。建立风险管理信息系统，实现风险数据的集中管理和分析，提高风险识别的准确性和风险评估的科学性。同时，利用大数据、人工智能等先进技术，对风险管理进行智能化升级，提高风险管理的效率和效果。

六、持续改进风险管理

企业应将风险管理视为一项长期而持续的工作，持续改进风险管理。鼓励员工积极提出风险管理方面的改进意见和建议，对于有价值的意见和建议应给予奖励和表彰。同时，将风险管理的改进成果与企业的绩效考核和激励机制相结合，形成推动风险管理持续改进的强大动力。

建立风险管理评估机制、制定风险管理改进措施、加强风险管理培训与宣传、完善风险管理组织架构、利用信息技术提升风险管理水平以及持续改进风险管理，可以有效地提升风险管理的实施效果，确保企业长期稳定发展。

第十章
国有企业与关联方交易规范性专题

专题1：关联方交易是否遵循了公平交易原则且经过审批？

案例简介

一、案例背景

某大型上市公司计划进行一项重大的资产收购，目标是一家与其存在长期业务合作关系的关联方企业。此次收购旨在整合双方资源，提升市场竞争力。为确保交易的合规性，公司聘请了外部审计机构对交易过程进行审计。

二、审计发现

审计人员对关联方交易的整个过程进行了深入审查，发现以下问题。

（1）交易价格未经充分的市场调研和比较，缺乏合理的定价依据，可能存在不公平交易的风险。

（2）交易未经公司董事会或股东大会的正式审批，仅由高层管理人员口头同意，违反了公司内部的审批流程。

（3）交易合同中未明确双方的权利和义务，尤其是关于交易后整合、业绩承诺等方面的条款模糊不清。

三、审计方法与程序

1. 文件审查

审计人员审查了关联方交易的相关文件，包括交易合同、内部审批记录等，以了解交易的具体内容和过程。

2. 市场调研

审计人员进行了市场调研，收集了同行业类似交易的价格信息，以便对交易价格的合理性进行评估。

3. 访谈与调查

审计人员对公司高层管理人员、财务部门人员、法务部门人员等进行了访谈，了解了他们对交易过程和定价的看法和意见。

4. 内部控制测试

审计人员测试了公司内部关于关联方交易的审批流程和控制措施，以评估其有效性和合规性。

四、审计结论与建议

经过审计，审计人员认为该关联方交易在定价、审批和合同条款等方面存在不合规问题和潜在风险。为此，提出了以下建议。

（1）重新进行市场调研，确保交易价格公平合理，并提供充分的定价依据。

（2）严格按照公司内部规定进行交易的审批，确保董事会或股东大会正式同意。

（3）完善交易合同，明确双方的权利和义务，特别是关于交易后整合、业绩承诺等关键条款。

（4）加强内部控制，确保关联方交易的合规性和透明度。

五、后续改进

公司根据审计人员的建议，对关联方交易进行了重新评估和审批。在完善了交易合同和定价依据后，交易得到了董事会和股东大会的正式批准。同时，公司也加强了对关联方交易的内部控制和监督，确保未来交易的合规性和透明度。外部审计机构也对公司的改进措施进行了跟踪和复核，确认了其有效性。

审计程序与方法

针对"关联方交易是否遵循了公平交易原则且经过审批"这一问题，审计人员需要执行一系列严谨的审计程序，并采用科学专业的审计方法。以下是一些建议的审计程序与方法。

一、审计程序

1. 资料收集与初步审查

收集关联方交易的相关合同、发票、付款记录等交易文件。审查公司内部关于关联方交易的政策、程序和内部控制措施。

2. 交易定价与公平性评估

分析关联方交易的价格，与市场同类交易进行比较，评估定价的合理性。审查交易是否基于公平的市场条件，是否存在对一方明显有利的情况。

3. 交易审批流程审查

检查关联方交易是否按照公司内部规定的审批流程进行。核实交易是否获得了必要的董事会或股东大会批准。

4. 合同审查

审查交易合同中双方的权利和义务，确保条款清晰明确。评估合同中是否存在可能对一方不利的隐藏条款或风险。

5. 访谈与现场调查

对公司管理层、财务部门人员、法务部门人员等进行访谈，了解他们对交易过程和定价的看法。如有必要，对关联方进行现场调查，了解交易的实际执行情况和背景。

6. 编写报告与提出建议

汇总审计发现，编写审计报告，明确关联方交易是否遵循了公平交易原则且经过适当审批。提出改进建议，以加强公司内部对关联方交易的管理和控制。

二、审计方法

1. 文档审查法

仔细审阅所有与关联方交易相关的文件，包括合同、发票、付款记录、内部审批文件等。

2. 数据分析法

利用数据分析工具，对关联方交易的价格、数量、频率等数据进行深入分析，识别异常交易。

3. 市场比较法

收集同行业类似交易的市场价格信息，与关联方交易的价格进行比较，评估定价的合理性。

4. 流程图分析法

绘制关联方交易的流程图，检查交易过程中是否存在潜在的漏洞或不合规环节。

5. 访谈与调查法

通过访谈公司管理层、财务人员、法务人员等，了解他们对关联方交易的看法和意见。对关联方进行现场调查，了解交易的实际执行情况和背景，以验证交易的真实性和合规性。

6. 风险评估法

评估关联方交易可能带来的风险，包括财务风险、法律风险、声誉风险等，并提出相应的风险应对措施。

法规依据

对于"关联方交易是否遵循了公平交易原则且经过审批"的问题，相关法律法规提供了明确的指导和规定。审计人员在进行审计时，应依据这些法律法规进行判定，并确保审计过程的合法性和合规性。

《中华人民共和国公司法》第二十一条：公司的控股股东、实际控制人、董事、监事、高级管理人员不得利用其关联关系损害公司利益。违反前款规定，给公司造成损失的，应当承担赔偿责任。此条明确了关联方不得利用关联关系损害公司利益，是判断关联方交易是否公平的重要法律依据。第一百四十八条：董事、高级管理人员不得有下列行为：……（四）违反公司章程的规定或者未经股东会、股东大会同意，与本公司订立合同或者进行交易。此条直接关联到关联方交易是否经过适当审批的问题。第一百二十四条：上市公司董事与董事会会议决议事项所涉及的企业有关联关系的，不得对该项决议行使表决权，也不得代理其他董事行使表决权。该董事会会议由过半数的无关联关系董事出席即可举行，董事会会议所作决议须经无关联关系董事过半数通过。出席董事会的无关联关系董事人数不足三人的，应将该事项提交上市公司股东大会审议。此条针对上市公司，对关联方交易的审批程序进行了具体规定。

《中华人民共和国证券法》第六十七条：发生可能对上市公司股票交易价格产生较大影响的重大事件，投资者尚未得知时，上市公司应当立即将有关该重大事件的情况向国务院证券监督管理机构和证券交易所报送临时报告，并予公告，说明事件的起因、目前的状态和可能产生的法律后果。关联方交易若属于重大事件，需按照此条进行披露。

《企业会计准则第 36 号——关联方披露》要求企业披露关联方关系及其交易的信息，有助于外部投资者和审计人员判断关联方交易的公平性和合规性。该准则为关联方交易的会计处理和信息披露提供了具体指导。

通过以上法律法规的综合运用，审计人员可以有效地判断关联方交易是否遵循了公平交易原则且经过适当审批，并及时提出改进建议，确保企业关联方交易的合规性和公平性。

整改建议

关联方交易的合规性和公平性对维护企业及其利益相关者的权益至关重要。针对"关联方交易是否遵循了公平交易原则且经过审批"的问题，提出以下整改建议，以确保企业关联方交易的合规性和公平性。

一、加强关联方交易的管理和监控

企业应建立专门的关联方交易管理制度，明确关联方交易的识别、审批、执行和报告流程。同时，设立独立的监控部门或岗位，负责关联方交易的日常监控和定期审查，确保关联方交易符合公平交易原则且经过适当审批。

二、提高关联方交易的透明度和信息披露质量

企业应按照相关法律法规和会计准则的要求，充分披露关联方关系及其交易的信息，包括交易的性质、金额、定价依据等。同时，企业主动提高信息披露的质量，提高关联方交易的透明度，便于外部投资者和监管机构进行监督。

三、增强董事、监事和高级管理人员的责任意识和合规意识

企业应对董事、监事和高级管理人员进行定期的合规培训，强调他们在关联方交易中的责任和义务。同时，建立完善的内部问责机制，对于违反公平交易原则或未经审批的关联方交易，应依法依规追究相关人员的责任。

四、建立健全的内部控制体系和审批机制

企业应完善内部控制体系，确保关联方交易在内部控制的有效监督下进行。同时，建立严格的关联方交易审批机制，明确审批流程和权限，确保每一笔关联方交易都经过合法、合规的审批程序。

五、引入外部审计和独立评估机制

企业应聘请外部审计机构对关联方交易进行定期审计，确保关联方交易的合规性和公平性。同时，可以考虑引入独立评估机构，对关联方交易的定价依据和公平性进行评估，提供独立的意见和建议。

六、建立举报和奖惩机制

鼓励员工积极举报关联方交易中的违规行为，对于举报属实的员工给予适当的奖励。同时，对于违反公平交易原则或未经审批的关联方交易行为，应依法依规进行严肃处理，以维护企业关联方交易的合规性和公平性。

加强关联方交易的管理和监控、提高关联方交易的透明度和信息披露质量、增强董事、监事和高级管理人员的责任意识和合规意识、建立健全的内部控制体系和审批机制、引入外部审计和独立评估机制以及建立举报和奖惩机制，可以有效地确保企业关联方交易的合规性和公平性，维护企业及其利益相关者的权益。

专题 2：交易合同是否明确、对双方公平且符合法律法规？

案例简介

一、案例背景

某知名互联网公司计划进行一项重大技术升级项目，涉及与外部技术供应商的合作。为确保项目顺利进行，公司与供应商签订了一份详细的交易合同。该合同涵盖了项目范围、时间表、付款条件、知识产权归属以及违约责任等多个方面。

二、审计发现

在项目中期，公司内部审计部门对该交易合同进行了例行审计。审计过程中，审计人员发现以下问题。

（1）合同中的某些条款表述模糊，如项目交付的具体标准和验收流程不够明确，可能导致在后续执行过程中出现争议。

（2）付款条件部分未充分考虑项目延期或质量不达标等风险情况，缺乏相应的惩罚或调整机制。

（3）合同中的违约责任部分对供应商的约束较弱，而对公司自身的违约责任则规定得相对严格，存在不公平现象。

（4）合同未明确提及遵守相关法律法规的要求，尤其是在数据和隐私保护方面的规定。

三、审计方法与程序

1. 文件审查

审计人员对交易合同进行了全面的审查，特别关注了条款的明确性、公平性以及是否符合相关法律法规。

2. 对比分析

审计人员将合同内容与行业内的标准合同模板以及相关法律法规进行了对比分析，以识别潜在的问题。

3. 询问与调查

审计人员与公司项目负责人及法律顾问进行了沟通，了解了合同签订的背景和目的，并收集了他们对合同条款的解释和看法。

4. 外部咨询

针对合同中的法律合规性问题，审计人员还咨询了外部法律专家，以确保审计结论的准确性和权威性。

四、审计结论与建议

审计人员认为，该交易合同在明确性、公平性和合规性方面存在不足。为此，提出了以下建议。

（1）对合同中的模糊条款进行修订，明确项目交付的具体标准和验收流程。

（2）在付款条件中增加对项目延期或质量不达标等风险情况的考虑，制定相应的惩罚或调整机制。

（3）重新平衡违约责任部分，确保对供应商和公司的约束力度相当。

（4）在合同中明确提及遵守相关法律法规的要求，特别是数据和隐私保护方面的规定。

五、后续改进

公司根据审计人员的建议，对交易合同进行了修订和完善。修订后的合同更加明确、公平，并充分考虑了合规性要求。在后续的项目执行过程中，合同双方严格按照新合同进行操作，有效避免了潜在的争议和风险。同时，公司也加强了对合同管理的重视程度，确保类似问题不再发生。

审计程序与方法

针对"交易合同是否明确、对双方公平且符合法律法规"这一问题，审计人员需遵循一套系统的审计程序，并采用多种审计方法以确保审计的全面性和准确性。以下是一些建议的审计程序与方法。

一、审计程序

1. 初步审查

收集并审阅交易合同及相关附件，了解合同的基本内容和结构。核对合同双方的基本信息，确保合同主体的合法性。

2. 条款明确性审查

逐条分析合同条款，评估其表述是否清晰、无歧义。识别并记录任何模糊或可能引起争议的条款。

3. 公平性评估

对比合同双方的权利和义务，评估是否存在明显的不公平现象。分析合同条款是否对某一方过于苛刻或偏袒。

4. 合规性审查

对照相关法律法规，检查合同条款是否符合法律要求。特别注意与交易相关的特定法规，如反垄断法、消费者权益保护法等。

5. 访谈与调查

对合同双方进行访谈，了解他们对合同条款的理解和解释。调查合同的实际执行情况，以验证合同条款的有效性。

6. 编写报告与提出建议

编写审计报告，总结审计发现，并提出改进建议。与合同双方沟通审计结果，协助他们修订和完善合同条款。

二、审计方法

1. 文档审查法

仔细审阅交易合同及相关文档，提取关键信息。使用标记和注释工具，记录审阅过程中的发现和疑问。

2. 对比分析法

将合同条款与行业内的标准合同或最佳实践进行对比，识别差异。对比合同双方的权利和义务，评估公平性。

3. 检索法

使用法律数据库或专业工具，检索与交易相关的法律法规。分析法律法规对合同条款的具体要求和限制。

4. 访谈与调查法

设计访谈问卷，对合同双方进行结构化访谈。进行现场调查，观察合同的实际执行过程，并收集相关证据。

5. 风险评估法

评估合同条款可能带来的风险，如法律纠纷、经济损失等。根据风险评估结果，提出有针对性的改进建议。

6. 专家咨询法

请法律或行业专家对合同条款进行专业评估。利用专家的意见和建议，完善审计结论和改进建议。

通过遵循严谨的审计程序并采用多种审计方法，审计人员可以全面、准确地评估交易合同的明确性、公平性和合规性，为合同双方提供有价值的改进建议。

法规依据

对于"交易合同是否明确、对双方公平且符合法律法规"这一问题，相关法律法规提供了明确的指导和规定。审计人员在进行审计时，应依据这些法律法规进行判定，并确保审计过程的合法性和合规性。

《中华人民共和国合同法》第十二条：合同的内容由当事人约定，一般包括以下条款：（一）当事人的名称或者姓名和住所；（二）标的；（三）数量；（四）质量；（五）价款或者报酬；（六）履行期限、地点和方式；（七）违约责任；（八）解决争议的方法。当事人可以参照各类合同的示范文本订立合同。此条规定要求合同内容必须明确具体，以避免因条款不清晰而产生争议。第五条：当事人应当遵循公平原则确定各方的权利和义务。此条规定强调合同条款应当公平，不得偏袒任何一方。第七条：当事人订立、履行合同，应当遵守法律、行政法规，尊重社会公德，不得扰乱社会经济秩序，损害社会公共利益。此条规定要求合同条款必须符合法律法规，不得违反公序良俗。

《中华人民共和国民法典》第四百六十四条："合同是民事主体之间设立、变更、终止民事法律关系的协议。婚姻、收养、监护等有关身份关系的协议，适用有关该身份关系的法律规定；没有规定的，可以根据其性质参照适用本编规定。"此条规定明确了合同的基本定义和适用范围。第四百六十五条："依法成立的合同，受法律保护。依法成立的合同，仅对当事人具有法律约束力，但是法律另有规定的除外。"此条规定强调了合同的法律效力和约束力。

通过综合运用审计程序与方法，并依据相关法律法规进行判定，审计人员可以有效地评估交易合同的明确性、公平性和合规性，及时发现潜在问题，并提出解决方案，以确保企业交易活动的合法性和安全性。

整改建议

交易合同的明确性、公平性及合规性对保障企业权益、维护市场秩序具有重要意义。针对交易合同中可能存在的问题，提出以下整改建议，以确保企业合同管理的规范性和法律风险的可控性。

一、加强合同审核和专业化管理

企业应设立法务部门或岗位，对交易合同进行严格的审核。确保合同条款的合法性、合规性，并避免模糊不清、易产生歧义的表述。同时，培养或引进具有法律专业知识和合同管理经验的专业人员，负责合同的起草、审核、执行和监督。

二、明确合同条款，确保公平合理

在制定交易合同时，应明确双方的权利和义务，确保条款的公平合理。避免出现对某一方过于苛刻或偏袒的条款，以防止因合同条款不公而引发的纠纷和法律风险。对于涉及重大权益的条款，应进行充分的协商和沟通，确保双方达成一致。

三、遵守法律法规，确保合同合规性

在签订交易合同时，应严格遵守相关法律法规的规定。对于特定行业或领域的合同，还应遵循相关行业法规或政策的要求。确保合同条款的合法合规，避免因违反法律法规而引发的合同无效或法律责任。

四、建立合同审批和备案机制

企业应建立完善的合同审批机制，确保每一份交易合同都经过相关部门的审核和批准。同时，建立合同备案制度，将已签订的合同进行归档管理，以便后续查阅和审计。这有助于加强对合同执行情况的监督和管理。

五、加强对合同履行的监督和纠纷处理

在合同履行过程中，企业应加强对合同执行情况的监督和检查，确保合同双方按照约定履行义务，及时发现并纠正违约行为。对于因合同条款不明确或执行过程中产生的纠纷，应积极寻求法律途径解决，维护企业的合法权益。

六、提高合同管理的信息化水平

利用信息技术手段提高合同管理的效率和准确性。建立电子化的合同管理系统，实现合同的电子化存储、检索和审批。这有助于减少人为操作失误和违规行为，提高合同管理的规范性和便捷性。

加强合同审核和专业化管理；明确合同条款，确保公平合理；遵守法律法规，确保合同合规性；建立合同审批和备案机制；加强对合同履行的监督和纠纷处理以及提高合同管理的信息化水平等措施，可以有效地提升交易合同的明确性、公平性和合规性。这将有助于保障企业的合法权益，维护市场秩序的稳定。

专题 3：企业是否存在未披露的关联方交易或利益输送行为？

案例简介

一、案例背景

某大型上市公司计划进行一项重大的资产收购项目，目标是一家与其业务有潜在协同效应的中小型企业。为了确保交易的顺利进行，公司聘请了知名的会计师事务所进行财务审计，并委托内部法务团队进行合规性审查。然而，在交易即将完成之际，有匿名举报信指出该上市公司与目标企业之间存在未披露的关联方交易及可能的利益输送行为。

二、审计发现

接到举报后，公司立即组织了一个特别审计小组，对该项收购进行深入调查。审计小组采用了一系列审计方法与程序，最终发现了以下问题。

（1）目标企业的一位关键股东实际上是上市公司某高层管理人员的亲属，这一关系在之前的审计和法律审查中未被披露。

（2）上市公司与目标企业之间存在多笔非正常的资金往来，这些资金往来的目的和合理性存疑，且未在公开的财务报告中进行适当披露。

（3）目标企业在被收购前的几年内，业绩突然大幅增长，部分增长来源于与上市公司之间的内部交易，这些交易同样未在公开的财务报告中进行披露。

三、审计方法与程序

1. 数据分析

审计小组对上市公司与目标企业之间的所有财务交易数据进行了详细分析，以识别出异常的资金流动和交易模式。

2. 访谈与调查

审计小组对上市公司的管理层、目标企业的关键人员以及相关的内部知情人士进行了深入的访谈，了解交易的背景和动机。

3. 文档审查

审计小组仔细审查了所有相关的合同、协议、会议纪要和其他内部文件，寻找未披露的关联关系和交易证据。

4. 第三方验证

审计小组聘请了独立的第三方机构，对目标企业的业绩和交易进行验证，以确保其真实性和合理性。

四、审计结论与建议

审计小组的结论是，上市公司与目标企业之间确实存在未披露的关联方交易，且这些交易可能涉及利益输送行为。为此，审计小组提出了以下建议。

（1）立即停止收购交易，并对已发现的未披露关联方交易和利益输送行为进行彻底的内部调查。

（2）完善公司的内部控制机制和合规程序，确保所有关联方交易都得到适当的披露和审批。

（3）对参与未披露关联方交易和利益输送行为的人员进行严肃处理，并考虑采取法律行动。

（4）加强公司的信息披露，以维护投资者和公众的信任。

五、后续改进

上市公司采纳了审计小组的建议，停止了收购交易，并对内部进行了全面的整改。公司完善了内部控制机制和合规程序，对关联方交易进行了严格的审查和披露。同时，公司还加强了信息披露，定期向投资者和公众报告其业务活动和财务状况。这一系列措施有助于恢复投资者和公众对公司的信任，并防止类似的问题再次发生。

审计程序与方法

针对"企业是否存在未披露的关联方交易或利益输送行为"的问题，审计人员需要执行一系列严谨的审计程序，并采用专业的审计方法。以下是一些建议的审计程序与方法。

一、审计程序

1. 初步审查与评估

对被审计单位的财务报表、关联方交易披露信息、重要合同和内部交易记录进行初步审查，识别潜在的关联方和交易。评估被审计单位内部控制的有效性和关联方交易披露的充分性。

2. 详细分析与交易追踪

深入分析每一笔重大交易，特别是与非经常性交易方之间的交易，检查是否有未披露的关联方交易。追踪可疑交易，查明交易的实际目的和经济实质。

3. 对比分析与趋势识别

将本期的关联方交易情况与往期进行对比，识别异常或突变的交易模式。与行业标准或同类企业的关联方交易情况进行比较，评估交易的合理性和必要性。

4. 专家咨询与第三方验证

请财务、法律或行业专家对疑似未披露的关联方交易进行专业评估。寻求第三方机构对交易进行验证，确保交易的真实性和合规性。

5. 现场调查与访谈

对涉及关联方交易的部门进行现场调查，了解实际操作流程和内部控制情况。对相关人员进行访谈，包括管理层、交易方和内部知情人士，获取第一手信息，验证交易的真实性和合规性。

二、审计方法

1. 文档审查法

仔细审阅所有与关联方交易相关的文档，包括合同、协议、转账凭证、审批文件等。

2. 数据分析法

利用数据分析工具，对关联方交易数据进行筛选、比对和趋势分析，识别异常交易和潜在的利益输送行为。

3. 案例研究法

研究过往的关联方交易违规案例，了解常见的违规手段和特征，提高警觉性。

4. 流程图分析法

绘制关联方交易的流程图，检查是否存在潜在的漏洞或不合规的操作环节。

5. 软件辅助审计法

利用专业的审计软件，对财务数据进行自动化分析，特别是关联方交易数据的挖掘和分析，提高审计效率和准确性。

6. 敏感性分析法

对特定交易或账户进行敏感性分析，识别可能存在的未披露关联方交易或利益输送行为的风险点。

7. 穿行测试法

对关联方交易的执行过程进行穿行测试，对交易发起、审批、执行到结算的全过程进行审查，确保交易的合规性和真实性。

通过上述审计程序与方法的综合运用，审计人员可以更有效地发现未披露的关联方交易或利益输送行为，并为企业提供有针对性的改进建议。

法规依据

对于"企业是否存在未披露的关联方交易或利益输送行为"的问题，相关法律法规提供了明确的指导和规定。审计人员在进行审计时，应依据这些法律法规进行判定，并确保审计过程的合法性和合规性。

《中华人民共和国公司法》第二十一条：公司的控股股东、实际控制人、董事、监事、高级管理人员不得利用其关联关系损害公司利益。违反前款规定，给公司造成损失的，应当承担赔偿责任。此条明确禁止了利用关联关系损害公司利益的行为，包括未披露的关联方交易。第一百二十四条：上市公司董事与董事会会议决议事项所涉及的企业有关联关系的，不得对该项决议行使表决权，也不得代理其他董事行使表决权。该董事会会议由过半数的无关联关系董事出席即可举行，董事会会议所作决议须经无关联关系董事过半数通过。出席董事会的无关联关系董事人数不足三人的，应将该事项提交上市公司股东大会审议。此条规定要求上市公司董事在涉及关联方交易时回避表决，确保交易的公正性。

《中华人民共和国证券法》第六十七条：发生可能对上市公司股票交易价格产生较大影响的重大事件，投资者尚未得知时，上市公司应当立即将有关该重大事件的情况向国务院证券监督管理机构和证券交易所报送临时报告，并予公告，说明事件的起因、目前的状态和可能产生的法律后果。下列情况为前款所称重大事件：……（二）公司的重大投资行为和重大的购置财产的决定；……（五）公司分配股利或者增资的计划；（六）公司股权结构的重大变化；（七）公司债务担保的重大变更；（八）公司营业用主要资产的抵押、出售或者报废一次超过该资产的百分之三十；（九）公司的董事、监事、高级管理人员的行为可能依法承担重大损害赔偿责任；（十）上市公司收购的有关方案……。此条要求上市公司对可能影响股价的重大事件进行公告，关联方交易往往属于此类重大事件。第七十九条：禁止证券公司及其从业人员从事下列损害客户利益的欺诈行为：……（三）违背客户的委托为其买卖证券；（四）不在规定时间内向客户提供交易的书面确认文件；（五）挪用客户所委托买卖的证券或者客户账户上的资金；（六）未经客户的委托，擅自为客户买卖证券，或者假借客户的名义买卖证券；（七）为牟取佣金收入，诱使客户进行不必要的证券买卖；（八）利用传播媒介或者通过其他方式提供、传播虚假或者误导投资者的信息；（九）其他违背客户真实意思表示，损害客户利益的行为。虽然此条主要针对证券公司的欺诈行为，但其中关于挪用客户资金、擅自买卖证券等规定与利益输送行为相关。

《中华人民共和国刑法》第一百六十九条之一（背信损害上市公司利益罪）："上市公司的董事、监事、高级管理人员违背对公司的忠实义务，利用职务便利，操纵上市公司从事下列行为之一，致使上市公司利益遭受重大损失的，处三年以下有期徒刑或者拘役，并处或者单处罚金；致使上市公司利益遭受特别重大损失的，处三年以上七年以下有期徒刑，并处罚金：（一）无偿向其他单位或者个人提供资金、商品、服务或者其他资产的；（二）以明显不公平的条件，提供或者接受资金、商品、服务或者其他资产的；（三）向明显不具有清偿能力的单位或者个人提供资金、商品、服务或者其他资产的；（四）为明显不具有清偿能力的单位或者个人提供担保，或者无正当理由为其他单位或者个人提供担保的；（五）无正当理由放弃债权、承担债务的；（六）采用其他方式损害上市公司利益的……"此条直接针对背信损害上市公司利益的行为进行了刑事处罚规定，包括未披露的关联方交易或利益输送行为。

通过以上审计程序与方法的综合运用，审计人员可以有效地发现企业是否存在未披露的关联方交易或利益输送行为，并及时提出改进建议，确保企业财务活动的合规性、安全性和公平性。

整改建议

关联方交易的合规性对维护企业信誉、保护投资者利益以及确保市场公平竞争具有重要意义。针对"企业是否存在未披露的关联方交易或利益输送行为"的问题，提出以下整改建议，以加强企业内部控制，提升合规水平。

一、加强关联方交易的管理和披露

企业应建立完善的关联方交易管理制度，明确关联方的认定标准、交易审批流程、信息披露要求等。对于所有关联方交易，无论金额大小，均应进行充分披露，确保投资者和利益相关方能够全面了解交易的性质、目的、定价依据及对企业财务状况和经营成果的影响。

二、增强高层管理人员的诚信意识和责任意识

企业高层管理人员应树立诚信为本的经营理念，严格遵守相关法律法规，不得利用关联方交易进行利益输送或损害企业利益。同时，应加强对高层管理人员的监督和约束，建立有效的责任追究机制，对违规行为进行严肃处理。

三、建立健全的内部控制体系

企业应建立完善的内部控制体系，确保关联方交易的合规性和公正性。内部控制体系应涵盖关联方交易的识别、审批、执行、披露等各个环节，并设置专门的内部审计部门或岗位，定期对关联方交易进行审计和检查，及时发现并纠正违规行为。

四、提升财务人员的专业素养和合规意识

企业应加强对财务人员的培训和教育，提升他们在关联方交易识别、会计处理、信息披露等方面的专业素养。同时，应增强财务人员的合规意识，确保他们在处理关联方交易时能够严格遵守相关法律法规和企业内部规定。

五、加强外部监管和合作

企业应积极与监管机构合作，主动报告关联方交易情况，接受监管机构的指导和监督。此外，企业还可以与行业协会、专业机构等建立合作关系，共同推动关联方交易的合规性和透明度提升。

六、建立举报和奖惩机制

企业应鼓励员工积极举报违规的关联方交易或利益输送行为，并为举报人提供保护和适当的奖励。同时，对于违规行为应进行严肃处理，包括但不限于经济处罚、职位降级、解除劳动合同等，以形成有效的威慑力。

加强关联方交易的管理和披露、增强高层管理人员的诚信意识和责任意识、建立健全的内部控制体系、提升财务人员的专业素养和合规意识、加强外部监管和合作以及建立举报和奖惩机制，可以有效地防止未披露的关联方交易或利益输送行为的发生，维护企业的合法权益和市场公平竞争秩序。

专题 4：国有企业对关联方交易的记录和会计处理是否准确？

案例简介

一、案例背景

某大型国有企业（以下简称"甲企业"）近年来业务快速发展，与其关联方的交易日益频繁。为了解甲企业对关联方交易的记录和会计处理是否准确，审计署决定对其进行专项审计。

二、审计发现

审计人员对甲企业近年来与关联方的交易记录和会计处理进行了全面审查，发现以下问题。

1. 关联方交易记录不完整

部分关联方交易未在企业的会计账簿中准确记录，导致交易的真实性和完整性无法确认。

2. 会计处理不当

对于某些关联方交易，甲企业未按照相关会计准则进行会计处理，如未对交易价格进行公允性评估，导致财务报表信息失真。

3. 内部控制缺失

甲企业在关联方交易方面缺乏有效的内部控制措施，如未建立关联方交易审批制度，增加了交易风险。

三、审计方法与程序

1. 数据分析

审计人员对甲企业与关联方的交易数据进行了全面分析，包括交易金额、交易频率、交易性质等，以识别潜在的异常交易。

2. 文件审查

审计人员对甲企业的会计账簿、关联方交易合同、会计凭证等进行了详细审查，以确认交易的真实性和会计处理的准确性。

3. 访谈与调查

审计人员对甲企业的财务人员、关联方代表进行了深入访谈，了解关联方交易的具体情况和会计处理过程。

4. 对比分析

审计人员将甲企业的关联方交易与同行业其他企业的类似交易进行了对比分析，以评估其交易价格的公允性和会计处理的合理性。

四、审计结论与建议

经过审计，审计人员认为甲企业在关联方交易的记录和会计处理方面存在明显问题，可能导致财务报表信息失真和交易风险增加。为此，审计人员提出了以下建议。

1. 完善关联方交易记录

甲企业应建立健全关联方交易记录制度，确保所有关联方交易均准确记录在会计账簿中。

2. 规范会计处理

甲企业应按照相关会计准则对关联方交易进行会计处理，确保财务报表信息的真实性和准确性。

3. 加强内部控制

甲企业应建立有效的内部控制措施，如关联方交易审批制度、定期审计制度等，以降低交易风险。

五、后续改进

甲企业根据审计人员的建议，对关联方交易的记录和会计处理进行了全面整改。甲企业完善了关联方交易记录制度，规范了会计处理流程，并加强了内部控制措施。在后续的审计中，审计署确认甲企业已经有效改进了关联方交易的管理和会计处理。

审计程序与方法

在针对"国有企业对关联方交易的记录和会计处理是否准确"这一问题的审计过程中，审计人员需要遵循一套系统而严谨的审计程序，并采用多种专业方法以确保审计的全面性和准确性。以下是一些建议的审计程序与方法。

一、审计程序

1. 资料收集与初步审查

收集并审查国有企业与关联方之间的所有交易记录、合同、发票、会计凭证等原始资料。对财务报表进行初步分析，特别关注与关联方交易相关的科目，如应收账款、应付账款等。

2. 关联方交易识别与分类

识别所有关联方，包括直接和间接关联的实体。对关联方交易进行分类，如商品购销、劳务提供、资金借贷等，以便进行更详细的分析。

3. 交易细节审查与对比分析

深入审查每一笔关联方交易的细节，包括交易价格、交易条件、支付方式等。

将关联方交易与非关联方交易进行对比分析，评估交易价格的公允性和交易条件的合理性。

4. 会计处理合规性评估

检查国有企业对关联方交易的会计处理是否符合相关会计准则和法规。评估会计处理方法的一致性和合理性，确保没有误导性的会计操作。

5. 内部控制有效性评估

审查国有企业在关联方交易方面的内部控制措施，如审批流程、信息披露制度等。评估内部控制的有效性，识别潜在的漏洞和风险点。

6. 报告撰写与沟通

撰写审计报告，详细记录审计发现、结论和建议。与国有企业管理层进行沟通，就审计结果进行解释和讨论，并提出改进建议。

二、审计方法

1. 文档审查法

仔细审阅与关联方交易相关的所有文档，确保交易的真实性和完整性。

2. 数据分析法

利用数据分析工具对关联方交易数据进行深入分析，识别异常交易和趋势。

3. 访谈法

对国有企业财务人员、关联方代表等进行访谈，了解交易背后的商业逻辑和会计处理过程。

4. 比较分析法

将关联方交易与非关联方交易进行比较，评估交易条件的差异和合理性。

5. 流程图分析法

绘制关联方交易的流程图，识别潜在的风险点和内部控制漏洞。

6. 专家咨询法

在必要时，请财务或法律专家对复杂的关联方交易和会计处理进行评估和指导。

通过遵循上述审计程序和方法，审计人员可以对国有企业关联方交易的记录和会计处理进行全面而准确的审查，从而确保财务报表的真实性和公允性，并为企业改进内部控制提供有价值的建议。

法规依据

对于"国有企业对关联方交易的记录和会计处理是否准确"的问题，相关法律法规提供了明确的指导和规定。审计人员在进行审计时，应依据这些法律法规进行判定，并确保审计过程的合法性和合规性。

《中华人民共和国公司法》第二百一十六条：本法下列用语的含义：……（四）关联关系，是指公司控股股东、实际控制人、董事、监事、高级管理人员与其直接或者间接控制的企业之间的关系，以及可能导致公司利益转移的其他关系。但是，国家控股的企业之间不仅因为同受国家控股而具有关联关系。此条明确了关联方的定义，为识别关联方交易提供了法律依据。第二百一十七条："公司除法定的会计账簿外，不得另立会计账簿。对公司资金，不得以任何个人名义开立账户存储。"此条规定要求公司必须依法设立会计账簿，并对公司资金进行合法存储，有助于确保关联方交易的会计处理的准确性。

《中华人民共和国会计法》第九条："各单位必须根据实际发生的经济业务事项进行会计核算，填制会计凭证，登记会计账簿，编制财务会计报告。任何单位不得以虚假的经济业务事项或者资料进行会计核算。"此条规定要求企业必须根据实际发生的经济业务事项进行会计核算，确保关联方交易的记录的真实性。第十条：下列经济业务事项，应当办理会计手续，进行会计核算：……（五）收入、支出、费用、成本的计算；……。此条规定要求企业对收入、支出等经济业务事项进行会计核算，关联方交易作为其中的一部分，也必须进行准确的会计处理。第四十二条：违反本法规定，有下列行为之一的，由县级以上人民政府财政部门责令限期改正，可以对单位并处三千元以上五万元以下的罚款；对其直接负责的主管人员和其他直接责任人员，可以处二千元以上二万元以下的罚款；属于国家工作人员的，还应当由其所在单位或者有关单位依法给予行政处分：……（二）未按照规定填制、取得原始凭证或者填制、取得的原始凭证不符合规定的；……（九）未按照规定建立并实施单位内部会计监督制度或者拒绝依法实施的监督或者不如实提供有关会计资料及有关情况的。此条对违反会计法的行为进行了惩罚规定，包括未按照规定填制原始凭证、未建立并实施单位内部会计监督制度等，这些违规行为可能涉及关联方交易的记录和会计处理。

通过以上法规依据的综合运用，审计人员可以有效地判断国有企业对关联方交易的记录和会计处理是否准确，并及时提出改进建议，确保企业财务活动的合规性和真实性。

整改建议

国有企业对关联方交易的记录和会计处理的准确性，直接关系到企业财务信息的真实性和合规性。针对这一问题，提出以下整改建议，以确保国有企业关联方交易的合规性和财务信息的准确性。

一、加强财务人员的专业培训与职业道德教育

国有企业应定期组织财务人员进行与关联方交易相关的会计准则、法规和政策培训，确保他们充分理解并准确执行相关规定。同时，加强职业道德教育，提高财务人员对关联方交易合规性的重视程度，确保他们在处理关联方交易时保持客观、公正的态度。

二、完善关联方交易的内部控制体系

国有企业应建立完善的关联方交易内部控制体系，明确关联方交易的识别、审批、记录和报告流程。确保所有关联方交易都经过适当的审批程序，并有完整的文档记录。同时，应定期对内部控制体系的有效性进行评估和改进，确保其能够适应企业发展和法规变化的需要。

三、加强对关联方交易的审计与监督

内部审计部门应定期对关联方交易进行审计，检查其合规性和准确性。对于发现的违规行为或潜在风险，应及时向管理层报告，并提出改进建议。同时，外部审计机构也应加大对国有企业关联方交易的审计力度，确保其符合相关会计准则和法规的要求。

四、建立关联方交易的信息披露机制

国有企业应建立关联方交易的信息披露机制，定期向公众披露关联方交易的情况，包括交易的性质、金额、定价政策等。这有助于提高企业财务信息的透明度，增强投资者和公众对企业的信任。

五、加强与监管机构的沟通与合作

国有企业应积极与监管机构沟通和合作，及时了解并遵守相关会计准则和法规。对于监管机构提出的整改要求或建议，企业应积极响应并实施，确保关联方交易的合规性和财务信息的准

确性。

六、引入先进的关联方交易管理系统

国有企业应考虑引入先进的关联方交易管理系统，利用信息技术手段提高关联方交易的识别、审批、记录和报告效率。这有助于减少人为错误和违规行为，提高企业财务信息的准确性和合规性。

加强财务人员的专业培训与职业道德教育、完善关联方交易的内部控制体系、加强对关联方交易的审计与监督、建立关联方交易的信息披露机制、加强与监管机构的沟通与合作以及引入先进的关联方交易管理系统，可以有效地提高国有企业对关联方交易的记录和会计处理的准确性，确保企业财务信息的真实性和合规性。

专题 5：关联方交易是否影响了国有企业的独立性和经营决策？

案例简介

一、案例背景

某大型国有能源企业（以下简称"国企"）近年来在业务拓展中频繁与其关联方进行交易，涉及设备采购、服务合同及股权转让等多个方面。国企的财务报表显示，这些关联方交易金额巨大，占公司总交易额的比例较高。鉴于此，审计署决定对该国企进行专项审计，以评估关联方交易是否影响了国企的独立性和经营决策。

二、审计发现

审计过程中，审计人员发现以下主要问题。

1. 关联方交易定价不公

部分关联方交易的定价缺乏合理的市场比较，存在价格偏高或偏低的情况，未能体现公平交易原则。

2. 交易决策过程不规范

国企在与关联方进行重大交易时，未严格按照公司章程和内部管理制度执行，缺乏必要的审批程序和独立第三方评估。

3. 信息披露不充分

国企在年度报告中对关联方交易的信息披露不够详细，未充分说明交易的性质、目的、定价依据及对企业财务状况的影响。

三、审计方法与程序

1. 数据分析

审计人员利用数据分析工具，对国企近年来的财务报表进行梳理，特别关注关联方交易的金额、频率及变化趋势。

2. 文档审查

审计人员仔细审查与关联方交易相关的合同、发票、会议纪要等文件，以验证交易的真实性和合规性。

3. 访谈调查

审计人员对国企管理层、财务部门人员及关联方代表进行访谈，了解交易背后的动机、决策过程及内部控制执行情况。

4. 市场比较

针对交易定价问题，审计人员进行了市场调研，收集了同行业类似交易的价格信息，以评估国企关联方交易价格的合理性。

四、审计结论与建议

审计结论显示，该国企的关联方交易确实在一定程度上影响了其独立性和经营决策，主要体现在交易定价不公、决策流程不规范以及信息披露不足等方面。基于此，审计人员提出以下建议。

1. 加强内部控制

完善关联方交易的管理制度，确保所有交易均经过适当审批，并引入独立第三方进行价格评估。

2. 加强信息披露

在年度报告中详细披露关联方交易的相关信息，包括交易对方、交易内容、定价依据及对企业的影响。

3. 加强培训与监督

加强对管理层和财务人员的培训，提升其对关联方交易管理的认识和执行力，同时加强内部审计和监督。

五、后续改进

国企积极响应审计建议，对关联方交易管理进行了全面整改，包括修订内部管理制度、增设独立的交易审核委员会、加强信息披露等。审计署在后续跟踪审计中确认，该国企已采取有效措施改善关联方交易管理，维护了企业的独立性和经营决策的公正性。

审计程序与方法

针对"关联方交易是否影响了国有企业的独立性和经营决策"这一问题，审计人员需要执行一套系统的审计程序，并采用科学的审计方法。以下是一些建议的审计程序与方法。

一、审计程序

1. 初步了解与评估

对国有企业的财务报表、关联方交易明细、内部管理制度等进行初步审查，了解关联方交易的基本情况。评估关联方交易在国有企业业务中的比重，以及其对国有企业财务状况和经营成果的影响。

2. 详细审查与分析

深入审查每一笔关联方交易，检查交易定价、交易条款、交易目的等是否合理、合规。分析关联方交易对国有企业独立性和经营决策的具体影响，包括是否存在利益输送、是否损害了国有企业利益等。

3. 对比分析

将国有企业的关联方交易情况与同行业其他企业进行比较，评估其交易的合理性和合规性。对国有企业不同时期的关联方交易情况进行纵向对比，分析交易趋势和变化原因。

4. 内部控制评估

评估国有企业对关联方交易的内部控制制度，包括审批程序、信息披露制度等。测试内部控制的有效性，检查是否存在漏洞或执行不力的情况。

5. 访谈与调查

对国有企业管理层、财务部门人员、法务部门人员等进行访谈，了解关联方交易的管理和决策过程。对关联方进行必要的调查和了解，以获取更全面的交易信息。

二、审计方法

1. 文档审查法

仔细审阅与关联方交易相关的所有文档，包括合同、发票、审批文件、会议纪要等。

2. 数据分析法

利用数据分析工具对关联方交易数据进行深入分析，包括交易金额、交易频率、交易对象等。通过数据分析识别异常交易或潜在风险点。

3. 询问与调查法

通过询问国有企业相关人员和关联方代表，了解交易背后的动机、决策过程及执行情况。对交易涉及的关键人员进行深入调查，以获取更全面的信息。

4. 内部控制测试法

设计并执行内部控制测试程序，以评估国有企业对关联方交易的内部控制制度及其执行情况。通过测试发现内部控制的漏洞或执行不力的情况，并提出改进建议。

5. 专家咨询法

在审计过程中遇到专业问题时，及时咨询财务、法律等领域的专家。

利用专家的专业知识和经验对关联方交易进行更深入的分析和评估。

法规依据

对于"关联方交易是否影响了国有企业的独立性和经营决策"的问题，相关法律法规提供了明确的指导和规定。审计人员在进行审计时，应依据这些法律法规进行判定，并确保审计过程的合法性和合规性。

《中华人民共和国公司法》第二十一条：公司的控股股东、实际控制人、董事、监事、高级管理人员不得利用其关联关系损害公司利益。违反前款规定，给公司造成损失的，应当承担赔偿责任。这一法条直接关联到关联方交易，明确要求不得利用关联关系损害公司利益，为审计关联方交易是否影响国有企业独立性和经营决策提供了直接的法律依据。第一百四十八条：董事、高级管理人员不得有下列行为：……（七）擅自披露公司秘密；……。虽然此条未直接提及关联方交易，但关联方交易的信息属于公司秘密范畴，擅自披露可能构成违规。第一百二十四条：上市公司董事与董事会会议决议事项所涉及的企业有关联关系的，不得对该项决议行使表决权，也不得代理其他董事行使表决权。该决议由过半数的无关联关系董事出席即可举行，董事会会议所作决议须经无关联关系董事过半数通过。出席董事会的无关联关系董事人数不足三人的，应将该事项提交上市公司股东大会审议。这一条款具体规范了上市公司董事在关联方交易中的表决行为，确保交易的公正性。

《中华人民共和国企业国有资产法》第四十三条规定："国家出资企业的关联方不得利用与国家出资企业之间的交易，谋取不当利益，损害国家出资企业利益。"这一法条明确禁止关联方利用交易损害国家出资企业利益，是审计关联方交易是否影响国有企业独立性和经营决策的重要法律依据。第七十一条规定："国家出资企业的董事、监事、高级管理人员有下列行为之一，造成国有资产损失的，依法承担赔偿责任；属于国家工作人员的，并依法给予处分：（一）利用职权收受贿赂或者取得其他非法收入和不当利益的；（二）侵占、挪用企业资产的；（三）在企业改制、财产转让等过程中，违反法律、行政法规和公平交易规则，将企业财产低价转让、低价折股的；（四）违反本法规定与本企业进行交易的；（五）不如实向资产评估机构、会计师事务所提供有关情况和资料，或者与资产评估机构、会计师事务所串通出具虚假资产评估报告、审计报告的；（六）违反法律、行政法规和企业章程规定的决策程序，决定企业重大事项的；（七）有其他违反法律、行政法规和企业章程执行职务行为的。"此条款列举了多种违法行为，其中包括关联方违规交易，为追究相关责任提供了法律依据。

通过以上法规依据的综合运用，审计人员可以有效地评估关联方交易是否影响了国有企业的独立性和经营决策，并及时提出改进建议，确保国有企业关联方交易的合规性和安全性。

整改建议

关联方交易对国有企业独立性和经营决策的影响是一个复杂而敏感的问题。为了确保国有企业的健康发展和公平竞争，针对关联方交易可能带来的问题，提出以下整改建议。

一、加强关联方交易的内部控制和审批

国有企业应建立完善的关联方交易内部控制体系，明确关联方交易的审批流程、权限和责任。所有关联方交易都应经过严格的审批程序，确保交易的合法性和合规性。

二、加强关联方交易的信息披露

国有企业应加强关联方交易的信息披露，确保所有关联方交易都公开、透明。企业应在财务报表中详细披露关联方交易的性质、金额、定价政策等信息，以便投资者和监管机构对交易进行监督和评估。

三、建立关联方交易的监测和预警机制

国有企业应建立关联方交易的监测和预警机制，对关联方交易进行实时监控。一旦发现异常交易或可能存在利益输送的情况，应立即进行调查和处理，防止损害国有企业利益。

四、加强对关联方的管理和监督

国有企业应加强对关联方的管理和监督，确保关联方遵守法律法规和企业规章制度。企业应定期对关联方进行评估和审计，确保其业务活动合法合规，不存在损害国有企业利益的行为。

五、完善法人治理结构

国有企业应完善法人治理结构，确保董事会、监事会和经理层之间的独立性和制衡关系。企业应建立健全的决策机制，确保关联方交易在决策过程中得到充分讨论和审议，防止关联方利用交易损害国有企业利益。

六、加强法律法规的宣传和培训

国有企业应加强法律法规的宣传，提高员工对关联方交易合规性的认识。企业应定期组织法律法规培训活动，确保员工了解关联方交易的相关规定和法律责任，增强合规意识。

加强关联方交易的内部控制和审批、加强关联方交易的信息披露、建立关联方交易的监测和预警机制、加强对关联方的管理和监督、完善法人治理结构以及加强法律法规的宣传和培训，可以有效地规范国有企业的关联方交易行为，确保其独立性和经营决策的公正性。这将有助于促进国有企业的健康发展，保障国家和人民的利益。

专题 6：企业是否存在通过关联方交易进行财务造假或利润操纵的情况？

案例简介

一、案例背景

某知名上市公司近年来业绩持续增长，备受投资者关注。然而，有媒体报道称该公司可能通过关联方交易进行财务造假或利润操纵。为验证这一说法，审计署决定对该上市公司进行专项审计。

二、审计发现

审计团队在审计过程中，发现该上市公司与几家关联方之间存在大量异常交易。具体表现如下。

（1）上市公司以明显高于市场价格的价格向关联方销售产品，且销售量远超正常水平。

（2）上市公司从关联方采购原材料或服务时，价格明显低于市场价格，且采购量巨大。

（3）关联方之间的资金往来频繁且金额巨大，但缺乏合理的商业解释。

三、审计方法与程序

1. 数据分析

审计团队对上市公司的财务报表进行了详细分析，特别关注其与关联方之间的交易数据。

2. 对比分析

审计人员将上市公司与关联方之间的交易价格与市场价格进行对比，以发现是否存在异常定价。

3. 询问与调查

审计人员向上市公司的管理层、财务人员以及关联方的相关人员进行询问，了解交易背后的商业逻辑和动机。

4. 现场勘查

审计人员到上市公司的生产基地、仓库以及关联方的经营场所进行现场勘查，观察实际交易情况。

四、审计结论与建议

经过审计，审计人员认为该上市公司确实存在通过关联方交易进行财务造假或利润操纵的行为。具体表现为：

（1）利用关联方交易虚增销售收入和利润；

（2）向关联方低价采购原材料或服务，降低成本，从而增加利润；

（3）关联方之间的资金往来可能用于掩盖真实的资金状况或出于其他不正当目的。

针对上述问题，审计人员提出了以下建议。

（1）立即停止通过关联方交易进行财务造假或利润操纵的行为，并对此前的不当行为进行纠正。

（2）加强内部控制，确保关联方交易的真实性和合理性，防止类似问题再次发生。

（3）提高信息披露的透明度，及时、准确地披露关联方交易的相关信息。

五、后续改进

上市公司在接受审计建议后，进行了全面的整改。上市公司加强了内部控制，对关联方交易进行了严格的审查和管理，并提高了信息披露的透明度。同时，审计署也加大了对该公司的监管力度，确保其合规经营。经过一段时间的整改，该公司的财务状况和经营表现逐渐回归正常，投资者信心也得到了恢复。

审计程序与方法

针对"企业是否存在通过关联方交易进行财务造假或利润操纵的情况"这一问题，审计人员需要执行一系列严谨的审计程序，并采用专业的审计方法。以下是一些建议的审计程序与方法。

一、审计程序

1. 初步审查

对财务报表中的关联方交易部分进行初步检查，确认交易的性质、规模和频率。核对关联方名单，确保所有关联方都被正确识别和披露。

2. 详细分析

深入分析每一笔关联方交易，检查交易价格、条款和条件是否合理。追踪关联方交易的资金流动，查明资金的实际用途和去向。评估关联方交易对上市公司财务状况和经营成果的影响。

3. 对比分析

将关联方交易与上市公司与非关联方之间的交易进行对比，识别异常或突变的交易模式。与行业标准或同类企业的关联方交易情况进行比较，评估交易的合理性和合规性。

4. 专家咨询

请财务或法律专家对疑似违规的关联方交易进行专业评估。咨询行业专家，了解行业内常见的关联方交易和潜在风险。

5. 现场调查与访谈

对涉及关联方交易的部门进行现场调查，了解实际操作流程和内部控制情况。对相关人员进行访谈，包括上市公司管理层、财务人员以及关联方的相关人员，获取第一手信息，验证交易的真实性和合规性。

二、审计方法

1. 文档审查法

仔细审阅所有与关联方交易相关的文档，包括合同、发票、转账凭证等。检查文档的完整性和准确性，确保所有交易都有适当的文档支持。

2. 数据分析法

利用数据分析工具，对关联方交易数据进行筛选、比对和趋势分析，识别异常交易。分析关联方交易的定价模式，检查是否存在异常定价或转移利润的情况。

3. 案例研究法

研究过往的关联方交易违规案例，了解常见的违规手段和特征，提高警觉性。分析类似行业的关联方交易案例，了解行业内的常见关联方交易和潜在风险。

4. 流程图分析法

绘制关联方交易的流程图，检查交易流程是否存在潜在的漏洞或不合规的操作环节。分析内部控制措施的有效性，确保关联方交易得到适当的审批和监督。

5. 软件辅助审计法

利用专业的审计软件，对财务数据进行自动化分析，提高审计效率和准确性。

使用数据挖掘技术，识别潜在的关联方交易风险和异常情况。

法规依据

对于企业是否存在通过关联方交易进行财务造假或利润操纵的情况，相关法律法规提供了明确的指导和规定。审计人员在进行审计时，应依据这些法律法规进行判定，并确保审计过程的合法性和合规性。

《中华人民共和国公司法》第二十一条：公司的控股股东、实际控制人、董事、监事、高级管理人员不得利用其关联关系损害公司利益。违反前款规定，给公司造成损失的，应当承担赔偿责任。此条直接对利用关联方交易损害公司利益的行为进行了规范。第一百二十四条：上市公司董事与董事会会议决议事项所涉及的企业有关联关系的，不得对该项决议行使表决权，也不得代理其他董事行使表决权。该董事会会议由过半数的无关联关系董事出席即可举行，董事会会议所作决议须经无关联关系董事过半数通过。出席董事会的无关联关系董事人数不足三人的，应将该事项提交上市公司股东大会审议。此条规定了关联方交易在董事会层面的表决机制，以防止不当关联方交易的发生。

《中华人民共和国证券法》第七十八条：禁止国家工作人员、传播媒介从业人员和有关人员编造、传播虚假信息，扰乱证券市场。禁止证券交易所、证券公司、证券登记结算机构、证券服务机构及其从业人员，证券业协会、证券监督管理机构及其工作人员，在证券交易活动中作出虚假陈述或者信息误导。各种传播媒介传播证券市场信息必须真实、客观，禁止误导。此条虽然主要针对信息披露，但关联方交易的信息披露也需遵循真实、客观的原则，不得进行虚假陈述或信息误导。第一百九十七条规定："信息披露义务人报送的报告或者披露的信息有虚假记载、误导性陈述或者重大遗漏的，责令改正，给予警告，并处以一百万元以上一千万元以下的罚款；对直接负责的主管人员和其他直接责任人员给予警告，并处以五十万元以上五百万元以下的罚款。发行人的控股股东、实际控制人组织、指使从事上述违法行为，或者隐瞒相关事项导致发生上述情形的，处以一百万元以上一千万元以下的罚款；对直接负责的主管人员和其他直接责任人员，处以五十万元以上五百万元以下的罚款。"此条对财务造假或虚假陈述的行为进行了具体的惩罚规定。

《中华人民共和国刑法》第一百六十一条（违规披露、不披露重要信息罪）："依法负有信息披露义务的公司、企业向股东和社会公众提供虚假的或者隐瞒重要事实的财务会计报告，或者对依法应当披露的其他重要信息不按照规定披露，严重损害股东或者其他人利益，或者有其他严重情节的，对其直接负责的主管人员和其他直接责任人员，处三年以下有期徒刑或者拘役，并处或者单处二万元以上二十万元以下罚金。"此条针对包括关联方交易在内的信息披露违规行为进行了刑事处罚规定。

通过以上审计程序与方法的综合运用，并结合相关法律法规的具体规定，审计人员可以有效地发现企业是否存在通过关联方交易进行财务造假或利润操纵的情况，并及时提出改进建议，确保企业财务活动的合规性、真实性和安全性。

整改建议

关联方交易的合规性和透明度对维护企业财务的真实性和公正性具有至关重要的作用。针对企业可能存在通过关联方交易进行财务造假或利润操纵的情况，提出以下整改建议，以确保企业财务活动的合规性和利润的真实性。

一、加强对关联方交易的管理和监控

企业应建立完善的关联方交易管理制度，明确关联方交易的识别、审批、执行和报告流程。同时，设立专门的关联方交易监控岗位，负责实时监控关联方交易的执行情况，确保交易的真实性和合规性。

二、提高财务人员的专业素养和职业道德

企业应通过定期组织和实施职业道德教育活动，强化财务人员对关联方交易合规性的认识。同时，提供专业的财务业务培训，特别是关联方交易方面的培训，提升财务人员在关联方交易识别、分析和报告方面的专业能力。

三、建立健全的内部控制体系和审批机制

企业应建立完善的内部控制体系，明确关联方交易的审批流程和权限。实施严格的关联方交易审批机制，确保每一笔关联方交易都经过合法、合规的审批程序，防止通过关联方交易进行财务造假或利润操纵。

四、加强关联方交易的信息披露

企业应按照相关法律法规的要求，及时、准确、完整地披露关联方交易的信息，包括交易的性质、规模、定价依据等。同时，提高关联方交易信息披露的透明度，接受内外部的监督。

五、建立举报和奖惩机制

鼓励员工积极举报关联方交易中的违规行为，对于举报属实的员工给予适当的奖励。同时，对于通过关联方交易进行财务造假或利润操纵的行为，应依法依规进行严肃处理，以儆效尤。

六、加强外部审计和监管

企业应定期聘请专业的外部审计机构对关联方交易进行审计，确保交易的真实性和合规性。同时，加强与监管机构的沟通与合作，接受监管机构的监督和指导，及时整改存在的问题。

七、优化治理结构

企业应优化治理结构，确保董事会、监事会等治理机构能够独立、客观地履行其职责，对关联方交易进行有效的监督和审批。同时，完善股东大会对关联方交易的审议和表决程序，确保交易的公正性和合理性。

加强对关联方交易的管理和监控、提高财务人员的专业素养和职业道德、建立健全的内部控制体系和审批机制、加强关联方交易的信息披露、建立举报和奖惩机制、加强外部审计和监管以及优化治理结构等措施，可以有效地防止企业通过关联方交易进行财务造假或利润操纵的情况，确保企业财务活动的合规性和利润的真实性。

专题 7：关联方交易的风险评估和管理措施是否到位？

案例简介

一、案例背景

某大型上市公司计划进行一项重大资产收购，目标公司为其关联方。为了确保交易的合法合规及公平，公司聘请了外部审计机构对本次关联方交易进行风险评估和管理措施审查。

二、审计发现

在审计过程中，审计人员发现以下主要问题。

（1）关联方交易的价格确定过程缺乏透明度，未进行充分的市场比较或独立第三方评估，存在定价不公允的风险。

（2）交易条款未经公司非关联方董事或独立董事的充分审议和批准，可能导致关联方利用交易损害公司利益。

（3）公司未建立有效的关联方交易内部控制制度，无法确保关联方交易的合规性和公平性。

（4）关联方交易的信息披露不充分，未向投资者充分揭示交易的风险和潜在影响。

三、审计方法与程序

1. 文件审查

审计人员审查了关联方交易的相关合同、协议、会议纪要、董事会决议等文件，以了解交易的具体内容和决策过程。

2. 访谈调查

审计人员对公司管理层、关联方代表、非关联方董事或独立董事进行了访谈，了解他们对交易的观点和决策依据。

3. 对比分析

审计人员对比分析了关联方交易的价格与市场同类交易的价格，评估定价的合理性。

4. 内部控制测试

审计人员测试了公司关联方交易的内部控制制度，包括审批流程、信息披露机制等，以评估其有效性。

四、审计结论与建议

审计结论认为，本次关联方交易存在较大的风险，主要体现在定价不公允、决策过程缺乏透明度、内部控制缺失以及信息披露不充分等方面。为此，审计人员提出了以下建议。

（1）引入独立第三方机构对关联方交易的价格进行评估，确保定价的公允性。

（2）加强非关联方董事或独立董事在关联方交易决策中的作用，确保决策的公正性和透明度。

（3）建立健全关联方交易的内部控制制度，包括审批流程、风险评估、信息披露等，确保交易的合规性和公平性。

（4）加强关联方交易的信息披露，向投资者充分揭示交易的风险和潜在影响。

五、后续改进

公司根据审计人员的建议，对关联方交易进行了全面的整改。首先，公司引入了独立第三方机构对交易价格进行了重新评估，并调整了交易条款。其次，公司加强了非关联方董事在决策过程中的作用，确保了决策的公正性和透明度。最后，公司还建立健全了关联方交易的内部控制制度，并加强了信息披露工作。在后续的关联方交易中，公司严格按照新的制度和流程进行操作，确保了交易的合规性和公平性。

审计程序与方法

针对"关联方交易的风险评估和管理措施是否到位"的问题，审计人员需要执行一套系统的审计程序，并采用多种审计方法以确保审计的全面性和准确性。以下是一些建议的审计程序与方法。

一、审计程序

1. 初步了解与评估

收集并审阅公司关于关联方交易的政策、程序和内部控制文件。了解公司关联方交易的历史、频率、类型和金额。

2. 关联方及交易识别

确认所有关联方的身份，包括直接或间接的关联方。识别并列出公司与关联方交易的所有信息，包括交易的性质、目的、条款和条件。

3. 风险评估

分析关联方交易对公司财务状况、经营成果和现金流量的影响。评估交易定价的合理性，与市场价格或独立第三方交易价格进行比较。识别交易中是否存在任何异常的条款或条件。

4. 内部控制测试

测试公司关联方交易的内部控制制度的有效性和执行情况。检查关联方交易是否经过审批流程，包括非关联方董事或独立董事的审批。

5. 信息披露审查

审查公司是否充分披露了关联方交易的信息，包括交易的性质、金额、定价政策和风险。检查披露内容是否与财务报表中的信息一致。

6. 访谈与调查

对公司管理层、关联方代表、非关联方董事或独立董事进行访谈，了解他们关于关联方交易的观点和决策依据。调查公司员工对关联方交易内部控制制度的了解和执行情况。

二、审计方法

1. 文档审查法

仔细审阅所有与关联方交易相关的文档，包括合同、协议、董事会决议、会议纪要、审批文件等。

2. 数据分析法

利用数据分析工具对关联方交易数据进行筛选、比对和趋势分析，识别异常交易或定价不合理的交易。

3. 对比分析法

将关联方交易的价格与市场同类交易的价格进行对比，评估定价的合理性。

将关联方交易的条款和条件与独立第三方交易的条款和条件进行对比，识别一切异常的条款。

4. 流程图分析法

绘制关联方交易的流程图，检查审批流程、内部控制和信息披露环节是否存在漏洞或不合规的操作。

5. 访谈与调查法

通过访谈和调查收集关于关联方交易的第一手信息，包括交易的目的、定价依据、审批过程等。

6. 专家咨询法

请财务、法律或行业专家对关联方交易进行专业评估，特别是定价的公允性和交易条款的合理性。

通过执行上述审计程序和方法，审计人员可以对关联方交易的风险评估和管理措施进行全面而准确的审查，并为公司提供改进建议以降低潜在风险。

法规依据

对于"关联方交易的风险评估和管理措施是否到位"的问题，相关法律法规提供了明确的指导和规定。审计人员在进行审计时，应依据这些法律法规进行判定，并确保审计过程的合法性和合规性。

《中华人民共和国公司法》第二十一条：公司的控股股东、实际控制人、董事、监事、高级管理人员不得利用其关联关系损害公司利益。违反前款规定，给公司造成损失的，应当承担赔偿责任。此条明确了关联方不得利用关联关系损害公司利益，为关联方交易的风险评估和管理提供了法律依据。第一百二十四条：上市公司董事与董事会会议决议事项所涉及的企业有关联关系的，不得对该项决议行使表决权，也不得代理其他董事行使表决权。该董事会会议由过半数的无关联关系董事出席即可举行，董事会会议所作决议须经无关联关系董事过半数通过。出席董事会的无关联关系董事人数不足三人的，应将该事项提交上市公司股东大会审议。此条规定了上市公司关联方交易的表决机制，确保交易的公正性。

《中华人民共和国证券法》第六十七条：发生可能对上市公司股票交易价格产生较大影响的重大事件，投资者尚未得知时，上市公司应当立即将有关该重大事件的情况向国务院证券监督管理机构和证券交易所报送临时报告，并予公告，说明事件的起因、目前的状态和可能产生的法律后果。下列情况为前款所称重大事件：……（二）公司的重大投资行为和重大的购置财产的决定；……（五）公司发生重大债务和未能清偿到期重大债务的违约情况；……（七）公司的董事、三分之一以上监事或者经理发生变动；……（九）公司分配股利、增资的计划，公司股权结构的重要变化，公司减资、合并、分立、解散及申请破产的决定；……（十二）国务院证券监督管理机构规定的其他事项。虽然此条未直接提及关联方交易，但关联方交易可能构成上述重大事件，需要上市公司进行信息披露。第七十九条：禁止证券交易内幕信息的知情人和非法获取内幕信息的人利用内幕信息从事证券交易活动。关联方交易如涉及内幕信息，相关人员需遵守此条规定，不得进行内幕交易。

通过以上法律法规，审计人员可以对关联方交易的风险评估和管理措施是否到位进行判定，并提出相应的改进建议，确保企业关联方交易的合规性和公平性。

整改建议

关联方交易在企业经营中普遍存在，但其风险评估和管理措施的到位与否直接关系到企业的财务健康和市场信誉。针对"关联方交易的风险评估和管理措施是否到位"的问题，提出以下整改建议，以确保企业关联方交易的合规性、公平性和透明度。

一、加强对关联方交易的识别和风险评估

企业应建立完善的关联方交易识别机制，确保所有关联方及其交易都被及时、准确识别。同时，对关联方交易进行定期的风险评估，分析关联方交易对企业财务状况、经营成果和现金流量的影响，以及交易定价的合理性，确保交易符合公平交易原则。

二、完善关联方交易的内部控制和审批流程

企业应建立健全的内部控制体系，明确关联方交易的审批流程、权限和责任。实施严格的关联方交易审批机制，确保每一笔关联方交易都经过合法、合规的审批程序，防止关联方利用关联关系损害企业利益。

三、加强和提高关联方交易的信息披露和透明度

企业应按照相关法律法规的要求，及时、充分地披露关联方交易的信息，包括交易的性质、金额、定价政策和风险等。同时，提高关联方交易的透明度，接受内外部的监督，确保交易的公允性和合规性。

四、建立关联方交易的监测和报告机制

企业应设立专门的关联方交易监测岗位或利用先进的技术手段，实时监测关联方交易的情况。定期向董事会和审计委员会报告关联方交易的情况和风险，以便及时发现并纠正不合规的关联方交易。

五、加强对关联方交易的审计和监督

企业应将关联方交易作为内部审计的重点之一，定期进行审计和检查，确保交易的合规性和公允性。同时，接受外部审计和监管机构的监督和检查，及时发现并整改关联方交易中存在的问题。

六、建立关联方交易的培训机制和合规文化

企业应加强对员工的合规培训和教育，提高员工对关联方交易合规性的认识和重视程度。建立合规文化，鼓励员工积极举报关联方交易中的违规行为，对于举报属实的员工给予保护和适当的奖励。

加强对关联方交易的识别和风险评估、完善关联方交易的内部控制和审批流程、加强和提高关联方交易的信息披露和透明度、建立关联方交易的监测和报告机制、加强对关联方交易的审计和监督以及建立关联方交易的培训机制和合规文化等措施，可以有效地提高关联方交易的管理水平，确保企业关联方交易的合规性、公平性和透明度。这将有助于维护企业的财务健康和市场信誉，促进企业的可持续发展。

专题 8：国有企业是否建立了完善的关联方交易内部控制机制？

案例简介

一、案例背景

某大型国有企业集团，在近年来业务迅速扩展的过程中，涉及了大量的关联方交易。为了规范企业内部管理，提高经营效率，并防范潜在的风险，该企业集团决定对其关联方交易的内部控制机制进行全面的审计和评估。

二、审计发现

审计团队通过深入调查和分析，发现该企业集团在关联方交易内部控制方面存在以下问题。

（1）关联方交易的识别不够准确和全面，部分交易未被正确识别为关联方交易，导致相关控制和审批流程缺失。

（2）关联方交易的定价机制不够透明和公正，存在潜在的利益输送风险。

（3）关联方交易的信息披露不充分，未按照相关法规和企业内部规定进行及时、准确的披露。

（4）关联方交易的审批流程不够规范和严格，存在审批权限不清、审批程序简化等问题。

三、审计方法与程序

1. 资料审查

审计团队对该企业集团关联方交易的相关制度、流程、记录等进行了详细的审查。

2. 数据分析

利用数据分析工具，对关联方交易的数据进行了全面的分析，以识别潜在的异常交易。

3. 访谈与调查

审计团队对该企业集团的相关部门人员进行了深入的访谈，了解了关联方交易的实际操作情况和存在的问题。

4. 现场观察

审计团队到该企业集团的相关部门进行了现场观察，了解了关联方交易内部控制的实际执行情况。

四、审计结论与建议

审计团队认为，该企业集团在关联方交易内部控制方面存在明显的问题和不足，需要进一步解决和弥补。为此，审计团队提出了以下建议。

（1）完善关联方交易的识别机制，确保所有关联方交易都能被准确、全面识别。

（2）优化关联方交易的定价机制，提高透明度和公正性，防范利益输送风险。

（3）加强关联方交易的信息披露，确保按照相关法规和企业内部规定进行及时、准确的披露。

（4）规范关联方交易的审批流程，明确审批权限和程序，确保审批的严格性和有效性。

五、后续改进

该企业集团高度重视审计团队的意见和建议，随后对关联方交易的内部控制机制进行了全面的改进和完善。通过加强制度建设、优化流程设计、提高信息披露质量等措施，该企业集团成功建立了更加完善、有效的关联方交易内部控制机制。同时，该企业集团还加大了对关联方交易的监督和检查力度，确保各项规定得到严格执行，有效防范了潜在的风险。

审计程序与方法

针对"国有企业是否建立了完善的关联方交易内部控制机制"这一问题，审计人员需要遵循一套系统而严谨的审计程序，并采用专业的审计方法。以下是一些建议的审计程序与方法。

一、审计程序

1. 初步了解与评估

对国有企业的组织结构、业务范围、关联方关系及交易情况进行初步了解。

评估现有关联方交易内部控制机制的框架和有效性。

2. 内部控制机制审查

审查国有企业是否制定了明确的关联方交易管理制度和流程。检查关联方交易的识别、审批、执行、记录和报告等环节是否得到有效控制。

3. 交易样本选取与分析

选取一定样本量的关联方交易进行详细分析，包括交易性质、金额、频率等。分析交易定价的合理性，以及是否存在异常或可疑交易。

4. 信息系统与数据审查

审查国有企业用于关联方交易管理的信息系统，评估其安全性和数据准确性。对系统数据进行挖掘和分析，以发现潜在的内部控制漏洞或违规行为。

5. 访谈与调查

对国有企业内部相关人员进行访谈，了解关联方交易的实际操作情况和存在的问题。对关键部门或岗位进行现场调查，观察内部控制机制的实际执行情况。

6. 总结与编写报告

总结审计发现，评估国有企业关联方交易内部控制机制的完善程度。编写审计报告，提出改进建议和意见。

二、审计方法

1. 文档审查法

仔细审阅国有企业关联方交易的相关制度、流程、合同、审批文件等文档。

2. 数据分析法

利用数据分析工具对关联方交易数据进行筛选、比对和趋势分析，以识别异常交易或潜在风险。

3. 流程图分析法

绘制关联方交易的流程图，检查每个环节是否存在潜在的内部控制漏洞或不合规操作。

4. 访谈与问卷调查法

设计访谈提纲和问卷，对国有企业内部相关人员进行访谈和问卷调查，以获取第一手信息。

5. 信息系统审计法

对国有企业用于关联方交易管理的信息系统进行审计，评估其安全性、可靠性和数据准确性。

6. 比较分析法

将国有企业的关联方交易内部控制机制与行业标准或最佳实践进行比较，以评估其完善程度。

7. 风险评估法

对关联方交易进行风险评估，识别潜在的风险点和影响程度，为改进内部控制机制提供依据。

法规依据

对于"国有企业是否建立了完善的关联方交易内部控制机制"这一问题，相关的法律法规提供了明确的指导和规定。审计人员在审计过程中，应依据以下法律法规进行判定，并确保审计过程的合法性和合规性。

《中华人民共和国公司法》第二十一条：公司的控股股东、实际控制人、董事、监事、高级管理人员不得利用其关联关系损害公司利益。违反前款规定，给公司造成损失的，应当承担赔偿责任。这一法条直接关联到关联方交易，要求关联方不得利用关联关系损害公司利益，为关联方交易的内部控制提供了法律依据。第一百二十四条：上市公司董事与董事会会议决议事项所涉及的企业有关联关系的，不得对该项决议行使表决权，也不得代理其他董事行使表决权。该董事会会议由过半数的无关联关系董事出席即可举行，董事会会议所作决议须经无关联关系董事过半数通过。出席董事会的无关联关系董事人数不足三人的，应将该事项提交上市公司股东大会审议。此条针对上市公司，对关联方交易的表决进行了具体规定，有助于防止关联方交易中的不当行为。

《中华人民共和国企业国有资产法》第三十条："国家出资企业合并、分立、改制、上市，增加或者减少注册资本，发行债券，进行重大投资，为他人提供大额担保，转让重大财产，进行大额捐赠，分配利润，以及解散、申请破产等重大事项，应当遵守法律、行政法规以及企业章程的规定，不得损害出资人和债权人的权益。""进行重大投资"和"转让重大财产"等往往涉及关联方交易，要求国有企业在这些交易中不得损害出资人和债权人的权益。第七十一条："国家出资企业的董事、监事、高级管理人员有下列行为之一，造成国有资产损失的，依法承担赔偿责任；属于国家工作人员的，并依法给予处分：（一）利用职权收受贿赂或者取得其他非法收入和不当利益的；（二）侵占、挪用企业资产的；（三）在企业改制、财产转让等过程中，违反法律、行政法规和公平交易规则，将企业财产低价转让、低价折股的；（四）违反本法规定与本企业进行交易的；（五）不如实向资产评估机构、会计师事务所提供有关情况和资料，或者与资产评估机构、会计师事务所串通出具虚假资产评估报告、审计报告的；（六）违反法律、行政法规和企业章程规定的决策程序，决定企业重大事项的；（七）有其他违反法律、行政法规和企业章程执行职务行为的……"其中，"违反本法规定与本企业进行交易的"直接关联到关联方交易的合规性。

《企业内部控制基本规范》第五条：企业建立与实施内部控制，应当遵循下列原则：……（四）制衡性原则。内部控制应当在治理结构、机构设置及权责分配、业务流程等方面形成相互制约、相互监督，同时兼顾运营效率。此条要求企业在关联方交易内部控制机制的设计上，应当体现制衡性，防止关联方交易中的不当行为。

通过以上法律法规的综合运用，审计人员可以有效地评估国有企业是否建立了完善的关联方交易内部控制机制，并及时提出改进建议，确保企业关联方交易的合规性和公平性。

整改建议

关联方交易的合规性和公平性对国有企业的稳健运营和良好治理至关重要。针对"国有企业是否建立了完善的关联方交易内部控制机制"的问题，提出以下整改建议，以确保企业关联方交易的合规性和公平性。

一、加强关联方交易管理制度的建设和完善

国有企业应制定详细、全面的关联方交易管理制度，明确关联方交易的识别标准、审批流程、定价机制、信息披露要求等关键内容。同时，定期对制度进行审查和更新，确保其与实际业务操作保持一致，并符合相关法律法规的要求。

二、提升关联方交易内部控制的执行力

国有企业应建立健全的关联方交易内部控制体系，明确各部门和岗位的职责和权限，确保关联方交易在合法、合规的基础上进行。同时，加大内部控制的执行力度，对违反制度的行为进行严肃处理，形成有效的威慑力。

三、加强对关联方交易的审计和监督

国有企业应设立专门的内部审计部门或岗位，对关联方交易进行定期审计和监督。审计内容应包括关联方交易的合规性、定价的公平性、信息披露的充分性等。对于发现的问题，应及时进行整改和纠正，防止类似问题再次发生。

四、加强关联方交易的信息披露

国有企业应按照相关法律法规的要求，及时、准确、全面地披露关联方交易的信息。披露内容应包括关联方的名称、交易类型、交易金额、定价依据等关键信息。同时，鼓励国有企业自愿披露更多关于关联方交易的信息。

五、加强对关联方交易的风险评估和管理

国有企业应对关联方交易进行风险评估，识别潜在的风险点和风险的影响程度。对于高风险的关联方交易，应制定专门的风险管理策略和措施，确保交易在可控的风险范围内进行。同时，加强对关联方交易风险的监测和预警，及时发现并应对潜在的风险问题。

六、建立关联方交易的合规文化和培训机制

国有企业应积极倡导合规文化，提高员工对关联方交易合规性的认识和重视程度。同时，建立完善的培训机制，定期对员工进行关联方交易管理制度和内部控制要求的培训和教育，提高员工的合规意识和操作能力。

加强关联方交易管理制度的建设和完善、提升关联方交易内部控制的执行力、加强对关联方交易的审计和监督、加强关联方交易的信息披露、加强对关联方交易的风险评估和管理以及建立关联方交易的合规文化和培训机制等措施，可以有效地促进国有企业建立完善的关联方交易内部控制机制，确保企业关联方交易的合规性和公平性。这将有助于提升国有企业的治理水平和市场竞争力，实现可持续发展。

第十一章
国有企业杠杆率与债务风险专题

专题1：企业是否存在过度举债，导致资产负债率过高的情况？

案例简介

一、案例背景

某大型制造企业近年来为了扩大生产规模，频繁进行外部融资，导致企业的资产负债率持续攀升。企业高层对财务状况的合理性及潜在风险存在疑虑，因此决定聘请外部审计机构对企业的财务状况进行全面审计，特别关注企业是否存在过度举债导致的资产负债率过高问题。

二、审计发现

审计团队通过审查企业的财务报表、融资合同、还款记录等资料，并结合对企业管理层、财务人员的访谈，发现以下主要问题。

（1）企业在过去五年内，资产负债率从50%急剧上升至80%，远超行业平均水平。

（2）企业存在大量短期借款，且部分借款的还款期限集中于未来一年内，短期内面临较大的偿债压力。

（3）部分融资项目并未带来预期的收益，导致资金利用效率低下，进一步加剧了财务负担。

（4）企业在风险管理方面存在不足，未建立有效的债务监控和预警机制。

三、审计方法与程序

1. 数据分析

对企业的财务报表进行详细分析，特别关注资产负债表，计算并分析资产负债率、流动比率等关键财务指标。

2. 文件审查

审查企业的融资合同、还款计划、项目投资报告等文件，评估融资的合理性及资金使用的有效性。

3. 访谈调查

对企业的高层管理人员、财务人员进行深入访谈，了解企业的融资策略、资金规划及企业面临的财务挑战。

4. 对比分析

将企业的财务状况与行业内的可比公司进行对比，分析企业在偿债能力等方面的表现。

四、审计结论与建议

审计团队认为，该企业确实存在过度举债导致资产负债率过高的问题，短期内面临较大的偿债风险。为此，提出以下建议。

（1）优化融资结构，减少短期借款比例，增加长期稳定的资金来源。

（2）加强对资金使用的监管，确保融资项目能够带来预期收益，提高资金利用效率。

（3）建立债务风险监控和预警机制，及时发现并应对潜在的财务风险。

（4）考虑通过资产重组、股权融资等方式降低资产负债率，改善财务结构。

五、后续改进

企业根据审计团队的建议，开始调整融资策略，逐步优化债务结构，并加强内部财务管理和风险控制。同时，企业还引入了专业的财务顾问团队，协助制定长期的财务规划和风险管理策略。经过一年的努力，企业的资产负债率有所下降，财务状况趋于稳定，为企业的可持续发展奠定了坚实基础。

审计程序与方法

在针对"企业是否存在过度举债，导致资产负债率过高的情况"进行审计时，审计人员需要遵循一套系统的审计程序，并采用多种审计方法以确保审计的全面性和准确性。以下是一些建议的审计程序与方法。

一、审计程序

1. 初步审查

对企业的财务报表，特别是资产负债表进行初步检查，关注资产负债率的变动趋势。核查企业的融资合同、借款协议等文件，确保融资数据的准确性。

2. 深入分析

详细分析企业的融资结构，包括短期借款、长期借款的比例和来源。追踪融资资金的使用情况，检查资金是否按照预定用途进行投放，并评估资金使用的效益。

3. 对比分析

将企业的资产负债率与行业标准或同类企业进行对比，评估企业的债务水平是否合理。分析企业的偿债能力，包括流动比率、速动比率等指标，并与历史数据进行对比，识别异常或突变的情况。

4. 专家咨询

请财务或金融专家对企业的融资策略和债务水平进行专业评估。咨询行业内的专业人士，了解行业内的常见融资模式和债务风险。

5. 现场调查与访谈

对企业的财务部门进行现场调查，了解融资活动的操作流程和内部控制情况。

对企业的高层管理人员、财务人员进行深入访谈，获取关于融资决策和资金规划的第一手信息。

二、审计方法

1. 文档审查法

仔细审阅所有与融资活动相关的文档，包括融资合同、借款协议、还款计划等。检查企业的会议记录、决策文件等，了解融资决策的背景和过程。

2. 数据分析法

利用数据分析工具，对企业的财务报表进行数据挖掘和趋势分析，识别异常的债务变动。分析企业的现金流状况，评估企业的偿债能力和资金流动性。

3. 案例研究法

研究行业内的融资案例，了解常见的融资模式和债务风险，提高对潜在问题的警觉性。分析类似企业的债务危机案例，总结教训并应用于当前审计项目中。

4. 流程图分析法

绘制企业融资活动的流程图，检查融资决策、资金投放、还款等环节是否存在潜在的漏洞或不合规操作。分析企业的内部控制流程，评估其在融资活动中的有效性和合规性。

5. 软件辅助审计法

利用专业的审计软件，对企业的财务数据进行自动化分析，提高审计效率和准确性。应用风险管理软件，对企业的债务风险进行量化评估，为审计结论提供数据支持。

通过遵循上述审计程序和方法，审计人员能够全面、准确地评估企业是否存在过度举债导致资产负债率过高的情况，并为企业的财务管理和风险控制提供有价值的建议。

法规依据

对于"企业是否存在过度举债，导致资产负债率过高的情况"这一问题，相关法律法规提供了明确的指导和规定。审计人员在进行审计时，应依据这些法律法规进行判定，并确保审计过程的合法性和合规性。

《中华人民共和国公司法》第一百五十九条：公司发行公司债券应当符合《中华人民共和国证券法》规定的发行条件，并依法报经批准。公司债券募集办法中应当载明下列主要事项：……（五）债券总额和债券的票面金额；……（七）公司净资产额；……。此条规定要求公司在发行债券时考虑自身的净资产额，间接对企业的举债行为进行了规范。第一百六十条：公司债券可以转让，转让价格由转让人与受让人约定。公司债券在证券交易所上市交易的，按照证券交易所的交易规则转让。此条虽然主要规定债券的转让，但债券的上市交易和转让价格受公司财务状况影响，与举债行为相关联。

《中华人民共和国证券法》第十六条：公开发行公司债券，应当符合下列条件：……（二）累计债券余额不超过公司净资产额的百分之四十；……。此条明确规定了公司发行债券的限额，与企业的资产负债率直接相关，是判断企业是否过度举债的重要依据。

《中华人民共和国企业破产法》第二条："企业法人不能清偿到期债务，并且资产不足以清偿全部债务或者明显缺乏清偿能力的，依照本法规定清理债务。企业法人有前款规定情形，或者有明显丧失清偿能力可能的，可以依照本法规定进行重整。"此条规定了企业破产的条件，其中"资产不足以清偿全部债务"与企业资产负债率过高有直接关系，是审计人员判断企业过度举债风险的参考依据。

通过以上审计程序与方法的综合运用，并结合相关法律法规的具体规定，审计人员可以有效地评估企业是否存在过度举债导致资产负债率过高的情况，及时提出改进建议，确保企业财务活动的稳健性和合法性。

整改建议

针对"企业是否存在过度举债，导致资产负债率过高的情况"的问题，提出以下整改建议，以确保企业财务结构的稳健性和可持续发展。

一、优化融资策略，合理控制债务规模

企业应制定科学合理的融资策略，根据自身经营状况和现金流情况，合理规划债务规模和融资结构。避免盲目扩张和过度依赖短期高息借款，通过多元化融资渠道，降低融资成本，优化债务到期结构，确保债务的可持续性和稳定性。

二、加强财务预算管理，提高资金使用效率

企业应建立健全的财务预算管理制度，对资金收支进行精细化管理和预测。通过制定合理的预算计划，确保资金的有序流动和高效使用。同时，加强对应收账款和存货的管理，减少资金占用，提高资金周转速度，降低资产负债率。

三、加强内部控制，防范财务风险

企业应建立完善的内部控制体系，对融资、投资、资金运营等关键环节进行严格控制。加强财务部门的职能建设，提高财务人员的专业素养和风险意识。通过内部审计、风险评估等手段，及时发现和纠正潜在的财务风险，确保企业财务活动的合规性和稳健性。

四、积极寻求外部合作，降低财务风险

企业可以积极寻求与金融机构、投资者等外部合作伙伴的合作，通过股权融资、债券发行等方式，优化资本结构，降低债务风险。同时，可以与供应商、客户等建立长期稳定的合作关系，通过供应链金融等方式，提高资金利用效率，降低融资成本。

五、加强财务信息披露，提升市场信心

企业应加强财务信息披露，及时、准确地向投资者、债权人等利益相关方披露财务状况和经营成果。通过加强与市场的沟通和交流，提升市场对企业财务状况的信心，为企业的融资和发展创造良好的外部环境。

通过优化融资策略，合理控制债务规模；加强财务预算管理，提高资金使用效率；加强内部控制，防范财务风险；积极寻求外部合作，降低财务风险以及加强财务信息披露，提升市场信心等措施，企业可以有效地降低资产负债率，防范过度举债带来的财务风险，确保企业财务结构的稳健性和可持续发展。

专题2：企业是否存在"明股实债"等隐性债务问题？

案例简介

一、案例背景

某大型房地产开发企业近年来快速扩张，涉及多个大型商业地产项目。为了筹集资金，该企业采用了一种创新的融资方式，即与投资者签订股权投资协议，但实际上这些投资者并不参与企业的经营决策，也不享有除分红以外的其他股东权利。这种模式在市场上引发了关于企业是否存在"明股实债"等隐性债务问题的怀疑。

二、审计发现

在对该企业进行年度财务审计时，审计人员发现了以下情况。

（1）投资者与企业签订的股权投资协议中，明确规定了固定的回报率，且回报不与企业实际经营业绩挂钩。

（2）投资者没有获得相应的股权比例所应享有的投票权和管理权，其投资更像是债权投资。

（3）企业在财务报表中没有充分披露这些"股权投资"的实际性质和风险，可能导致财务报表使用者对企业财务状况的误解。

三、审计方法与程序

1. 文件审查

审计人员仔细审查了企业与投资者签订的所有股权投资协议，分析其条款和内容，特别是关于回报、权利与义务的部分。

2. 访谈调查

审计人员对企业财务部门人员、法务部门人员以及部分投资者进行了深入访谈，了解这些"股权投资"的实际运作方式和目的。

3. 财务分析

审计人员对企业的财务报表进行了详细分析，特别关注与"股权投资"相关的资金流入流出、利息支付和回报分配情况。

4. 行业对比

审计人员收集了同行业其他企业的融资方式和相关财务数据，进行了对比分析，以评估该企业的融资方式是否异常。

四、审计结论与建议

审计结果显示，该企业的确存在"明股实债"的隐性债务问题。这些所谓的"股权投资"实际上更接近于债权融资，但企业并未在财务报表中充分披露这一事实。为此，审计人员提出了以下建议。

（1）企业应重新评估并调整其融资策略，确保融资方式符合相关法律法规和会计准则的要求。

（2）对于已存在的"明股实债"融资，企业应在财务报表中进行充分披露，说明其性质、风险和对企业财务状况的影响。

（3）加强企业财务部门和法务部门之间的沟通与合作，确保企业在融资过程中充分考虑法律法规和会计准则的要求。

五、后续改进

企业高度重视审计人员的建议，对现有的融资方式进行了全面梳理和调整。对于已存在的"明股实债"融资，企业在财务报表中进行了充分披露，并加强了与投资者的沟通，明确了双方的权利和义务。同时，企业还加强了内部管理和控制，确保在未来的融资活动中严格遵守相关法律法规和会计准则的要求。

审计程序与方法

针对"企业是否存在'明股实债'等隐性债务问题"的审计，审计人员需要遵循一套系统而严谨的审计程序，并采用专业的审计方法。以下是一些建议的审计程序与方法。

一、审计程序

1. 初步审查

对企业的财务报表、融资协议、投资者名单及相关合同进行初步检查，了解企业的融资结构和资金流动情况。核对企业的股权结构变动记录，确认是否有异常的股权变动或未披露的融资行为。

2. 详细分析

深入分析企业的每一笔融资交易，特别是那些具有固定回报、无投票权和管理权的"股权投资"。追踪这些融资交易的资金流向，查明资金的实际用途和回报支付方式。

3. 对比分析

将企业的融资方式与同行业其他企业进行对比，识别是否存在异常的融资模式。对比企业的融资成本与市场平均水平，评估其融资的合理性和经济性。

4. 专家咨询

请财务、法律或融资专家对疑似"明股实债"的融资行为进行专业评估。

咨询监管机构，了解相关法规和政策对企业融资方式的限制和要求。

5. 现场调查与访谈

对企业的财务部门、法务部门及融资相关部门进行现场调查，了解融资的实际操作流程和内部控制情况。对企业高管、财务人员及部分投资者进行访谈，获取第一手信息，验证融资交易的真实性和合规性。

二、审计方法

1. 文档审查法

仔细审阅所有与融资相关的文档，包括融资协议、投资者合同、回报支付凭证等。检查这些文档中的条款和内容，特别是关于回报、权利与义务的部分，以识别是否符合"明股实债"的特征。

2. 数据分析法

利用数据分析工具，对企业的融资数据进行筛选、比对和趋势分析，识别异常的融资交易和资金流动。分析企业的融资成本、回报支付与经营业绩之间的关系，评估其融资的经济性和合理性。

3. 案例研究法

研究过往的"明股实债"案例，了解常见的操作手段和特征，提高对这类问题的警觉性。分析这些案例中的监管处罚和市场反应，评估企业可能面临的风险和后果。

4. 流程图分析法

绘制企业融资的流程图，包括融资申请、审批、资金流入流出、回报支付等环节。检查流程图中的每个环节是否存在潜在的漏洞或不合规的操作，特别是那些可能导致"明股实债"的环节。

5. 软件辅助审计法

利用专业的审计软件，对企业的财务数据进行自动化分析，提高审计效率和准确性。使用数据挖掘技术，识别企业财务报表中可能存在的隐藏关联和异常交易。

法规依据

对于"企业是否存在'明股实债'等隐性债务问题"的审计，相关法律法规提供了明确的指导和规定。审计人员在进行审计时，应依据这些法律法规进行判定，并确保审计过程的合法性和合规性。

《中华人民共和国公司法》第二十条：公司股东应当遵守法律、行政法规和公司章程，依法行使股东权利，不得滥用股东权利损害公司或者其他股东的利益；不得滥用公司法人独立地位和股东有限责任损害公司债权人的利益。公司股东滥用股东权利给公司或者其他股东造成损失的，应当依法承担赔偿责任。公司股东滥用公司法人独立地位和股东有限责任，逃避债务，严重损害公司债权人利益的，应当对公司债务承担连带责任。此条款强调了股东行为的合法性，而"明股实债"往往涉及股东以投资之名行借贷之实，可能损害其他股东或债权人的利益。第一百五十九条：公司债券的发行条件、发行程序、发行方式和募集资金的用途等，必须依照本法和其他有关法律、行政法规的规定办理。任何单位和个人不得非法干预公司债券的发行活动。此条款规范了公司债券的发行，而"明股实债"可能是一种规避债券发行监管的行为。

《企业会计准则——基本准则》第十二条："企业应当以实际发生的交易或者事项为依据进行会计确认、计量和报告，如实反映符合确认和计量要求的各项会计要素及其他相关信息，保证会计信息真实可靠、内容完整。"企业不得根据虚构的交易或者事项进行确认、计量和报告，不得随意调整利润的计算、分配方法，编造虚假利润或者隐瞒利润。此条款要求企业如实反映交易或事项的本质，而"明股实债"是对交易实质的隐瞒或误导。

《中华人民共和国证券法》第六十三条：发行人、上市公司依法披露的信息，必须真实、准确、完整，不得有虚假记载、误导性陈述或者重大遗漏。此条款要求上市公司确保公开信息的真实性，而"明股实债"可能导致上市公司财务报表不真实。

通过以上审计程序与方法的综合运用，并结合相关法律法规的具体规定，审计人员可以有效地发现企业是否存在"明股实债"等隐性债务问题，并及时提出解决方案，确保企业财务活动的合规性、真实性和安全性。

整改建议

针对"企业可能存在的'明股实债'等隐性债务问题"的审计，提出以下整改建议，以确保企业财务活动的合规性、真实性和安全性。

一、组织合规培训

企业应定期组织合规培训，特别针对高层管理人员和财务部门，提高其对"明股实债"等隐性债务问题的法律风险和合规要求的认识。培训内容应包括相关法律法规、会计准则以及监管要求，确保企业人员能够准确理解和应用。

二、完善治理结构与内部控制

企业应完善治理结构，确保董事会、监事会和高级管理人员各司其职，形成有效的制衡机制。同时，建立健全的内部控制体系，明确融资活动的审批流程、权限和责任，防止"明股实债"等隐性债务问题的发生。

三、规范融资活动与加强信息披露

企业应规范融资活动，确保所有融资行为均符合相关法律法规和监管要求。在融资过程中，应充分披露融资条款、资金用途和回报方式，避免以股权投资之名行借贷之实。同时，加强信息披露，确保投资者和债权人能够充分了解企业的真实财务状况。

四、加强财务审计与监督

企业应定期进行财务审计，特别是针对融资活动和资金流向的审计，确保财务报表的真实性和准确性。同时，建立内部审计机制，对融资活动进行独立、客观的监督和评估，及时发现并纠正存在的问题。

五、建立风险预警与应对机制

企业应建立风险预警机制，对融资活动进行持续监测和评估，及时发现潜在的"明股实债"等隐性债务问题。一旦发现风险迹象，应立即启动应对机制，制定并实施有效的风险控制和化解措施，防止问题进一步扩大和恶化。

六、加强与监管机构的沟通与合作

企业应加强与监管机构的沟通与合作，及时了解并遵守相关法律法规和监管要求。在融资活动中遇到不确定或复杂的问题时，应主动向监管机构咨询并寻求指导，确保融资行为的合规性和安全性。

组织合规培训、完善治理结构与内部控制、规范融资活动与加强信息披露、加强财务审计与监督、建立风险预警与应对机制以及加强与监管机构的沟通与合作，可以有效地解决和预防企业存在的"明股实债"等隐性债务问题，确保企业财务活动的合规性、真实性和安全性。

专题 3：企业是否定期进行债务风险评估，并制定相应的应对措施？

案例简介

一、案例背景

某大型制造业企业近年来业务规模迅速扩大，涉及多个业务领域，其财务结构日益复杂。为应对潜在的财务风险，企业高层决定加强内部控制，并特别关注债务风险评估与管理。为此，企业内部审计部门启动了一项针对债务风险评估及应对措施的专项审计。

二、审计发现

审计团队通过审查企业财务报告、债务合同、风险管理政策及相关会议记录，发现以下主要问题。

（1）企业未定期进行全面的债务风险评估，缺乏系统性的风险评估框架和方法。

（2）部分债务合同中存在条款不清晰、利率变动未充分考量等风险点，可能导致未来财务成本上升。

（3）虽有初步的风险应对措施，但缺乏针对特定债务风险的详细应对计划和应急预案。

三、审计方法与程序

1. 文档审查

详细审查企业过去三年的财务报告、债务合同、风险管理政策文件等，以了解债务管理现状。

2. 访谈调查

对财务部门、风险管理部门的关键人员进行深入访谈，了解债务风险评估及应对的实际操作流程。

3. 数据分析

利用财务分析工具，对企业债务结构、成本、期限等进行量化分析，评估潜在风险。

4. 对比分析

将企业的债务管理实践与行业最佳实践进行对比，识别差距和改进空间。

四、审计结论与建议

审计结论显示，企业在债务风险评估及管理方面存在问题，亟须解决。为此，审计团队提出以下建议。

（1）建立定期（如每季度）的债务风险评估机制，采用定量与定性相结合的方法，全面评估债务风险。

（2）对现有债务合同进行逐一审查，优化合同条款，特别是关于利率变动、还款条件等的关键条款。

（3）制定针对不同类型的债务风险的详细应对计划和应急预案，包括资金调配、再融资策略等。

（4）加强风险管理人员的专业培训，提升其对复杂债务市场的理解和风险管理能力。

五、后续改进

企业高层高度重视审计发现与建议，立即组织相关部门制定改进措施。在随后的几个月内，企业建立了债务风险评估体系，优化了债务合同管理流程，并制定了详细的债务风险应对计划。内部审计部门持续跟踪改进措施的执行情况，确保债务风险管理得到有效加强。通过这些努力，企业的债务管理能力显著提升，为未来的稳健发展奠定了坚实基础。

审计程序与方法

针对"企业是否定期进行债务风险评估，并制定相应的应对措施"这一问题，审计人员需要执行一套详细的审计程序，并运用多种审计方法。以下是一些建议的审计程序与方法。

一、审计程序

1. 初步了解与评估

审查企业财务报告，了解债务的总体情况和结构。与企业风险管理部门沟通，了解债务风险评估的频率和方法。

2. 详细检查

检查企业是否有书面的债务风险评估政策和程序。审查过去的债务风险评估报告，确认企业是否定期执行风险评估并记录。抽查债务合同，评估其条款是否合理，是否存在潜在风险。

3. 对比分析

将企业的债务风险评估实践与行业标准或最佳实践进行对比。分析企业债务风险的变化趋势，识别任何异常或突变的债务风险。

4. 评估应对措施

审查企业针对债务风险制定的应对措施，确认其是否充分和有效。通过模拟或情景分析，测试应对措施在实际风险事件中的可行性。

5. 访谈与调查

对企业高层、财务部门人员、风险管理部门人员进行访谈，了解他们对债务风险评估和应对的看法和实践。对关键业务部门进行现场调查，了解其对债务风险的认识和应对策略。

二、审计方法

1. 文档审查法

仔细审阅与债务风险评估和应对相关的所有文档，包括政策文件、评估报告、会议记录等。

2. 数据分析法

利用数据分析工具，对债务数据进行深入分析，识别潜在的债务风险。分析债务风险的变化趋势，预测未来的债务风险。

3. 流程图分析法

绘制债务风险评估和应对的流程图，检查其是否完整、合理。通过流程图分析，识别潜在的漏洞或不足。

4. 情景模拟法

模拟不同的债务风险情景，评估企业风险应对措施的效果。通过情景模拟，评估企业风险应对措施的充分性和有效性。

5. 专家咨询法

请风险管理或财务领域的专家对企业债务风险评估和应对情况进行专业评估。利用专家的知识和经验，为企业提供改进建议。

通过上述审计程序和方法的应用，审计人员可以全面、深入地评估企业的债务风险评估和制定应对措施的情况，为企业提供有价值的改进建议。

法规依据

对于"企业是否定期进行债务风险评估，并制定相应的应对措施"这一问题，相关的法律法规提供了明确的指导和要求。审计人员在进行审计时，应依据这些法律法规进行判定，并确保审计过程的合法性和合规性。

《中华人民共和国公司法》第一百一十八条：董事会应当确定对外投资、收购出售资产、资产抵押、对外担保事项、委托理财、关联交易、对外捐赠等重大的方案，并建立严格的审查和决策程序；重大投资项目应当组织有关专家、专业人员进行评审，并报股东大会批准。此条要求企业对重大财务事项进行审慎决策，债务风险评估应包含在内。第一百四十七条：董事、监事、高级管理人员应当遵守法律、行政法规和公司章程，对公司负有忠实义务和勤勉义务。董事、监事、高级管理人员不得利用职权收受贿赂或者其他非法收入，不得侵占公司的财产。此条要求企业高管对公司负有忠实和勤勉义务，履行的义务应包含对债务风险的合理管理和应对。

《中华人民共和国企业国有资产法》第三十五条：国家出资企业对其动产、不动产和其他财产依照法律、行政法规以及企业章程享有占有、使用、收益和处分的权利。国家出资企业依法享有的经营自主权和其他合法权益受法律保护。同时，国家出资企业应当对其债务风险进行合理评估，并制定相应的应对措施，以保护国有资产的安全。

《中央企业全面风险管理指引》第七条：企业开展全面风险管理要紧紧围绕总体经营目标，通过在企业管理的各个环节和经营过程中执行风险管理的基本流程，培育良好的风险管理文化，建立健全全面风险管理体系，包括风险管理策略、风险理财措施、风险管理的组织职能体系、风险管理信息系统和内部控制系统，从而为实现风险管理的总体目标提供合理保证。此条要求企业建立健全全面风险管理体系，明确包含了债务风险评估和应对措施的制定。第二十三条：企业应当根据风险分析的结果，结合风险承受度，权衡风险与收益，确定风险应对策略。企业应当合理分析、准确掌握董事、经理及其他高级管理人员、关键岗位员工的风险偏好，采取适当的控制措施，避免因个人风险偏好给企业经营带来重大损失。企业在制定债务风险应对措施时，应充分考虑风险偏好，确保措施的合理性和有效性。

通过以上审计程序与方法的综合运用，并结合相关法律法规的具体要求，审计人员可以有效地评估企业是否定期进行债务风险评估，并制定相应的应对措施，从而确保企业财务活动的稳健性和安全性。

整改建议

债务风险评估及应对对企业的稳健运营和可持续发展至关重要。针对"企业是否定期进行债务风险评估，并制定相应的应对措施"的问题，提出以下整改建议，以确保企业财务活动的稳健性和债务风险的可控性。

一、加强债务风险管理培训

企业应定期组织债务风险管理培训，提高全体员工，特别是财务和风险管理人员的债务风险评估意识。培训内容应包括债务风险的识别、评估、应对等，以确保员工具备必要的专业知识和技能。

二、建立健全债务风险评估机制

企业应建立一套科学、系统的债务风险评估机制，明确评估的频率、方法和责任部门。评估机制应涵盖企业所有的债务类型，包括长期债务、短期债务等，并定期对债务风险进行定量和定性分析。

三、制定并实施债务风险应对措施

根据债务风险评估的结果，企业应制定相应的应对措施，包括调整债务结构、优化融资方式、建立债务风险预警系统等。同时，企业应确保这些措施得到有效执行，并定期对执行效果进行评估和调整。

四、加强内部控制与审计

企业应完善内部控制体系，确保债务风险的评估和管理过程受到严格的内部控制。此外，企业还应定期进行内部审计，检查债务风险评估和应对措施的执行情况，及时发现并纠正存在的问题。

五、建立债务风险信息披露机制

企业应建立一套完善的债务风险信息披露机制，定期向投资者、债权人和其他相关方披露企业的债务风险状况和管理措施。这有助于提高企业的透明度，增强市场对企业的信心，并促进企业与各方之间的沟通和合作。

六、引入外部专业机构进行债务风险评估

企业可以考虑引入外部的专业机构，如会计师事务所、风险评估公司等，对企业的债务风险进行独立评估。这有助于提供更客观、专业的评估意见，并为企业的债务风险管理提供有益的参考。

通过加强债务风险管理培训、建立健全债务风险评估机制、制定并实施债务风险应对措施、加强内部控制与审计、建立债务风险信息披露机制以及引入外部专业机构进行债务风险评估，企业可以有效地管理其债务风险，确保企业财务活动的稳健性和可持续性。这将有助于企业在竞争激烈的市场环境中保持稳定的运营和发展。

专题 4：企业在举债过程中是否存在违规操作或不当行为？

案例简介

一、案例背景

某大型民营企业计划进行一项新业务拓展，预计需要大额资金支持，因此决定通过举债方式筹集资金。企业聘请了某知名会计师事务所进行财务审计，以确保举债过程的合规性，并为潜在的债权人提供可信的财务报告。

二、审计发现

在审计过程中，审计人员发现企业在举债过程中存在以下违规操作或不当行为。

1. 财务报表粉饰

企业为了获得更多的贷款，对财务报表进行了粉饰，夸大了收入和利润，隐瞒了部分负债。

2. 违规担保

企业在未经充分披露和审批的情况下，为关联方提供了大额的贷款担保，增加了企业的潜在风险。

3. 贷款用途不明确

企业在贷款申请中未明确说明贷款的具体用途，可能导致资金被挪用于非主营业务或高风险投资。

三、审计方法与程序

1. 文档审查

审计人员对企业的财务报表、贷款申请资料、担保合同等文件进行了详细的审查。

2. 数据分析

审计人员利用专业的财务分析工具，对企业的财务数据进行了深入的分析，以发现可能存在的异常或不合理之处。

3. 询问与调查

审计人员向企业的财务部门、管理层以及关联方进行了询问，了解贷款申请、担保以及资金使用的具体情况。

4. 现场勘查

审计人员对企业的生产经营现场进行了勘查，观察了企业的实际运营情况，并将实际情况与财务报表记录内容进行了比对。

四、审计结论与建议

经过审计，审计人员认为企业在举债过程中存在明显的违规操作或不当行为，可能损害债权人的利益，并影响企业的长期稳定发展。为此，审计人员提出了以下建议。

（1）企业应重新编制真实的财务报表，充分披露所有负债和潜在风险。

（2）重新审批违规的担保行为，确保所有担保都经过充分的披露和审批。

（3）明确贷款用途，并制订详细的资金使用计划，确保资金用于主营业务或低风险投资。

（4）加强内部控制，建立完善的财务和风险管理制度，防止类似问题再次发生。

五、后续改进

企业根据审计人员的建议，进行了全面的整改。企业重新编制了真实的财务报表，重新审批了违规的担保行为，并明确了贷款用途和资金使用计划。同时，企业还加强了内部控制和风险管理，建立了完善的财务和风险管理制度。在后续的举债过程中，企业严格遵守了相关法律法规和会计准则，确保了举债行为的合规性和透明度。

审计程序与方法

针对"企业在举债过程中是否存在违规操作或不当行为"的问题，审计人员需要遵循一套严谨的审计程序，并采用专业的审计方法。以下是一些建议的审计程序与方法。

一、审计程序

1. 初步审查

对企业的财务报表、贷款申请资料、担保合同以及相关的银行对账单进行初步检查，确认举债的总体情况和资金流动的初步印象。核对账户余额和贷款记录，确保数据的完整性和准确性，特别注意大额或异常的交易记录。

2. 详细分析

深入分析每一笔贷款交易，检查贷款用途是否明确，是否存在资金被挪用于非主营业务或高风险投资的情况。追踪可疑贷款的流向，查明资金的实际用途，确认企业是否存在违规操作或不当行为。

3. 对比分析

将企业本期的举债情况与往期进行对比，识别异常或突变的举债模式。与行业标准或同类企业的举债情况进行比较，评估企业举债的合理性和合规性。

4. 专家咨询

请财务或风险管理专家对疑似违规的举债行为进行专业评估，获取专业意见。

5. 现场调查与访谈

对企业的财务部门、管理层以及关联方进行现场调查，了解举债的实际操作流程和内部控制情况。对相关人员进行访谈，获取第一手信息，验证举债行为的真实性和合规性。

二、审计方法

1. 文档审查法

仔细审阅所有与举债相关的文档，包括贷款申请、担保合同、财务报表、银行对账单等，确保文档的完整性和合规性。

2. 数据分析法

利用数据分析工具，对举债数据进行筛选、比对和趋势分析，识别异常交易或不合规的举债行为。

3. 案例研究法

研究过往的举债违规案例，了解常见的违规手段和特征，提高警觉性，以便更好地识别潜在的违规操作。

4. 流程图分析法

绘制企业举债的流程图，检查举债过程中是否存在潜在的漏洞或不合规的操作环节，确保流程的合规性和有效性。

5. 软件辅助审计法

利用专业的审计软件，对企业的财务数据和举债记录进行自动化分析，提高审计效率和准确性，减少人为错误。

通过遵循上述审计程序和方法，审计人员可以全面、客观地评估企业在举债过程中是否存在违规操作或不当行为，并为企业提供相应的改进建议。

法规依据

对于"企业在举债过程中是否存在违规操作或不当行为"的问题，相关法律法规提供了明确的指导和规定。审计人员在进行审计时，应依据这些法律法规进行判定，并确保审计过程的合法性和合规性。

《中华人民共和国公司法》第一百五十九条：公司发行公司债券应当符合《中华人民共和国证券法》规定的发行条件，并依法报经批准。公司债券募集办法中应当载明下列主要事项：……（五）债券转让的条件、场所；（六）违反债券募集办法的责任。此条规定要求公司发行债券时必须遵守相关法律法规，并对债券募集办法中的关键事项进行明确，包括违反规定的责任。第二百零二条：公司在依法向有关主管部门提供的财务会计报告等材料上作虚假记载或者隐瞒重要事实的，由有关主管部门对直接负责的主管人员和其他直接责任人员处以三万元以上三十万元以下的罚款。这条对公司提供虚假财务报告的行为进行了惩罚规定，举债过程中的违规操作往往伴随着提供虚假财务报告。

《中华人民共和国证券法》第十六条：公开发行公司债券，应当符合下列条件：……（五）

最近三年平均可分配利润足以支付公司债券一年的利息。这是对公开发行公司债券的明确规定，企业举债时必须满足这一条件，否则可能构成违规。第一百八十九条：发行人不符合发行条件，以欺骗手段骗取发行核准，尚未发行证券的，处以三十万元以上六十万元以下的罚款；已经发行证券的，处以非法所募资金金额百分之一以上百分之五以下的罚款。对直接负责的主管人员和其他直接责任人员处以三万元以上三十万元以下的罚款。这条对以欺骗手段骗取发行核准的行为进行了严厉的惩罚规定，适用于举债过程中的违规行为。

《中华人民共和国刑法》第一百六十条（欺诈发行证券罪）：在招股说明书、认股书、公司、企业债券募集办法等发行文件中隐瞒重要事实或者编造重大虚假内容，发行股票或者公司、企业债券，数额巨大、后果严重或者有其他严重情节的，处五年以下有期徒刑或者拘役，并处或者单处非法募集资金金额百分之一以上百分之五以下罚金。此条直接针对欺诈发行证券的行为进行了刑事处罚规定，适用于举债过程中的欺诈行为。

通过以上审计程序与方法的综合运用，并结合相关法律法规的具体规定，审计人员可以有效地发现企业在举债过程中是否存在违规操作或不当行为，并及时提出改进建议，确保企业财务活动的合规性和安全性。

整改建议

企业在举债过程中的合规性和规范性对维护企业信誉、保障投资者权益以及确保企业财务稳健具有重要意义。针对"企业在举债过程中是否存在违规操作或不当行为"的问题，提出以下整改建议，以确保企业举债活动的合规性和安全性。

一、加强企业高层及财务人员的法律法规培训

企业应定期组织企业高层及财务人员参加关于企业举债、公司债券发行等相关法律法规的培训，提升他们对举债过程中合规操作的重要性的认识。通过培训，相关人员熟悉并掌握相关法律法规的具体要求，确保在举债过程中严格遵守。

二、完善举债过程的内部控制和审批机制

企业应建立完善的内部控制体系，明确举债活动的审批流程、权限和责任。实施严格的举债审批机制，确保每一次举债活动都经过合法、合规的审批程序。同时，加强对举债资金使用情况的跟踪和监控，确保资金按照募集说明书中的用途使用。

三、加强信息披露

企业在举债过程中应充分、准确地披露相关信息，包括财务状况、经营成果、现金流量情况等，以便投资者做出明智的投资决策。同时，企业应定期公布举债资金的使用情况，接受内外部的监督，提高资金使用的透明度。

四、建立健全的风险评估和应对机制

企业在举债前应进行全面的风险评估，包括对市场风险、信用风险等的评估，确保举债活动在企业的风险承受能力范围之内。同时，建立风险应对机制，一旦发现潜在风险或违规行为，立即采取措施进行应对和整改。

五、加强外部审计和内部自查的结合

企业应定期邀请外部审计机构对举债活动进行审计，确保举债过程的合规性和资金使用的安全性。同时，加强内部自查，设立专门的内部审计岗位或部门，定期对举债活动进行自查，及时发现并纠正不合规行为。

六、建立举报和奖惩机制

鼓励员工积极举报举债过程中的违规行为，对于举报属实的员工给予适当的奖励。同时，对于违规操作或不当行为，企业应依法依规进行严肃处理，以儆效尤。建立奖惩机制可以提高员工对举债合规性的重视。

加强企业高层及财务人员的法律法规培训、完善举债过程的内部控制和审批机制、加强信息披露、建立健全的风险评估和应对机制、加强外部审计和内部自查的结合以及建立举报和奖惩机制等措施的实施，可以有效地防止企业在举债过程中存在的违规操作或不当行为，确保企业举债活动的合规性和安全性。这将有助于维护企业的长期稳健发展，保障投资者的合法权益以及提升企业的市场竞争力。

专题 5：企业是否存在因高杠杆引发的流动性风险？

案例简介

一、案例背景

某大型房地产企业近年来为追求快速发展，采取了高杠杆的财务策略，大量举债进行多个项目的开发。然而，随着市场环境的变化和资金链的紧绷，企业开始面临流动性风险。为评估该企业的财务状况和风险水平，审计机构对其进行了全面的财务审计。

二、审计发现

在审计过程中，审计人员发现该企业存在以下因高杠杆引发的流动性风险问题。

1. 短期债务占比过高

企业的短期债务在总债务中的占比超过了 50%，使得企业面临较大的短期偿债压力。

2. 现金流紧张

企业的经营活动产生的现金流量不足以覆盖其债务偿还和日常运营支出，导致现金流紧张。

3. 过度依赖外部融资

企业过度依赖银行贷款和债券发行等外部融资方式，一旦融资渠道受阻，将严重影响企业的资金状况。

三、审计方法与程序

1. 财务数据分析

审计人员对企业的财务报表进行了详细的分析，包括资产负债表、利润表和现金流量表，以评估企业的财务状况和流动性水平。

2. 比率分析

审计人员计算了企业的流动比率、速动比率等关键财务指标，以评估企业的短期偿债能力和流动性风险。

3. 访谈与调查

审计人员对企业的高管、财务人员进行了深入的访谈，了解企业的融资策略、资金运营情况以及面临的流动性风险。

4. 外部信息核实

审计人员对企业的银行贷款、债券发行等外部融资情况进行了核实，以确认其融资能力和信用状况。

四、审计结论与建议

经过审计，审计人员认为该企业因高杠杆策略引发了显著的流动性风险，可能对企业的持续经营造成威胁。为此，审计人员提出了以下建议。

1. 优化债务结构

降低短期债务的占比，增加长期债务的比重，以减轻企业的短期偿债压力。

2. 加强现金流管理

增加企业的经营活动产生的现金流量，优化资金运营，确保现金流的充足。

3. 开拓多元化融资渠道

积极开拓多元化的融资渠道，降低对单一融资渠道的依赖，提高企业的融资稳定性。

五、后续改进

企业根据审计人员的建议，着手优化债务结构，加强现金流管理，并积极开拓多元化的融资渠道。经过一段时间的努力，企业的流动性风险得到了有效的降低，财务状况得到了明显的改善。同时，审计机构也继续对企业进行定期的财务审计和风险评估，以确保其财务状况的持续稳健。

审计程序与方法

在针对"企业是否存在因高杠杆引发的流动性风险"的问题进行审计时，审计人员需要遵循一套系统的审计程序，并采用科学有效的审计方法。以下是一些建议的审计程序与方法。

一、审计程序

1. 初步评估

收集企业的财务报表，包括资产负债表、利润表和现金流量表，进行初步分析。了解企业的融资结构，特别是短期债务和长期债务的比例。评估企业的现金流状况，包括经营活动、投资活动和筹资活动产生的现金流量。

2. 深入分析

对企业的现金流进行逐项分析，特别关注大额现金流入和流出的项目和原因。检查企业的融资活动，包括银行贷款、债券发行等，评估其融资能力和稳定性。分析企业的偿债能力，包括流动比率、速动比率等财务指标的计算和解读。

3. 对比分析

将企业的财务指标与行业标准或同类企业进行对比，评估其流动性风险的相对水平。分析企业历史财务数据，识别流动性风险的变化趋势。

4. 专家咨询与访谈

请财务或金融专家对企业的融资策略和流动性风险进行专业评估。

对企业高管、财务人员进行深入访谈，了解其对流动性风险的认识和管理措施。

5. 编写报告与提出建议

编写审计报告，总结审计发现，评估企业的流动性风险水平。提出改进建议，包括优化债务结构、加强现金流管理等。

二、审计方法

1. 财务指标分析法

分析财务指标，如流动比率、速动比率、现金比率等，评估企业的短期偿债能力和流动性风险。

2. 现金流模拟法

通过模拟企业的现金流状况，预测未来一段时间内企业的现金流变化和流动性风险。

3. 融资结构分析法

分析企业的融资结构，包括债务类型、期限结构、利率等，评估其融资稳定性和流动性风险。

4. 趋势分析法

利用历史财务数据，分析企业流动性风险的变化趋势，识别潜在的风险点。

5. 敏感性分析法

通过改变关键变量（如利率、汇率等），分析，这些关键变量对企业现金流和流动性风险的影响，评估企业的风险承受能力。

法规依据

对于"企业是否存在因高杠杆引发的流动性风险"的问题，相关法律法规提供了明确的指导和规定。审计人员在进行审计时，应依据这些法律法规进行判定，并确保审计过程的合法性和合规性。

《中华人民共和国公司法》第一百五十三条：本法所称公司是指依照本法在中国境内设立的有限责任公司和股份有限公司。公司的经营和管理必须遵守法律、行政法规，遵守社会公德、商业道德，诚实守信，接受政府和社会公众的监督，承担社会责任。这条规定了公司必须遵守法律、行政法规，诚实守信，避免高风险行为导致的流动性问题。

《中华人民共和国证券法》第六十六条：上市公司和公司债券上市交易的公司，应当在每一会计年度结束之日起四个月内，向国务院证券监督管理机构和证券交易所提交记载以下内容的年度报告，并予公告：……（五）财务会计报告，包括资产负债表、利润表、现金流量表、所有者权益变动表（或者股东权益变动表）及其附注。此条要求上市公司等公开其财务报告，包括现金流量情况，有助于使投资者和上市公司识别潜在的流动性风险。

《中华人民共和国企业破产法》第二条："企业法人不能清偿到期债务，并且资产不足以清偿全部债务或者明显缺乏清偿能力的，依照本法规定清理债务。企业法人有前款规定情形，或者有明显丧失清偿能力可能的，可以依照本法规定进行重整。"企业若因高杠杆导致无法清偿债务时，可能面临破产或重整。

　　《中华人民共和国银行业监督管理法》第二十一条："银行业金融机构的审慎经营规则，由法律、行政法规规定，也可以由国务院银行业监督管理机构依照法律、行政法规制定。前款规定的审慎经营规则，包括风险管理、内部控制、资本充足率、资产质量、损失准备金、风险集中、关联交易、资产流动性等内容。银行业金融机构应当严格遵守审慎经营规则。"此条要求银行业金融机构遵守审慎经营规则，其中包括资产流动性管理，对高杠杆引发的流动性风险管理进行了间接规范。

　　审计人员应依据这些法律法规，对企业的财务报告、经营策略、资本结构等进行深入分析，以评估企业的流动性风险水平，并提出相应的改进建议，确保企业的稳健经营和合规发展。

整改建议

　　针对"企业是否存在因高杠杆引发的流动性风险"问题，提出以下整改建议，以确保企业财务结构稳健和资金流充足。

　　一、优化融资结构，降低财务杠杆

　　企业应审慎评估现有融资结构的合理性，通过增加股权融资、延长债务期限、提前偿还高息债务等方式，逐步降低财务杠杆，减少短期偿债压力，增强资金流的稳定性。

　　二、加强现金流管理，提高资金使用效率

　　企业应建立完善的现金流管理体系，对经营活动、投资活动和筹资活动产生的现金流量进行全面监控和管理。通过优化库存管理、加快应收账款回收、合理安排资金支付等方式，提高资金使用效率，确保现金流的充足和稳定。

　　三、建立健全的风险预警和应对机制

　　企业应建立风险预警系统，通过监测关键财务指标和市场动态，及时发现潜在的流动性风险。同时，制定切实可行的风险应对方案，包括备用信贷安排、资产出售计划等，以应对可能出现的资金短缺情况。

　　四、加强内部控制和审计监督

　　企业应完善内部控制体系，确保财务信息的真实性和完整性。加强对融资活动、资金流动和财务报表编制的内部控制，防止因操作失误或舞弊行为引发的流动性风险。同时，定期进行内部审计和外部审计，及时发现并解决存在的问题。

　　五、提升财务人员的专业素养和风险意识

　　企业应加强对财务人员的培训和教育，提升他们在财务管理、风险识别和应对方面的专业素养。同时，培养财务人员的风险意识，使他们在日常工作中能够时刻关注潜在的流动性风险，并采取有效的措施进行防范和应对。

　　六、加强与金融机构的沟通和合作

　　企业应积极与金融机构保持沟通和合作，及时了解融资市场的动态和政策变化。通过与金融机构建立良好的合作关系，企业可以获得更多的融资支持，降低融资成本，提高融资效率。

　　通过优化融资结构，降低财务杠杆；加强现金流管理，提高资金使用效率；建立健全的风险预警和应对机制；加强内部控制和审计监督；提升财务人员的专业素养和风险意识以及加强与金融机构的沟通和合作，企业可以有效地降低因高杠杆引发的流动性风险，确保财务结构稳健和资金流充足。这将有助于企业实现可持续发展，提高市场竞争力。

专题 6：企业是否及时披露债务信息，保障信息的透明度和真实性？

案例简介

一、案例背景

某大型上市公司近年来业务迅速扩张，涉及多个领域，其债务规模也随之不断扩大。为了维护公司形象及保持投资者信心，公司一直强调其财务透明度，并承诺及时披露所有重要财务信息，包括债务信息。然而，近期市场上有一些关于该公司债务状况的不实传言，引发了投资者和监管机构的关注。

二、审计发现

针对市场传言，公司聘请了独立的第三方审计机构对其债务信息的披露情况进行全面审计。审计过程中，审计人员发现以下问题。

（1）公司虽然定期发布了财务报告，但关于债务的具体构成、到期日、利率等关键信息的披露不够详尽，导致投资者难以准确评估公司的债务风险。

（2）部分债务重组或延期支付的情况未在第一时间公开披露，存在一定的信息滞后性。

（3）内部审计机制在债务信息披露方面存在不足，缺乏有效的监督和复核流程，导致信息披露的准确性和及时性受到影响。

三、审计方法与程序

1. 文档审查

审查公司近年来发布的所有财务报告、公告及内部债务管理文件，以评估债务信息披露的完整性和准确性。

2. 数据分析

利用财务数据分析工具，对公司债务结构、变动趋势进行深入分析，与同行业公司进行比较，以识别异常或潜在风险点。

3. 访谈调查

对公司财务部门人员、法务部门人员及高层管理人员进行访谈，了解债务管理流程及信息披露决策依据。

4. 系统测试

对公司内部的财务信息系统进行测试，检查其是否能够支持及时、准确的债务信息披露。

四、审计结论与建议

审计结论显示，该公司在债务信息披露方面确实存在不足，影响了信息的透明度和真实性。为此，审计人员提出以下建议。

（1）提高债务信息披露的详细程度，包括但不限于债务的类型、金额、到期日、利率等关键信息。

（2）建立债务信息披露的快速反应机制，确保任何重要的债务变动信息都能及时、准确地传达给投资者和监管机构。

（3）完善内部审计机制，增设专门的债务信息披露监督岗位，定期对债务信息进行复核和审查。

（4）完善财务信息系统的功能，确保其能够支持高效、准确的债务信息处理和披露。

五、后续改进

公司高度重视审计发现和建议，立即着手进行整改。首先，公司对财务报告进行了修订，详细披露了债务信息；其次，建立了债务信息披露的紧急应对机制，确保信息的时效性；最后，加强了内部审计力量，并对财务信息系统进行了升级。通过这些措施，公司的债务信息披露质量得到了显著提升，投资者和监管机构的信任得到了增强。

审计程序与方法

针对"企业是否及时披露债务信息，保障信息的透明度和真实性"这一问题，审计人员需要执行一系列严谨的审计程序，并采用科学的方法。以下是一些建议的审计程序与方法。

一、审计程序

1. 初步审查

对企业近年来的财务报告、公告及债务相关文件进行初步检查，了解债务信息的披露情况。核对债务余额和交易记录，确保数据的完整性和准确性。

2. 详细分析

深入分析每一笔重大债务，检查其披露的及时性和准确性。追踪债务变动的原因和结果，查明债务的实际状况。

3. 对比分析

将本期的债务披露情况与往期进行对比，识别异常或突变的债务模式。与行业标准或同类企业的债务披露情况进行比较，评估债务信息披露的合理性。

4. 专家咨询

请财务专家对疑似不合规的债务信息披露情况进行专业评估。

5. 现场调查与访谈

对企业财务部门进行现场调查，了解债务管理和信息披露的实际操作流程。

对相关财务人员和高层管理人员进行访谈，获取第一手信息，验证债务信息的真实性和合规性。

二、审计方法

1. 文档审查法

仔细审阅所有与债务相关的文档，包括借款合同、债券发行文件、债务重组协议等。

2. 数据分析法

利用数据分析工具，对债务数据进行筛选、比对和趋势分析，识别异常债务变动。

3.案例研究法

研究过往的债务信息披露违规案例，了解常见的违规手段和特征，提高警觉性。

4.流程图分析法

绘制债务管理和信息披露的流程图，检查是否存在潜在的漏洞或不合规的操作环节。

5.软件辅助审计法

利用专业的审计软件，对债务数据进行自动化分析，提高审计效率和准确性。同时，可以利用数据挖掘技术，发现潜在的债务信息披露问题。

通过执行上述审计程序和方法，审计人员可以全面、深入地评估企业债务信息的披露情况，确保信息的透明度和真实性，从而为企业和投资者提供有力的保障。

法规依据

对于"企业是否及时披露债务信息，保障信息的透明度和真实性"这一问题，相关法律法规提供了明确的指导和规定。审计人员在进行审计时，应严格依据这些法律法规进行判定，确保企业债务信息披露的合规性。

《中华人民共和国公司法》第一百二十三条：上市公司设立董事会秘书，负责公司股东大会和董事会会议的筹备、文件保管以及公司股东资料的管理，办理信息披露事务等事宜。此条要求上市公司设立专门职位负责信息披露，包括债务信息的披露。

《中华人民共和国证券法》第七十八条规定："发行人及法律、行政法规和国务院证券监督管理机构规定的其他信息披露义务人，应当及时依法履行信息披露义务。"此条要求企业作为信息披露义务人，必须及时披露包括债务信息在内的所有重要信息。第七十九条：信息披露义务人披露的信息，应当真实、准确、完整，简明清晰，通俗易懂，不得有虚假记载、误导性陈述或者重大遗漏。此条强调了信息披露的真实性和准确性要求。第八十条规定："发生可能对上市公司、股票在国务院批准的其他全国性证券交易场所交易的公司的股票交易价格产生较大影响的重大事件，投资者尚未得知时，公司应当立即将有关该重大事件的情况向国务院证券监督管理机构和证券交易场所报送临时报告，并予公告，说明事件的起因、目前的状态和可能产生的法律后果。"此条要求企业在发生可能影响债务状况的重大事件时，必须立即进行披露。

同时，相关的会计准则，如《企业会计准则第 30 号——财务报表列报》等，也对债务信息的披露提出了具体要求，包括债务的分类、计量、列报和披露等。

依据以上法律法规，审计人员可以清晰地了解企业在债务信息披露方面的法律义务和责任。在进行审计时，审计人员应对照这些法律法规，对企业的债务信息披露情况进行全面、细致的审查，确保信息的及时披露。

整改建议

企业债务信息的及时披露以及信息的透明度和真实性，对维护投资者利益、保障市场公平以及促进企业的可持续发展具有重要意义。针对"企业是否及时披露债务信息，保障信息的透明度和真实性"的问题，提出以下整改建议，以确保企业债务信息披露的及时性和有效性。

一、加强企业对债务信息披露重要性的认识

企业应充分认识到债务信息披露的重要性，将其视为维护企业形象、增强投资者信心以及遵守法律法规的必要举措。通过内部培训、外部宣讲等方式，提高企业对债务信息披露的重视程度，确保从高层到基层员工都能充分认识到债务信息披露的严肃性和重要性。

二、完善债务信息披露的内部管理制度

企业应建立完善的债务信息披露内部管理制度，明确债务信息披露的流程、责任人和时间节点。确保债务信息在产生、审核、披露等各个环节都有明确的制度保障，避免出现信息滞后、遗漏或虚假披露的情况。

三、加强对债务信息的实时监控和动态披露

企业应建立债务信息的实时监控机制，对债务变动情况进行动态跟踪，确保在债务发生重大变动时能够及时、准确地进行披露。同时，企业还应考虑在定期报告之外，适时发布债务信息的临时公告，以提高债务信息的时效性和透明度。

四、提高披露的债务信息质量和可读性

企业在披露债务信息时，应注重信息的质量和可读性。确保披露的债务信息内容完整、数据准确、语言清晰，便于投资者理解和分析。同时，企业还可以考虑采用图表、趋势线等可视化方式展示债务信息，提高信息的可读性和易用性。

五、建立债务信息披露的外部审核和监督机制

为确保披露的债务信息真实性和准确性，企业应建立外部审核和监督机制。邀请专业的审计机构对企业债务信息进行定期审核，并出具审计报告。同时，企业还应主动接受监管部门和投资者的监督，对提出的质疑和疑问进行及时、详细的解答和说明。

加强企业对债务信息披露重要性的认识，完善内部管理制度，加强实时监控和动态披露，提高披露信息质量和可读性，建立外部审核和监督机制以及加强法律法规建设，可以有效地提升企业债务信息披露的及时性和有效性，保障信息的透明度和真实性，维护投资者利益和市场公平。

专题 7：企业是否建立了完善的债务管理制度和流程？

案例简介

一、案例背景

某大型制造企业为了扩大生产规模，近年来不断通过银行贷款、发行债券等方式筹集资金，导致企业债务规模迅速扩大。为了有效管理债务，企业声称已经建立了完善的债务管理制度和流程。为了验证这一点，企业内部审计部门决定对该企业的债务管理制度和流程进行审计。

二、审计发现

在审计过程中，审计人员发现该企业的债务管理制度和流程存在以下问题。

（1）债务管理制度不够全面，未涵盖筹资、偿债、风险预警等关键环节。

（2）债务管理流程执行不严格，存在未经审批擅自改变债务用途、债务偿还计划制定不完善等情况。

（3）债务风险预警机制缺失，企业无法及时发现和应对潜在的债务风险。

三、审计方法与程序

1. 文档审查

审计人员对企业的债务管理制度和相关文件进行审查，分析其全面性和合规性。

2. 流程测试

审计人员选取了几个关键的债务管理流程进行测试，包括筹资、偿债等，以评估其执行效果。

3. 访谈与调查

审计人员对企业财务部门、资金管理部门的工作人员进行了访谈，了解债务管理制度和流程的实际运行情况，并收集了他们的反馈意见。

4. 数据分析

审计人员对企业的债务数据进行了深入分析，包括债务规模、债务结构、债务成本等，以评估企业的债务风险。

四、审计结论与建议

经过审计，审计人员认为该企业的债务管理制度和流程存在明显缺陷，企业无法有效管理债务风险。为此，审计人员提出了以下建议。

（1）完善债务管理制度，确保其涵盖债务管理的所有关键环节，包括筹资、资金使用、偿债、风险预警等。

（2）加大债务管理流程的执行力度，确保所有债务活动都经过严格的审批和监控。

（3）建立债务风险预警机制，及时发现和应对潜在的债务风险，确保企业的财务安全。

五、后续改进

企业根据审计人员的建议，对债务管理制度和流程进行了全面的修订和完善。企业加强了债务管理的内部控制，确保了债务活动的合规性和有效性。同时，企业还建立了债务风险预警机制，定期对企业的债务风险进行评估和预警。在后续的审计中，审计人员发现企业的债务管理制度和流程得到了有效执行，企业的债务风险得到了有效控制。

审计程序与方法

针对"企业是否建立了完善的债务管理制度和流程"这一问题，审计人员需要遵循一套系统的审计程序，并采用多种审计方法以确保审计的全面性和准确性。以下是一些建议的审计程序与方法。

一、审计程序

1. 初步了解与评估

收集企业的债务管理制度、流程文档以及相关内部控制政策。与企业财务部门、资金管理部门进行初步沟通，了解债务管理的实际操作情况。

2. 详细测试与审查

对债务管理制度和流程进行逐项测试，检查其是否得到有效执行。审查债务相关的会计记录、凭证和报告，确保债务数据的真实性和完整性。

3. 对比分析与评估

将企业的债务管理制度和流程与行业标准、最佳实践进行对比，评估其完善程度。分析企业的债务规模、结构、成本等，评估企业的债务风险。

4. 深入调查与访谈

对债务管理过程中的关键岗位人员进行深入访谈，了解他们对债务管理制度和流程的看法和执行情况。调查债务管理过程中是否存在未经审批擅自改变债务用途、债务偿还计划执行不力等情况。

5. 总结与编写报告

根据审计发现，总结企业债务管理制度和流程的优势和不足。编写审计报告，向企业管理层提出改进建议。

二、审计方法

1. 文档审查法

仔细审阅企业的债务管理制度、流程文档，确保其全面、合规。检查债务相关的会计记录、凭证和报告，确保其真实、完整。

2. 流程测试法

选取关键的债务管理流程进行测试，如筹资、偿债等，评估其执行效果。通过模拟债务活动，测试债务管理制度和流程的实际执行效果。

3. 访谈与调查法

对企业财务部门、资金管理部门的工作人员进行访谈，了解债务管理制度和流程的实际执行情况。调查债务管理过程中存在的问题和不足之处，收集相关证据。

4. 数据分析法

对企业的债务数据进行深入分析，包括债务规模、成本等。

利用数据分析工具，识别潜在的债务风险和问题。

5. 比较分析法

将企业的债务管理制度和流程与行业标准、最佳实践进行对比，评估其完善程度。通过比较不同时期的债务数据，分析企业的债务变化趋势和风险情况。

通过遵循严谨的审计程序和使用专业的方法，审计人员可以对企业债务管理制度和流程进行全面评估，并提出有效的改进建议。

法规依据

对于"企业是否建立了完善的债务管理制度和流程"这一问题，相关法律法规提供了明确的指导和规定。审计人员在进行审计时，应依据这些法律法规进行判定，并确保审计过程的合法性和合规性。

《中华人民共和国公司法》第一百一十三条：董事会应当确定对外投资、收购出售资产、资产抵押、对外担保事项、委托理财、关联交易、对外捐赠等重大的购买、出售资产、资产抵押、对外担保事项、委托理财、关联交易等交易事项的决策权限和程序，以及建立严格的审查和决策程序；重大投资项目应当组织有关专家、专业人员进行评审，并报股东大会批准。此条要求公司对重大财务事项建立严格的决策和审查程序，债务管理作为重要财务事项之一，也应受此约束。

第一百四十七条：董事、监事、高级管理人员应当遵守法律、行政法规和公司章程，对公司负有忠实义务和勤勉义务。此条要求公司管理人员对公司负有忠实和勤勉义务，包括在债务管理中的职责。

《中华人民共和国企业国有资产法》第三十条：国家出资企业依照法律规定，由国务院和地方人民政府分别代表国家履行出资人职责，享有出资人权益。国家出资企业应当依法建立和完善法人治理结构，建立健全内部监督管理和风险控制制度。此条要求国有企业建立和完善内部监督管理和风险控制制度，债务管理制度作为风险控制的重要组成部分，也应得到建立和完善。

《企业内部控制基本规范》第七条："企业应当运用信息技术加强内部控制，建立与经营管理相适应的信息系统，促进内部控制流程与信息系统的有机结合，实现对业务和事项的自动控制，减少或消除人为操纵因素。"此条要求企业运用信息技术加强内部控制，债务管理制度和流程也应体现信息化和自动化的要求。

通过以上法律法规的指导和规定，审计人员可以对企业是否建立了完善的债务管理制度和流程进行审计，并依据相关法律法规提出改进建议，确保企业债务管理的合规性和有效性。在审计过程中，审计人员应特别关注企业债务管理制度和流程的完整性、合规性、执行效果以及风险控制等方面，以确保企业债务管理的健全和有效。

整改建议

债务管理对企业的稳健运营和财务健康具有至关重要的作用。针对"企业是否建立了完善的债务管理制度和流程"这一问题，提出以下整改建议，以确保企业债务管理的合规性、有效性。

一、完善债务管理制度和流程

企业应全面审查和评估现有的债务管理制度和流程，确保其全面覆盖筹资、资金使用、偿债等各个环节。对于发现的不足之处，应及时处理，确保制度的完整性和合规性。同时，应建立明确的债务管理流程和操作规范，确保债务活动的有序进行。

二、完善债务管理组织结构建设和人员配置

企业应设立专门的债务管理部门或岗位，负责债务的筹划、执行和监控。该部门或岗位人员应具备专业的债务管理知识和技能，能够有效地执行债务管理制度和流程。同时，企业应加强对债务管理人员的培训和教育，提高他们的专业素养和风险管理意识。

三、建立债务风险预警和应对机制

企业应建立债务风险预警机制，通过定期分析债务规模、结构、成本等，及时发现潜在的债务风险。对于发现的债务风险，企业应制定相应的应对措施，确保能够及时、有效地应对债务风险，防止风险扩大。

四、提高债务管理的信息化和自动化水平

企业应利用信息技术手段提高债务管理的信息化和自动化水平。通过建立债务管理信息系统，实现债务的实时监控和数据分析，提高债务管理的效率和准确性。同时，企业应加强对信息系统的安全防护，确保债务信息的安全性和保密性。

五、建立债务管理的内部监督和审计机制

企业应建立债务管理的内部监督和审计机制，定期对债务管理制度和流程的执行情况进行检查和评估。对于发现的问题和不足，应及时进行整改和弥补。同时，企业应鼓励员工积极参与债务管理的监督和审计工作，提高债务管理的透明度和公正性。

六、加强与外部机构的沟通和合作

企业应加强与金融机构等外部机构的沟通和合作，及时了解债务市场的动态和政策变化。通过与外部机构合作，企业可以获取更多的融资机会和优惠条件，降低债务成本和提高债务管理的效益。

通过完善债务管理制度和流程、完善债务管理组织结构建设和人员配置、建立债务风险预警和应对机制、提高债务管理的信息化和自动化水平、建立债务管理的内部监督和审计机制以及加强与外部机构的沟通和合作，企业可以有效地提升债务管理的合规性、有效性和风险控制能力，为企业的稳健运营和可持续发展提供有力的保障。

第十二章
国有企业投资项目评估与风险管理专题

专题1：投资项目的前期评估是否充分？

案例简介

一、案例背景

某大型科技公司计划投资一个新的智能穿戴设备研发项目，预计总投资额高达数亿元。为确保投资决策的科学性和合理性，公司决定对该项目进行全面的前期评估，包括市场调研、技术可行性分析等内容。评估工作由公司内部的项目投资部门负责，并聘请了外部专业咨询机构提供技术支持。

二、审计发现

在项目启动一段时间后，公司内部审计部门对该项目的前期评估工作进行了审计。审计过程中，审计人员发现以下问题。

1. 市场调研数据不全面

虽然公司进行了市场调研，但收集的数据主要集中在国内市场，对国际市场的分析相对匮乏，且未充分考虑潜在竞争对手的动态。

2. 技术可行性分析缺乏深度

技术可行性报告主要基于理论推导，缺乏实际实验数据的支持，对关键技术难点的解决方案论述不够充分。

3. 风险评估不足

前期评估报告中未对项目实施过程中可能遇到的市场风险、技术风险和政策风险进行全面分析和量化评估。

三、审计方法与程序

1. 文档审查

审计人员详细审查了项目前期评估的所有文档，包括市场调研报告、技术可行性分析报告、风险评估报告等。

2. 数据验证

审计人员通过第三方数据来源验证了市场调研数据的准确性和完整性，同时与技术团队沟通，核实技术可行性分析的合理性和可靠性。

3. 访谈调查

审计人员对项目投资部门、外部咨询机构的成员进行了深入访谈，了解评估工作的具体过程、方法和依据。

4. 对比分析

审计人员将项目的前期评估报告与行业内类似项目的评估报告进行对比，分析差异和不足之处。

四、审计结论与建议

审计结论显示，该投资项目的前期评估工作在市场调研、技术可行性分析和风险评估方面存在明显不足，可能导致投资决策的失误。为此，审计人员提出以下建议。

1. 完善市场调研

补充国际市场的调研数据，加强对潜在竞争对手的分析，确保市场数据的全面性和准确性。

2. 深化技术可行性分析

增加实际实验数据的支持，对关键技术难点提出更具体的解决方案，并进行专家论证。

3. 加强风险评估

全面分析项目实施过程中可能遇到的各种风险，并进行量化评估，制定相应的风险应对措施。

五、后续改进

项目投资部门根据审计人员的建议，对前期评估工作进行了全面的补充和完善。在后续的投资决策过程中，公司更加注重数据的全面性和准确性，以及风险评估的科学性和合理性。同时，公司内部审计部门也加强了对投资项目前期评估工作的监督和指导，确保类似问题不再发生。

审计程序与方法

针对"投资项目的前期评估是否充分"这一问题，审计人员需要遵循一套系统而严谨的审计程序，并采用科学的审计方法。以下是一些建议的审计程序与方法。

一、审计程序

1. 初步审查

审查投资项目的前期评估报告，包括市场调研报告、技术可行性分析报告等，了解评估的总体情况和结论。核对评估报告中的数据和信息，确保数据的完整性和准确性。

2. 详细分析

深入分析市场调研报告，检查市场调研的方法是否科学、合理，数据是否充分、可靠。对技术可行性分析报告进行逐项审查，评估技术的成熟度、可行性和风险。

3. 对比分析

将市场调研数据与行业公开数据、竞争对手数据进行对比，分析市场潜力和竞争态势。将技术可行性分析报告与行业内类似项目的报告进行对比，评估技术的先进性和适用性。

4. 专家咨询

请市场调研和技术领域的专家对评估报告进行专业评估，提出改进建议。

5. 访谈与现场调查

对参与前期评估的团队成员进行访谈，了解评估工作的具体过程、方法和依据。实地考察项目现场，了解项目的实际情况和进展，验证评估报告的准确性。

二、审计方法

1. 文档审查法

仔细审阅所有与前期评估相关的文档，包括市场调研计划、调查问卷、技术可行性分析报告等。

2. 数据分析法

利用数据分析工具，对市场调研数据和技术可行性分析数据进行筛选、比对和趋势分析，识别潜在问题。

3. 案例研究法

研究行业内类似项目的成功案例和失败案例，分析前期评估的关键因素和常见问题。

4. 流程图分析法

绘制前期评估的工作流程图，检查评估过程中是否存在漏洞或不合规的操作环节。

5. 风险评估法

对投资项目进行全面的风险评估，包括对市场风险、技术风险和政策风险的评估等，评估前期评估报告中对风险的识别和分析是否充分。

6. 软件辅助审计法

利用专业的审计软件，对前期评估报告中的数据进行自动化分析，提高审计效率和准确性。同时，可以利用软件进行模拟分析，评估不同市场和技术条件下的项目可行性。

法规依据

对于"投资项目的前期评估是否充分"的问题，相关法律法规提供了明确的指导和规定。审计人员在进行审计时，应依据这些法律法规进行判定，并确保审计过程的合法性和合规性。

《中华人民共和国公司法》第十六条：公司向其他企业投资或者为他人提供担保，依照公司章程的规定，由董事会或者股东会、股东大会决议；公司章程对投资或者担保的总额及单项投资或者担保的数额有限额规定的，不得超过规定的限额。公司进行投资时，应依照此条规定进行决策，而充分的前期评估是决策的基础。第四十六条：董事会对股东会负责，行使下列职权：……（三）决定公司的经营计划和投资方案；……。董事会决定投资方案时，应基于充分的前期评估。第一百四十七条：董事、监事、高级管理人员应当遵守法律、行政法规和公司章程，对公司负有忠实义务和勤勉义务。董事、监事、高级管理人员在执行职务时，应确保投资项目的前期评估充分、合规。

《中华人民共和国证券法》第十九条：发行人申请公开发行股票、可转换为股票的公司债券，依法采取承销方式的，或者公开发行法律、行政法规规定实行保荐制度的其他证券的，应当聘请证券公司担任保荐人。保荐人应当遵守业务规则和行业规范，诚实守信，勤勉尽责，对发行人的申请文件和信息披露资料进行审慎核查，督导发行人规范运作。对于需要公开发行证券的投资项目，保荐人应对前期评估的充分性进行核查。第六十二条：发行人、上市公司依法披露的信息，必须真实、准确、完整，不得有虚假记载、误导性陈述或者重大遗漏。对于投资项目的前期评估结果，如涉及信息披露，应确保真实、准确、完整。相关行业规定，如针对特定行业的投资管理办法、技术评估准则等，也可能对投资项目的前期评估提出具体要求。审计人员在进行审计时，还应参照这些行业规定进行评判。

通过以上法规依据的综合运用，审计人员可以有效地评估投资项目的前期评估是否充分，并及时提出改进建议，确保企业投资活动的合规性和安全性。

整改建议

投资项目的前期评估对企业的投资决策至关重要，它直接关系到投资项目的成功与否以及企业的长远发展。针对前期评估可能存在的问题，如市场调研不充分、技术可行性分析不到位等，提出以下整改建议，以确保企业投资活动的科学性和合规性。

一、加强市场调研

企业应投入更多资源和时间进行市场调研，确保收集到的数据全面、准确。除了传统的市场调研方法，还可以利用大数据、人工智能等先进技术手段，对市场进行更深入的分析和预测。同时，市场调研应涵盖更广泛的地域和消费者群体，以确保投资项目的市场潜力得到充分评估。

二、加强技术可行性分析

技术可行性分析是投资项目前期评估的重要环节。企业应组建专业的技术团队，对投资项目的技术路线、工艺流程、设备选型等进行深入研究和论证。同时，还可以邀请外部专家或机构进行技术评审，以确保技术方案的可行性和先进性。

三、建立完善的前期评估流程和制度

企业应建立完善的前期评估流程和制度，明确评估的步骤、方法和标准。评估流程应涵盖市场调研、技术可行性分析、财务预测、风险评估等多个方面，并确保每个环节都有专业的人员负责。同时，企业还应定期对前期评估流程和制度进行审查和更新，以适应市场和技术的发展变化。

四、加强对前期评估人员的培训

前期评估人员的专业能力和素质直接影响到评估的质量和效果。因此，企业应加强对前期评估人员的培训，提高他们的专业技能和综合素质。培训内容可以包括市场调研方法、技术可行性分析技巧、财务管理知识、风险评估方法等。

五、建立前期评估的监督和反馈机制

为确保前期评估的质量和效果，企业应建立一套监督和反馈机制。对前期评估过程进行定期的内部审计和检查，确保评估工作按照既定的流程和标准进行。同时，还可以邀请外部机构或专家对前期评估结果进行评审和验证，以确保评估结果的客观性和准确性。对于评估过程中发现的问题和不足，应及时进行反馈和整改，不断提高前期评估的质量和水平。

加强市场调研、加强技术可行性分析、建立完善的前期评估流程和制度、加强对前期评估人员的培训以及建立前期评估的监督和反馈机制，可以有效地提高投资项目前期评估的充分性和准确性，为企业的投资决策提供有力的支持和保障。

专题 2：投资决策过程是否符合企业规定的程序，并经过适当审批？

案例简介

一、案例背景

某大型制造企业计划投资建设一条新的生产线，以提升生产能力和市场竞争力。该项目的投资决策过程涉及多个部门，包括市场部、生产部、财务部以及高层管理团队。为了确保投资决策的合理性和合规性，企业内部审计部门对该项目的投资决策过程进行了专项审计。

二、审计发现

在审计过程中，审计人员发现该项目的投资决策过程存在以下问题。

（1）投资决策过程未完全按照企业规定的程序进行，部分关键步骤被省略或简化。

（2）投资项目的可行性研究报告内容不够详尽，缺乏充分的市场分析和风险评估。

（3）投资决策未经过适当的审批流程，部分高层管理人员未对投资项目进行充分的审查和讨论。

（4）与投资项目相关的财务数据和信息未得到充分的验证和审核，存在数据不准确的风险。

三、审计方法与程序

1. 文件审查

审计人员对项目投资决策的相关文件进行审查，包括可行性研究报告、会议纪要、审批文件等，以了解投资决策的具体过程和依据。

2. 访谈与调查

审计人员对参与投资决策的关键人员进行访谈，了解他们在决策过程中的角色、职责以及所依据的信息和数据。

3. 数据分析

审计人员对与项目相关的财务数据和信息进行详细的分析，以验证其准确性和合理性。

4. 对比评估

审计人员将企业规定的投资决策程序与实际执行过程进行对比，评估其中的差异和合规性。

四、审计结论与建议

经过审计，审计人员认为该项目的投资决策过程存在不合规和不完善之处，可能增加企业的投资风险。为此，审计人员提出了以下建议。

（1）完善投资决策程序，确保所有关键步骤都得到充分执行，并符合企业规定。

（2）加强对可行性研究报告的编制和审查，确保其内容详尽、准确，并充分反映市场风险和机遇。

（3）严格执行投资决策的审批流程，确保所有高层管理人员都对投资项目进行充分的审查和讨论。

（4）加强对财务数据和信息的验证和审核，确保投资决策基于准确、可靠的数据。

五、后续改进

企业高层管理团队高度重视审计人员的意见，并立即组织相关部门进行整改。企业完善了投资决策程序，加强了对可行性研究报告的编制和审查，并严格执行了投资决策的审批流程。同时，企业还加强了内部财务控制和数据管理，以确保投资决策的准确性和合规性。在后续的投资项目中，企业严格按照新的投资决策程序进行操作，有效降低了投资风险，并提升了企业的整体竞争力。

审计程序与方法

针对"投资决策过程是否符合企业规定的程序，并经过适当审批"这一问题，审计人员需要遵循一套系统而严谨的审计程序，并采用科学专业的审计方法。以下是一些建议的审计程序与方法。

一、审计程序

1. 初步了解与沟通

收集与企业投资决策相关的规章制度、流程图和过往案例。与企业高层、财务部门、投资部门等进行初步沟通，了解投资决策的一般过程和关键控制点。

2. 文档审查与数据分析

审查投资决策的相关文档，包括可行性研究报告、市场分析报告、财务预测报告、会议纪要、审批文件等。对投资决策涉及的财务数据进行分析，验证其准确性和合理性。

3. 流程追踪与部门访谈

追踪投资决策的实际流程，从项目提案到最终审批的每一个步骤。对参与投资决策的各部门人员进行访谈，了解他们在决策过程中的角色、职责以及所依据的信息和数据。

4. 对比分析与风险评估

将实际投资决策过程与企业规定的程序进行对比，识别不合规之处。

评估投资决策过程中存在的风险，包括市场风险、财务风险、合规风险等。

5. 编写报告与后续跟踪

编写审计报告，总结审计发现、得出结论和提出建议。对企业后续的投资决策过程进行跟踪审计，确保问题得到整改。

二、审计方法

1. 文档审查法

仔细审阅所有与投资决策相关的文档，确保文档的完整性和合规性。检查文档之间的逻辑关系和一致性，识别可能存在的矛盾或遗漏。

2. 数据分析法

利用数据分析工具对投资决策涉及的财务数据进行分析，验证其准确性和合理性。通过趋势分析、比率分析等方法，识别异常的数据。

3. 流程图分析法

绘制投资决策的流程图，清晰展示每个步骤和关键控制点。通过流程图分析，识别潜在的漏洞或不合规的操作环节。

4. 访谈与调查法

对参与投资决策的人员进行访谈，获取第一手信息，了解他们的职责、决策依据和决策过程中的问题。进行现场调查，观察投资决策的实际操作过程，了解内部控制情况。

5. 风险评估法

利用风险评估工具和方法，对投资决策过程中的风险进行定量和定性评估。根据风险评估结果，提出有针对性的改进建议和控制措施。

通过遵循上述审计程序和方法，审计人员可以全面、深入地了解企业投资决策过程的合规性和有效性，发现问题并提出解决方案，从而帮助企业降低投资风险、提高决策质量。

法规依据

对于"投资决策过程是否符合企业规定的程序，并经过适当审批"这一问题，相关的法律法规提供了明确的指导和规定。审计人员在进行审计时，应依据这些法律法规进行判定，并确保审计过程的合法性和合规性。

《中华人民共和国公司法》第一百一十一条：董事会会议应有过半数的董事出席方可举行。董事会作出决议，必须经全体董事的过半数通过。董事会决议的表决，实行一人一票。对于重大投资决策，必须按照此规定进行表决和记录，确保决策过程的合规性。第一百四十八条：董事、高级管理人员不得有下列行为：……（三）违反公司章程的规定，未经股东会、股东大会或者董事会同意，将公司资金借贷给他人或者以公司财产为他人提供担保；……。此条款规定了董事、高级管理人员在投资决策中的行为禁区，防止他们滥用职权。第一百一十二条：董事会会议，应由董事本人出席；董事因故不能出席，可以书面委托其他董事代为出席，委托书中应载明授权范围。董事会应当对会议所议事项的决定作成会议记录，出席会议的董事应当在会议记录上签名。董事应当对董事会的决议承担责任。董事会的决议违反法律、行政法规或者公司章程、股东大会决议，致使公司遭受严重损失的，参与决议的董事对公司负赔偿责任。但经证明在表决时曾表明异议并记载于会议记录的，该董事可以免除责任。这一条款强调了董事对投资决策的责任，以及他们应当如何记录和表决。

《中华人民共和国企业国有资产法》第三十条："国家出资企业合并、分立、改制、上市，增加或者减少注册资本，发行债券，进行重大投资，为他人提供大额担保，转让重大财产，进行大额捐赠，分配利润，以及解散、申请破产等重大事项，应当遵守法律、行政法规以及企业章程的规定，不得损害出资人和债权人的权益。"此条款对国有企业重大改变事项等提出了明确的要求。第三十二条："国有独资企业、国有独资公司有本法第三十条所列事项的，除依照本法第三十一条和有关法律、行政法规以及企业章程的规定，由履行出资人职责的机构决定的以外，国有独资企业由企业负责人集体讨论决定，国有独资公司由董事会决定。"这一条款进一步明确了国有独资企业和国有独资公司投资决策的审批程序。

《中华人民共和国证券法》第六十六条：上市公司和公司债券上市交易的公司，应当在每一会计年度的上半年结束之日起二个月内，向国务院证券监督管理机构和证券交易所报送记载以下内容的中期报告，并予公告：……（三）公司投资、重大资产购置和处置的决策程序及执行情况……。此条款要求上市公司披露其投资决策的程序和执行情况，以便公众和监管机构进行监督。

审计人员依据以上法律法规进行审计，确保企业投资决策的合规性和适当性。

整改建议

投资决策的合规性和有效性对企业的长期发展至关重要。针对"投资决策过程是否符合企业规定的程序，并经过适当审批"的问题，提出以下整改建议，以确保企业投资决策的合规性和有效性。

一、加强对投资决策相关人员的法律法规培训

企业应定期组织投资决策相关人员参加法律法规培训，重点讲解与企业投资决策相关的法律法规，如公司法、企业国有资产法等，增强他们的法律意识和合规意识。同时，企业应通过案例分析，让他们深刻理解不合规投资决策可能带来的法律风险和财务损失。

二、完善投资决策流程和审批机制

企业应根据自身实际情况，制定详细的投资决策流程和审批机制，并明确各个环节的职责和权限。在投资决策过程中，应确保所有关键环节都得到适当的审批和记录，防止出现审批漏洞或越权行为。同时，对于重大投资决策，应建立集体决策制度，由多个相关部门和人员共同参与，确保决策的科学性和合理性。

三、加强对投资决策的监督和审计

企业应设立专门的内部审计部门或岗位，定期对投资决策过程进行审计和监督，确保投资决策符合企业规定的程序，并经过适当审批。同时，鼓励员工积极举报投资决策中的违规行为，对于举报属实的员工给予保护和适当的奖励。

四、建立投资决策后评估机制

对于已经实施的投资决策，企业应建立后评估机制，定期对投资效果进行评估和反思。通过对比预期收益和实际收益，分析投资决策的准确性和有效性，并及时调整和完善投资决策流程和审批机制。

五、提高投资决策的透明度和信息化水平

企业应建立透明的投资决策制度，确保所有相关人员都能够了解投资决策的过程和结果。同时，利用信息技术手段提高投资决策的效率和准确性，如建立投资决策信息系统，实现投资决策过程的电子化和自动化，减少人为操作失误和违规行为。

加强对投资决策相关人员的法律法规培训、完善投资决策流程和审批机制、加强监督和审计、建立后评估机制以及提高透明度和信息化水平，可以有效地确保企业投资决策的合规性和有效性，为企业的长期发展奠定坚实基础。

专题 3：项目投资预算是否合理？

案例简介

一、案例背景

某大型互联网公司计划开展一项新业务，涉及开发一款全新的智能穿戴设备。为了确保项目的顺利进行，公司决定进行大规模的投资，并制定了详细的项目投资预算。该预算涵盖了研发成本、市场推广费用、生产成本以及潜在的风险准备金等多个方面。然而，在项目实施过程中，公司内部审计部门受到了一些关于投资预算合理性的怀疑，特别是针对风险准备金的安排。

二、审计发现

内部审计部门对该项目的投资预算进行了全面的审计。在审计过程中，审计人员发现以下几个方面的问题。

（1）研发成本预算过高，部分科目的预算缺乏合理的依据和详细的解释，如外部合作研发费用的预算设定过高，且未提供合作方的具体报价和合作细节。

（2）市场推广费用的预算安排不够精细，未根据市场推广的不同阶段和渠道进行细分，可能导致资金在实际使用过程中的浪费。

（3）设定的风险准备金不足，未充分考虑新业务可能面临的市场风险、技术风险和政策风险等因素，预算中的风险准备金比例较低。

三、审计方法与程序

1. 文件审查

审计人员对项目投资预算的相关文件进行了详细的审查，包括预算报告、研发计划、市场推广方案等，以确认其内容的完整性和合理性。

2. 对比分析

审计人员将项目投资预算与同行业类似项目的投资预算进行了对比分析，以评估其合理性和可行性。

3. 询问与调查

审计人员向项目团队的关键成员进行了询问，了解预算制定的过程和依据，同时向市场部门、研发部门等相关部门收集反馈意见。

4. 风险评估

审计人员对项目可能面临的各种风险进行了评估，包括市场风险、技术风险、政策风险等，以判断风险准备金的设定是否合理。

四、审计结论与建议

经过审计，审计人员认为该项目的投资预算存在不合理之处，特别是在研发成本、市场推广费用和风险准备金的安排上。为此，审计人员提出了以下建议。

（1）对研发成本预算进行重新梳理，要求项目团队提供详细的外部合作方的报价和合作细节，以确保预算的合理性和透明性。

（2）优化市场推广费用的预算安排，根据市场推广的不同阶段和渠道进行细分，制定更为精细的预算计划，以提高资金的使用效率。

（3）增加设定的风险准备金，充分考虑新业务可能面临的各种风险因素，提高预算中的风险准备金比例，以增强项目的抗风险能力。

五、后续改进

项目团队根据审计人员的建议，对投资预算进行了全面的修订和完善。在后续的项目实施过程中，项目团队严格按照新的投资预算进行操作，确保了资金的合理使用和项目的顺利进行。同时，公司内部审计部门也加大了对项目投资预算的监督力度，确保各项预算规定得到严格执行。

审计程序与方法

针对"项目投资预算是否合理"这一问题，审计人员需要执行一套系统的审计程序，并采用科学的审计方法。以下是一些建议的审计程序与方法。

一、审计程序

1. 初步审查

初步阅读项目投资预算报告，了解预算的总体结构、主要投资方向和预期收益。核对预算报告中的关键数据，如总投资额、各项费用预算等，确保数据的完整性和一致性。

2. 详细分析

深入分析预算中的各个组成部分，包括研发成本、市场推广费用、生产成本等，检查预算是否合理、有无虚高或低估的情况。评估预算中风险准备金的设定，考虑潜在的市场风险、技术风险和政策风险等因素，判断风险准备金的充足性。

3. 对比分析

将项目投资预算与同行业类似项目的投资预算进行对比，分析差异原因，评估预算的合理性。将项目投资预算与公司历史项目的投资预算和实际情况进行对比，识别预算中可能存在的问题或不足。

4. 专家咨询

请财务、市场、研发等领域的专家对预算中的专业问题进行评估。

5. 现场调查与访谈

对项目团队进行现场调查，了解预算制定的过程和依据，对相关部门负责人和关键成员进行访谈，获取第一手信息，验证预算的合理性和可行性。

二、审计方法

1. 文档审查法

仔细审阅与项目投资预算相关的所有文档，包括预算报告、研发计划、市场推广方案、合同协议等。检查文档的完整性和合规性，确保预算的制定有充分的依据和支持。

2. 数据分析法

利用数据分析工具对预算数据进行深入分析，包括趋势分析、比率分析等，识别异常的数据。对预算中的关键指标进行敏感性分析，评估不同情境下预算的可行性和风险。

3. 案例研究法

研究同行业或公司历史项目的投资预算案例，了解预算制定和执行的成功经验，提出改进建议。

4. 流程图分析法

绘制项目投资预算制定和执行的流程图，检查流程中是否存在漏洞或不合规的操作环节。通过流程图分析，识别潜在的风险点和控制措施。

5. 软件辅助审计法

利用专业的审计软件对预算数据进行自动化分析，提高审计效率和准确性。

通过软件模拟不同情境下的预算执行情况，评估预算的灵活性和适应性。

法规依据

对于"项目投资预算是否合理"这一问题，相关的法律法规提供了明确的指导和规定。审计人员在进行审计时，应依据这些法律法规进行判定，并确保审计过程的合法性和合规性。

《中华人民共和国公司法》第三十七条：股东会行使下列职权：……（二）审议批准公司的年度财务预算方案、决算方案；……。此条规定明确了股东会对公司年度财务预算方案的审批职权，是判断项目投资预算是否合理的重要依据。第四十六条：董事会对股东会负责，行使下列职权：……（三）制订公司的年度财务预算方案、决算方案；……。此条规定了董事会负责制定公司的年度财务预算方案，包括项目投资预算，要求董事会必须合理、审慎地编制预算。第一百四十七条：董事、监事、高级管理人员应当遵守法律、行政法规和公司章程，对公司负有忠实义务和勤勉义务。董事、监事、高级管理人员不得利用职权收受贿赂或者其他非法收入，不得侵占公司的财产。此条规定要求公司的董事、监事高级管理人员在编制和执行项目投资预算时，必须遵守法律法规，不得损害公司利益。

《中华人民共和国会计法》第九条："各单位必须根据实际发生的经济业务事项进行会计核算，填制会计凭证，登记会计账簿，编制财务会计报告。任何单位不得以虚假的经济业务事项或者资料进行会计核算。"此条规定要求企业的会计核算必须真实、准确，项目投资预算的编制也应基于真实的业务需求和合理的预测。第二十条："财务会计报告应当根据经过审核的会计账簿记录和有关资料编制，并符合本法和国家统一的会计制度关于财务会计报告的编制要求、提供对象和提供期限的规定；其他法律、行政法规另有规定的，从其规定。"此条规定要求企业编制的财务会计报告，包括项目投资预算的相关内容，必须符合法律法规和国家统一的会计制度。

《中央企业全面风险管理指引》第七条：企业开展全面风险管理工作，应明确风险管理责任，做到权责分明，确保风险可控。企业开展全面风险管理，应涵盖经营管理活动全过程，包括风险识别、风险评估、风险监控、风险应对和风险管理报告与考核等。企业在制定战略规划、年度经营计划、预算编制、重大投资项目等时，应将全面风险管理的各项要求融入其中。此条要求企业在制定项目投资预算时，必须考虑潜在的风险因素，并进行全面的风险管理。

通过以上法规依据的综合运用，审计人员可以有效地判断项目投资预算是否合理。对于违反相关法律法规的行为，审计人员应及时提出改进建议，并要求企业依法追究相关责任人的法律责任，确保企业财务活动的合规性和安全性。

整改建议

项目投资预算的合理性和风险管理的有效性直接关系到企业的长期发展和市场竞争力的提升。针对"项目投资预算是否合理"的问题，提出以下整改建议，以确保企业投资活动的合规性、效益性和安全性。

一、加强项目投资预算的合理性评估

企业应建立科学的项目投资预算评估体系，明确预算编制的依据、方法和流程。在编制预算时，应充分考虑项目的市场需求、技术可行性、预期收益以及潜在风险等因素，确保预算的合理性和可行性。同时，企业应定期对项目投资预算进行复审和调整，以适应市场变化和项目进展的实际情况。

二、加强对潜在风险因素的识别与评估

企业应建立健全的风险管理机制，对项目投资过程中可能遇到的潜在风险因素进行全面识别和评估。这包括市场风险、技术风险、政策风险、财务风险等。通过风险评估，企业可以更加准确地判断项目的可行性，并为预算编制提供更为可靠的依据。

三、完善项目投资决策程序

企业应制定完善的项目投资决策程序，明确决策的主体、流程和责任。在决策过程中，应充分听取专业部门或外部专家的意见，确保决策的科学性和合理性。同时，企业应建立投资决策的追溯机制，对决策过程和结果进行记录和评估，以便及时发现问题并进行整改。

四、加强对项目投资预算的执行与监控

企业应建立严格的预算执行和监控机制，确保项目投资预算的有效执行。这包括定期对比实际投资与预算的差异，分析原因并采取相应的调整措施。同时，企业应加强对项目投资过程的监督和审计，确保资金使用的合规性和效益性。

五、提升风险管理能力和应急响应能力

企业应加强对风险管理人员的培训和教育，提高他们的专业素养和风险管理能力。同时，企业应制定完善的应急预案，对可能出现的风险事件进行预设和演练，以提高企业的应急响应能力和风险管理能力。

六、建立激励与约束机制

企业应建立与项目投资预算和风险管理相关的激励与约束机制。对于在预算编制和风险管理方面表现突出的部门和个人，应给予适当的奖励和表彰。对于违反预算规定或风险管理不善的行为，应依法依规进行严肃处理。

加强项目投资预算的合理性评估、加强对潜在风险因素的识别与评估、完善项目投资决策程序、加强对项目投资预算的执行与监控、提升风险管理能力和应急响应能力以及建立激励与约束机制等措施，可以有效地提高项目投资预算的合理性和风险管理水平，为企业的长期稳定发展提供有力保障。

专题4：企业是否对投资项目可能面临的市场风险、技术风险等进行了全面分析？

案例简介

一、案例背景

某大型科技公司拟投资开发一款新型智能穿戴设备，预计该项目将涉及高额的研发资金和市场推广费用。为了评估项目的可行性，公司决定进行内部审计，重点审查项目团队是否对投资项目可能面临的市场风险、技术风险等进行了全面分析。

二、审计发现

审计团队在深入调查后，发现该项目在风险分析方面存在以下不足。

1.市场风险分析不充分

项目团队虽然进行了市场调研，但分析仅基于有限的数据和假设，未充分考虑竞争对手的动

态、消费者需求变化等关键因素。

2. 技术风险评估不足

对于新型智能穿戴设备所需的关键技术，项目团队未能全面评估其成熟度和可行性，也未制定详细的技术风险应对策略。

3. 风险管理计划缺失

项目整体缺乏一个系统的风险管理计划，包括风险识别、评估、监控和应对措施，可能导致潜在风险无法得到有效控制。

三、审计方法与程序

1. 文档审查

审计团队审查了项目团队提交的市场调研报告、技术可行性分析报告以及项目计划书等文档，以了解风险分析的全面性和准确性。

2. 访谈与调查

审计团队对项目团队成员、市场部门人员和技术部门人员进行了深入的访谈，了解他们在风险分析过程中的考虑和决策依据。

3. 数据分析

审计团队利用行业数据和历史项目数据，对项目团队的风险分析进行了复核和验证，以发现可能存在的遗漏或偏差。

4. 专家咨询

审计团队咨询了外部的市场专家和技术专家，以获取更全面的风险评估意见。

四、审计结论与建议

审计团队认为，该投资项目在市场风险和技术风险的分析方面存在明显不足，可能导致项目在实施过程中面临较大的不确定性。为此，审计团队提出了以下建议。

1. 加强市场调研

建议项目团队进行深入的市场调研，收集更全面的市场数据，以更准确地评估市场需求和竞争态势。

2. 完善技术风险评估

建议项目团队对所需的关键技术进行更全面的评估，包括对技术成熟度、可行性和潜在的技术障碍等的评估。

3. 制定风险管理计划

建议项目团队制定一个详细的风险管理计划，明确风险的识别、评估、监控和应对措施，以确保项目能够顺利实施。

五、后续改进

项目团队根据审计团队的建议，对风险分析进行了全面的补充和完善。项目团队加强了市场调研，收集了更多的市场数据，并重新评估了技术风险。同时，项目团队还制定了一个详细的风险管理计划，明确了风险的应对策略和责任分工。在后续的项目实施过程中，项目团队严格按照风险管理计划进行操作，确保了项目的顺利进行。

审计程序与方法

针对"企业是否对投资项目可能面临的市场风险、技术风险等进行了全面分析"这一问题，审计人员需要执行一套系统而详尽的审计程序，并采用多种审计方法以确保审计的全面性和准确性。以下是一些建议的审计程序与方法。

一、审计程序

1. 初步审查

审查项目计划书、市场调研报告、技术评估报告等文档，了解项目团队对市场和技术的初步分析情况。核对项目团队提供的风险分析清单，确认其是否涵盖了所有可能的风险点。

2. 详细分析

深入分析市场调研报告，检查其数据来源、调研方法和结论的合理性，评估市场风险的全面性和准确性。对技术评估报告进行逐项审查，验证技术风险的识别、评估和应对策略的合理性。

3. 对比分析

将项目团队的风险分析情况与行业标准、历史项目数据或竞争对手的情况进行对比，识别是否存在遗漏或偏差。对比分析项目团队的风险应对措施与最佳实践或行业惯例，评估其有效性和可行性。

4. 专家咨询

请市场和技术领域的专家对项目的市场和技术风险进行专业评估，获取独立意见。

5. 现场调查与访谈

对项目团队进行现场调查，了解其风险分析的过程和方法，观察是否存在疏忽或不当之处。对项目团队成员、市场部门人员和技术部门人员进行访谈，获取第一手信息，验证风险分析的真实性和准确性。

二、审计方法

1. 文档审查法

仔细审阅所有与风险分析相关的文档，包括市场调研报告、技术评估报告、项目计划书等，确保信息的完整性和准确性。

2. 数据分析法

利用数据分析工具对市场数据和技术数据进行筛选、比对和趋势分析，识别潜在的市场风险和技术风险。

3. 案例研究法

研究类似项目的风险案例，了解常见的风险点和应对措施，提高对潜在风险的警觉性。

4. 流程图分析法

绘制风险分析的流程图，检查项目团队在风险识别、评估、监控和应对方面的步骤和方法是否存在漏洞或不当之处。

5. 敏感性分析法

对项目的关键市场参数和技术参数进行敏感性分析，评估其对项目风险的影响程度，以识别关键风险点。

6. 软件辅助审计法

利用专业的审计软件对项目数据进行自动化分析，提高审计效率和准确性，特别是对市场数据和技术数据的处理和分析。

通过执行上述审计程序和方法，审计人员可以全面评估投资项目在市场风险和技术风险方面的分析情况，为项目团队提供有价值的反馈和建议。

法规依据

对于"企业是否对投资项目可能面临的市场风险、技术风险等进行了全面分析"的问题，相关法律法规提供了明确的指导和规定。审计人员在进行审计时，应依据这些法律法规进行判定，并确保审计过程的合法性和合规性。

《中华人民共和国公司法》第十六条：公司向其他企业投资或者为他人提供担保，依照公司章程的规定，由董事会或者股东会、股东大会决议；公司章程对投资或者担保的总额及单项投资或者担保的数额有限额规定的，不得超过规定的限额。公司为公司股东或者实际控制人提供担保的，必须经股东会或者股东大会决议。前款规定的股东或者受前款规定的实际控制人支配的股东，不得参加前款规定事项的表决。该项表决由出席会议的其他股东所持表决权的过半数通过。该条款要求公司对投资行为进行决议，隐含了对投资风险进行分析的要求。第一百四十七条：董事、监事、高级管理人员应当遵守法律、行政法规和公司章程，对公司负有忠实义务和勤勉义务。董事、监事、高级管理人员不得利用职权收受贿赂或者其他非法收入，不得侵占公司的财产。此条要求公司高管在投资决策中尽到勤勉义务，包括对市场风险和技术风险的全面分析。

《中华人民共和国证券法》第六十三条：发行人、上市公司依法披露的信息，必须真实、准确、完整，不得有虚假记载、误导性陈述或者重大遗漏。对于公开发行股票的公司，其投资项目的风险分析必须准确、完整地披露给投资者，否则可能构成违法行为。第七十八条：禁止国家工作人员、传播媒介从业人员和有关人员编造、传播虚假信息，扰乱证券市场。禁止证券交易所、证券公司、证券登记结算机构、证券服务机构及其从业人员，证券业协会、证券监督管理机构及其工作人员，在证券交易活动中作出虚假陈述或者信息误导。此条要求所有参与证券市场的人员不得传播虚假信息，包括关于投资项目的风险信息。

不同行业还存在特定的规定，要求企业对投资项目进行详尽的风险分析。例如，在高科技行业，可能涉及对技术成熟度、专利保护等的分析；在环保敏感行业，可能涉及对环境影响、合规性风险的分析。审计人员需要根据具体行业的要求进行审计。

通过以上审计程序与方法的综合运用，并结合相关法律法规的具体要求，审计人员可以有效地评估企业是否对投资项目可能面临的市场风险和技术风险进行了全面分析，并及时提出改进建议，确保企业投资活动的合规性和安全性。

整改建议

投资项目的市场风险和技术风险分析是确保投资成功和企业稳健发展的重要环节。针对"企业是否对投资项目可能面临的市场风险、技术风险等进行了全面分析"的问题，提出以下整改建议，以提升企业的风险管理能力和投资决策的科学性。

一、加强风险管理培训，提升全员风险意识

企业应定期组织风险管理培训，提高全体员工，特别是投资决策相关人员对市场风险和技术风险的识别和评估能力。通过培训，员工充分认识到风险分析的重要性，并掌握有效的风险分析工具和方法。

二、完善风险分析体系，确保分析全面深入

企业应建立完善的风险分析体系，明确风险分析的流程、方法和责任。在投资项目决策前，必须进行全面的市场调研和技术评估，识别潜在的市场风险和技术风险，并对其进行量化分析和定性评估。同时，应关注风险之间的相互作用和可能产生的连锁反应，确保风险分析的全面性和深入性。

三、建立风险监控和预警机制

企业应建立风险监控和预警机制，对投资项目的市场风险和技术风险进行持续监控。通过设定合理的风险指标和阈值，及时发现潜在的风险信号，并采取相应的风险应对措施。同时，应定期对风险分析的结果进行回顾和评估，以验证风险分析的准确性和有效性。

四、引入外部专业机构，提供独立风险评估

企业可以考虑引入外部专业机构，如咨询公司、会计师事务所等，对投资项目的市场风险和技术风险进行独立评估。外部机构的专业意见和独立评估可以为企业的投资决策提供有益的参考和补充，提高风险分析的客观性和科学性。

五、建立风险应对和处置机制

企业应制定详细的风险应对和处置方案，明确不同风险情况下的应对措施和责任分工。一旦发生市场风险或技术风险，应立即启动应对方案，迅速采取措施降低风险损失，并及时调整投资策略和计划。

六、加强信息披露和提高信息透明度

企业应加强投资项目的信息披露，及时向投资者和相关利益方提供准确、全面的风险分析信息。提高信息透明度，可以增强投资者对企业的信任度，降低因信息不对称而导致的投资风险。

通过加强风险管理培训，提升全员风险意识；完善风险分析体系，确保分析全面深入；建立风险监控和预警机制；引入外部专业机构，提供独立风险评估；建立风险应对和处置机制以及加强信息披露和提高信息透明度，企业可以全面提升对投资项目市场风险和技术风险的全面分析能力，为企业的稳健发展和投资成功提供有力保障。

专题5：风险管理策略是否明确，并包括风险降低、转移和接受等具体措施？

案例简介

一、案例背景

某大型国有能源企业（以下简称"国企A"），为响应国家关于绿色发展和可持续发展的政策，决定投资建设一个大型风电项目。该项目旨在提高清洁能源比重，减少对化石能源的依赖，并推动地方经济发展。国企A投入巨额资金，并寄予厚望，希望通过该项目建立企业在新能源领

域的领先地位。

二、审计发现

在项目推进过程中，审计署对该项目进行了专项审计。审计过程中，审计人员发现以下主要问题。

1. 风险管理策略不明确

国企 A 在风电项目推进过程中，未制定明确的风险管理策略，对于风险降低、转移和接受等具体措施缺乏明确规划。这导致项目在面临风险时，无法及时有效地应对。

2 投资金额巨大，但风险评估不足

国企 A 对该风电项目的投资金额巨大，但在项目前期，对潜在的风险因素评估不足。例如，未充分考虑风电设备供应链的稳定性、政策变化对项目收益的影响等关键因素。

由于风险管理策略的不明确和风险评估的不足，项目在推进过程中遭遇了多重挑战，包括设备供应延迟、政策调整导致补贴减少等问题，严重影响了项目的进度和预期收益。

三、审计方法与程序

1. 文件审查

对项目可行性研究报告、投资计划书、风险管理报告等关键文件进行了详细审查，评估项目决策的合理性和风险管理的有效性。

2. 数据分析

对项目投资数据、收益预测数据等进行了深入分析，验证数据的真实性和合理性。

3. 访谈调研

对项目团队成员、供应商、政府部门等进行了深入访谈，了解项目推进过程中的实际情况和遇到的问题。

四、审计结论与建议

审计认为，国企 A 在风电项目建设中，虽然积极响应国家绿色发展战略，但在风险管理方面存在明显不足。为此，提出以下建议。

1. 制定明确的风险管理策略

结合项目实际情况，制定包括风险降低、转移和接受等具体措施的风险管理策略，确保项目在面临风险时能够及时有效地应对。

2. 加强风险评估

在项目前期，应充分考虑各种潜在的风险因素，包括政策变化、市场波动、供应链稳定性等，并进行全面的风险评估。

3. 建立风险预警机制

通过建立风险预警机制，实时监控项目进展过程中的风险因素，确保在风险发生前能够及时预警并采取措施。

五、后续改进

国企 A 根据审计建议，立即组织专家团队对项目进行了全面的风险评估，并制定了详细的风险管理策略。同时，建立了风险预警机制，实时监控项目进展过程中的风险因素。通过这些改进措施，国企 A 成功降低了项目风险，确保了风电项目的顺利推进和预期收益的实现。

审计程序与方法

一、审计程序

1. 资料收集与初步评估

收集与风险管理相关的所有文档，包括但不限于风险评估报告、保险单据等。对收集到的资料进行初步评估，了解其完整性、准确性和时效性。

2. 详细审查风险管理策略

核实风险管理策略是否存在，并详细审查其内容是否明确、全面。检查策略中是否明确包含了风险降低、转移和接受等具体措施。验证这些措施是否与企业的实际情况和业务需求相匹配。

3. 评估风险管理措施的执行情况

通过访谈、观察和检查相关记录，了解风险管理措施的实际执行情况。确认企业是否按照既定的风险管理策略进行操作，以及这些措施是否有效。

4. 数据分析和比对

收集与风险管理相关的数据，如风险事件发生次数、损失金额等。对数据进行深入分析，评估风险管理策略的实际效果。将实际数据与预期目标进行比对，找出差距并分析原因。

5. 撰写审计报告与提出建议

根据审计结果，撰写详细的审计报告，明确指出风险管理策略中存在的问题和不足。针对发现的问题，提出具体可行的解决方案，帮助企业完善风险管理策略。

二、审计方法

1. 文档审查法

通过仔细审阅企业提供的风险管理相关文档，了解企业的风险管理策略和措施。

2. 访谈法

对企业内部相关人员进行深入访谈，了解他们对风险管理策略的理解和执行情况，以及在实际操作中遇到的问题。

3. 数据分析法

利用数据分析工具对企业提供的风险数据进行处理和分析，以量化的方式评估风险管理策略的有效性。

4. 流程图分析法

绘制企业风险管理的流程图，分析可能存在的漏洞和不足，提出相关建议。

5. 案例分析法

研究行业内外的风险管理案例，对比分析企业当前的风险管理策略，找出可以借鉴和优化的地方。

通过以上审计程序和方法，审计人员可以全面、深入地了解企业的风险管理情况，并为企业提供有针对性的改进建议，帮助企业提升风险管理水平。

法规依据

国有企业在进行经济责任审计事务中，对于"企业风险管理策略是否明确，并包括风险降低、转移和接受等措施"的专题，相关的法律依据主要来源于《中华人民共和国公司法》以及《中华人民共和国企业国有资产法》《企业内部控制基本规范》《中华人民共和国安全生产法》等文件。这些指引和文件为国有企业提供了关于风险管理的总体原则、基本流程、组织体系、风险评估、风险管理策略、风险管理解决方案、监督与改进等方面的详细指导和要求。

《中华人民共和国公司法》第五条：公司从事经营活动，必须遵守法律、行政法规，遵守社会公德、商业道德，诚实守信，接受政府和社会公众的监督，承担社会责任。公司的合法权益受法律保护，不受侵犯。这一条款强调了公司必须遵守法律法规，并承担社会责任，其中包括对风险进行妥善管理。

《中华人民共和国企业国有资产法》第十七条规定："国家出资企业应当依法建立和完善法人治理结构，建立健全内部监督管理和风险控制制度。"该法条明确要求国有企业应建立和完善风险控制制度，涵盖风险降低、转移等策略。

《企业内部控制基本规范》第五条：企业应当根据有关法律法规、本规范及其配套办法，制定本企业的内部控制制度并组织实施。其中，风险评估和控制活动是内部控制的重要组成部分，规范中强调了企业应当建立和实施风险评估程序，以及采取相应的控制措施，包括风险降低和风险转移等。

《中华人民共和国安全生产法》第四条："生产经营单位必须遵守本法和其他有关安全生产的法律、法规，加强安全生产管理，建立健全全员安全生产责任制和安全生产规章制度，加大对安全生产资金、物资、技术、人员的投入保障力度，改善安全生产条件，加强安全生产标准化、信息化建设，构建安全风险分级管控和隐患排查治理双重预防机制，健全风险防范化解机制，提高安全生产水平，确保安全生产。"此法条要求企业建立健全的安全生产规章制度，包括风险的分级管控和隐患排查治理，这与企业风险管理策略密切相关。

整改建议

针对"风险管理策略是否明确，并包括风险降低、转移和接受等具体措施"的问题，以下是一些详细的整改建议，以帮助企业完善风险管理机制，确保业务的稳健发展。

一、完善风险管理策略

企业应首先审视并修订现有的风险管理策略，确保其明确、全面且符合企业实际情况。策略中应明确包含风险降低、转移和接受等具体措施，并针对不同类型的风险制定相应的应对策略。此外，策略还应明确风险管理的目标、原则、流程和组织架构，以便为企业的风险管理活动提供明确的指导。

二、加强风险识别与评估

企业应建立完善的风险识别机制，定期或不定期地对内外部环境进行风险评估。通过收集相关信息、分析历史数据和趋势，以及参考行业经验和专家意见，全面识别企业面临的各种风险。同时，建立风险评估体系，对识别出的风险进行量化和定性评估，确定风险的大小、发生概率和可能造成的损失，以便为后续的风险应对措施提供依据。

三、优化风险应对措施

根据风险评估的结果，企业应制定并优化风险应对措施。对于高风险领域，应采取风险降低措施，如改进工艺流程、引入新技术或加强内部控制等，以降低风险发生的可能性和影响程度。对于无法完全避免的风险，可以考虑通过保险、合同等方式进行风险转移。同时，对于某些可接受的风险，企业应明确接受的标准和条件，并定期进行重新评估。

四、培育风险管理文化

企业应积极培育风险管理文化，提高全员风险管理意识。通过定期开展风险管理培训、分享风险管理案例和经验，以及建立风险管理激励机制等方式，引导员工树立正确的风险管理观念，提高风险防范和应对能力。同时，企业应将风险管理纳入日常工作中，确保各项业务活动在风险可控的范围内进行。

五、建立风险管理信息系统

为提高风险管理的效率和准确性，企业应建立风险管理信息系统。该系统应能够实时收集、整理和分析风险信息，为决策者提供及时、准确的数据支持。同时，通过信息化手段对风险管理流程进行监控和优化，确保各项风险管理措施得到有效执行。

六、持续改进与监督

企业应定期对风险管理策略和实施效果进行评估和审查，及时发现问题并解决。同时，建立风险管理监督机制，确保各项风险管理措施得到有效执行。通过持续改进和监督，不断提高企业的风险管理水平和应对能力。

通过上述整改建议，国有企业能够更加明确风险管理策略，并确保包括风险降低、转移和接受等措施得到有效实施。这有助于企业提升风险管理能力，降低经营风险，保护国有资产安全，促进企业的可持续发展。

专题6：投资项目是否设立了专门的风险管理团队或指定了风险管理专员？

案例简介

一、案例背景

某国有能源企业（以下简称"国企A"）在国家能源战略的指导下，计划投资建设一个大型清洁能源项目。该项目旨在提高清洁能源在总能源消耗中的占比，以响应国家对绿色、可持续发展的号召。国企A计划投资数十亿元人民币，用于风电能、太阳能等清洁能源的开发与建设。

二、审计发现

1.风险管理团队或专员缺失：

审计发现部分国有企业在投资项目中未设立专门的风险管理团队或未指定风险管理专员，导致风险管理职责不明确，风险防控措施不到位。

2.风险管理职责不明确：

审计发现部分企业虽然名义上设立了风险管理部门或指定了风险管理专员，但实际上风险管理职责不明确，缺乏有效的风险管理流程和制度支持，使得风险管理专员无法有效履行职责。

3. 风险评估和监控不足：

审计中发现，部分企业在投资项目中缺乏对风险的全面识别和评估，未能定期对各类风险进行风险评估和审查，以更新风险管理策略，导致企业面临较大的经营风险。

4. 风险管理措施执行不力：

审计发现部分企业虽然制定了风险管理措施，但在执行过程中存在偏差，如风险降低、转移和接受等措施未能得到有效实施，导致风险管理效果不佳。

5. 内部控制薄弱：

审计发现部分企业内部控制薄弱，部分应收账款及借款无法收回，涉及金额较大，反映出企业在风险管理上存在缺陷，特别是在投资项目管理上缺乏有效的风险控制和监督。

6. 重大投资决策风险管控不到位：

审计中发现，部分企业在重大投资决策时因尽职调查不充分、决策不当，导致发生投资损失风险，这表明企业在投资项目的风险管理上存在明显不足。

7. 违规经营和债务风险：

审计结果显示，部分企业存在违规经营行为，如"空转""走单"等虚假贸易业务，以及违规开展融资性贸易，造成国有资产损失和损失风险。同时，部分企业存在债务风险，资产负债率超过管控线，投资项目变现能力差，还本付息压力大，这些问题均与风险管理不到位有关。

三、审计方法与程序

1. 文件审查

审计人员对国企 A 的项目计划书、风险管理报告、财务报表等进行了详细审查，以评估其风险管理水平。

2. 人员访谈

审计人员对国企 A 的高层管理人员、项目负责人及关键岗位员工进行了深入访谈，了解他们对风险管理的认识和实际操作情况。

3. 数据分析

审计人员对项目投资数据、安全事故数据等进行了统计分析，以量化风险管理的效果。

4. 实地考察

审计人员对项目现场进行了实地考察，观察项目管理情况，并与现场工作人员交流，了解风险管理在实际操作中的执行情况。

四、审计结论与建议

审计人员认为，国企 A 在清洁能源项目建设中，对风险管理的重视程度不够，未设立专门的风险管理团队或指定风险管理专员，导致项目在风险管理方面存在严重缺陷。为此，提出以下建议。

（1）立即成立专门的风险管理团队或指定风险管理专员，负责项目的风险识别、评估、应对和监控工作。

（2）完善风险管理机制，制定明确的风险管理流程和规范，确保项目的顺利进行。

（3）加强与投资决策相关的风险管理培训，提高决策者的风险管理意识和能力，避免盲目投资。

（4）定期对项目进行风险评估和审计，及时发现和解决潜在风险，确保项目的可持续发展。

五、后续改进

国企 A 根据审计建议，迅速成立了专门的风险管理团队，并制定了完善的风险管理制度和流程。通过专业团队的努力，项目的风险管理水平得到了显著提升。同时，国企 A 还加强了与投资决策相关的风险管理培训，提高了决策者的风险管理能力。这些改进措施不仅确保了项目的顺利进行，还为国企 A 未来的可持续发展奠定了坚实基础。

审计程序与方法

针对"投资项目是否设立了专门的风险管理团队或指定了风险管理专员"这一问题，审计人员应遵循一定的审计程序并运用专业的方法进行审计。这有助于确保企业建立有效的风险管理机制，并保障投资项目的顺利进行。

一、审计程序

1. 初步了解

审计人员需要了解企业的投资项目概况，包括投资规模、项目类型、预期风险等。这有助于审计人员对企业风险管理的需求有一个初步的认识。

2. 检查风险管理组织架构

审计人员应检查企业是否设立了专门的风险管理团队或指定了风险管理专员。这可以通过查阅企业组织架构图、岗位设置和人员配备情况来实现。

3. 审查风险管理流程与制度

审计人员需要审查企业的风险管理流程是否完善，是否有明确的风险识别、评估、应对和监控程序。同时，还要检查企业是否制定了相关的风险管理制度，并确保这些制度得到了有效执行。

4. 评估风险管理效果

审计人员应通过数据分析、访谈等方式，评估企业风险管理的实际效果。这包括分析历史风险事件的发生频率和损失程度，以及了解员工对风险管理工作的认知和满意度。

二、审计方法

1. 文档审查法

审计人员应仔细审阅企业的风险管理相关文档，包括风险管理政策、流程、制度以及风险评估报告等。这有助于了解企业风险管理的整体框架和具体实施情况。

2. 访谈法

通过对企业高层管理人员、风险管理团队成员以及其他相关员工进行访谈，审计人员可以深入了解企业风险管理的实际操作情况，以及员工对风险管理工作的看法和建议。

3. 数据分析法

审计人员可以利用数据分析工具，对企业历史风险事件进行统计分析，以评估企业风险管理的效果。例如，可以分析风险事件的发生频率、损失程度以及应对措施的有效性等。

4. 观察法

审计人员可以实地观察企业的投资项目现场，了解项目进展情况和潜在风险点。同时，还可以观察企业风险管理团队的日常工作情况，以评估其工作效率和效果。

法规依据

《中华人民共和国公司法》第一百一十三条规定："董事会应当确定对外投资、收购出售资产、资产抵押、对外担保事项、委托理财、关联交易的权限，建立严格的审查和决策程序；重大投资项目应当组织有关专家、专业人员进行评审，并报股东大会批准。"这一规定强调了公司对重大投资项目应进行严格的风险评估和决策程序，隐含了对风险管理机制的要求。

此外，《企业内部控制基本规范》第二十一条明确指出："企业应当结合风险评估结果，通过手工控制与自动控制、预防性控制与发现性控制相结合的方法，运用相应的控制措施，将风险控制在可承受度之内。"这一条强调了企业应建立风险评估机制，并采取相应的控制措施来管理风险。

在更具体的风险管理指导方面，《中央企业全面风险管理指引》第十三条规定："企业应建立健全风险管理组织体系，主要包括规范的公司法人治理结构，风险管理职能部门、内部审计部门和法律事务部门以及其他有关职能部门、业务单位的组织领导机构及其职责。"这一条明确提出了企业应设立风险管理职能部门或指定风险管理专员的要求。

企业在投资项目时应依法设立专门的风险管理团队或指定风险管理专员，以确保项目的风险得到有效管理。审计人员在审计过程中，应依据《中华人民共和国公司法》《企业内部控制基本规范》《中央企业全面风险管理指引》《中华人民共和国审计法》等相关法律法规，对企业的风险管理机制进行全面评估。

整改建议

一、设立专门的风险管理团队或指定风险管理专员

企业应高度重视风险管理，在投资项目决策初期就应设立专门的风险管理团队或指定风险管理专员。这个团队或专员将全程参与项目的风险评估、监控和应对，确保项目风险得到及时识别和处理。

二、完善风险管理流程和制度

建立全面的风险管理流程，包括风险识别、评估、监控、应对等环节，确保每个环节都有明确的工作标准和责任人。

制定详细的风险管理制度，明确风险管理的目标、原则、方法和程序，为风险管理工作提供制度保障。

三、加强风险识别和评估

对投资项目进行全面的风险识别，包括市场风险、技术风险、财务风险、法律风险等各个方面，确保不遗漏任何潜在风险。

采用定性和定量相结合的方法对识别出的风险进行评估，确定风险的大小、发生概率和可能造成的损失，为制定风险应对措施提供依据。

四、建立风险监控和应对机制

定期对投资项目进行风险监控，及时发现和解决潜在风险，防止风险扩大和恶化。

建立风险应对预案，明确应对措施和责任人，确保在风险事件发生时能够迅速响应和处理。

五、提升员工的风险管理意识和能力并建立激励机制

加强员工的风险管理培训，提升全员风险管理意识和能力，确保每个员工都能在日常工作中有效识别和管理风险。

鼓励员工积极报告风险事件，建立激励机制，提高员工参与风险管理的积极性和主动性。

六、建立风险管理信息系统

建立完善的风险管理信息系统，实现风险数据的实时采集、分析和报告，提高风险管理的效率和准确性。

通过信息系统对投资项目进行实时监控，及时发现风险信号并采取措施进行干预，确保项目稳健运行。

七、加强与外部机构的合作与交流

与专业的风险管理机构建立合作关系，共享风险管理经验和资源，提升企业自身的风险管理水平。

积极参与行业交流和研讨活动，了解行业最新动态和风险管理趋势，为企业制定更加科学、合理的风险管理策略提供参考。

通过上述整改意见的实施，国有企业能够更加明确地设立专门的风险管理团队或指定风险管理专员，从而提高风险管理的效率和效果。这将有助于企业提升风险管理能力，降低经营风险，保护国有资产安全，促进企业的可持续发展。

专题 7：项目的进度和成本控制是否有效，是否存在延期或超预算风险？

案例简介

一、案例背景

某国有能源企业（以下简称"国企 A"），在国家推动绿色能源转型的大背景下，决定投资建设一个大型风电项目。该项目旨在提高清洁能源比重，减少对化石能源的依赖，以响应国家关于可再生能源的发展政策。项目投资金额巨大，预计总投资额达到数十亿元人民币，计划建设周期为两年。

二、审计发现

在项目启动后的一年，国家审计机关对该项目进行了审计。审计过程中，审计人员发现了以下问题。

1. 项目进度滞后

与原计划相比，项目的实际建设进度明显滞后。原计划应在一年内完成的基础设施建设，目前仅完成了不到 60%。

2. 成本超预算

项目的实际投资成本已超出预算，主要原因是原材料价格上涨、人工费用增加以及部分设计变更导致额外成本。

3. 风险管理不足

项目团队对潜在的风险因素识别不足，缺乏有效的风险应对措施。例如，对供应链中的潜在风险（如原材料供应不稳定、价格波动等）未进行充分评估。

三、审计方法与程序

1. 文档审查

审计人员详细审查了项目的合同、预算文件、进度报告等相关文档，以了解项目的整体情况和实际进展。

2. 现场考察

审计人员对项目现场进行了实地考察，观察了施工进度和现场管理情况。

3. 数据分析

通过对项目成本、进度等数据的分析，审计人员评估了项目的整体绩效和存在的问题。

4. 访谈与问卷调查

审计人员对项目团队成员、供应商等进行了访谈，并通过问卷调查收集了更多关于项目执行情况的反馈。

四、审计结论与建议

审计认为，国企 A 在风电项目建设中存在明显的进度滞后和成本超预算问题，且风险管理不足。为此，提出以下建议。

1. 加强项目进度管理

建立完善的项目进度管理体系，制定详细的施工计划，并加强监控和调整，确保项目按期完成。

2. 严格控制项目成本

对项目成本进行详细分析，找出成本超预算的原因，并采取措施进行成本控制。同时，加强与供应商的沟通与协调，降低采购成本。

3. 加强风险管理

建立全面的风险管理体系，对项目中的潜在风险进行充分识别、评估和应对。特别要关注供应链风险、市场价格波动等关键因素。

4. 加强内部沟通与协作

提高项目团队成员之间的沟通效率，确保信息畅通，及时解决问题。同时，加强与政府部门的沟通与协调，争取政策支持。

五、后续改进

国企 A 根据审计建议，对项目管理体系进行了全面优化。首先，完善了项目进度管理体系，通过制定详细的施工计划和加强监控，逐步缩小了与原计划的差距。其次，对项目成本进行了严格控制，通过优化采购策略、降低库存成本等措施，有效降低了项目成本。再次，建立了全面的风险管理体系，加强了对潜在风险的识别和应对能力。最后，加强了内部沟通与协作机制建设，提高了团队整体执行力和问题解决效率。

经过一系列改进措施的实施，国企 A 的风电项目逐渐恢复了正常进度并控制了成本增长趋势。最终项目在预定时间内完工并成功并网发电，为企业带来了可观的经济效益和社会效益。

审计程序与方法

一、审计程序

1. 项目资料收集

收集项目的所有相关资料，包括项目计划、预算文件、进度报告、成本报告、合同协议等。这些资料将作为审计的基础。

2. 初步审查与分析

对收集到的资料进行初步审查，了解项目的整体情况，包括项目的目标、预算、计划进度等。同时，对项目的成本构成和进度安排进行初步分析。

3. 现场考察与访谈

实地考察项目现场，观察项目的实际进度和成本控制情况。对项目团队成员进行访谈，了解他们对项目进度和成本控制的看法，以及存在的问题和困难。

4. 详细数据分析

对项目进度和成本数据进行深入分析，包括对比实际进度与计划进度，分析成本超支或节约的原因等。分析数据，可以发现项目进度和成本控制中存在的问题。

5. 风险评估与预测

基于上述分析，评估项目是否存在超预算或延期风险，并预测这些风险可能对项目目标产生的影响。

二、审计方法

1. 文档审查法

通过仔细审阅项目文档，了解项目的整体情况和进度、成本控制的细节。

2. 比较分析法

将实际进度和成本与计划进行对比，分析差异及其原因。

3. 趋势分析法

对项目进度和成本的历史数据进行趋势分析，预测未来的发展趋势。

4. 访谈法

通过对项目团队成员访谈，获取第一手信息，了解项目进度和成本控制的实际情况。

5. 风险评估法

运用风险评估工具和方法，对项目的超预算和延期风险进行定量和定性评估。

通过综合运用上述审计程序和方法，审计人员可以对项目的进度和成本控制进行全面、深入的审计，及时发现问题并提出解决方案，确保项目的顺利进行。

法规依据

《中华人民共和国审计法》第二十三条规定："审计机关对政府投资和以政府投资为主的建设项目的预算执行情况和决算，对其他关系国家利益和公共利益的重大公共工程项目的资金管理使用和建设运营情况，进行审计监督。"这一条款涵盖了对项目进度和成本控制进行审计监督的内容。

《中华人民共和国预算法》第五十三条规定："各级政府、各部门、各单位应当加强对预算支出的管理，严格执行预算和财政制度，不得擅自扩大支出范围、提高开支标准；严格按照预算规定的支出用途使用资金；建立健全财务制度和会计核算体系，按照标准考核、监督，提高资金使用效益。"这一法律条文强调了预算执行的严格性和资金使用效益的重要性，与项目进度和成本控制密切相关。

《建设工程质量管理条例》第十一条规定："建设单位应当将工程发包给具有相应资质等级的单位。"这意味着建设单位需要选择具备相应能力的承包商，以确保项目的顺利进行，避免因承包商能力不足而导致的进度延误和成本超支。

对项目进度和成本控制的有效性审计，以及对企业是否存在延期或超预算风险的评估，审计人员应依据《中华人民共和国审计法》《中华人民共和国预算法》《建设工程质量管理条例》等相关法律法规进行。它们共同构成了对项目进度和成本控制进行审计的法律法规框架。

整改建议

一、加强项目计划与预算管理

项目团队应制定详细且切实可行的项目计划，明确各阶段的任务、资源需求和时间节点。同时，建立完善的预算管理制度，确保项目预算的合理性和准确性。在项目执行过程中，要严格按照计划和预算进行，避免出现随意变更的情况。

二、加强项目进度监控与调整

项目团队应设立专门的项目管理团队，负责实时监控项目的进度情况。一旦发现进度延误，应立即分析原因并采取相应的调整措施。此外，可以引入先进的项目管理软件，以提高项目进度管理的效率和准确性。

三、优化成本控制与核算流程

项目团队应建立完善的成本控制体系，包括成本预算、成本核算、成本分析等环节。通过定期的成本核算和分析，及时发现成本超支的问题并采取措施进行纠正。同时，要加强对项目采购成本、人工费用等关键成本要素的管理，确保成本控制的有效性。

四、提高风险管理意识与能力

项目团队应增强风险管理意识，建立完善的风险管理机制。在项目执行过程中，要持续关注潜在的风险因素，如供应链风险、技术风险等，并制定相应的应对措施。此外，可以定期进行风险评估和演练，以提高团队应对风险的能力。

五、引入外部专家咨询与审计

针对项目进度和成本控制的问题，项目团队应引入外部专家咨询和审计服务。外部专家可以提供专业的建议和解决方案，帮助项目团队更好地识别和解决问题。同时，外部审计也可以对项目进度和成本控制的有效性进行客观评估，为项目团队提供改进的方向。

六、建立激励机制与问责制度

为确保项目进度和成本控制的有效性，项目团队应建立相应的激励机制和问责制度。对于在项目执行过程中表现优秀的团队或个人给予奖励和表彰；对于因疏忽或失误导致项目进度延误或成本超支的情况则要进行问责和处理。这样可以提高团队成员的责任感和积极性，确保项目的顺利进行。

通过实施上述整改措施，国有企业将能够更有效地控制项目的进度和成本，减少超预算或延期的风险。这些措施将帮助企业提高项目管理的效率和效果，确保项目按计划进行，避免因管理不善导致的成本失控和进度延误。通过完善投资决策体系、规范项目审批程序、建立项目论证程序、规范变更设计管理、加强资金管理、强化内控管理以及建立成本分析制度，国有企业能够建立起一套科学、规范、有效的项目进度和成本控制机制。这不仅有助于提高企业的经济效益，还能增强企业的风险管理能力，保障国有资产的安全和增值，促进企业的可持续发展。

专题 8：投资项目是否有定期的风险评估报告，以及更新的应对措施？

案例简介

一、案例背景

某国有能源企业（以下简称"国企 A"）近年来积极响应国家关于清洁能源和可持续发展的政策，决定投资建设一个大型风电项目。该项目位于风能资源丰富的地区，总投资金额达数十亿元人民币，旨在提高清洁能源占比，推动地区能源结构的优化。

二、审计发现

审计署在对国企 A 进行投资项目审计时，重点关注了项目的风险评估和应对措施。审计过程中，审计人员发现以下主要问题。

1. 风险评估报告缺失

国企 A 在风电项目投资过程中，未能定期进行风险评估，缺乏详细的风险评估报告。这导致项目团队无法及时识别和应对潜在风险，增加了项目投资的不确定性。

2. 应对措施未更新

尽管项目初期制定了一些风险应对措施，但随着项目的推进和外部环境的变化，这些措施并未得到及时更新。因此，在面临新的风险挑战时，项目团队缺乏有效的应对策略。

三、审计方法与程序

1. 文件审查

审计人员仔细审查了国企 A 的项目投资计划、风险管理制度、会议纪要等相关文件，以评估其对风险评估和应对措施的重视程度和实施情况。

2. 访谈调研

审计人员对国企 A 的项目管理人员、风险管理人员以及外部顾问进行了深入访谈，了解他们对项目风险的认识、评估方法和应对措施。

3. 数据分析

审计人员对项目投资数据、风险事件发生频率和损失程度等进行了统计分析，以量化评估项目的风险水平。

四、审计结论与建议

审计认为，国企 A 在风电项目投资过程中，对风险评估和应对措施的重视程度不够，存在较大的风险管理漏洞。为此，提出以下建议。

1. 建立定期风险评估机制

国企 A 应建立定期风险评估机制，对项目进行全面、系统的风险评估，并形成详细的风险评估报告。这有助于项目团队及时识别和应对潜在风险，降低项目投资的不确定性。

2. 更新应对措施

国企 A 应根据项目推进和外部环境的变化，及时更新风险应对措施。这可以确保项目团队在面对新的风险挑战时，能够迅速、有效地应对。

3. 加强风险管理培训

国企 A 应加强对项目团队成员的风险管理培训，提高他们的风险管理意识和能力。这有助于提升整个团队对风险的敏感度和应对能力。

五、后续改进

根据审计建议，国企 A 立即采取改进措施。国企 A 建立了定期的风险评估机制，并委托专业的风险评估机构对项目进行全面评估；同时，根据评估结果及时更新了风险应对措施，并加强了对项目团队成员的风险管理培训。这些改进措施显著提升了国企 A 对风电项目的风险管理水平，为项目的顺利推进提供了有力保障。

审计程序与方法

一、审计程序

1. 资料收集与初步审查

收集与投资项目相关的所有风险评估报告、应对措施文档以及项目进展报告。对收集到的资料进行初步审查，确认其完整性和真实性。

2. 详细分析与比对

仔细阅读风险评估报告，了解报告中识别的风险点、风险级别和可能的影响。比对不同时间点的风险评估报告，观察风险的变化趋势和应对措施的调整情况。检查应对措施的更新记录，确认是否针对新出现的风险或原有风险的变化进行了及时调整。

3. 数据验证与现场调查

通过数据分析工具，验证风险评估报告中数据的准确性和合理性。对投资项目进行现场调查，观察实际操作中是否存在未记录在风险评估报告中的风险。对项目管理人员和现场工作人员进行访谈，了解他们对项目风险的看法和应对措施的实际执行情况。

4. 综合评估与报告撰写

综合以上步骤的信息，对投资项目的风险评估和应对措施进行全面的评估。撰写审计报告，详细阐述审计发现、存在的问题以及解决方案。

二、审计方法

1. 文档分析法

通过仔细阅读和分析与投资项目相关的文档资料，如风险评估报告、应对措施记录等，来评估项目风险管理的有效性。

2. 数据比对法

利用数据分析工具，比对不同时间点的风险评估数据和应对措施记录，以识别风险的变化趋势和应对措施的调整情况。

3. 现场观察与访谈法

通过现场观察和对项目相关人员的访谈，获取第一手资料，了解项目风险的实际情况和应对措施的执行效果。

4. 综合评估法

结合以上方法所得的信息，对投资项目的风险评估和应对措施进行全面的综合评估，以得出准确的审计结论。

通过以上审计程序与方法的运用，审计人员可以全面、客观地评估投资项目在风险管理方面的表现，为改进项目风险管理提供有力的依据和建议。

法规依据

《中华人民共和国审计法》第二十七条："审计机关对政府投资和以政府投资为主的建设项目的预算执行情况和决算，对其他关系国家利益和公共利益的重大公共工程项目的资金管理使用和建设运营情况，进行审计监督。" 这一条款强调了审计机关对项目资金使用和运营情况的监督职责，风险评估报告和应对措施的更新是反映项目运营情况的重要组成部分。

《中华人民共和国审计法实施条例》第二十二条："审计机关对政府投资和以政府投资为主的建设项目以及其他关系国家利益和公共利益的重大公共工程项目的审计监督，包括下列内容：……（五）项目执行环境保护政策、标准和环境保护行政主管部门的有关审批文件以及水土保持措施落实情况；……"此条款虽未直接提及风险评估，但强调了项目执行过程中的环境保护、标准落实等情况的监督，风险评估是确保这些标准得到落实的重要手段。

《企业内部控制基本规范》第三章"风险评估"中明确要求企业应定期进行风险评估，并制定相应的应对措施。这一规范为企业内部风险管理提供了指导，同时也为审计机关要求企业提供定期风险评估报告和应对措施提供了法规支持。

《中央企业全面风险管理指引》详细规定了中央企业应如何进行全面风险管理，包括风险评估、风险应对等方面。它要求企业建立风险管理体系，并定期进行评估和更新。这一指引为审计机关评估企业风险管理情况提供了具体标准。

审计机关要求投资项目提供定期的风险评估报告及更新应对措施，是基于对项目建设运营情况的全面监督职责，以及确保企业有效进行风险管理的需要。这些依据共同构成了审计企业是否符合这一要求的法律法规基础。

整改建议

一、建立定期风险评估机制

投资项目应建立定期的风险评估机制，确保每个阶段的风险都能得到及时识别和评估。建议每季度或每半年进行一次全面的风险评估，并根据评估结果制定相应的应对措施。同时，要确保风险评估报告的准确性和客观性，以便为决策提供可靠依据。

二、加强风险应对措施的更新与实施

针对风险评估报告中识别出的风险点，投资项目应及时更新应对措施，并确保措施的有效实施。对于新出现的风险，要迅速制定相应的应对策略，避免风险扩大。此外，应对措施的实施情况也应进行定期检查和评估，以确保其有效性。

三、提升风险管理意识与能力

投资项目应加强对员工的风险管理培训，提升全员风险管理意识和能力。通过定期组织培训、分享会等活动，让员工了解风险管理的重要性，并掌握基本的风险识别、评估和应对方法。同时，鼓励员工积极参与风险管理工作，提出改进意见和建议。

四、建立风险管理信息系统

为提高风险管理的效率和准确性，投资项目应建立风险管理信息系统。该系统应能够实时收集、整理和分析与项目风险相关的信息，为风险评估和应对措施的制定提供数据支持。此外，通过信息系统还可以实现风险管理的流程化、标准化和自动化，提高工作效率。

五、加强风险管理的监督与考核

为确保风险管理工作的有效执行，投资项目应建立相应的监督与考核机制。通过设立专门的监督小组或委托第三方机构进行定期或不定期的风险管理检查和评估，确保各项风险管理措施得到有效实施。同时，将风险管理纳入项目考核体系，对表现突出的团队或个人给予奖励和激励。

通过实施上述整改措施，国有企业将能够更加系统和科学地管理投资项目中的风险。整改措施的实施将有助于企业建立起一套完善的风险评估和应对机制，从而提高企业对风险的识别、评估和应对能力。这不仅能够减少投资项目超预算或延期的风险，还能够提升企业的整体管理水平和市场竞争力。通过定期的风险评估报告和及时更新的应对措施，企业能够更好地控制和管理投资项目的风险，确保项目的顺利进行和预期目标的实现。此外，整改措施还强调了内控体系的执行和风险管理信息化的重要性，这将有助于提高风险管理的效率和准确性，为企业的稳健运营和可持续发展提供有力支持。

专题 9：企业是否建立了投资项目风险事件的应急预案，以快速响应突发情况？

案例简介

一、案例背景

某大型国有能源企业（以下简称"国企 A"），在国内外均享有盛誉，长期致力于能源开发与利用。近年来，随着全球能源结构的转变，国企 A 积极响应国家政策，加大在清洁能源领域的投资，特别是在风能、太阳能等可再生能源项目方面。其中，位于西部某省的一个大型风电投资

项目（以下简称"风电项目"），总投资额达数十亿元人民币，备受各界关注。

二、审计发现

在风电项目的推进过程中，审计署组织了一次对该项目的专项审计。审计过程中，审计人员主要发现了以下问题。

1. 应急预案缺失

国企 A 在推进风电项目时，未制定针对可能出现的风险事件的应急预案，导致项目在面临突发情况时，响应速度慢，处理效果不佳。

2. 风险管理不足

虽然国企 A 在项目初期进行了一定的风险评估，但在项目实施过程中，对风险管理的持续关注和更新不足，部分已知风险未得到有效控制。

三、审计方法与程序

1. 文档审查

审计人员详细审查了风电项目的投资计划、风险评估报告、项目管理文档等，以评估项目的风险管理水平。

2. 现场考察

审计人员前往风电项目建设现场，实地了解项目实施情况，观察现场管理等情况。

3. 人员访谈

审计人员与项目管理人员、现场工作人员进行深入交流，了解他们对项目风险的认识和应急处理措施。

四、审计结论与建议

审计人员认为，国企 A 在风电项目建设中，虽然整体进展顺利，但在风险管理和应急预案方面存在明显不足。为此，提出以下建议。

1. 建立风险事件的应急预案

针对可能出现的自然灾害、设备故障、供应链中断等风险事件，制定详细的应急预案，明确应对措施和责任人。

2. 加强风险管理措施的持续更新

定期对项目进行风险评估，及时更新风险管理措施，确保项目的稳健推进。

3. 提升现场应急响应能力

加强现场人员的应急培训，确保在突发情况发生时，能够迅速、有效地进行响应。

五、后续改进

国企 A 根据审计建议，迅速组织专家团队制定了风电项目的风险事件应急预案，并对全体员工进行了应急培训。同时，加强了与供应商、当地政府等相关方的沟通与协作，确保在突发情况发生时，能够得到及时有效的支持。这些改进措施显著提升了国企 A 对风电项目的风险管理水平和应急响应能力，为项目的顺利实施提供了有力保障。

审计程序与方法

一、审计程序

1. 资料收集与初步了解

收集与投资项目相关的风险管理政策、流程和应急预案等文档。了解项目的整体风险管理策略和已识别的关键风险点。

2. 风险评估与预案审查

评估企业是否对投资项目进行了全面的风险评估，包括对市场风险、技术风险、运营风险等的评估。审查应急预案的详细内容和覆盖范围，确保其具有针对性和适用性。

3. 现场观察与访谈

实地考察投资项目的运营情况，观察现场的安全管理和应急设施。对项目管理人员和普通员工进行访谈，了解他们对风险管理和应急预案的认知程度。

4. 模拟测试

通过模拟突发情况，测试应急预案的响应速度和效果。评估企业在紧急情况下的决策流程和资源调配能力。

5. 数据分析与比对

分析历史风险事件的处理数据，评估应急预案在实际操作中的有效性。将企业的风险管理与行业标准和最佳实践进行比对。

二、审计方法

1. 文档审查法

仔细审阅风险管理政策、应急预案等文档，检查其完整性和更新情况。

2. 访谈法

通过对管理层和普通员工进行深入访谈，了解风险管理的实际执行情况和员工对应急预案的熟悉程度。

3. 观察法

现场观察投资项目的运营情况和应急设施，评估企业的实际风险管理水平。

4. 模拟测试法

通过模拟突发情况，测试企业的应急响应能力和预案的有效性。

5. 数据分析法

利用历史数据分析风险事件的发生频率、影响程度和应急预案的执行效果。

通过上述审计程序与方法的综合运用，审计人员可以全面评估企业在投资项目风险事件的应急预案方面的建立和实施情况，为改进风险管理提供有力的依据和建议。

法规依据

《中华人民共和国安全生产法》第七十八条明确规定："生产经营单位应当制定本单位生产安全事故应急救援预案，与所在地县级以上地方人民政府组织制定的生产安全事故应急救援预案相衔接，并定期组织演练。"这一法律条文直接要求企业必须建立应急预案以应对可能发生的生产安全事故。

　　《中华人民共和国突发事件应对法》第二十三条也指出：“企业事业单位应当根据所在地人民政府的要求，结合各自的实际情况，开展有关突发事件应急知识的宣传普及活动和必要的应急演练。”这一法律条文强调了企业在应对突发事件中的责任和义务，包括建立应急预案并进行演练。

　　企业在投资项目运营过程中，必须依据《中华人民共和国安全生产法》《中华人民共和国突发事件应对法》等相关法律法规，建立健全风险事件的应急预案，并定期进行演练和评估，以确保在突发情况下能够快速、有效地响应。这些法律法规为企业建立风险事件的应急预案提供了明确的指导和要求。

整改建议

一、全面评估与风险识别

　　企业应对投资项目进行全面的风险评估，识别出可能面临的各种风险，包括但不限于市场风险、技术风险、运营风险等。这一步骤是建立有效应急预案的基础，有助于企业明确可能遭遇的突发情况及其潜在影响。

二、制定有针对性的应急预案

　　根据风险评估的结果，企业应制定有针对性的应急预案。预案应明确应对不同风险的具体措施、责任人、资源调配方案等。同时，预案应具有灵活性和可操作性，以便在突发情况发生时能够迅速启动并有效执行。

三、加强应急演练与培训

　　为确保应急预案的有效性，企业应定期组织应急演练，提高员工在突发情况下的应对能力。演练过程中，应注重模拟真实场景，检验预案的可行性和实用性。此外，还应加强员工的应急知识培训，提升全体员工的应急意识和技能。

四、建立应急响应团队

　　企业应成立专门的应急响应团队，负责在突发情况发生时迅速启动应急预案，协调各方资源，确保应对措施的有效实施。团队成员应包括各部门代表，以便在紧急情况下能够迅速调动各部门资源，形成合力。

五、完善应急物资储备与调配机制

　　企业应建立完善的应急物资储备与调配机制，确保在突发情况下能够及时调配所需物资，保障应急响应的顺利进行。同时，应定期对储备物资进行检查和更新，确保其处于良好状态。

六、持续改进与更新应急预案

　　企业应定期对应急预案进行审查和更新，确保其始终与当前的风险状况和企业实际情况相适应。同时，应根据实践经验和外部环境的变化，不断优化预案内容，提高其针对性和实效性。

　　通过实施上述整改措施，国有企业将能够更加系统和科学地管理投资项目中的风险。整改措施的实施将有助于企业建立起一套完善的风险评估和应对机制，从而提高企业对风险的识别、评估和应对能力。这不仅能够减少投资项目超预算或延期的风险，还能够提升企业的整体管理水平和市场竞争力。通过完善风险管理制度、加强重点领域日常管控、强化风险预警和监控制度、制定风险应对方案以及加强重要岗位授权管理和权力制衡，国有企业能够建立起一套科学、规范、有效的项目进度和成本控制机制。这将有助于提高企业的经济效益，增强企业的风险管理能力，保障国有资产的安全和增值，促进企业的可持续发展。

专题 10：投资项目的后期评估和反馈机制是否健全，以便持续改进风险管理？

案例简介

一、案例背景

某国有能源企业（以下简称"国企 A"），在国内能源领域具有重要地位，一直致力于传统能源的开发与利用。随着国家对清洁能源和可持续发展的日益重视，国企 A 决定投资建设一个大型风力发电项目，以适应国家能源结构调整的新趋势。该项目计划投资数十亿元人民币，旨在提升清洁能源占比，并推动地区经济的绿色发展。

二、审计发现

在项目投运一段时间后，国家审计机关对该项目进行了后期评估和审计。审计过程中，审计人员发现了以下问题。

1. 后期评估机制不健全

国企 A 在风力发电项目投产后，未建立有效的后期评估机制，导致无法全面、客观地评价项目的运营效果和投资回报。

2. 反馈机制缺失

项目运营过程中出现的问题和挑战，未能及时有效地反馈给管理层，导致问题得不到及时解决，影响了项目的长期稳定运行。

3. 风险管理持续改进不足

由于缺乏健全的反馈机制，国企 A 无法根据项目运营中的实际情况调整风险管理策略，使得一些潜在风险逐渐暴露并扩大。

三、审计方法与程序

1. 文档和数据分析

审计人员对与项目相关的文档、数据等进行了详细分析，以评估项目的运营效率和投资效益。

2. 人员访谈

审计人员通过与项目管理人员、运营人员以及维护人员深入交流，了解项目运营的实际情况和存在的问题。

3. 现场考察

审计人员对项目现场进行了实地考察，观察了风力发电机组的运行状况，以及维护和管理情况。

四、审计结论与建议

审计人员认为，国企 A 在风力发电项目的投资和运营过程中，虽然积极响应了国家的清洁能源政策，但在项目的后期评估和反馈机制上存在明显不足。为此，提出以下建议。

1. 建立完善的后期评估机制

定期对项目的运营效果、投资回报、社会效益等方面进行全面评估，以便及时发现问题并采取改进措施。

2. 构建有效的反馈机制

建立一个畅通的问题反馈渠道，确保项目运营过程中的问题能够及时、准确地反馈给管理层，并得到迅速解决。

3. 持续改进风险管理

根据后期评估和反馈机制提供的信息，不断调整和优化风险管理策略，以降低潜在风险对项目运营的影响。

五、后续改进

国企 A 根据审计建议，迅速行动，成立了专门的项目后期评估小组，负责制定和执行评估计划。同时，建立了一个多层级的问题反馈系统，确保项目现场的问题能够及时反馈到管理层。此外，国企 A 还加强了与国内外清洁能源领域的交流与合作，积极引进和学习先进的技术和管理经验，以持续提升项目的运营效率和风险管理水平。通过这些改进措施，国企 A 不仅提升了风力发电项目的运营效果，也为企业的可持续发展奠定了坚实基础。

审计程序与方法

一、审计程序

1. 项目资料收集

收集与投资项目相关的所有资料，包括但不限于项目计划、预算文件、进度报告、风险评估报告、后期评估报告以及任何与项目执行和风险管理有关的内部和外部通信文件。

2. 初步评估与资料筛选

对收集到的资料进行初步评估，筛选出与后期评估和反馈机制相关的信息，特别关注风险评估和管理的流程、措施及其实施效果。

3. 详细审计与分析

深入审计项目的后期评估报告，核实评估的准确性和完整性。分析反馈机制的运作情况，检查是否存在有效的问题识别和报告系统，以及问题是否得到了及时和适当的处理。

4. 风险管理审查

审查风险管理策略和措施的有效性，包括风险识别、评估、监控和控制流程。验证这些流程是否根据项目后期评估的结果进行了必要的调整和优化。

5. 人员访谈

对项目团队成员、管理层以及其他相关人员进行访谈，了解他们对后期评估和反馈机制运作情况的看法，收集一线员工的意见和建议。

6. 现场考察

实地考察项目现场，观察后期评估和反馈机制在实际操作中的执行情况，特别是风险管理措施的落实效果。

二、审计方法

1. 文档审查法

通过仔细审阅项目文档，了解后期评估和反馈机制的设计、实施和效果。

2. 数据分析法

对项目运营数据进行深入分析，评估后期评估和反馈机制对项目风险管理持续改进的贡献。

3. 流程图分析法

绘制并分析项目后期评估和反馈机制的流程图，识别可能存在的瓶颈和改进点。

4. 比较分析法

将项目的后期评估和反馈机制与行业最佳实践进行比较，找出差距并提出改进建议。

5. 问卷调查法

设计并发放问卷，收集项目团队成员对后期评估和反馈机制的看法和建议，以便更全面地了解机制的实际运作情况。

通过以上审计程序与方法的综合运用，审计人员可以全面评估投资项目的后期评估和反馈机制的健全性，以及其在持续改进风险管理方面的有效性。

法规依据

《中华人民共和国审计法》第二十七条规定："审计机关对政府投资和以政府投资为主的建设项目的预算执行情况和决算，对其他关系国家利益和公共利益的重大公共工程项目的资金管理使用和建设运营情况，进行审计监督。"这一条款为审计机关对投资项目进行后期评估提供了法律依据。

《中华人民共和国审计法实施条例》第二十二条规定了对建设项目的审计内容，包括"概（预）算编制、审批、执行、调整情况"以及"工程成本情况"等，间接支持了对投资项目进行后期评估的必要性。

《中央企业投资监督管理办法》（国资委令第34号）第十五条规定："中央企业应当编制年度投资计划，并按照有关要求按时报告国资委。年度投资计划应当主要包括下列内容：……（五）投资项目后期评估及后评价计划。"这一条款明确要求中央企业在年度投资计划中包括后期评估及后评价计划。

审计人员在执行审计任务时，应依据这些法律法规对投资项目的后期评估和反馈机制进行全面审查，以确保其符合法律法规要求，并能有效支持风险管理的持续改进。

整改建议

一、建立完善的后期评估体系

企业应建立一套完善的投资项目后期评估体系，包括定期的项目回顾、绩效评估和风险分析。这一体系应明确评估的标准、流程和方法，确保评估结果的客观性和准确性。通过后期评估，及时发现项目运营中存在的问题和风险，为风险管理提供有力的数据支持。

二、强化反馈机制的构建与运作

投资项目应设立专门的反馈渠道，确保项目团队成员、管理层以及其他相关人员能够及时、有效地提供项目执行过程中的问题和建议。同时，应建立问题追踪和处理机制，对收集到的反馈进行及时分析和响应，确保问题得到妥善解决。通过强化反馈机制，形成闭环管理，实现风险管理的持续改进。

三、加强风险评估与监控

企业应定期对投资项目进行全面风险评估，识别潜在风险并制定相应的应对措施。同时，建立完善的风险监控体系，实时监测项目风险状况，确保风险在可控范围内。对于突发的重大风险事件，应迅速启动应急预案，降低风险对项目的影响。

四、提升风险管理意识和能力

企业应通过培训、宣传等方式，提升全体员工的风险管理意识和能力。确保每位员工都能充分认识到风险管理的重要性，并在实际工作中积极落实风险管理措施。此外，企业还应引进和培养专业的风险管理人才，提高风险管理的专业化和科学化水平。

五、建立信息共享与沟通机制

为促进投资项目风险管理的持续改进，企业应建立信息共享与沟通机制。通过定期的项目会议、报告等方式，及时传递项目进展、风险评估和反馈处理等信息，确保各部门之间保持紧密合作与有效沟通。这有助于及时发现问题、共同解决问题，推动风险管理水平的不断提高。

六、引入第三方评估与监督

为提高投资项目风险管理的客观性和公正性，企业可引入第三方评估机构对项目进行定期评估和监督。第三方评估机构能够提供专业的评估意见和建议，帮助企业发现潜在风险并改进风险管理措施。同时，第三方监督也有助于增强和提高企业的自律性和透明度，提升投资项目的整体信誉度。

通过实施上述整改措施，国有企业将能够更加系统和科学地管理投资项目的风险和后期评估工作。整改措施的实施将有助于企业建立起一套完善的项目后期评估和反馈机制，从而提高企业对项目后期风险的识别、评估和应对能力。这不仅能够减少投资项目的风险，还能够提升企业的整体管理水平和市场竞争力。通过建立项目后评价管理制度、完善投资决策机制、加强项目实施过程中的风险管理、强化项目监管和责任追究以及规范招投标和物资采购管理，国有企业能够建立起一套科学、规范、有效的项目后期评估和反馈机制。这将有助于提高企业的经济效益，增强企业的风险管理能力，保障国有资产的安全和增值，促进企业的可持续发展。

第十三章
国有企业党风廉政建设责任落实情况专题

专题1：企业是否建立健全党风廉政建设责任制度并有效执行？

案例简介

一、案例背景

某国有大型能源企业（以下简称"国企A"）是国家重要的能源供应商，承担着保障国家能源安全和稳定供应的重要职责。近年来，随着国家对党风廉政建设和反腐败工作的高度重视，国企A也积极响应，着力构建和完善党风廉政建设责任制度。

二、审计发现

审计署对国企A进行了党风廉政建设和反腐败工作的专项审计。审计过程中，审计人员发现以下问题。

党风廉政建设责任制度未得到有效执行：尽管国企A已经建立了党风廉政建设责任制度，但在实际执行过程中存在诸多不足。部分领导干部对党风廉政建设的重视程度不够，未能充分发挥带头作用，导致责任制度形同虚设。

监督执纪不力：国企A在监督执纪方面存在明显短板。一方面，内部监督机构的力量薄弱，难以形成有效的监督合力；另一方面，对于违纪违法行为的查处力度不够，导致部分人员心存侥幸，顶风违纪。

廉洁风险防控不足：国企A在廉洁风险防控方面缺乏有效措施。部分关键岗位和重点环节存在廉洁风险隐患，但企业未能及时发现并采取措施进行防范。

三、审计方法与程序

文件审查：审计人员对国企A的党风廉政建设责任制度、相关会议纪要、工作报告等文件进行了详细审查，以评估责任制度的完善程度和执行情况。

访谈调研：审计人员对国企A的领导干部、员工代表进行了深入访谈，了解他们对党风廉政建设的认识和看法，以及责任制度在实际工作中的落实情况。

数据分析：审计人员通过收集和分析国企A近年来违纪违法案件的数据，评估企业反腐败工作的成效及存在的问题。

现场考察：审计人员实地考察了国企A的关键部门和岗位，观察廉洁风险防控措施的执行情况，以及员工的工作纪律和作风。

四、审计结论与建议

审计人员认为，国企A在党风廉政建设和反腐败工作方面虽然取得了一定成效，但仍存在诸多问题和不足。为此，提出以下建议。

加大党风廉政建设责任制度的执行力度：进一步增强领导干部的党风廉政建设意识，明确各级领导的责任和义务，确保责任制度得到有效执行。

完善内部监督机构建设：加强内部监督力量，提高监督执纪的效率和公正性。同时，加大对违纪违法行为的查处力度，形成有效的震慑作用。

加强廉洁风险防控工作：建立健全廉洁风险评估和防控机制，对关键岗位和重点环节进行定期排查和监控，及时发现并消除廉洁风险隐患。

五、后续改进

国企 A 高度重视审计建议，迅速组织整改落实工作。首先，国企 A 加大了对领导干部的党风廉政教育和培训力度，提高了他们的廉洁意识和自我约束能力。其次，国企 A 完善了内部监督机构设置和人员配置，强化了监督执纪职能。同时，国企 A 还建立了廉洁风险评估和防控体系，对关键岗位和重点环节进行了全面排查和整改。

经过一段时间的努力，国企 A 的党风廉政建设和反腐败工作取得了显著成效。领导干部的廉洁意识普遍提高，违纪违法行为得到有效遏制。企业内部风气明显好转，为企业的健康稳定发展奠定了坚实基础。

审计程序与方法

一、审计程序

资料收集与初步了解：收集企业关于党风廉政建设责任制度的相关文件、规定和制度。了解企业组织架构、管理层级及职责划分。

制度审查：仔细审查企业建立的党风廉政建设责任制度，评估其完善性、合理性和可操作性。检查制度是否明确各级领导和普通员工的责任、义务和违规后果。

执行情况评估：通过查阅会议纪要、工作报告、培训计划等，评估企业对党风廉政建设责任制度的执行情况。检查是否有定期的培训、宣传和教育活动，以及员工对这些活动的参与度和反馈。

风险点识别：识别关键岗位和可能存在的廉洁风险点，评估企业是否对这些风险点进行了有效监控和防范。检查企业是否有针对廉洁风险的应对措施和预案。

员工访谈与调查：对企业员工进行访谈，了解他们对党风廉政建设责任制度的知晓程度、执行情况和改进建议。通过匿名问卷或调查，收集员工对制度执行的真实反馈。

二、审计方法

文档审查法：仔细审阅企业提供的党风廉政建设责任制度文档，以及相关的执行记录、培训材料等。通过对比分析不同时间点的文档，评估制度的更新和完善情况。

访谈法：对企业各级领导和普通员工进行面对面或电话访谈，深入了解制度执行的第一手资料。通过开放式问题，引导受访者提供详细的反馈和建议。

数据分析法：对企业提供的关于党风廉政建设活动的数据进行统计分析，如培训次数、参与人数等。通过数据分析，评估制度执行的效果和改进方向。

通过以上审计程序与方法的综合运用，审计人员可以全面、客观地评估企业是否建立健全了党风廉政建设责任制度，并有效执行了该制度。同时，这些审计结果还可以为企业后续的改进工作提供有力的依据和指导。

法规依据

《中国共产党党内监督条例》是党内重要的监督制度，其中明确规定了党组织和党员在党风廉政建设中的责任。该条例要求各级党组织必须落实党风廉政建设主体责任，加强党内监督，严明党的纪律，切实解决好管党治党中存在的突出问题。这为建立健全党风廉政建设责任制度提供了党内法规依据。

《中华人民共和国监察法》是国家层面的重要法律，对公职人员的监察工作进行了全面规定。该法强调了对公职人员廉洁从政、勤勉尽责情况的监督，以及对违法行为的调查和处置。这要求国有企业等组织必须建立有效的党风廉政建设责任制度，以确保公职人员的廉洁从政。

《中国共产党纪律处分条例》也对党风廉政建设责任制度有所规定。该条例明确了违反廉洁纪律、工作纪律等行为的处分标准，体现了党对党风廉政建设的严格要求。这为企业等组织执行党风廉政建设责任制度提供了明确的指导。

审计人员在审计过程中，应依据上述法律法规和相关规定，对被审计单位的党风廉政建设责任制度及其执行情况进行全面、客观的评估。

整改建议

一、完善党风廉政建设责任制度

企业应审视现有的党风廉政建设责任制度，查漏补缺，确保其全面、系统、具有可操作性。制度应明确各级领导和普通员工的责任、权力和义务，形成责任网，使每个人都明白自己在党风廉政建设中的角色和职责。同时，制度还应包含对违规行为的处罚措施，以起到警示和威慑作用。

二、加强党风廉政教育和培训

企业应定期开展党风廉政教育和培训活动，提高全体员工的廉洁意识和法律意识。通过案例分析、法规解读、廉洁文化宣传等多种形式，员工深刻认识到廉洁从业的重要性，增强遵纪守法的自觉性。此外，还可以邀请纪检监察机关或法律专家开展专题讲座，提升员工对党风廉政建设的认识和理解。

三、建立有效的监督机制

企业应设立专门的监督机构或指定专人负责党风廉政建设的监督工作。通过定期检查、专项检查、明察暗访等方式，对各级领导和普通员工的廉洁从业情况进行监督。同时，鼓励员工积极举报违规行为，对举报人给予保护和奖励，形成全员参与、共同监督的良好氛围。

四、加强责任追究和问责

对于违反党风廉政建设责任制度的行为，企业应坚决予以查处，并依法依规追究相关责任人的责任。通过严肃处理违规行为，形成有力的震慑效应。同时，对在党风廉政建设中失职渎职的领导进行问责，督促其认真履行职责，切实担负起党风廉政建设的主体责任。

五、推进廉洁文化建设

企业应积极推进廉洁文化建设，通过举办廉洁文化活动、创作廉洁文化作品、宣传廉洁典型人物等方式，营造崇尚廉洁、鄙视腐败的文化氛围。同时，将廉洁文化融入企业的核心价值观中，使其成为员工共同遵守的行为准则。

专题 2：主要领导人员是否切实履行党风廉政建设第一责任人职责？

案例简介

一、案例背景

某大型国有能源企业（以下简称"国企 A"），在行业内具有举足轻重的地位，业务涵盖煤炭、电力、新能源等多个领域。近年来，随着国家对党风廉政建设和反腐败工作的高度重视，国企 A 也积极响应，不断加强内部管理，提升党风廉政建设水平。然而，在实际操作中，仍存在一些问题和挑战。

二、审计发现

在对国企 A 进行党风廉政建设的审计中，审计人员发现以下主要问题。

主要领导人员未切实履行党风廉政建设第一责任人职责：国企 A 的主要领导人员在党风廉政建设工作中，未能充分发挥带头作用，对党风廉政建设的重要性认识不足，缺乏有效的监督和推动机制。

党风廉政建设责任制度执行不力：虽然国企 A 建立了党风廉政建设责任制度，但在实际执行过程中存在"打折扣""搞变通"的情况。部分领导干部对制度执行不够严格，甚至存在违反制度规定的行为。

监督执纪问责不到位：国企 A 在监督执纪问责方面存在不足，对违规违纪行为的查处力度不够，导致一些违纪行为得不到及时有效的处理。

三、审计方法与程序

文件审查：审计人员对国企 A 的党风廉政建设相关文件进行了详细审查，以评估其制度建设和执行情况。

访谈调研：审计人员通过对国企 A 的主要领导人员、中层干部及普通员工进行访谈，了解他们对党风廉政建设的认识和看法，以及实际工作中存在的问题和困难。

数据分析：审计人员对国企 A 近年来党风廉政建设相关数据进行了统计分析，包括违纪案件数量、处理情况等，以揭示其党风廉政建设的实际效果。

现场观察：审计人员通过实地走访、观察国企 A 的日常工作情况，了解其党风廉政建设的实际状况。

四、审计结论与建议

审计人员认为，国企 A 在党风廉政建设方面虽然取得了一定的成绩，但仍存在不少问题和挑战。主要领导人员在履行党风廉政建设第一责任人职责方面存在明显不足。为此，提出以下建议。

加强主要领导人员的责任意识和担当精神：主要领导人员应充分认识到自己在党风廉政建设中的关键作用，切实履行第一责任人的职责，加强学习、提高认识，并带头遵守和执行党风廉政建设的各项规定。

严格执行党风廉政建设责任制度：国企A应进一步完善党风廉政建设责任制度，明确各级领导干部的责任和权力，确保制度的有效执行。同时，加大对违规违纪行为的查处力度，形成有效的震慑作用。

强化监督执纪问责机制：国企A应建立健全监督执纪问责机制，加强对领导干部的监督和管理，及时发现和处理违规违纪行为。同时，鼓励员工积极参与监督工作，形成全员参与、共同监督的良好氛围。

五、后续改进

国企A根据审计建议进行了积极的整改工作。首先组织主要领导人员进行了深入的党风廉政建设学习和培训活动，提高了他们的责任意识和担当精神；其次对党风廉政建设责任制度进行了修订和完善，并加大了对违规违纪行为的查处力度；最后建立了更加有效的监督执纪问责机制，鼓励员工积极参与监督工作并提供了相应的举报渠道和保护措施。

经过一段时间的实施，这些整改措施取得了显著成效：主要领导人员更加重视党风廉政建设工作并切实履行了第一责任人的职责；员工提高了对党风廉政建设的认识并积极参与到相关工作中；整个企业的党风廉政建设工作呈现出了积极向上的态势。

审计程序与方法

一、审计程序

收集资料与初步了解：收集与党风廉政建设相关的政策文件、企业内部规定、责任状等资料。了解企业组织架构、领导人员职责分工及历史违纪情况。

初步评估：通过文件审查，初步了解企业党风廉政建设的整体框架和主要领导人员的职责。分析企业近年来的党风廉政建设工作报告，评估领导人员的参与度和重视程度。

详细审查：深入审查主要领导人员在党风廉政建设中的具体行为，如是否定期组织学习、培训，是否及时处理违纪事件等。检查党风廉政建设责任制度的落实情况，包括责任状的签订、考核与奖惩等。

现场调查与访谈：实地考察企业党风廉政建设的实际情况，如宣传栏、警示教育等。对主要领导人员、中层干部及普通员工进行访谈，了解他们对领导人员在党风廉政建设中的作用的看法。

数据分析与比对：收集并分析企业近年来的违纪数据，评估主要领导人员预防和处理违纪行为的效果。将数据与同行业或同规模企业进行比对，评估企业在党风廉政建设方面的水平。

总结与编写报告：根据审计结果，总结主要领导人员在党风廉政建设中的表现及存在的问题。编写审计报告，提出改进建议，并上报相关部门。

二、审计方法

文档审查法：仔细审阅与党风廉政建设相关的文件、报告、责任状等，以获取直接证据。

访谈法：通过对不同层级的人员进行访谈，获取多角度、多层面的信息，以全面了解主要领导人员的履职情况。

数据分析法：运用统计软件对企业违纪数据进行深入分析，以评估主要领导人员的履职效果。

比较分析法：通过与同行业或同规模企业的数据比对，客观评价企业在党风廉政建设方面的水平和主要领导人员的履职情况。

通过以上审计程序与方法的运用，审计人员能够全面、客观地评估主要领导人员是否切实履行了党风廉政建设第一责任人的职责，并为企业提出有针对性的改进建议。

法规依据

《中国共产党章程》在总纲中明确规定："党要管党、从严治党，不断提高党的领导水平和执政能力，提高拒腐防变和抵御风险能力。"这一规定为党风廉政建设提供了根本遵循依据，同时也要求主要领导人员必须承担起党风廉政建设的首要责任。

《中国共产党党内监督条例》第十五条明确规定："党委（党组）在党内监督中负主体责任，书记是第一责任人。"这一条款直接指出了主要领导人员在党内监督中的责任地位，即作为第一责任人，必须切实履行好党风廉政建设和反腐败工作的职责。

《关于实行党风廉政建设责任制的规定》第四条明确指出："实行党风廉政建设责任制，要坚持党委统一领导，党政齐抓共管，纪委组织协调，部门各负其责，依靠群众的支持和参与。"这一规定进一步明确了党委在党风廉政建设中的领导责任，以及主要领导人员应承担的职责。

对主要领导人员是否切实履行党风廉政建设第一责任人职责审计，法规依据主要包括《中国共产党章程》《中国共产党党内监督条例》《关于实行党风廉政建设责任制的规定》等。这些法规不仅明确了主要领导人员在党风廉政建设中的责任地位，也为其切实履行职责提供了法律保障和依据。

整改建议

为确保党风廉政建设的深入推进和有效实施，以下提出一系列整改建议，以期增强主要领导人员的责任意识，完善相关制度和机制，从而营造良好的政治生态。

一、加强党风廉政建设责任制落实

主要领导人员应明确自身在党风廉政建设中的第一责任人地位，切实担负起领导责任。建议制定详细的责任清单，明确各级领导人员的职责和任务，确保责任到人。同时，加强对责任落实情况的考核和监督，对于未履行职责的领导人员进行问责处理，形成有效的压力传导机制。

二、完善党风廉政教育培训体系

定期开展党风廉政教育培训，提高领导人员的廉洁意识和自律能力。培训内容应涵盖党风廉政建设的重要性、相关法律法规、典型案例剖析等方面。通过培训，领导人员深刻理解党风廉政建设的内涵和要求，增强拒腐防变的自觉性。

三、建立健全监督机制

构建多层次的监督体系，包括内部监督、群众监督、社会监督等。加大内部审计和纪检监察力度，及时发现和纠正违纪违法行为。同时，鼓励和保护群众举报，对于举报属实的给予适当奖励，形成全社会共同参与反腐倡廉的良好氛围。

四、推进廉政风险防控体系建设

针对可能出现的廉政风险点，制定有效的防控措施。建立健全权力运行监督机制，确保权力在阳光下运行。加强对关键岗位和重点环节的监督，防止利益输送和权力寻租现象的发生。定期开展廉政风险评估，及时调整和完善防控策略。

五、强化主要领导人员的自我约束和示范引领作用

主要领导人员应自觉遵守廉洁自律规定，做到公私分明、廉洁奉公。在公务活动中严格执行廉洁标准，不接受可能影响公正执行公务的宴请、礼品等。同时，积极发挥示范引领作用，带动全体干部职工共同营造风清气正的政治环境。

六、加大制度建设和执行力度

完善相关制度建设，确保党风廉政建设工作有章可循、有据可依。定期对现有制度进行梳理和评估，及时修订不适应新形势新要求的制度条款。同时，加大对制度执行情况的监督检查力度，确保各项制度得到有效落实和执行。对于违反制度规定的行为，严肃处理并追究相关责任人的责任。

专题3：企业领导人员及亲属是否依托企业违规开展业务、谋取私利？

案例简介

一、案例背景

某国有能源企业（以下简称"国企A"）是国内重要的煤炭开采和销售企业之一，拥有多个矿区和销售团队。近年来，随着国家对能源行业的不断调控和市场竞争的加剧，国企A面临着转型升级的压力，开始寻求多元化发展路径，其中包括煤炭深加工、新能源开发等领域。

二、审计发现

国家审计机关在对国企A进行经济责任审计时，发现以下主要问题。

企业领导人员及亲属依托企业违规开展业务：审计人员发现，国企A的部分领导人员及其亲属通过控制或参股的私营企业，与国企A进行业务往来，涉嫌利用国企A的资源和渠道谋取私利。这些私营企业往往以高于市场价的价格向国企A销售产品或提供服务，或者以低于市场价的价格从国企A购买原材料或半成品。这种违规行为不仅损害了国企A的利益，也扰乱了市场秩序，影响了企业的声誉和长期发展。同时，还可能导致国有资产的流失和浪费。

三、审计方法与程序

审查企业账务和合同：审计人员仔细审查了国企A与涉嫌违规的私营企业之间的账务往来和合同条款，发现其中存在价格异常、交易条件不合理等问题。

调查领导人员及亲属关系：通过调查涉事领导人员的个人信息、家庭成员情况以及其亲属控制或参股的私营企业情况，审计人员确认了领导人员及其亲属与私营企业之间的关系。

访谈相关员工：审计人员对国企A的相关员工进行了访谈，了解了涉事领导人员的日常工作情况、决策过程以及员工对领导人员行为的看法等信息。

四、审计结论与建议

审计人员认为，国企 A 存在领导人员及亲属依托企业违规开展业务、谋取私利的问题，严重损害了国企的利益和声誉。为此，提出以下建议。

加强内部管理：国企 A 应建立健全内部控制制度，规范领导人员的行为，防止类似违规行为的发生。同时，应加强对领导人员的监督和制约，确保其依法依规履行职责。

严肃处理违规行为：对于已经发现的违规行为，国企 A 应依法依规进行处理，追究相关责任人的责任。同时，应公开透明地处理此事，以儆效尤。

加强员工教育和培训：国企 A 应加强对员工的教育和培训，提高其法律意识和职业道德水平。通过加强员工对违规行为的理解，增强其抵制违规行为的自觉性和主动性。

五、后续改进

根据审计建议，国企 A 迅速采取行动，对涉事领导人员进行了严肃处理，并公开通报了处理结果。同时，国企 A 加强了内部管理，完善了内部控制制度，并加强了对领导人员的监督和制约。此外，国企 A 还开展了全员法律意识培养和职业道德培训活动，提高了员工的法律素养和职业操守。

通过这些改进措施的实施，国企 A 有效地遏制了类似违规行为的发生，维护了企业的利益和声誉；同时，也为企业的长期发展奠定了坚实的基础。

审计程序与方法

一、审计程序

信息收集：收集企业领导人员的个人信息，包括家庭成员和亲属关系信息。获取企业近年来的业务合作伙伴名单、交易记录及合同。

数据筛选与比对：利用数据分析工具，筛选出与企业领导人员及其亲属相关的交易记录。比对这些交易与市场交易的差异，识别异常交易。

详细调查与取证：对筛选出的异常交易进行深入调查，包括合同内容、交易背景等。收集相关证据，如银行转账记录、发票、交货单等。

访谈与询问：对涉及的企业领导人员及其亲属进行访谈，了解交易背后的原因和逻辑。询问其他相关员工，了解他们对这些交易的看法。

撰写审计报告：整理收集到的所有信息和证据。撰写审计报告，明确列出发现的问题，涉及的金额、人员及建议的处理方式。

二、审计方法

数据分析法：利用数据库查询和数据挖掘技术，对大量交易数据进行筛选和分析。通过数据可视化工具，展示交易数据的分布和趋势，快速识别异常。

文档审查法：仔细审阅合同、发票等文档，查找可能存在的违规条款或异常描述。对比市场标准合同和交易条件，识别不合理或有利于特定方的条款。

访谈法：通过对企业内部员工和外部合作伙伴的访谈，获取第一手信息和线索。利用访谈技巧，引导被访谈者提供更多细节和背景信息。

案例研究法：研究类似的违规案例，更快地识别和判断当前情况。通过比对案例中的违规模式和手段，提高审计的效率和准确性。

结合数据分析、文档审查、访谈和案例研究等多种方法，可以更有效地揭示企业领导人员及其亲属是否依托企业违规开展业务、谋取私利的问题。

法规依据

《中华人民共和国公司法》第一百四十八条规定："董事、高级管理人员不得有下列行为：…（五）未经股东会或者股东大会同意，利用职务便利为自己或者他人谋取属于公司的商业机会，自营或者为他人经营与所任职公司同类的业务；……"这一条款明确禁止了公司领导人员利用公司资源为自己或亲属谋取私利。

《中华人民共和国反不正当竞争法》第七条规定："经营者在交易活动中，可以以明示方式向交易相对方支付折扣，或者向中间人支付佣金。经营者向交易相对方支付折扣、向中间人支付佣金的，应当如实入账。接受折扣、佣金的经营者也应当如实入账。经营者的工作人员进行贿赂的，应当认定为经营者的行为；但是，经营者有证据证明该工作人员的行为与为经营者谋取交易机会或者竞争优势无关的除外。"此条款要求经营者及其工作人员在交易活动中必须遵守诚信原则，不得通过不正当手段谋取利益，其中包括企业领导人员及其亲属。

《党政主要领导干部和国有企事业单位主要领导人员经济责任审计规定》第二十二条规定："审计机关在审计中，应当关注领导干部是否正确履行经济责任，是否存在违反决策程序和规定、个人或者借他人名义经商办企业、利用职务便利为亲友经商办企业提供便利、谋取私利等违反廉洁从政（从业）规定的问题。"这一条款明确指出了对企业领导人员经济责任的审计要求，包括对其及其亲属是否依托企业违规开展业务、谋取私利的监督。

第五条

国有企业领导人员应当忠实履行职责。不得有利用职权谋取私利以及损害本企业利益的下列行为：

（一）个人从事营利性经营活动和有偿中介活动，或者在本企业的同类经营企业、关联企业和与本企业有业务关系的企业投资入股；

（二）在职或者离职后接受、索取本企业的关联企业、与本企业有业务关系的企业，以及管理和服务对象提供的物质性利益；

（三）以明显低于市场的价格向请托人购买或者以明显高于市场的价格向请托人出售房屋、汽车等物品，以及以其他交易形式非法收受请托人财物；

（四）委托他人投资证券、期货或者以其他委托理财名义，未实际出资而获取收益，或者虽然实际出资，但获取收益明显高于出资应得收益；

（五）利用企业上市或者上市公司并购、重组、定向增发等过程中的内幕消息、商业秘密以及企业的知识产权、业务渠道等无形资产或者资源，为本人或者配偶、子女及其他特定关系人谋取利益；

（六）未经批准兼任本企业所出资企业或者其他企业、事业单位、社会团体、中介机构的领导职务，或者经批准兼职的，擅自领取薪酬及其他收入；

（七）将企业经济往来中的折扣费、中介费、佣金、礼金，以及因企业行为受到有关部门和

单位奖励的财物等据为已有或者私分;

（八）其他利用职权谋取私利以及损害本企业利益的行为。

对于"企业领导人员及亲属是否依托企业违规开展业务、谋取私利"的问题,审计人员应依据上述法律法规进行审计和监督,确保企业领导人员及其亲属遵守相关法律法规,维护企业的合法权益和市场的公平竞争。

整改建议

针对"企业领导人员及亲属是否依托企业违规开展业务、谋取私利"的问题,为确保企业运营的公正性、透明性和合规性,提出以下详细的整改建议。

一、加强内部管理与监督机制

企业应建立健全内部控制体系,完善内部控制流程,确保所有业务活动均受到严格监督,降低违规操作的可能性。强化审计功能,定期对企业领导人员及其亲属涉及的业务进行专项审计,确保没有违规行为发生。设立匿名举报系统,鼓励员工匿名举报发现的违规行为,确保信息的及时性和真实性。

二、完善人事与利益冲突政策

明确禁止企业领导人员及其亲属利用企业资源谋取私利,将此规定明确写入企业员工手册和道德规范中。建立利益冲突申报制度,要求企业领导人员定期申报个人及其亲属与企业可能的利益冲突,确保透明度。加强新员工和在职员工的合规培训,特别是领导人员和关键岗位人员,增强他们的合规意识和道德观念。

三、制定并严格执行惩处措施

对发现的违规行为,应依法依规进行严肃处理,包括但不限于警告、罚款、解除劳动合同等措施。公开违规处理结果,以警示员工,同时增强企业内部员工的合规意识。

四、加强企业文化建设

倡导正直、公正、透明的企业文化,让员工明白企业的核心价值观和道德标准。定期组织员工参与合规宣传活动,如研讨会、讲座等,提高员工的合规认识和警觉性。

五、增强企业领导人员的道德意识与法律意识

定期组织企业领导人员参与法律法规培训,提高他们的法律意识和合规操作的自觉性。鼓励企业领导人员签署道德承诺书,明确其对企业和员工的道德责任。

为确保企业运营的合规性和公正性,必须从内部管理、人事政策、惩处措施、企业文化以及企业领导人员的道德意识与法律意识等方面进行整改。只有这样,才能有效降低企业领导人员及其亲属依托企业违规开展业务、谋取私利的风险,保障企业的长期稳定发展。

专题 4：企业是否存在违规经商、违规持股等违反廉洁从业规定的行为？

案例简介

一、案例背景

某国有能源企业（以下简称"国企 A"）是国内领先的煤炭开采与销售企业,长期以来在行

业内具有较高的声誉和市场占有率。近年来，随着国家对国有企业廉洁从业的严格要求，国企 A 也在不断加强内部管理，以确保企业运营的合规性。然而，就在最近一次内部审计中，审计人员发现了涉嫌违规经商和违规持股的行为。

二、审计发现

内部审计部门在对国企 A 进行常规审计时，注意到一家与国企 A 有业务往来的私营企业（以下简称"企业 A"）的股东名单中，出现了国企 A 某高层管理人员的亲属名字。进一步调查发现，该高层管理人员的亲属不仅持有企业 A 的股份，还担任了企业 A 的高管职务，负责企业 A 与国企 A 之间的业务往来。

此外，审计人员还发现，国企 A 在与企业 A 的业务合作中，存在明显的价格偏高、合同条款模糊等问题。这些异常情况引起了审计部门的警觉，怀疑其中可能存在违规经商和利益输送的问题。

三、审计方法与程序

文件审查：审计人员对国企 A 与企业 A 之间的合同、发票、付款记录等文件进行了详细审查，以确认业务往来的真实性和合规性。

访谈调查：审计人员对国企 A 的高层管理人员、采购部门员工以及企业 A 的相关人员进行了访谈，了解双方业务往来的具体情况。

数据分析：通过对国企 A 与企业 A 之间的交易数据进行比对和分析，审计人员发现了一些异常交易模式，如频繁的小额交易、高于市场价的采购等。

现场考察：审计人员对企业 A 进行了现场考察，观察其实际运营情况和生产环境，以评估其是否具备与国企 A 进行业务往来的能力。

四、审计结论与建议

经过深入的审计调查，审计人员认为国企 A 存在违规经商和违规持股的嫌疑。具体而言，国企 A 的高层管理人员的亲属不仅持有企业 A 的股份，还担任高管职务，这可能导致利益冲突和利益输送的问题。同时，国企 A 与企业 A 之间的业务往来也存在价格偏高、合同条款模糊等异常情况，可能损害了国企 A 的利益。

针对上述问题，审计人员提出以下建议。

对涉嫌违规的高层管理人员进行严肃处理，并追回可能存在的非法所得。同时，加强内部管理，明确禁止员工及其亲属在与公司有业务往来的企业中持股或担任高管职务。

对国企 A 的采购流程进行全面梳理和优化，确保采购价格的合理性和合同条款的明确性。加强对供应商的审核和监督，防止利益输送和腐败行为的发生。

加强员工廉洁从业教育，增强员工的合规意识和道德观念。建立健全内部举报机制，鼓励员工积极举报违规行为。

五、后续改进

国企 A 根据审计建议采取了积极的改进措施。首先解除了涉嫌违规的高层管理人员的职务并对其进行了相应的处罚；其次加强了与供应商的合作管理，规范了采购流程；最后通过加强员工廉洁从业教育提高了整体合规意识。

此外国企 A 还主动向监管部门报告了此次事件并接受了相关处罚。经过这些改进措施的实施，国企 A 显著提升运营管理水平并有效防范类似违规行为的再次发生。

审计程序与方法

一、审计程序

计划与准备：确定审计目标，明确要审查的具体内容和范围。收集相关法律法规、企业内部规章制度以及廉洁从业的相关规定。制定详细的审计计划，包括时间表、人员分工等。

初步评估与数据收集：通过访谈、问卷调查等方式，了解企业对廉洁从业规定的认知和执行情况。收集企业员工及其亲属的持股信息，以及与企业有业务往来的外部实体的相关信息。获取企业的经商记录、合同、发票等关键业务文档。

详细分析与实质性测试：对收集到的数据进行详细分析，比对员工及其亲属的持股信息与业务往来记录，查找潜在的利益冲突。审查企业经商活动的合规性，特别关注是否存在违规经商、利益输送等问题。对疑似违规的行为进行深入调查，包括对相关人员进行访谈、核实证据等。

撰写审计报告：汇总审计发现，明确指出存在的违规行为和潜在风险。提出改进建议，帮助企业完善廉洁从业的相关制度和流程。将审计报告提交给企业管理层，并就审计发现进行充分沟通。

后续跟踪与监督：对企业采纳的改进措施进行持续跟踪，确保得到有效实施。定期进行廉洁从业的专项审计，以监督企业的持续合规情况。

二、审计方法

文档审查法：仔细审阅企业内部的合同、发票、付款记录等关键业务文档，以及廉洁从业的相关规定和制度。

数据分析法：利用数据分析工具对企业业务数据进行深入挖掘和分析，识别异常交易模式和潜在的利益冲突。

访谈法：对企业员工、管理层以及外部合作伙伴进行访谈，了解他们对廉洁从业规定的理解和执行情况。

比较分析法：将企业的经商活动与行业标准、市场惯例进行比较，评估其合规性和合理性。

通过以上审计程序与方法的综合运用，审计人员能够全面、深入地评估企业是否存在违规经商、违规持股等违反廉洁从业规定的行为，并为企业提供有针对性的改进建议。

法规依据

《中华人民共和国公司法》第一百四十八条规定："董事、高级管理人员不得有下列行为：……（五）未经股东会或者股东大会同意，利用职务便利为自己或者他人谋取属于公司的商业机会，自营或者为他人经营与所任职公司同类的业务；……"这一规定明确禁止了公司高管违规经商的行为。

《中华人民共和国公职人员政务处分法》第三十六条规定："违反规定从事或者参与营利性活动，或者违反规定兼任职务、领取报酬的，予以警告、记过或者记大过；情节较重的，予以降级或者撤职；情节严重的，予以开除。"虽然此条主要针对公职人员，但国企高管在廉洁从业方面也应遵循相似标准。

对于违规持股行为，《国有企业领导人员廉洁从业若干规定》第五条明确指出，国有企业领导人员应当忠实履行职责，不得"在国（境）外注册公司或者投资入股"。这一规定旨在防止国有企业领导人员利用职权或职务上的影响，通过违规持股谋取私利。

同时，《中华人民共和国反不正当竞争法》也对企业间的利益输送和腐败行为进行了规范，要求企业遵守商业道德，不得进行不正当的利益交换。

在审计过程中，审计人员还应参考《中华人民共和国审计法》及其实施条例，该法规定了审计机关的职责和权限，包括对国有企业的财务收支、经济效益和国有资产的管理使用情况进行审计监督。这为审计机关审查企业是否存在违规经商、违规持股等行为提供了法律依据。

整改建议

针对"企业是否存在违规经商、违规持股等违反廉洁从业规定的行为"的问题，为确保企业合规经营、维护企业声誉和利益，以及保障员工行为规范，提出以下整改建议。

一、加强廉洁从业教育和培训

企业应定期开展廉洁从业教育和培训活动，确保所有员工都充分了解廉洁从业的重要性。培训内容应包括国家法律法规、企业规章制度以及廉洁从业的具体要求。通过教育和培训，增强员工的法律意识和道德观念，增强他们遵守廉洁从业规定的自觉性。

二、建立健全内部控制制度

企业应建立完善的内部控制制度，明确各部门、各岗位的职责和权限，规范业务流程，防止违规经商和违规持股等行为的发生。制度应包括利益冲突防范、信息披露、内部监督等方面的内容。同时，建立举报机制，鼓励员工积极举报违规行为，确保内部控制制度的有效执行。

三、加强监督和审计

企业应设立专门的监督机构或委托第三方机构进行定期或不定期的审计和检查，重点关注企业高层管理人员和关键岗位人员的行为。对于发现的违规行为，要严肃处理，并追究相关责任人的责任。同时，将检查结果及时公开，以提高和增强企业的透明度和公信力。

四、完善激励机制和约束机制

企业应建立完善的激励机制和约束机制，通过合理的薪酬增加、晋升等激励措施，引导员工遵守廉洁从业规定。对于违规行为，要采取相应的惩罚措施，包括警告、罚款、降职、解雇等，以儆效尤。通过激励和约束的双重作用，促使员工自觉遵守廉洁从业规定。

五、加强企业文化建设

企业应积极营造廉洁从业的企业文化氛围，倡导诚信、正直、公正的价值观念。通过举办各类文化活动、宣传廉洁从业的典型案例等方式，引导员工树立正确的职业道德观念。同时，加强对企业领导人员的监督和管理，确保他们以身作则、率先垂范。

六、建立风险防控机制

针对可能出现的违规经商、违规持股等风险点，建立风险防控机制。通过定期评估风险、制定应对措施等方式，及时发现和解决潜在问题。同时，加强与政府监管部门的沟通和协作，共同打击违规行为，维护市场秩序和公平竞争环境。

为确保企业合规经营和员工行为规范，需要从教育和培训、制度、监督和审计、激励和约束、文化和风险防控等多个方面入手进行整改。企业应高度重视廉洁从业工作，切实采取有效措施加以改进和完善。

专题 5：企业在经济活动中是否严格落实党风廉政建设要求，防范廉洁风险？

案例简介

一、案例背景

某大型国有能源企业（以下简称"国企 A"），长期以来在国内外享有盛誉，业务涵盖煤炭、电力、新能源等多个领域。近年来，随着国家对党风廉政建设和反腐败工作的高度重视，国企 A 也加强了对内部廉洁风险的管理。然而，在实际经济活动中，企业是否能够严格落实党风廉政建设要求，有效防范廉洁风险，成了审计部门关注的重点。

二、审计发现

在对国企 A 进行的一次常规审计中，审计部门发现了以下问题：

党风廉政建设责任制度落实不到位：虽然国企 A 制定了详细的党风廉政建设责任制度，但在实际操作中，部分领导干部对责任制度的理解和执行存在偏差，导致责任制度未能得到有效落实。

经济活动中存在廉洁风险：在国企 A 的某些经济活动中，如物资采购、工程建设等环节，存在权力寻租、利益输送等廉洁风险。部分员工利用职权为亲友谋取私利，损害了企业的利益。

监督制约机制不完善：国企 A 虽然设立了内部监督机构，但监督制约机制尚不完善。部分监督人员缺乏独立性和权威性，导致监督效果不佳。

三、审计方法与程序

文档审查：审计人员对国企 A 的党风廉政建设责任制度文件、内部管理制度、经济活动合同等进行了详细审查，以评估其合规性和有效性。

访谈与问卷调查：审计人员对国企 A 的员工进行了访谈，并发放问卷，以了解员工对党风廉政建设和廉洁风险的认知与态度。

数据分析与比对：通过对国企 A 的经济活动数据进行深入分析和比对，审计人员发现了部分异常交易和潜在廉洁风险点。

现场观察与实地调查：审计人员对国企 A 的关键业务流程进行了现场观察和实地调查，以验证文档审查和数据分析的结果。

四、审计结论与建议

审计人员认为，国企 A 在党风廉政建设和廉洁风险管理方面存在一定的不足。为此，提出以下建议。

加强党风廉政建设责任制度的落实：国企 A 应进一步加强对领导干部的培训和监督，确保他们充分理解和执行党风廉政建设责任制度。同时，建立健全考核机制，对责任制度落实情况进行定期评估和奖惩。

完善经济活动中的廉洁风险防范机制：国企 A 应对物资采购、工程建设等关键环节进行更加严格的监管，建立风险防范和应对机制。加强员工廉洁教育，提高员工廉洁意识，防止利益输送和权力寻租行为的发生。

强化内部监督制约机制：国企 A 应提升内部监督机构的独立性和权威性，加强对监督人员的培训和管理。建立健全举报机制，鼓励员工积极举报违规行为，确保内部监督的有效性。

五、后续改进

国企 A 根据审计建议，采取了一系列改进措施。首先，加强了对领导干部的党风廉政教育和培训，增强了他们的廉洁意识和责任感。其次，完善了经济活动中的廉洁风险防范机制，加强了对关键环节的监管和风险防范。最后，强化了内部监督制约机制，提升了监督机构的独立性和权威性。通过这些改进措施，国企 A 在党风廉政建设和廉洁风险管理方面取得了显著成效。

审计程序与方法

一、审计程序

计划与准备：明确审计目标，即评估企业在经济活动中对党风廉政建设要求的落实情况，以及廉洁风险的防范措施。收集相关法律法规、企业内部规章制度以及党风廉政建设的相关政策文件。

初步了解：通过查阅企业年报、内部审计报告、纪检监察报告等资料，初步了解企业在党风廉政建设和廉洁风险管理方面的整体情况。

详细审计：深入企业各部门，特别是关键业务部门和敏感岗位，通过访谈、问卷调查、查阅业务档案等方式，详细了解经济活动中是否存在违反党风廉政建设要求的行为，以及廉洁风险的识别和防范措施。

数据分析：运用数据分析技术，对企业经济活动数据进行筛查，识别异常交易和潜在廉洁风险点，如合同金额异常、供应商选择偏好等。

形成审计报告：根据审计发现，形成详细的审计报告，包括企业在党风廉政建设和廉洁风险管理方面的成绩与不足，并提出改进建议。

后续跟踪：对企业整改情况进行跟踪审计，确保审计建议得到有效落实。

二、审计方法

文档审查法：仔细审阅企业内部管理制度、业务流程图、会议纪要、合同协议等文档，检查是否符合党风廉政建设要求，是否存在廉洁风险。

访谈法：与企业员工进行深入交流，了解他们对党风廉政建设和廉洁风险管理的认知与态度，获取第一手信息。

数据分析法：运用统计软件和数据挖掘技术，对企业经济活动数据进行深入分析，发现潜在廉洁风险。

比较分析法：将企业的实际情况与行业标准、法律法规进行对比分析，评估企业在党风廉政建设和廉洁风险管理方面的表现。

案例分析法：分析行业内外的典型案例，分析企业在经济活动中可能遇到的廉洁风险及其防范措施。

通过以上审计程序与方法的综合运用，审计人员可以全面、深入地评估企业在经济活动中是否严格落实党风廉政建设要求，并有效防范廉洁风险。

法规依据

《中国共产党纪律处分条例》对违反廉洁纪律的行为进行了详细规定，并明确了相应的处分措施。例如，该条例第九十七条规定："收受可能影响公正执行公务的礼品、礼金、消费卡券和有价证券、股权、其他金融产品等财物，情节较轻的，给予警告或者严重警告处分；情节较重的，给予撤销党内职务或者留党察看处分；情节严重的，给予开除党籍处分。"这一规定为企业员工在经济活动中保持廉洁提供了明确的处理依据。

《中华人民共和国反不正当竞争法》对企业经济活动中可能出现的不正当竞争行为进行了规范，其中包括通过行贿等手段获取交易机会或者竞争优势的行为。该法要求企业在经济活动中应当遵循自愿、平等、公平、诚信的原则，遵守法律和商业道德，不得进行不正当竞争。

《中华人民共和国监察法》赋予监察机关对公职人员进行监察的权力，包括调查权、处置权等。国有企业在经济活动中的廉洁风险也属于监察机关的监察范围。这一法律为国有企业廉洁风险的防范和应对提供了法律保障。

整改建议

为确保企业在经济活动中严格落实党风廉政建设要求并有效防范廉洁风险，以下提出一系列具体的整改建议。

一、加强党风廉政教育与培训

企业应定期开展党风廉政教育和培训活动，确保所有员工，特别是关键岗位和敏感部门的员工，都能深刻理解党风廉政建设的重要性。通过案例分析、法规解读等方式，提高员工对廉洁风险的认识和防范能力。同时，进行党风廉政知识测试，确保培训效果。

二、完善内部管理制度与流程

企业应对现有的内部管理制度进行全面梳理和完善，确保各项制度符合党风廉政建设的要求。重点关注财务管理、采购招标、人事任免等关键环节，建立公开、透明、规范的操作流程。同时，设立内部监督机构，对制度执行情况进行定期检查和评估。

三、强化廉洁风险防控机制

企业应建立完善的廉洁风险防控机制，通过风险评估、风险预警、风险应对等环节，及时发现和处理潜在的廉洁风险。建立廉洁风险报告制度，鼓励员工积极举报违规行为，确保廉洁风险的及时发现和应对。

四、加强与合作方的廉洁共建

在与供应商、客户等合作方的交往中，企业应明确廉洁要求，签订廉洁协议，共同营造风清气正的合作环境。定期对合作方进行廉洁评估，对存在廉洁问题的合作方进行及时处理。

五、建立奖惩机制与问责制度

企业应建立明确的奖惩机制，对在经济活动中严格遵守党风廉政建设要求的员工进行表彰和奖励；对违反规定的员工进行严肃处理，包括警告、罚款、解除劳动合同等措施。同时，建立问责制度，对造成廉洁风险的责任人进行追责。

六、建立信息化监管系统

利用现代信息技术手段，建立信息化监管系统，对企业经济活动进行实时监控和数据分析。通过设置风险预警指标和模型，实现廉洁风险的自动识别和预警。同时，利用大数据和人工智能技术，对廉洁风险进行深入挖掘和分析，为企业管理层提供决策支持。

企业在经济活动中应严格落实党风廉政建设要求并有效防范廉洁风险。加强党风廉政教育与培训、完善内部管理制度与流程、强化廉洁风险防控机制、加强与合作方的廉洁共建、建立奖惩机制与问责制度以及建立信息化监管系统等一系列整改措施的实施，可以全面提升企业的廉洁风险管理水平，确保企业在经济活动中始终保持清醒的头脑和坚定的立场。

专题6：企业是否设立并有效运行反腐败工作机制，及时处理违纪违法行为？

案例简介

一、案例背景

某大型国有能源企业（以下简称"国企A"），长期致力于国内外能源项目的开发与运营。随着国家对反腐败工作的高度重视，国企A也积极响应，力求在企业内部建立并完善反腐败工作机制。然而，在实际运营过程中，企业是否存在反腐败工作机制设立却未有效运行的情况，成了审计部门关注的重点。

二、审计发现

审计署对国企A进行了反腐败工作机制的专项审计。审计过程中，审计人员发现以下问题。

反腐败工作机制未有效运行：虽然国企A已经设立了反腐败工作机制，但在实际操作中，该机制并未得到有效执行。部分员工对反腐败政策的理解不够深入，导致在实际工作中存在违规操作的风险。

违纪违法行为处理不及时：国企A在处理员工违纪违法行为时存在拖延现象，未能及时做出处理和纠正，导致不良风气在企业内部盛行。

内部监督机制不完善：国企A的内部监督机制存在漏洞，部分关键岗位和敏感环节缺乏有效的监控措施，使得腐败行为有机可乘。

三、审计方法与程序

文件审查：审计人员仔细审查了国企A的反腐败政策、规章制度以及相关的处理记录，以评估其完整性和有效性。

员工访谈：通过对不同层级的员工进行访谈，审计人员了解了反腐败工作机制在实际工作中的运行情况，以及员工对反腐败政策的认识和态度。

数据分析：审计人员对企业内部的财务数据、采购数据等进行了深入分析，以发现可能存在的异常交易或违规行为。

现场观察：通过实地走访企业各部门，观察员工的工作状态和环境，审计人员对企业反腐败工作氛围有了直观的了解。

四、审计结论与建议

审计人员认为，国企 A 虽然在形式上建立了反腐败工作机制，但在实际执行中存在较大差距。为此，提出以下建议。

加强反腐败政策的宣传与培训：确保每位员工都能深刻理解反腐败政策的重要性，并在实际工作中严格遵守。

完善内部监督机制：针对关键岗位和敏感环节，建立更为严密的监控措施，及时发现并纠正违规行为。

及时处理违纪违法行为：对于发现的违纪违法行为，应迅速做出处理，以儆效尤，防止类似行为的再次发生。

加强外部监督与合作：积极与政府部门、监管机构等建立沟通机制，共同打击腐败行为，维护企业形象和利益。

五、后续改进

国企 A 根据审计建议，立即组织开展了反腐败政策的专题培训，提高了员工的廉洁意识。同时，企业加强了内部监督机制的建设，增设了监控设备和审计流程，确保关键环节的透明度和规范性。对于违纪违法行为，国企 A 采取了更为严格的处理措施，并及时向外界通报了处理结果。经过一段时间的整改，国企 A 的反腐败工作机制得到了有效运行，企业内部风气得到了明显改善。

审计程序与方法

一、审计程序

收集资料与初步了解：收集企业反腐败政策、规章制度，以及相关的培训材料和宣传资料。了解企业的组织结构、关键岗位和业务流程，特别关注那些容易滋生腐败的环节。

初步评估：通过审阅企业提供的文档，初步评估企业反腐败工作机制的设立情况。检查企业是否有专门的反腐败机构或负责人，并了解其职责和权力范围。

详细审查：深入审查企业的反腐败政策执行情况，包括员工培训记录、反腐败宣传活动的效果等。检查企业是否有有效的举报机制，并了解举报的处理流程和结果。审查企业对违纪违法行为的处理记录，评估其及时性和公正性。

实地调查与访谈：实地走访企业各部门，观察反腐败工作机制的实际运行情况。对员工进行访谈，了解他们对反腐败工作的认识和态度，以及是否存在潜在的腐败风险。

数据分析与比对：对企业财务数据、采购数据等进行分析，查找可能存在的异常交易或违规行为。将企业的反腐败数据与行业平均水平或类似企业进行比对，评估企业的反腐败工作成效。

总结与编写报告：根据审计发现，总结企业反腐败工作机制的有效性及存在的问题。编写审计报告，提出改进建议，并与企业管理层进行沟通。

二、审计方法

文档审查法：仔细审阅企业的反腐败政策、规章制度、处理记录等文档。

访谈法：对员工进行面对面或电话访谈，获取第一手信息。

数据分析法：利用数据分析工具对企业的财务、采购等数据进行深入分析。

实地观察法：实地走访企业，观察反腐败工作机制的实际运行情况。

案例分析法：分析其他企业在反腐败方面的成功案例，借鉴经验。

通过以上审计程序与方法的运用，审计人员可以全面、客观地评估企业在反腐败工作机制设立与运行方面的有效性，及时发现并解决存在的问题，推动企业持续改进反腐败工作，确保企业健康、稳定发展。

法规依据

《中华人民共和国反不正当竞争法》第四条第一款明确规定，禁止企业行贿、收受贿赂等不正当手段竞争。这一法律条文为企业反腐败行为提供了明确的法律依据，要求企业不得通过行贿等不正当手段获取竞争优势。

《中华人民共和国刑法》第三百八十五条规定，单位负责人违法为他人谋取利益，或者未能履行法定职责，致使单位受到重大损失的，对单位造成的直接经济损失应当依法承担赔偿责任。这一法律条文强调了单位负责人对防止腐败行为的责任，并对其违法行为设定了相应的法律后果。

《中华人民共和国监察法》规定了监察委员会的职责、监察范围、监察权限以及监察程序等内容。该法通过设立监察委员会，实现了对所有行使公权力的公职人员的监察全覆盖，为企业反腐败工作提供了坚实的法治保障。虽然该法主要针对公职人员，但其对企业内部反腐败机制的设立和运行也具有重要的指导意义。

整改建议

为确保企业设立并有效运行反腐败工作机制，及时处理违纪违法行为，以下是一系列具体的整改建议。

一、加强内部管控

建立健全内部控制制度：企业应制定详细的反腐败规章制度，明确各级管理人员和普通员工在反腐败工作中的职责和权限。制度应包括但不限于财务管理、采购管理、人事管理等方面，确保企业各项经济活动合规、透明。

加强内部审计与监督：设立专门的内部审计部门，定期对企业各部门进行审计，重点关注易滋生腐败的环节。对于发现的问题，要及时进行整改并追究相关责任人的责任。

二、完善制度流程

优化业务流程：简化业务流程，减少审批环节，降低腐败风险。同时，确保业务流程的公开、透明，便于员工监督和管理。

建立信息公开制度：定期公布企业财务状况、采购情况、人事变动等信息，增强企业运营的透明度，防止暗箱操作。

三、提高员工反腐败意识

加强反腐败培训：定期组织员工进行反腐败培训，提高员工对腐败行为的认识和警惕性。培训内容应包括法律法规、企业规章制度以及反腐败案例等。

建立激励机制：对在反腐败工作中表现突出的员工给予奖励，树立正面形象，塑造积极向上的企业文化。

四、建立举报机制

设立举报渠道：企业应设立专门的举报渠道，如举报电话、邮箱等，鼓励员工积极举报腐败行为。

保护举报人权益：对于举报人信息要严格保密，确保其人身安全和工作权益不受侵害。对于经查实的举报，要给予举报人适当的奖励。

五、加强外部合作

与执法机关合作：加强与公安机关、检察机关等执法机关的合作，及时将涉嫌腐败的案件移交司法机关处理，确保腐败行为得到应有的法律制裁。

与行业协会等组织交流：积极参与行业协会等组织的交流活动，学习借鉴其他企业在反腐败工作中的成功经验，不断提升自身反腐败工作水平。

专题 7：企业对审计发现的党风廉政建设问题是否及时整改并反馈？

案例简介

一、案例背景

某大型国有能源企业（以下简称"国企 A"），作为国内领先的能源供应商，一直致力于提供稳定、可靠的能源服务。近年来，随着党风廉政建设的深入推进，国企 A 也加强了内部管理，力求在党风廉政建设中发挥表率作用。然而，在实际运营过程中，仍然存在一些潜在的风险点。

二、审计发现

国家审计机关对国企 A 进行了全面的审计。在审计过程中，发现了以下问题。

招待费用超标：在审查企业财务账目时，发现部分招待费用明显超出正常范围，存在违规使用公款的现象。

采购程序不规范：部分采购项目未严格按照规定程序进行，存在暗箱操作、利益输送的嫌疑。

干部选拔任用不公正：在干部选拔任用过程中，存在未严格按照规定程序进行公示、考察等环节，导致部分干部任用存在不公平、不公正的现象。

三、审计方法与程序

文件审查：审计人员对企业的财务报表、采购合同、干部任用文件等进行了详细审查，以发现潜在的问题。

访谈调查：审计人员与企业员工、管理层进行了深入交流，了解企业内部管理情况，收集相关证据。

数据分析：审计人员通过对企业财务数据、采购数据等进行分析，发现异常情况和潜在风险点。

四、审计结论与建议

根据审计结果，审计机关得出以下结论：国企 A 在党风廉政建设方面仍存在一些不足，需要进一步加强内部管理，规范企业运营行为。为此，提出以下建议。

严格控制招待费用：企业应建立完善的招待费用管理制度，明确标准，加强对审批和报销流程的监督，确保公款使用的合规性。

规范采购程序：企业应严格按照采购规定进行采购活动，确保采购过程的公开、公平、公正，防止利益输送和腐败现象的发生。

完善干部选拔任用制度：企业应建立健全干部选拔任用制度，严格按照规定程序进行公示、考察等环节，确保干部任用的公平性和公正性。

五、后续改进

国企 A 对审计发现的问题高度重视，立即组织相关部门进行整改。具体措施如下。

针对招待费用超标问题，企业制定了严格的招待费用管理制度，并加强了对招待费用的审批和报销流程的监管。同时，对违规使用公款的行为进行了严肃处理，对相关责任人进行了问责。

针对采购程序不规范问题，企业重新梳理了采购流程，加强了采购活动的公开性和透明度。对涉及利益输送的采购项目进行了重新招标和评审，确保了采购过程的合规性。

针对干部选拔任用问题，企业完善了干部选拔任用制度，加大了公示、考察等环节的执行力度。对存在问题的干部任用进行了重新评估和调整，确保了干部任用的公平性和公正性。

在整改过程中，国企 A 积极与审计机关沟通反馈整改情况，并定期向审计机关提交整改报告。经过一段时间的整改和落实措施后，国企 A 在党风廉政建设方面取得了显著的成效。企业内部管理更加规范，运营行为更加合规，为企业的可持续发展奠定了坚实的基础。

审计程序与方法

一、审计程序

初步评估与资料收集：审查企业以往的审计报告和整改记录，了解企业在党风廉政建设方面的历史问题和整改情况。收集企业的内部控制制度、反腐败工作机制等相关文件和资料。

详细审计与问题分析：对收集到的资料进行详细审查，识别潜在的党风廉政建设风险点。通过访谈企业员工、管理层，了解企业对党风廉政建设的重视程度、员工对相关政策的认识程度以及实际执行情况。分析企业招待费用、采购程序、干部选拔任用等方面的数据和信息，查找可能存在的问题和不规范行为。

核查整改情况：针对审计中发现的问题，核查企业是否制定了具体的整改措施，并跟踪整改的执行情况。检查企业是否建立了有效的反馈机制，及时收集员工和外部机构的意见和建议。

撰写审计报告：根据审计结果，撰写详细的审计报告，包括审计发现的问题、整改建议以及企业对整改的反馈情况。将审计报告提交给企业管理层和相关监管机构。

二、审计方法

文档审查法：仔细审阅企业的相关政策文件、内部控制制度、财务报表等文档，以发现潜在的问题和不规范行为。

访谈法：通过对企业员工、管理层进行深入访谈，了解他们对党风廉政建设的认识和实际执行情况，收集第一手信息。

数据分析法：利用数据分析工具，对企业的招待费用、采购数据、干部任用数据等进行分析，发现异常情况和潜在风险点。

比较分析法：将企业的实际情况与行业标准、法律法规进行比较，评估企业党风廉政建设的合规性和有效性。

通过以上审计程序和方法的应用，审计人员可以全面、客观地评估企业在党风廉政建设方面的问题以及整改和反馈情况，为企业提供有针对性的改进建议，推动企业持续改进。

法规依据

《中华人民共和国监察法》第十一条规定：监察机关依法对公职人员履行职务的行为进行监督，对违法的公职人员依法作出政务处分决定。这一条款为监察机关对公职人员进行监督提供了法律依据，同时也要求公职人员对违法行为进行整改。

《中国共产党纪律处分条例》第四条规定：党的纪律处分工作应当坚持惩前毖后、治病救人的原则。这一条款强调了党的纪律处分的目的不仅是惩罚，更重要的是促使党员认识和改正错误。因此，企业应对审计发现的问题进行及时整改。

《中国共产党党内监督条例》第三十七条规定："党组织对监督中发现的问题应当做到条条要整改、件件有着落。整改结果应当及时报告上级党组织，必要时可以向下级党组织和党员通报，并向社会公开。"这一条款明确规定了党组织对监督中发现问题的整改要求，以及整改结果的报告和公开要求。

《中华人民共和国审计法》第四十一条规定："审计机关在审计中发现问题的，可以提出改进建议，被审计单位应当及时整改，并向审计机关报告整改情况。"这一条款为审计机关提出整改建议，并要求被审计单位及时整改提供了法律依据。

这些法律法规对企业及时整改审计发现的问题，并向上级党组织和审计机关反馈整改情况提出了明确的要求。

整改建议

为确保企业能够及时整改审计发现的党风廉政建设问题并反馈，从加强党风廉政建设教育、完善内部控制制度、加强审计与监督、建立及时反馈机制以及加强企业文化建设等方面，提出以下详细的整改建议。

一、加强党风廉政建设教育

企业应定期组织党风廉政教育活动，通过讲座、研讨会等形式，向全体员工普及党风廉政建设的重要性和必要性，提高员工对党风廉政建设的认识和重视程度。可以邀请外部专家或内部资深员工进行授课，结合实际案例，深入剖析党风廉政建设中的风险点和防范措施。

二、完善内部控制制度

企业应建立完善的内部控制制度，明确各部门、各岗位的职责和权限，规范业务流程，防止权力滥用和腐败行为的发生。特别是对于资金、采购、人事等关键领域，要建立严格的审批和监督机制，确保各项业务的合规性和公正性。同时，定期对内部控制制度的执行情况进行检查和评估，及时发现问题并进行整改。

三、加强审计与监督

企业应设立独立的内部审计部门，负责对企业的各项业务进行定期或不定期的审计和监督。审计部门应具备足够的专业知识和独立性，能够及时发现和报告潜在的风险和问题。同时，企业应积极配合外部审计机构的工作，接受其对企业财务状况和业务流程的审计和监督，提高企业的透明度和公信力。

四、建立及时反馈机制

为确保审计发现的问题能够得到及时整改和反馈，企业应建立有效的反馈机制。一方面，内部审计部门应及时将审计结果和整改建议报告给企业管理层，促使其采取有效措施进行整改。另一方面，企业应鼓励员工积极参与反腐倡廉工作，设立举报渠道，保护举报人的合法权益，对举报的问题进行及时调查和处理。

五、加强企业文化建设

企业应加强企业文化建设，营造积极向上、诚信守法的工作氛围。通过举办文化活动、宣传企业价值观等方式，引导员工树立正确的职业道德观念，增强员工的归属感和责任感。同时，企业应定期对员工进行绩效考核和职业道德评估，对表现优秀的员工给予表彰和奖励，对存在问题的员工进行教育和帮扶。

第十四章
国有企业社会责任履行专题

专题 1：企业是否严格遵守国家环境保护法规，有效实施污染防治措施？

案例简介

一、案例背景

某大型国有化工企业（以下简称"国企 A"），是国内重要的基础化工原料生产商。近年来，随着国家对环境保护的日益重视，国企 A 积极响应国家环保政策，加大了对污染防治的投入。然而，在实际操作中，企业是否严格遵守国家环境保护法规，并有效实施污染防治措施，成了审计关注的重点。

二、审计发现

审计署对国企 A 进行了环保政策执行情况的专项审计。审计过程中，审计人员发现以下主要问题。

环保设施运行不正常：部分污染防治设施存在运行不正常的情况，导致废气、废水等污染物排放量超标。

环保投入不足：尽管国企 A 在环保方面有所投入，但与实际需求相比仍显不足。部分老旧设备未及时更新换代，存在较大的环境污染隐患。

内部管理缺失：企业对环保工作的内部管理存在缺失，部分员工环保意识薄弱，违规操作时有发生。同时，企业未建立完善的环保责任制度，导致责任不明确，问题难以及时解决。

三、审计方法与程序

文件审查：审计人员对国企 A 的环保政策、规章制度、排污记录等文件进行了详细审查，以评估其环保管理的合规性。

实地考察：审计人员前往国企 A 的生产现场，实地考察污染防治设施的运行情况，观察废气、废水的排放情况。

员工访谈：审计人员对国企 A 的员工进行访谈，了解他们对环保政策的认知程度，以及企业在实际操作中存在的环保问题。

四、审计结论与建议

审计人员认为，国企 A 在环保政策执行方面存在明显不足，未能严格遵守国家环境保护法规，并有效实施污染防治措施。为此，提出以下建议。

加强环保设施运行管理：企业应定期对污染防治设施进行检查和维护，确保其正常运行，降低污染物排放量。

加大环保投入：企业应增加对环保工作的投入，及时更新老旧设备，采用先进的污染防治技术，降低环境污染风险。

完善内部管理：企业应建立完善的环保责任制度，明确各级人员的环保职责。同时，加强员工环保培训，提高全员环保意识。

五、后续改进

国企 A 根据审计建议，制定了详细的整改计划。企业加大了对环保设施的投入和管理力度，确保污染防治设施的正常运行。同时，建立了完善的内部管理制度，提高了员工的环保意识。经过一段时间的整改，国企 A 的环保工作取得了显著成效，污染物排放得到了有效控制，为企业的可持续发展奠定了坚实基础。

此外，国企 A 还积极与政府部门、环保组织等合作，共同推动地区环保事业的发展。企业不仅提升了自身的环保水平，也为行业的绿色发展树立了典范。

审计程序与方法

一、审计程序

资料收集：收集并研读国家环境保护法规，了解具体的环保要求和污染防治标准。同时，获取国企 A 的环保政策、排污记录、污染防治设施运行记录等相关文件。

初步评估：对国企 A 的环保管理体系进行初步评估，包括环保组织架构、人员配置、制度建设等方面。了解企业环保工作的整体情况，为后续详细审计奠定基础。

现场审计：实地考察国企 A 的生产现场，观察污染防治设施的运行情况，检查废气、废水的排放是否符合国家标准。同时，对环保设施的日常维护、检修记录进行审查。

员工访谈：对国企 A 的环保管理人员、一线员工进行访谈，了解他们对环保工作的认识和看法，以及企业在实际操作中遇到的环保问题和挑战。

数据分析与比对：对国企 A 的排污数据进行深入分析，比对国家环保标准，评估企业的污染物排放情况。同时，分析企业环保投入与产出的比例，判断其环保效益。

审计报告撰写：根据审计结果，撰写详细的审计报告，指出企业在环保方面存在的问题和不足，并提出具体的改进建议。

二、审计方法

文档审查法：仔细审阅国企 A 的环保政策、排污记录、设施运行记录等文档，检查其合规性和真实性。

现场观察法：通过实地考察和观察，了解国企 A 的污染防治设施运行情况和污染物排放情况。

访谈法：通过与员工进行深入交流，获取第一手信息，了解企业在环保方面的实际情况和挑战。

数据分析法：运用统计软件和数据分析技术，对国企 A 的排污数据进行处理和分析，评估企业的环保绩效。

通过以上审计程序和方法，审计人员可以全面、客观地评估国企 A 在环保方面的表现，发现存在的问题和不足，并提出有针对性的改进建议。这有助于推动企业加强环保管理，提高污染防治水平，实现可持续发展。

法规依据

《中华人民共和国环境保护法》作为我国环境保护的基本法律，明确规定了企事业单位应当防止、减少环境污染和生态破坏，对所造成的损害依法承担责任。该法还强调了企事业单位应当采取防治污染的措施，并建立环境保护责任制度。这为国企 A 在环保方面的责任履行提供了基本的法律指导。

《中华人民共和国大气污染防治法》和《中华人民共和国水污染防治法》分别针对大气和水环境的污染防治进行了详细规定。例如，《中华人民共和国大气污染防治法》要求企事业单位和其他生产经营者应当采取有效措施，防止、减少大气污染。《中华人民共和国水污染防治法》也规定了排放水污染物的企事业单位应当建立环境保护责任制度，明确单位负责人和相关人员的责任。

《中华人民共和国固体废物污染环境防治法》对固体废物的产生、收集、贮存、运输、利用、处置等方面进行了规范，要求产生固体废物的单位和个人应当采取措施防止或者减少固体废物对环境的污染。

除了上述法律外，还有一系列与环保相关的行政法规、部门规章和地方性法规，如《排污许可管理条例》等，也对企业在环保方面的行为提出了具体要求。

国企 A 在环保方面的行为应严格遵守上述法律法规的规定。审计人员在审计过程中，应依据这些法律法规对国企 A 的环保行为进行全面评估，确保其严格遵守国家环境保护法律法规，并有效推进污染防治措施。

在具体实践中，审计人员还需结合当地环保部门发布的相关政策和指导性文件，以及国企 A 所在行业的环保标准和要求，进行更具体、更细致的审计评估。

整改建议

为确保国企 A 严格遵守国家环境保护法规，并有效实施污染防治措施，以下从加强法规宣传与教育、完善环保管理体系、制定污染防治措施、建立监督机制与激励机制、推动绿色技术创新以及加强外部合作与交流等方面，提出具体的整改建议。

一、加强法规宣传与教育

国企 A 应定期开展环保法规宣传教育活动，确保全体员工对国家环境保护法规有深入的了解和认识。通过内部培训、宣传栏、企业微信公众号等多种渠道，普及环保知识，提高员工的环保意识和责任感。同时，组织员工参与环保主题活动，如环保知识竞赛、绿色出行等，营造企业内部的环保氛围。

二、完善环保管理体系

国企 A 应建立完善的环保管理体系，明确环保工作的目标和责任。设立专门的环保管理部门，负责制定和执行环保政策，监督污染防治措施的实施情况。同时，建立环保工作考核机制，将环保工作纳入员工的绩效考核体系，激励员工积极参与环保工作。

三、制定污染防治措施

针对企业的生产特点和污染物排放情况，国企 A 应制定具体的污染防治措施。优化生产流程，减少污染物的产生和排放。加强环保设施建设，确保污染物的有效处理。定期对排污口进行监测，确保排放物达到国家标准。同时，建立应急响应机制，应对突发的环境污染事件。

四、建立监督机制与激励机制

国企 A 应建立内部监督机制，对环保工作进行定期检查和评估。设立环保监督小组，负责监督污染防治措施的执行情况，及时发现并纠正存在的问题。同时，建立激励机制，对在环保工作中表现突出的员工进行表彰和奖励，激发员工的环保积极性和创造力。

五、推动绿色技术创新

国企 A 应积极推动绿色技术创新，引进和应用先进的环保技术和设备，提高企业的环保水平。加强与科研机构和高校的合作，共同研发适合企业实际需求的环保技术和产品。通过技术创新，降低企业的能耗和减少排放，提高企业的经济效益和环境效益。

六、加强外部合作与交流

国企 A 应积极与外部机构进行环保合作与交流，共同推动地区的环境保护工作。与当地政府、环保组织、行业协会等建立合作关系，共同研究环保政策和污染防治措施。通过合作与交流，及时获取行业最新动态和环保技术信息，为企业的环保工作提供有力支持。

专题 2：企业是否积极落实国家节能减排政策，推动绿色发展？

案例简介

一、案例背景

某大型国有能源企业（以下简称"国企 A"），作为国内领先的能源供应商，一直致力于提供清洁、高效的能源服务。近年来，随着全球气候变化问题的日益严峻，国家加强了对节能减排和绿色发展的重视，出台了一系列相关政策。国企 A 为积极响应国家节能减排政策，推动绿色发展，决定投资建设一个大型风电项目。

二、审计发现

审计署对国企 A 进行了节能减排政策执行情况的专项审计。在审计过程中，审计人员发现以下问题。

节能减排政策落实不到位：虽然国企 A 投资建设了风电项目，但在项目的具体实施过程中，对节能减排政策的落实不够到位。例如，未能严格按照政策要求采购节能设备，部分设备的能效标准未达到国家最新规定。

投资效益不佳：风电项目的投资回报率低于预期。部分原因是项目前期调研不足，对风能资源的评估不准确，导致实际发电量低于预期。此外，项目的运维成本也高于预算，进一步降低了投资效益。

环保监管不严格：在项目建设过程中，国企 A 对环保监管的重视程度不够。例如，部分施工现场存在扬尘污染问题，且未及时采取措施进行整改。

三、审计方法与程序

文件审查：审计人员对国企 A 的节能减排政策执行报告、项目可行性研究报告、设备采购合同等文件进行了详细审查，以评估政策落实情况。

数据分析：通过对项目投资数据、发电量、运维成本等数据的分析，审计人员评估了项目的投资效益及存在的问题。

现场考察：审计人员实地考察了风电项目的建设现场，观察了设备的安装情况、施工现场的环保措施等，以评估项目的实际执行情况。

四、审计结论与建议

审计人员认为，国企 A 在风电项目建设中，虽然积极响应了国家节能减排政策，但在政策落实、投资效益和环保监管方面存在明显不足。为此，提出以下建议。

加强节能减排政策的落实：国企 A 应加强对节能减排政策的学习和理解，确保在项目实施过程中严格遵守相关政策要求。对于已采购的不符合能效标准的设备，应尽快进行更换或升级。

提高项目投资效益：国企 A 应加强对项目前期调研的重视，准确评估风能资源，确保项目发电量达到预期。同时，应优化项目的运维管理，降低运维成本，提高投资回报率。

加强环保监管：国企 A 应建立健全的环保监管体系，确保项目建设过程中的环保措施得到有效执行。对于存在的环保问题，应及时采取措施进行整改，确保项目的绿色发展。

五、后续改进

国企 A 根据审计建议进行了积极的整改。首先，加强了与政府部门和相关机构的沟通协作，确保对节能减排政策有准确的理解和把握；其次，加大了对项目前期调研的投入，提高了风能资源评估的准确性；最后，完善了环保监管体系并严格执行环保措施。经过这些改进措施的实施，国企 A 的风电项目在节能减排、投资效益和环保监管方面均取得了显著的成效。国企 A 不仅更好地践行了国家节能减排政策，满足了推动绿色发展的战略要求，也为企业自身的可持续发展奠定了坚实基础并赢得了良好的社会声誉。

审计程序与方法

一、审计程序

收集资料与初步了解：收集并研读国家节能减排政策文件，明确政策要求和目标。了解国企 A 的基本情况，包括其业务领域、经营模式以及过往在节能减排方面的表现。

初步评估：通过审查国企 A 的年度报告、社会责任报告等公开资料，初步评估其在节能减排方面的承诺和实践。与国企 A 的管理层和普通员工进行初步沟通，了解其对节能减排政策的认识和执行情况。

详细审查：深入审查国企 A 的能源消耗记录、排放数据等，核实其是否符合国家节能减排政策的标准。检查国企 A 是否制定了具体的节能减排计划和措施，并评估其执行情况。

现场调查：对国企 A 的生产现场进行实地考察，观察其节能减排设施的运行情况，以及员工在实际操作中的节能减排意识。对现场员工进行访谈，了解节能减排政策在实际操作中的执行情况和遇到的困难。

总结与报告：根据审查结果，总结国企 A 在节能减排方面的表现，指出存在的问题和不足。

提出具体的改进建议，帮助国企 A 更好地落实国家节能减排政策。

二、审计方法

文档审查法：仔细审阅国企 A 提供的节能减排相关文档，包括政策文件、计划报告、数据记录等，以评估其政策落实情况。

数据分析法：运用统计软件对国企 A 的能源消耗和排放数据进行深入分析，识别节能减排的成效和存在的问题。

访谈法：通过与国企 A 的管理层和普通员工进行面对面的交流，深入了解其对节能减排政策的认识和执行情况，以及在实际操作中遇到的困难和挑战。

对比分析法：将国企 A 的节能减排数据与同行业其他企业进行对比，以评估其在行业内的表现和水平。

通过以上审计程序与方法的运用，审计人员可以全面、客观地评估国企 A 在积极落实国家节能减排政策、推动绿色发展方面的表现，并提出有针对性的改进建议。

法规依据

对"企业是否积极落实国家节能减排政策，推动绿色发展"的审计，主要依据的是国家关于节能减排、环境保护及绿色发展的相关法律法规和政策文件。

《中华人民共和国节约能源法》作为我国节约能源的基本法律，明确要求"国家实施节约与开发并举、把节约放在首位的能源发展战略"（第四条）。同时，该法还规定用能单位应当加强能源管理，采取技术上可行、经济上合理以及环境和社会可以承受的措施，从能源生产到消费的各个环节，降低消耗、减少损失和污染物排放，制止浪费，有效、合理地利用能源。这为国有企业落实节能减排政策提供了基本的法律依据。

《中华人民共和国环境保护法》也明确指出，一切单位和个人都有保护环境的义务，并应当按照国家有关规定和环境保护的要求进行生产经营活动。国有企业作为重要的经济主体，其生产经营活动必须符合环境保护的要求，积极推动绿色发展。

《"十四五"节能减排综合工作方案》作为国家节能减排的重要政策文件，明确提出了节能减排的目标和任务，要求各地区、各部门和各单位要切实履行职责，加强组织领导，完善配套政策，确保完成"十四五"节能减排目标。这为审计国有企业是否积极落实国家节能减排政策提供了具体的政策依据。

在审计过程中，审计人员还应参考《党政主要领导干部和国有企事业单位主要领导人员经济责任审计规定》中关于领导干部在推进生态文明建设和绿色发展方面职责的相关规定，以及这些法律法规和政策文件共同构成了审计国有企业是否积极落实国家节能减排政策、推动绿色发展的法律法规依据体系。

国有企业在生产经营活动中必须严格遵守国家关于节能减排、环境保护及绿色发展的相关法律法规和政策文件要求，积极落实国家节能减排政策，推动绿色发展。审计人员在审计过程中应依据相关法律法规和政策文件进行全面评估和监督。

整改建议

为确保国有企业积极落实国家节能减排政策，推动绿色发展，以下从提升节能减排意识、完善内部管理制度、加强技术创新与应用、开展节能减排宣传教育以及建立监督考核机制等方面，提出详细的整改建议。

一、提升节能减排意识

国有企业应全面提升全体员工的节能减排意识，让员工充分认识到节能减排的重要性和紧迫性。建议定期开展节能减排知识培训，邀请专家开展讲座，同时结合企业实际情况，制定具体的节能减排行动计划，鼓励员工积极参与并执行。

二、完善内部管理制度

国有企业应建立并完善节能减排管理制度，明确各部门、各岗位的节能减排职责和目标。制定详细的节能减排实施方案，包括能源消耗定额管理、节能设备采购与使用规定、废弃物处理流程等。同时，建立节能减排考核激励机制，对表现突出的部门和个人给予奖励，激发全员参与节能减排的积极性。

三、加强技术创新与应用

国有企业应加大对节能减排技术的研发和应用力度，积极引进和推广先进的节能技术和设备。鼓励员工提出节能减排技术创新建议，对可行的创新项目给予资金和技术支持。同时，与科研机构、高校等合作，共同研发适合企业实际的节能减排技术和产品。

四、开展节能减排宣传教育

国有企业应充分利用内部宣传平台，如企业网站、公告栏等，定期发布节能减排相关信息和动态。组织员工开展节能减排主题宣传活动，如知识竞赛、演讲比赛等，提高员工对节能减排的认识和参与度。同时，积极向社会公众宣传企业的节能减排成果和经验，树立良好的企业形象。

五、建立监督考核机制

国有企业应建立独立的节能减排监督考核机制，定期对各部门、各岗位的节能减排工作进行检查和评估。对于未能达到节能减排目标的部门和个人，要进行问责和整改。同时，将节能减排考核纳入企业绩效考核体系，确保节能减排工作的有效推进。

专题 3：企业是否建立并有效执行员工权益保护机制以保护员工合法权益？

案例简介

一、案例背景

某大型国有电信企业（以下简称"国企 A"）是国内领先的通信服务提供商，拥有庞大的员工队伍和广泛的服务网络。近年来，随着企业规模的扩大和市场竞争的加剧，国企 A 面临着越来越大的经营压力。为确保企业稳定发展，并保障员工的合法权益，国企 A 逐步完善了员工权益保护机制。

二、审计发现

审计署对国企 A 进行了员工权益保护情况的专项审计。审计过程中，审计人员发现以下主要问题。

员工权益保护政策执行不力：虽然国企 A 制定了一系列员工权益保护政策，但在实际执行过程中存在偏差。部分基层单位未能严格按照政策要求落实员工的福利待遇和休息休假等权益。

劳动争议处理不当：在处理员工劳动争议时，国企 A 的部分管理层存在拖延、推诿的情况，导致员工的合法权益受到侵害。

员工培训与发展机会不足：国企 A 在员工培训和发展方面的投入不足，部分员工反映缺乏晋升机会和职业发展规划指导。

三、审计方法与程序

文件审查：审计人员对国企 A 的员工权益保护政策、劳动合同、薪酬福利政策等相关文件进行了详细审查，以评估政策的合规性和完整性。

员工访谈：审计人员随机抽取了部分员工进行深度访谈，了解他们对员工权益保护机制的看法。

数据分析：审计人员通过对员工薪酬福利、休息休假、培训发展等方面的数据的分析，评估国企 A 在员工权益保护方面的实际表现。

现场观察：审计人员实地走访了国企 A 的多个基层单位，观察员工工作环境和劳动条件，以及员工权益保护政策的实际执行情况。

四、审计结论与建议

审计人员认为，国企 A 在员工权益保护方面虽然取得了一定的成效，但仍存在诸多不足。为此，提出以下建议。

加强政策执行情况的监督和检查：国企 A 应加强对基层单位员工权益保护政策执行情况的监督和检查，确保政策落到实处。对于执行不力的单位，应给予相应的处罚和提出整改要求。

完善劳动争议处理机制：国企 A 应建立健全劳动争议处理机制，明确处理流程和时限，保障员工的合法权益得到及时有效的维护。同时，加强对管理层的培训和教育，提高他们的法律意识和责任意识。

增加对员工培训与发展的投入：国企 A 应加大对员工培训和发展的投入力度，提供更多的晋升机会和职业发展规划指导。通过提升员工的专业技能和综合素质，增强企业的核心竞争力和凝聚力。

五、后续改进

根据审计建议，国企 A 迅速采取行动进行整改。首先，加强了对基层单位员工权益保护政策执行情况的监督和检查。其次，完善了劳动争议处理机制并加强了对管理层的培训和教育。最后，增加了对员工培训和发展的投入并提供了更多的晋升机会和职业发展规划指导。这些改进措施不仅提升了员工的满意度和归属感，也为企业的稳定发展奠定了坚实基础。

审计程序与方法

一、审计程序

收集资料与制定计划：收集并阅读相关法律法规、行业标准以及企业内部关于员工权益保护的政策和规定。制定详细的审计计划，明确审计目标、范围和时间表。

初步评估：通过问卷调查、访谈等方式，初步了解员工对企业权益保护机制的认识和满意度。审查企业的人力资源管理制度，评估其是否符合法律法规要求，以及是否包含员工权益保护的相关内容。

详细审查：深入检查员工合同、薪资福利、工作时间与休息休假、劳动保护等具体情况。核实企业是否设立有效的劳动争议解决机制，若设立，审查其运行效果。评估企业在员工培训与发展方面的投入和实施情况。

数据分析与对比：收集并分析员工薪酬福利数据，检查是否存在不合理之处。对比行业标准和市场数据，评估企业的员工权益保护水平。

现场观察与访谈：实地考察员工的工作环境和条件，观察是否存在安全隐患或不良劳动实践。对各层级员工进行面对面访谈，深入了解他们对员工权益保护机制的实际感受和诉求。

撰写审计报告：汇总审计发现，明确指出存在的问题和不足。提出具体的改进建议和措施，以供企业管理层参考。

二、审计方法

文档审查法：仔细审阅企业的员工手册、劳动合同、薪资福利政策等文档，确保其内容合法合规且得到有效执行。

数据分析法：利用统计软件对员工薪酬福利、培训投入等数据进行分析，以客观评估企业员工权益保护的实际水平。

访谈法：通过与员工进行深入交流，获取第一手资料，了解员工对员工权益保护机制的真实感受和反馈。

对比分析法：将企业的员工权益保护情况与同行业其他企业或市场平均水平进行对比，从而更准确地评估企业的表现。

通过以上审计程序与方法的运用，审计人员可以全面、客观地评估企业在员工权益保护方面的表现，并为企业提供有针对性的改进建议。

法规依据

在评估企业是否建立并有效执行员工权益保护机制以保护员工合法权益时，主要法律法规依据如下。

《中华人民共和国劳动法》第三条明确规定了劳动者享有的基本权益，如平等就业和选择职业的权利、取得劳动报酬的权利、休息休假的权利等。这为企业构建员工权益保护机制提供了基础法律框架。

《中华人民共和国劳动合同法》第七条至第十四条详细规定了劳动合同的订立、内容和期限，强调用人单位应当与劳动者签订书面劳动合同，并明确双方的权利和义务。第八十二条规定："用人单位自用工之日起超过一个月不满一年未与劳动者订立书面劳动合同的，应当向劳动者每月支付二倍的工资。"从而强化了劳动合同的必要性。

企业在构建和执行员工权益保护机制时，必须严格遵守上述法律法规，确保员工的合法权益得到有效保障。

整改建议

一、建立健全员工权益保护机制

企业应审视现有的员工权益保护机制，确保其全面、完善且符合相关法律法规的要求。这包括但不限于劳动合同的签订、薪酬福利的发放、工作时间的安排、休息休假的规定以及劳动安全卫生的保障等方面。对于存在的不足和漏洞，企业应立即进行整改，确保员工的各项权益得到有效保障。

二、加强员工权益保护培训

企业应定期组织员工进行权益保护方面的培训，提高员工对自身权益的认知和保护意识。培训内容可以包括劳动法律法规、员工权益的具体内容、维权途径和方法等。通过培训，员工更加了解自己的权益，并能够在权益受到侵害时及时采取措施进行维权。

三、设立员工权益保护专员或部门

企业可以设立专门的员工权益保护专员或部门，负责处理与员工权益相关的事宜。这些专员或部门应具备专业的法律知识和实践经验，能够为员工提供法律咨询、维权指导等服务。同时，他们还应负责监督企业执行员工权益保护机制的情况，确保企业不断改进和完善相关机制。

四、建立员工反馈机制

企业应建立有效的员工反馈机制，鼓励员工对权益保护机制的执行情况进行反馈。这可以通过设立匿名举报箱、定期开展员工满意度调查等方式实现。对于员工的反馈，企业应认真对待并及时处理，确保员工的声音能够被听到，员工反馈的问题能够得到解决。

五、加强与政府部门的沟通与合作

企业应积极与政府部门保持沟通与合作，及时了解最新的劳动法律法规和政策动态。通过与政府部门合作，企业可以更好地了解员工权益保护的要求和标准，从而不断完善自身的权益保护机制。

专题 4：企业是否在安全生产方面采取有效措施，防范和减少生产事故？

案例简介

一、案例背景

某大型国有石油化工企业（以下简称"国企 A"），作为国内领先的石化产品生产商，肩负着保障国家能源安全和推动行业发展的重任。近年来，随着生产规模的扩大和生产工艺的复杂化，生产安全问题日益凸显。为贯彻落实国家关于安全生产的相关政策，国企 A 决定投入巨额资金，对现有的安全生产管理体系进行全面升级。

二、审计发现

审计署对国企 A 进行了安全生产管理情况的专项审计。审计过程中，审计人员发现以下问题。

安全生产管理制度不完善：国企 A 虽然建立了一系列安全生产管理制度，但这些制度在实际操作中存在诸多漏洞和不足。部分制度内容过于笼统，缺乏针对性和可操作性，导致在执行过程中存在偏差。

对安全设施的投入不足：尽管国企 A 在安全生产方面投入了大量资金，但在安全设施，如自动化设备、安全监控系统等方面的投入仍显不足。这在一定程度上增加了生产事故发生的风险。

员工安全意识薄弱：部分员工对安全生产的重要性认识不足，存在违规操作、冒险作业等行为。这反映出企业在员工安全教育和培训方面还存在短板。

三、审计方法与程序

文件审查：审计人员对国企 A 的安全生产管理制度、安全投入计划、事故处理记录等文件进行了详细审查，以评估其安全生产管理的合规性和有效性。

现场检查：审计人员深入生产现场，对安全设施、生产设备、作业环境等进行了实地查看，以发现潜在的安全隐患。

员工访谈：审计人员随机抽取了部分员工进行访谈，了解他们对安全生产的认识、培训情况以及在实际工作中遇到的安全问题。

四、审计结论与建议

审计人员认为，国企 A 在安全生产管理方面存在一定的漏洞和不足，需要采取有效措施进行改进。为此，提出以下建议。

完善安全生产管理制度：国企 A 应根据国家相关法律法规和行业标准，结合企业实际情况，对现有的安全生产管理制度进行全面梳理和完善。确保制度内容具体、明确，具有可操作性和针对性。

加大对安全设施的投入：国企 A 应进一步加大对安全设施的投入力度，特别是在自动化设备、安全监控系统等方面。通过技术手段降低人为操作风险，提高生产过程的本质安全水平。

加强员工安全教育和培训：国企 A 应定期组织员工进行安全教育和培训活动，提高员工的安全意识和操作技能。同时，建立健全安全考核机制，确保每位员工都能熟练掌握安全操作规程和应急处理措施。

五、后续改进

国企 A 高度重视审计署提出的建议，立即组织相关部门进行整改落实。首先，企业对现有的安全生产管理制度进行了全面修订和完善，确保各项制度更加符合实际生产需求。其次，加大了对安全设施的投入力度，引进了一批先进的自动化设备和安全监控系统，有效提升了生产过程的本质安全水平。此外，企业还加强了员工的安全教育和培训工作，定期组织各类安全活动和演练，提高了员工的安全意识和应急处理能力。

经过一段时间的整改落实，国企 A 的安全生产管理水平得到了显著提升。员工的安全意识明显增强，违规操作、冒险作业等行为得到了有效遏制。同时，企业的生产事故率也大幅下降，为企业的可持续发展奠定了坚实基础。

审计程序与方法

一、审计程序

资料收集与初步了解：收集国企 A 的安全生产政策、规章制度、安全培训计划、事故记录、安全检查报告等相关文件。了解国企 A 的生产流程、主要风险点和历史事故情况。

现场观察与评估：对生产现场进行实地考察，观察安全设施的运行状况、员工的个人防护装备使用情况等。注意识别潜在的安全隐患和不规范操作。

员工访谈：对一线员工、安全管理人员及中层管理人员进行访谈，了解他们对生产安全的认知和态度。询问员工关于安全培训、应急演练的参与情况和感受。

数据分析与比对：分析事故记录和安全检查数据，查找事故发生的规律和可能的原因。对比行业标准和国家规定，评估国企 A 的安全生产水平。

制度审查与测试：审查安全生产管理制度的完善性和执行情况。通过测试或模拟演练来评估安全生产管理制度的有效性。

二、审计方法

文档审查法：仔细审阅国企 A 提供的安全生产相关文档，评估其合规性和完整性。

观察法：通过现场观察，直观了解生产现场的安全状况和员工的实际操作。

访谈法：通过与员工进行面对面的交流，获取他们对安全生产措施的看法和反馈。

数据分析法：利用统计和分析工具，对收集到的安全数据进行处理和分析，以发现潜在问题和趋势。

穿行测试法：选择关键的安全流程进行穿行测试，检查其设计和执行的有效性。

通过以上审计程序和方法，审计人员将全面评估国企 A 在安全生产方面采取的措施是否有效，是否能够防范和减少生产事故的发生，从而为国企 A 提供有针对性的改进建议。

法规依据

审计人员评估"企业是否在安全生产方面采取有效措施，防范和减少生产事故"时，主要依据的是我国有关安全生产的一系列法律法规。

《中华人民共和国安全生产法》第四条明确规定："生产经营单位必须遵守本法和其他有关安全生产的法律、法规，加强安全生产管理，建立健全全员安全生产责任制和安全生产规章制度，加大对安全生产资金、物资、技术、人员的投入保障力度，改善安全生产条件，加强安全生产标准化、信息化建设，构建安全风险分级管控和隐患排查治理双重预防机制，健全风险防范化解机制，提高安全生产水平，确保安全生产。"这一条款为评估企业在安全生产方面是否采取有效措施提供了法律依据。第二十条规定："生产经营单位应当具备的安全生产条件所必需的资金投入，由生产经营单位的决策机构、主要负责人或者个人经营的投资人予以保证，并对由于安全生产所必需的资金投入不足导致的后果承担责任。"这一条款强调了企业对安全生产投入的保障责任。第四十一条要求："生产经营单位应当建立安全风险分级管控制度，按照安全风险分级采取相应的管控措施。生产经营单位应当建立健全并落实生产安全事故隐患排查治理制度，采取技术、管理措施，及时发现并消除事故隐患……"这一条款明确了企业在风险管控和隐患排查方面的具体责任。

整改建议

一、加强安全生产管理体系建设

国企 A 应进一步完善安全生产管理体系，明确各级安全生产责任，确保每个岗位都有明确的安全职责。同时，建立健全安全生产规章制度和操作规程，确保员工能够严格按照规定进行操作。此外，定期对安全生产管理体系进行评估和更新，以适应企业生产经营的变化。

二、加强安全培训和教育

国企 A 应定期开展安全培训和教育活动，提高员工的安全意识和操作技能。培训内容应包括安全生产法律法规、安全操作规程、应急救援知识等方面。同时，针对不同岗位的员工，制定个性化的培训计划，确保员工能够全面掌握所需的安全知识和技能。

三、加强现场安全管理和监督

国企 A 应加大对生产现场的安全管理和监督力度。建立健全现场安全检查制度，定期对生产设备、安全设施进行检查和维护。同时，加强对员工操作行为的监督，确保员工严格遵守安全操作规程。对于发现的安全隐患和问题，应立即采取措施进行整改，确保生产现场的安全。

四、建立应急预案和救援机制

国企 A 应建立完善的应急预案和救援机制，明确应急救援流程和职责分工。定期组织应急演练活动，提高员工的应急救援能力。同时，与专业的应急救援机构建立合作关系，确保在发生生产事故时能够及时、有效地进行救援。

五、加大安全生产投入

国企 A 应加大对安全生产的投入力度，确保安全生产所需的资金、物资、技术等方面得到保障。引进先进的安全生产技术和设备，提高生产过程的本质安全水平。同时，为员工配备符合国家标准的安全防护用品，确保员工的人身安全。

六、建立安全生产激励机制

国企 A 应建立安全生产激励机制，对于在安全生产工作中表现突出的员工给予奖励和表彰。同时，将安全生产纳入员工的绩效考核体系，提高员工对安全生产的重视程度。通过激励机制的引导，形成全员参与安全生产的良好氛围。

国企 A 应全面加强安全生产管理，从体系建设、培训教育、管理监督、应急与救援、生产投入和激励机制等方面入手，确保企业在安全生产方面采取有效措施，防范和减少生产事故的发生。

专题 5：企业是否积极参与社会公益事业，履行社会责任？

案例简介

一、案例背景

某大型国有能源企业（以下简称"国企 A"）一直致力于社会责任的履行，积极响应国家关于企业参与社会公益事业的号召。为了进一步推动社会公益事业发展，国企 A 决定投资并参与一个名为"光明行动"的慈善项目。该项目旨在为欠发达地区的学校提供太阳能发电设备，以改善当地学生的学习环境，并推广可再生能源的使用。

二、审计发现

审计署对国企 A 参与的"光明行动"慈善项目进行了专项审计。在审计过程中，审计人员发现了以下问题。

项目投资不透明：国企 A 在"光明行动"项目中的投资金额未对外明确公布，导致公众对项目资金的使用情况存在疑虑。

项目管理不规范：国企 A 在项目实施过程中，未能建立完善的项目管理制度，导致项目进度延误，部分学校未能及时安装太阳能发电设备。

后续维护缺失：项目完成后，国企 A 未制定有效的后续维护计划，导致部分已安装的太阳能发电设备因缺乏维护而出现故障。

三、审计方法与程序

文件审查：审计人员对国企 A 的项目合同、财务报表、项目进度报告等文件进行了详细审查，以评估项目的合规性和资金使用情况。

访谈调研：审计人员对国企 A 的项目负责人、合作伙伴及受益学校的代表进行了访谈，了解项目的实际执行情况和存在的问题。

现场考察：审计人员实地考察了部分受益学校，观察了太阳能发电设备的安装和使用情况，以及后续维护状况。

四、审计结论与建议

审计人员认为，国企 A 在参与"光明行动"慈善项目时，虽然表现出积极的社会责任感，但在项目投资透明度、项目管理和后续维护方面存在明显不足。为此，提出以下建议。

提高投资透明度：国企 A 应公开披露项目的投资金额和使用情况，以增强公众对项目的信任和支持。

规范项目管理：国企 A 应建立完善的项目管理制度，确保项目按计划推进，及时完成学校太阳能发电设备的安装工作。

加强后续维护：国企 A 应制定有效的后续维护计划，定期对已安装的太阳能发电设备进行检修和维护，确保其长期稳定运行。

五、后续改进

根据审计建议，国企 A 采取了以下改进措施。

国企 A 在项目官方网站上公开了"光明行动"项目的详细投资情况和使用明细，接受社会监督；成立了专门的项目管理团队，负责项目的日常管理和协调工作，确保项目按计划顺利推进；与当地维修服务商建立了合作关系，制定了定期的设备检修和维护计划，确保太阳能发电设备的正常运行。

通过这些改进措施，国企 A 不仅提升了"光明行动"慈善项目的透明度和管理水平，还为欠发达或落后地区的学校提供了更加稳定可靠的能源支持。同时，国企 A 也赢得了社会各界的广泛赞誉和支持，树立了良好的企业形象。

审计程序与方法

一、审计程序

初步信息收集：收集国有企业近年来参与的社会公益事业的相关资料。整理企业公开的年度报告、社会责任报告以及媒体发布的相关信息。

详细审查与分析：对收集到的资料进行详细审查，核实活动的真实性、规模和影响。分析企业投入的资源、资金和人力，以及这些投入与社会效益之间的比例关系。

对比分析：将企业的社会公益活动投入与同行业其他企业进行比较，评估其相对水平。参照国际标准或行业最佳实践，评价企业的社会责任履行情况。

现场调查与访谈：对企业参与的部分社会公益事业进行现场考察，了解实际情况。对企业管理层、员工以及受益方进行访谈，获取第一手信息。

撰写审计报告：根据审计发现，撰写详细的审计报告，包括企业的参与情况、存在的问题以及解决方案。报告应客观、公正，并基于事实和数据进行分析和判断。

二、审计方法

文档分析法：仔细审阅企业提供的文档资料，包括活动计划、执行记录、财务报告等。通过文档分析，了解企业参与社会公益事业的全面性和深入性。

数据核对法：对企业提供的财务数据进行核对，确保资金投入与公益活动相匹配。分析数据间的逻辑关系，验证信息的真实性和准确性。

专家评估法：邀请社会责任领域的专家参与评估，提供专业的意见和建议。利用专家的知识和经验，对企业履行社会责任的情况进行深入剖析。

问卷调查法：设计问卷，向企业管理层、员工以及受益方收集信息。通过问卷调查，了解各方对企业参与社会公益活动的看法和评价。

通过以上审计程序和方法，审计人员可以全面、客观地评估国有企业参与社会公益事业、履行社会责任的情况，为企业提供有针对性的改进建议，促进其更好地履行社会责任。

法规依据

审计人员评估"国有企业是否积极参与社会公益事业、履行社会责任"时，主要依据以下法律法规。

《中华人民共和国公司法》第五条规定："公司从事经营活动，必须遵守法律、行政法规，遵守社会公德、商业道德，诚实守信，接受政府和社会公众的监督，承担社会责任。"这一条款明确指出了公司应当承担社会责任，包括参与社会公益事业。

《中华人民共和国公益事业捐赠法》鼓励自然人、法人或者其他组织对公益事业进行捐赠。国有企业作为法人实体，积极参与公益事业捐赠是履行社会责任的重要体现。

国有企业在参与社会公益事业、履行社会责任时，应遵循上述法律法规的相关规定。审计人员在审计过程中，应依据这些法律法规对国有企业的相关行为进行合规性审查，并评估其社会责任履行的实际效果。

整改建议

一、明确社会责任战略定位

国有企业应明确将社会责任纳入其长期发展战略，确保社会公益事业成为企业发展的重要组成部分。通过制定明确的社会责任战略，企业能够更有针对性地开展相关活动，提高履行社会责任的效果。

二、建立专项基金与完善捐赠机制

国有企业应设立专门的社会责任基金，用于支持社会公益事业。同时，完善捐赠机制，确保捐赠过程的透明度和规范性。企业可以设立专门的捐赠委员会，负责审核捐赠项目、监督捐赠资金的使用情况，并定期向公众公布相关信息，以增强企业的公信力和社会责任感。

三、加强内部宣传与教育

国有企业应加强对员工的社会责任教育，提高员工对社会公益事业的认识和参与度。通过定期举办相关培训、讲座等活动，增强员工的社会责任意识，鼓励员工积极参与社会公益活动，形成良好的企业文化氛围。

四、加强与政府部门及非政府组织的合作

国有企业应积极与政府部门、非政府组织等建立合作关系，共同推动社会公益事业的发展。通过与政府部门的沟通协作，企业可以更好地了解政策导向和社会需求，有针对性地开展社会公益活动。同时，与非政府组织的合作可以帮助企业拓展公益渠道，提高公益活动的影响力和实效性。

五、建立社会公益事业评估与反馈机制

为确保社会公益事业的有效开展，国有企业应建立评估与反馈机制。定期对已开展的社会公益活动进行评估，总结经验教训，不断优化活动方案。同时，积极收集受益方、员工及社会各界的反馈意见，及时调整活动策略，确保公益活动更加贴近实际需求。

六、加强信息披露

国有企业应加强对社会公益事业相关信息的披露，提高透明度。通过定期发布社会责任报告、公益活动进展情况等信息，让社会各界了解企业在社会公益事业方面的投入和成果。这不仅有助于增强企业的公信力，还能激发更多企业等社会力量共同参与社会公益事业。

专题 6：企业是否在产品质量和服务上严格把关，保障消费者权益？

案例简介

一、案例背景

某大型国有消费品生产企业（以下简称"国企 A"），在国内市场上占据重要地位，其产品线繁多，涉及多个民生消费领域。近年来，为提升产品竞争力并响应国家关于消费者权益保护的号召，国企 A 致力于提高产品质量和服务水平。然而，随着市场竞争的加剧和消费者需求的多样化，保持产品质量和提供优质服务的压力也日益增大。

二、审计发现

审计人员对国企 A 的产品质量和服务水平进行了重点审查，并发现了以下问题。

质量控制不严：部分批次的产品存在质量问题，如使用低质量的原材料、生产工艺控制不当等。这些问题导致了产品的不合格率上升，影响了消费者的使用体验。

售后服务不足：国企 A 的售后服务体系存在缺陷。部分消费者反映，在遇到产品问题时，售后服务响应慢、处理效率低下，甚至存在推诿责任的情况。

三、审计方法与程序

抽样检测：随机抽取了国企 A 生产的多批次产品，进行了严格的质量检测，以评估产品的合格率。

消费者调查：通过问卷调查和电话访谈的方式，收集消费者对国企 A 产品和服务的评价，了解消费者的真实需求和满意度。

详细审查：对国企 A 的生产流程、质量控制体系和售后服务流程进行了详细审查，以找出潜在的问题和改进空间。

四、审计结论与建议

审计人员认为，国企 A 在产品质量和服务方面存在明显不足，这不仅损害了消费者的权益，也影响了企业的声誉和市场竞争力。为此，提出以下建议。

加强质量控制：国企 A 应建立完善的质量控制体系，从原材料采购、产品生产到产品检测等各个环节都要严格把关。同时，加大对生产不合格产品的相关责任人的处罚力度，提高员工的质量意识。

提升售后服务水平：国企 A 应建立健全的售后服务体系，提高服务响应速度和处理效率。加强对售后服务人员的培训和管理，确保他们能够提供专业、热情的服务。此外，应建立有效的消费者反馈机制，及时了解并解决消费者的问题和需求。

五、后续改进

根据审计建议，国企 A 采取了一系列改进措施。首先，加强了与优质供应商的合作，确保了原材料的质量；其次，对生产线进行了全面优化和升级，提高了生产工艺的稳定性和产品的合格率；最后，在售后服务方面，增加了服务人员和服务站点，提高了服务响应速度和处理能力。

经过一段时间的改进，国企 A 的产品质量和服务水平得到了显著提升。消费者满意度大幅提高，企业形象和市场竞争力也得到了进一步的提高和增强。这些改进措施不仅保障了消费者的权益，也为企业的长期发展奠定了坚实基础。

审计程序与方法

一、审计程序

资料收集与初步了解：收集企业的质量管理制度、服务标准和消费者权益保护政策等文件。了解企业的生产流程、质量控制措施以及售后服务体系。

现场观察与评估：实地考察企业的生产线，观察生产过程中的质量控制措施是否得当。检查生产设备的维护情况和校准记录，确保设备处于良好状态。观察售后服务流程，评估服务响应速度和处理效率。

记录审查：审查质量检验记录、不合格品处理记录以及客户投诉记录等。核实企业是否定期对产品质量进行抽查和评估。

员工访谈与问卷调查：对质量管理部门、生产部门以及售后服务部门的员工进行访谈，了解他们对质量控制和服务水平提高的认识和执行情况。向消费者发放问卷，收集关于产品质量和服务的反馈。

数据分析与比对：分析产品质量数据，包括合格率、退货率、客户满意度等。将企业的数据与行业标准或竞争对手的数据进行比对，评估企业在行业中的水平。

二、审计方法

文档审查法：仔细审阅企业的质量管理制度、服务标准等文档，评估其完善性和执行情况。

流程分析法：对企业的生产流程和售后服务流程进行详细分析，查找可能存在的漏洞和不足。

访谈法：通过对员工和消费者访谈，获取第一手信息，了解实际情况和存在的问题。

数据分析法：利用统计工具对数据进行分析，识别产品质量和服务方面的问题，并找出根本原因。

比较分析法：将企业的数据与行业平均水平或优秀企业进行比对，明确企业在行业中的位置和需要改进的方向。

通过以上审计程序和方法，审计人员可以全面评估国有企业在产品质量控制和服务水平提高上的表现，确保其在产品质量和服务上严格把关，从而有效保障消费者权益。

法规依据

《中华人民共和国产品质量法》第十三条规定："可能危及人体健康和人身、财产安全的工业产品，必须符合保障人体健康和人身、财产安全的国家标准、行业标准；未制定国家标准、行业标准的，必须符合保障人体健康和人身、财产安全的要求。"这一法律条文明确要求企业必须保证其产品质量，防止因产品质量问题对消费者造成损害，为审计国企是否在产品质量上严格把关提供了法律依据。

同时，《中华人民共和国消费者权益保护法》第七条规定："消费者在购买、使用商品和接受服务时享有人身、财产安全不受损害的权利。"第二十四条规定："经营者提供的商品或者服务不符合质量要求的，消费者可以依照国家规定、当事人约定退货，或者要求经营者履行更换、修理等义务。"这些法律条文保护了消费者的合法权益，要求企业在提供服务时必须保证服务质量，为审计国企在服务上是否严格把关、是否保障消费者权益提供了明确的法律支持。

整改建议

一、加强质量管理体系建设

企业应进一步完善质量管理体系，明确各环节的质量控制标准和责任人。通过引入先进的质量管理工具和方法，如六西格玛管理、精益生产等，提高产品质量水平。同时，建立严格的质量检测流程，确保每一批产品都符合国家标准和消费者期望。

二、提升员工质量意识和服务水平

企业应定期开展关于产品质量和服务质量的培训，使员工充分认识到产品质量和服务质量对企业和消费者的重要性。通过案例分析、角色扮演等互动式培训方法，提高员工解决实际问题的能力。此外，建立激励机制，鼓励员工积极参与质量改进和服务创新活动。

三、完善客户投诉处理机制

企业应设立专门的客户投诉处理部门，建立完善的投诉处理流程。对于消费者的投诉，应迅速响应并妥善处理，及时给予消费者满意的答复。同时，对投诉数据进行深入分析，找出问题根源，制定有针对性的改进措施，防止类似问题再次发生。

四、加强供应链管理

企业应严格筛选供应商，确保原材料和零部件的质量可靠。与供应商建立长期稳定的合作关系，共同提升产品质量。此外，定期对供应商进行评估和审计，确保其持续符合企业的质量要求。

五、推进信息化建设

企业应通过引入先进的信息技术，如物联网、大数据分析等，实现产品质量的可追溯和智能化管理。建立全面的质量信息管理系统，实时收集、分析和处理质量数据，为质量决策提供科学依据。同时，利用信息化手段提升客户服务水平，如建立智能客服系统、提供在线咨询和投诉渠道等。

六、加强外部合作与交流

企业应积极参与行业组织、质量协会等机构的活动，与同行业企业交流质量管理经验和服务创新实践。通过对标学习，找出自身在产品质量和服务上的不足，制订提升计划并付诸实施。同时，与科研机构、高校等合作，引入新技术、新方法，不断提升企业的质量管理和服务水平。

国有企业在产品质量和服务上的整改应从多个方面入手，包括加强质量管理体系建设、提升员工质量意识和服务水平、完善客户投诉处理机制、加强供应链管理、推进信息化建设以及加强外部合作与交流等。通过这些整改措施的实施，企业将能够更好地提高产品质量和服务质量，切实保障消费者权益，从而赢得消费者的信任和市场的认可。

专题 7：企业是否在供应链管理中注重环境和社会责任，推动供应链可持续发展？

案例简介

一、案例背景

某国有大型零售企业（以下简称"国企 A"），作为国内知名的连锁超市品牌，一直致力于提供优质商品和服务。近年来，随着社会对环境保护和社会责任的关注度不断提高，国企 A 也开始注重在供应链管理中融入环境和社会责任，推动供应链的可持续发展。

二、审计发现

审计署对国企 A 进行了供应链管理方面的审计。审计过程中，审计人员发现以下主要问题。

未充分考虑环境责任：国企 A 在与供应商的合作中，未能充分考虑环境责任，部分供应商存在环境污染问题，且在生产过程中未采取有效的环保措施。

社会责任履行不足：部分供应商在劳动用工、安全生产等方面存在违规行为，如超时工作、安全生产设施不完善等，国企 A 在供应链管理中未能有效监督并促使供应商改正。

可持续发展策略不明确：国企 A 虽然意识到供应链可持续发展的重要性，但缺乏明确的可持续发展策略和实施计划，导致在实际操作中难以落实。

三、审计方法与程序

文件审查：审计人员对国企 A 的供应链管理政策、供应商合作协议等文件进行了详细审查，评估其对环境和社会责任的考虑程度。

现场考察：审计人员实地考察了部分供应商的生产现场，观察其环保设施、劳动条件等实际情况。

访谈调研：审计人员对国企 A 的供应链管理部门、供应商代表等进行访谈，了解供应链管理中环境和社会责任的履行情况。

四、审计结论与建议

审计人员认为，国企 A 在供应链管理中对环境和社会责任的重视程度有待提高。为此，提出以下建议。

加强供应链环境管理：建立完善的供应链环境管理体系，明确供应商的环境保护要求，定期对供应商进行环境绩效评估，并督促其采取环保措施。

加强对供应商社会责任的监督：加大对供应商在劳动用工、安全生产等方面的监督力度，确保供应商依法合规经营，保障员工权益。

制定可持续发展策略：结合企业实际情况，制定明确的供应链可持续发展策略和实施计划，包括目标设定、行动计划、监测评估等环节，确保可持续发展理念在供应链管理中的全面落实。

五、后续改进

国企 A 根据审计建议，积极采取措施进行改进。首先，完善了供应链环境管理体系，对供应商提出明确的环保要求，并定期开展环境绩效评估。其次，加强了对供应商社会责任的监督，确保供应商在劳动用工、安全生产等方面符合法律法规要求。最后，制定了详细的供应链可持续发展策略和实施计划，明确了短期和长期目标，以及具体的行动计划。

经过一段时间的实施，国企 A 的供应链管理在环境和社会责任的履行方面取得了显著成效。供应商的环保意识和社会责任感得到了提升，整个供应链的可持续性得到了加强。同时，国企 A 也赢得了更多消费者的信任和市场的认可，实现了经济效益与社会效益的双赢。

审计程序与方法

一、审计程序

资料收集与初步了解：收集企业的供应链管理政策、环境和社会责任报告以及相关内部文件和公开信息。了解企业在供应链管理中的环境和社会责任实践，以及推动供应链可持续发展的公开承诺和目标。

文件与记录审查：仔细审查收集到的文件，包括供应商选择标准、环境和社会责任政策、合规性证明等。核实企业是否建立了供应链管理中的环境和社会责任评估机制，并评估其有效性。

现场考察与访谈：对企业的供应链管理部门进行现场考察，了解实际操作情况。对供应链管理人员、供应商代表等进行访谈，获取第一手信息，了解供应链中的环境和社会责任履行情况。

数据分析与比对：收集并分析与供应链相关的环境和社会责任数据，如能源消耗、排放数据，供应商合规性评估结果等。将数据与行业标准或历史数据进行比对，评估企业在供应链可持续发展方面的表现。

撰写审计报告：根据审计发现，撰写详细的审计报告，包括企业在供应链管理中环境和社会责任的履行情况、存在的问题以及改进建议。

二、审计方法

文档审查法：通过审阅企业内部的政策文件、合同协议、评估报告等文档，全面了解企业在供应链管理中的环境和社会责任履行情况。

访谈法：通过与企业内部人员及供应商进行面对面的交流，获取更深入的信息和见解，了解实际操作中的问题和挑战。

数据分析法：利用数据分析工具，对收集到的供应链相关数据进行统计和分析，识别潜在的问题和趋势。

案例研究法：研究行业内外的案例，评估企业在供应链可持续发展方面的表现，并提出改进建议。

通过以上审计程序与方法的实施，审计人员可以全面评估国有企业在供应链管理中是否注重环境和社会责任，以及是否有效推动了供应链的可持续发展。

法规依据

审计人员在评估"企业是否在供应链管理中注重环境和社会责任，推动供应链可持续发展"时，主要依据以下法律法规。

《中华人民共和国环境保护法》第六条明确规定："一切单位和个人都有保护环境的义务，并有权对污染和破坏环境的单位和个人进行检举和控告。"这要求企业在供应链管理中必须考虑环境保护，减少对环境的污染和破坏。

《中华人民共和国劳动合同法》第五十条规定："工资应当以货币形式按月支付给劳动者本人。不得克扣或者无故拖欠劳动者的工资。"《中华人民共和国安全生产法》第四条规定："生产经营单位必须遵守本法和其他有关安全生产的法律、法规，加强安全生产管理，建立健全全员安全生产责任制和安全生产规章制度，加大对安全生产资金、物资、技术、人员的投入保障力度，改善安全生产条件，加强安全生产标准化、信息化建设，构建安全风险分级管控和隐患排查治理双重预防机制，健全风险防范化解机制，提高安全生产水平，确保安全生产。"这些法律条文要求企业在供应链管理中，必须尊重和保护劳动者的权益，确保安全生产，这体现了企业的社会责任。

《中华人民共和国反不正当竞争法》《中华人民共和国消费者权益保护法》等相关法律也间接规范了企业的供应链管理行为，要求企业在追求经济利益的同时，不得损害社会公共利益和消费者的合法权益。

企业在供应链管理中注重环境和社会责任，推动供应链可持续发展，不仅是道德要求，更是法律规定的义务。审计人员在审计过程中，应依据上述法律法规，对企业的供应链管理行为进行全面评估。

整改建议

为提升国有企业在供应链管理中对环境和社会责任的重视程度，推动供应链可持续发展，以下从增强环保意识和社会责任感、完善供应链管理制度、加强供应商管理、建立信息共享机制、加强内部培训与教育，以及开展持续改进活动等方面，提出具体的整改建议。

一、增强环保意识和社会责任感

企业应深化对环境和社会责任的认识，将可持续发展理念融入企业文化。通过内部宣传、教育等方式，提升全员环保意识和社会责任感，确保员工在供应链管理工作中始终秉持这一理念。同时，企业应在公开场合和年报中积极披露供应链管理中的环境和社会责任履行情况，接受社会监督。

二、完善供应链管理制度

企业应建立一套完善的供应链管理制度，明确供应链管理中环境和社会责任的要求。制度应包括供应商选择、评估、合作等各个环节，确保供应链中的环境和社会责任得到有效落实。此外，制度还应包含对违规行为的处罚措施，以提高供应链的合规性。

三、加强供应商管理

供应商是供应链中的重要方面，企业应加强对供应商的管理。在供应商选择时，除考虑价格、质量等因素外，还应重点评估其履行环境和社会责任的表现。对于表现不佳的供应商，应采取相应的纠正措施或终止合作，帮助其提升环境和社会责任意识。

四、建立信息共享机制

为提高供应链管理的透明度和效率，企业应建立一套信息共享机制。通过信息化手段，实时收集、整理和分享供应链中的环境和社会责任信息。这有助于企业及时发现问题、采取整改措施，并促进供应链各方的协同合作。

五、加强内部培训与教育

企业应定期组织供应链管理相关培训和教育活动，提升员工的专业素养和环保意识。培训内容可包括供应链管理理论、环境和社会责任要求、实际操作技能等。通过培训，确保员工能够熟练掌握供应链管理工作中的环境和社会责任要求，提高整体执行力。

六、开展持续改进活动

企业应定期开展供应链管理的持续改进活动，针对存在的问题和不足进行整改。通过设立改进小组、制订改进计划、实施改进措施等步骤，不断优化供应链管理流程。同时，企业应鼓励员工积极参与改进活动，提出建设性意见和建议，共同推动供应链管理的持续改进和发展。

专题 8：企业是否建立信息公开机制，及时准确披露企业社会责任履行情况？

案例简介

一、案例背景

某国有能源企业（以下简称"国企 A"）是国内领先的煤炭开采和销售企业，长期以来在煤炭行业占据重要地位。随着社会对企业社会责任的关注度日益提高，国企 A 也开始注重履行其社会责任，并试图建立信息公开机制，及时准确披露其社会责任履行情况。

二、审计发现

审计署对国企 A 进行了社会责任履行情况的审计。审计过程中，审计人员发现以下主要问题。

信息公开不全面：国企 A 虽然建立了一定的信息公开机制，但在披露社会责任履行情况时，选择性地公开了部分信息，对于一些关键的环境保护、安全生产等方面的数据披露不够全面。

披露时效性不足：国企 A 在披露社会责任信息时存在明显的时效性不足问题。部分重要信息的披露时间滞后，未能及时反映企业的最新社会责任履行情况。

缺乏第三方验证：国企 A 披露的社会责任信息主要基于企业内部数据，缺乏第三方机构的独立验证，导致信息的可信度和公信力受到一定影响。

三、审计方法与程序

文件审查：审计人员对国企 A 的社会责任报告、公开信息、内部管理制度等文件进行了详细审查，评估其信息公开的全面性和准确性。

数据分析：审计人员通过对国企 A 披露的社会责任数据进行统计和分析，验证数据的真实性和合理性。

访谈调查：审计人员对国企 A 的相关管理人员、员工以及外部利益相关者进行访谈，了解他们对国企 A 社会责任信息披露的看法和评价。

四、审计结论与建议

审计人员认为，国企 A 在建立信息公开机制方面取得了一定成效，但在信息披露的全面性、时效性和可信度方面仍存在明显不足。为此，提出以下建议。

完善信息公开机制：国企 A 应进一步完善信息公开机制，确保全面、准确地披露企业的社会责任履行情况，包括环境保护、安全生产、员工福利等关键信息。

提高信息披露的时效性：国企 A 应加强内部信息管理，确保重要信息的及时披露，让外部利益相关者能够及时了解企业的最新社会责任动态。

引入第三方验证：为提高信息的可信度和公信力，国企 A 应考虑引入第三方机构对其社会责任信息进行独立验证和审计，确保信息的真实性和准确性。

五、后续改进

国企 A 根据审计建议，积极进行了整改。首先，国企 A 完善了信息公开制度，明确了披露内容、频次和方式，确保了信息的全面性和时效性。其次，国企 A 与一家知名第三方机构合作，让第三方机构对其社会责任报告进行了独立验证和审计，大大提高了信息的可信度。

这些改进措施不仅提升了国企 A 的形象，还增强了外部利益相关者对企业的信任和支持；同时，也为其他国有企业提供了借鉴和参考，推动了整个行业在社会责任信息披露方面的进步。

审计程序与方法

一、审计程序

资料收集与初步了解：收集并审阅国企 A 过去一段时间内的社会责任报告、公开声明、年报以及与企业社会责任相关的内部政策文件。了解国企 A 的信息公开流程、政策和相关内部控制机制。

详细审查与数据分析：对收集到的资料进行详细审查，特别关注信息披露的全面性、准确性和时效性。通过数据分析，对比不同时间段和不同类型的信息披露情况，识别可能存在的披露不足或遗漏的情况。

现场调查与访谈：对国企 A 的相关部门进行现场访问，观察其信息公开的实际操作流程。对负责信息披露的关键人员以及相关部门负责人进行访谈，了解他们对信息披露机制的理解和执行情况。

外部验证与比对：收集外部机构、媒体和公众对国企 A 信息披露的评价和反馈。将国企 A 的信息披露情况与同行业其他企业的信息披露情况进行比对，评估国企 A 的表现。

总结与报告编写：根据审计发现，编写审计报告，详细列出审计结果、存在的问题以及改进建议。

二、审计方法

文档审查法：通过仔细阅读和分析国企 A 提供的相关文档，评估其信息披露的全面性、准确性和规范性。

数据分析法：利用数据分析工具对国企 A 披露的数据进行深入分析，检查数据的合理性、一致性和时效性。

访谈法：通过与国企 A 内部人员的深入交流，了解他们对信息披露机制的认识和执行情况，发现可能存在的问题。

比较分析法：将国企 A 的信息披露情况与同行业其他企业进行比较，以评估其信息披露水平。

通过上述审计程序与方法的实施，审计人员可以全面、客观地评估国企 A 在建立信息公开机制以及及时准确披露企业社会责任履行情况方面的表现，并提供有针对性的改进建议。

法规依据

《中华人民共和国公司法》第五条："公司从事经营活动，必须遵守法律、行政法规，遵守社会公德、商业道德，诚实守信，接受政府和社会公众的监督，承担社会责任。"这一条款明确指出了公司应承担社会责任，并接受政府和社会公众的监督，间接要求了企业应公开其社会责任履行情况。

《中华人民共和国证券法》第八十条规定："发生可能对上市公司、股票在国务院批准的其他全国性证券交易场所交易的公司的股票交易价格产生较大影响的重大事件，投资者尚未得知时，公司应当立即将有关该重大事件的情况向国务院证券监督管理机构和证券交易场所报送临时报告，并予公告，说明事件的起因、目前的状态和可能产生的法律后果。"这一条款要求上市公司在发生重大事件时必须及时公告，保障信息公开透明。

《上市公司信息披露管理办法》第二条："信息披露义务人应当真实、准确、完整、及时地披露信息，不得有虚假记载、误导性陈述或者重大遗漏。信息披露义务人应当同时向所有投资者公开披露信息。"这一条款具体规定了上市公司信息披露的要求，包括真实性、准确性、完整性和及时性。

《企业信息公示暂行条例》第十条："企业应当自下列信息形成之日起 20 个工作日内通过国家企业信用信息公示系统向社会公示：（一）有限责任公司股东或者股份有限公司发起人认缴和实缴的出资额、出资时间、出资方式等信息；……（七）企业履行社会责任情况……"这一条款明确要求企业公示其履行社会责任的情况。

《中华人民共和国审计法》第二十九条："审计机关对国有企业的资产、负债、损益，进行审计监督。"意味着审计机关在对国有企业进行审计时，应关注其信息公开机制的建立和执行情况，包括企业社会责任的履行和披露。

企业在承担社会责任的同时，有义务及时、准确地披露相关信息，接受政府和社会公众的监督。审计机关在进行审计时，应依据上述法律法规，对企业的信息公开机制及其执行情况进行全面审查。

整改建议

为确保企业建立并有效执行信息公开机制，及时准确地披露其社会责任履行情况，以下提出详细的整改建议。

一、完善信息公开制度与流程

企业需要制定和完善信息公开的相关制度与流程，明确信息公开的范围、内容、频率和方式。这包括确定哪些信息属于应公开的信息，如何收集和整理这些信息，以及通过什么渠道进行公开。制度应确保所有重要信息都能得到及时、准确的披露。

二、设立专门的信息披露团队

企业应设立专门的信息披露团队或指定专人负责信息披露工作。这个团队或人员需要具备相关的专业知识和技能，能够准确理解和把握信息披露的要求，确保信息的准确性和完整性；同时，其还需要与外部审计机构、监管机构等保持良好的沟通和合作。

三、加强内部培训和宣传

企业需要提升内部员工对信息公开重要性的认识。通过定期的培训会议、内部宣传等方式，提升员工对信息公开的重视程度，确保每个员工都能理解和遵守信息公开的相关制度和规定。

四、建立多个信息公开平台

企业应建立多个信息公开平台，如官方网站、社交媒体账号等，以便更广泛地披露企业社会责任履行情况。这些平台需要定期更新内容，确保信息的时效性和准确性。同时，企业还可以通过这些平台与公众进行互动和交流，及时回应社会关切和解答问题。

五、建立激励机制和问责机制

为确保信息公开制度的有效执行，企业需要建立相应的激励机制和问责机制。对于在信息公开工作中表现突出的员工或团队，可以给予相应的奖励和表彰；对于违反信息公开规定的行为，应严肃处理并追究相关责任人的责任。